DIREITO PROCESSUAL CIVIL

Artigos e Pareceres

Lúcio Delfino

Prefácio
Fredie Didier Jr.

Apresentação
Lídia Prata Ciabotti

DIREITO PROCESSUAL CIVIL

Artigos e Pareceres

Belo Horizonte

2011

© 2011 Editora Fórum Ltda.

É proibida a reprodução total ou parcial desta obra, por qualquer meio eletrônico, inclusive por processos xerográficos, sem autorização expressa do Editor.

Conselho Editorial

Adilson Abreu Dallari
André Ramos Tavares
Carlos Ayres Britto
Carlos Mário da Silva Velloso
Carlos Pinto Coelho Motta
Cármen Lúcia Antunes Rocha
Cesar Augusto Guimarães Pereira
Clovis Beznos
Cristiana Fortini
Dinorá Adelaide Musetti Grotti
Diogo de Figueiredo Moreira Neto
Egon Bockmann Moreira
Emerson Gabardo
Fabrício Motta
Fernando Rossi
Flávio Henrique Unes Pereira

Floriano de Azevedo Marques Neto
Gustavo Justino de Oliveira
Inês Virgínia Prado Soares
Jorge Ulisses Jacoby Fernandes
José Nilo de Castro
Juarez Freitas
Lúcia Valle Figueiredo (*in memoriam*)
Luciano Ferraz
Lúcio Delfino
Márcio Cammarosano
Maria Sylvia Zanella Di Pietro
Ney José de Freitas
Oswaldo Othon de Pontes Saraiva Filho
Paulo Modesto
Romeu Felipe Bacellar Filho
Sérgio Guerra

Luís Cláudio Rodrigues Ferreira
Presidente e Editor

Coordenação editorial: Olga M. A. Sousa
Revisão: Adalberto Nunes Pereira Filho
Bibliotecária: Lissandra Ruas Lima – CRB 2851 – 6ª Região
Indexação: Paloma Fernandes Figueiredo – CRB 2751 – 6ª Região
Projeto gráfico: Walter Santos
Capa e diagramação: Virgínia Loureiro

Av. Afonso Pena, 2770 – 15º/16º andares – Funcionários – CEP 30130-007
Belo Horizonte – Minas Gerais – Tel.: (31) 2121.4900 / 2121.4949
www.editoraforum.com.br – editoraforum@editoraforum.com.br

D349d Delfino, Lúcio

   Direito processual civil: artigos e pareceres / Lúcio Delfino; prefácio de Fredie Didier Jr.; apresentação de Lídia Prata Ciabotti. Belo Horizonte: Fórum, 2011.

   399 p.
   ISBN 978-85-7700-483-6

   1. Direito processual civil. 2. Direito constitucional. 3. Direito civil. 4. Direito do consumidor. I. Didier Jr., Fredie. II. Ciabotti, Lídia Prata. III. Título.

CDD: 341.46
CDU: 347.9

Informação bibliográfica deste livro, conforme a NBR 6023:2002 da Associação Brasileira de Normas Técnicas (ABNT):

DELFINO, Lúcio. *Direito processual civil*: artigos e pareceres. Belo Horizonte: Fórum, 2011. 399 p. ISBN 978-85-7700-483-6.

À Michelle Delfino, querida esposa e amiga, com todo o meu amor. Obrigado por fazer de mim alguém muito melhor.

Agradecimentos

Ao consagrado processualista, Professor Fredie Didier Jr., figura humana sem igual, sempre disposto ao auxílio seguro daqueles que se aventuram pelas letras jurídicas, grande incentivador de jovens e mestres na produção acadêmica.

Ao Professor Edson Prata (*in memoriam*) por tudo.

À Dra. Lídia Prata Ciabotti pelo incentivo, apoio e amizade.

Ao Presidente e Editor da Editora Fórum, Luís Cláudio Rodrigues Ferreira, pelo empenho e dedicação em promover novos juristas e agraciar as letras jurídicas com obras de notável qualidade.

Aos Drs. Claudiovir Delfino, João Delfino, A. João D'Amico, André Delfino e Fernando Rossi, pela leitura dos originais e pelas sugestões, todas bem-vindas, acolhidas, em sua maioria, ao longo do trabalho.

Deve-se ser justo com os adversários, no sentido em que é necessário esforçar-se para compreender o que eles realmente quiseram dizer, e não fixar-se maliciosamente nos significados superficiais e imediatos de suas expressões. Isto é válido sempre que o fim proposto seja o de elevar o tom e o nível intelectual dos próprios seguidores, e não o fim imediato de criar um deserto em torno de si.

(GRAMSCI, Antônio. *Concepção dialética da história.* 9. ed. São Paulo: Civilização Brasileira, 1991. p. 164)

Sumário

Prefácio
Fredie Didier Jr...19

Apresentação
Lídia Prata Ciabotti..21

Nota Introdutória..25

Parte I
Artigos

1 **O Processo Democrático e a Ilegitimidade de Algumas Decisões Judiciais**.................................29
1 Considerações introdutórias..29
2 A legitimidade do poder no Estado Democrático de Direito.............30
3 A tensão entre jurisdição e democracia..34
4 A feição contemporânea do contraditório...40
5 Casos práticos de decisões judiciais proferidas à margem do contraditório...48
5.1 A condenação à multa por litigância de má-fé....................................48
5.2 A condenação por honorários de sucumbência e a incidência dos juros moratórios e correção monetária...52
5.2.1 Considerações iniciais..52
5.2.2 Os honorários sucumbenciais..54
5.2.3 Os juros e a correção monetária..56
5.3 Decisões judiciais elaboradas com assento em tese jurídica diversa daquelas debatidas ao longo do procedimento.....................60
5.4 Decisões judiciais fundadas em presunção judicial construída em atentado à dialética processual...64
5.5 Decisões judiciais produzidas de ofício..68
5.6 Decisões judiciais que desconsideram abruptamente a personalidade de pessoas jurídicas..70
5.7 Decisões que julgam embargos de declaração.....................................75
6 Conclusões...77

2 **A Lei nº 12.016/09 e o Direito Processual Intertemporal – Primeiras Impressões**.....................81
1 Introdução...81
2 Identificação da denominação direito intertemporal........................82

3	Retroatividade ou irretroatividade da lei?...................................83	
4	Efeitos retroativo e imediato da lei...86	
5	A lei processual – Aplicação retroativa ou imediata?.................87	
6	Particularidades da lei processual...91	
7	Enunciados hermenêuticos de direito processual intertemporal........93	
8	O direito intertemporal processual e a Lei nº 12.016/09...............95	
8.1	Os processos já findos, aqueles ainda não instaurados e a Lei nº 12.016/09...96	
8.2	O prazo de 30 dias para impetração do mandado de segurança por terceiro em favor do direito originário (Lei nº 12.016/09, art. 3º, parágrafo único)...96	
8.3	A necessária indicação da pessoa jurídica na petição inicial (Lei nº 12.016/09, art. 6º, *caput*)...98	
8.4	O prazo para a autoridade coatora prestar informações (Lei nº 12.016/09, art. 7º, I)...100	
8.5	A exigência de caução, fiança ou depósito (Lei nº 12.016/09, art. 7º, III)..101	
8.6	Restrições ao "poder-geral de antecipação" e a sua extensão à disciplina dos arts. 273 e 461 do Código de Processo Civil (Lei nº 12.016/09, art. 7º, §§2º e 5º)..101	
9	Conclusão..103	

3 PONDERAÇÕES SOBRE A INTERPRETAÇÃO JURÍDICA NO ESTADO CONSTITUCIONAL

	105	
1	Introdução...105	
2	Modelos de Estado e interpretação jurídica.............................106	
2.1	Estado Liberal...106	
2.2	Estado Social...109	
2.3	Estado Democrático de Direito...112	
3	A democracia e sua importância para o Estado Democrático de Direito..113	
4	Um debate que se faz importante — Procedimentalismo *versus* substancialismo...121	
5	Algumas notas sobre a interpretação jurídica..........................125	
5.1	As singularidades do caso concreto..127	
5.2	As disparidades histórico-ideológicas entre a norma e a realidade..128	
5.3	A legalidade constitucionalizada...129	
5.4	A (re)avaliação das tradições (e pré-conceitos) do próprio intérprete..132	
6	Conclusões...138	

4 A TUTELA JURISDICIONAL DO DIREITO A ALIMENTOS GRAVÍDICOS – ANÁLISE ÀS TÉCNICAS PROCESSUAIS DIFERENCIADAS INSTITUÍDAS PELA LEI Nº 11.804/08

	141	
1	Introdução...141	

2	A pertinência do tema tutela dos direitos no âmbito do direito processual civil	142
3	A tutela jurisdicional e a tutela jurisdicional dos direitos	143
4	Técnicas processuais e a tutela jurisdicional de direitos	145
5	O direito material a alimentos e as suas necessidades	148
6	Técnicas processuais e a tutela jurisdicional de direitos a alimentos	151
7	A Lei nº 11.804/08 e as técnicas processuais diferenciadas à tutela de direitos a alimentos gravídicos	153
7.1	Considerações iniciais	153
7.2	O conceito e a extensão dos alimentos gravídicos	154
7.3	A especial situação do nascituro	155
7.4	Visão geral do procedimento instituído pela Lei nº 11.804/08	157
7.5	A legitimidade ativa e passiva	162
7.6	A competência	164
7.7	A cognição	164
7.8	A tutela antecipada	168
7.9	A coisa julgada e seus limites	169
7.9.1	Considerações iniciais	169
7.9.2	Os limites objetivos da coisa julgada	170
7.9.3	Os limites subjetivos da coisa julgada	172
7.10	Apontamentos finais	173
8	Conclusão	177

5 FLEXIBILIZAÇÃO PROCEDIMENTAL NO NOVO CPC....179

6 A TUTELA ANTECIPADA NAS AÇÕES DE RESPONSABILIDADE CIVIL POR ACIDENTES DE CONSUMO – A FACILITAÇÃO DO SEU DEFERIMENTO EM PROL DO CONSUMIDOR....189

1	Introdução	189
2	O consumidor como parte vulnerável das relações de consumo – A vulnerabilidade como consectário do princípio da igualdade	190
3	A responsabilidade civil nas relações de consumo – Generalidades	191
3.1	Os pressupostos da responsabilidade civil por acidentes de consumo	193
3.2	Excludentes de responsabilidade do fornecedor de produtos e serviços	195
3.2.1	A não colocação do produto no mercado	196
3.2.2	A prova da inexistência do defeito	197
3.2.3	A culpa exclusiva do consumidor ou de terceiro	197
3.2.4	A força maior	198
4	A tutela antecipada a serviço do consumidor	199
5	Situações facilitadoras da concessão de tutela antecipada em demandas que envolvem relações de consumo	200
6	Conclusões	205

7 ANOTAÇÕES PROCEDIMENTAIS E MATERIAIS SOBRE A EXECUÇÃO DE TUTELA ANTECIPADA PARA O PAGAMENTO DE SOMA EM DINHEIRO 209

1 Introdução 209

2 A desnecessidade de se estabelecer nova relação processual destinada à execução de decisão que concede tutela antecipada de soma em dinheiro 210

3 Incoerência do procedimento da execução provisória para a execução de tutela antecipada de soma em dinheiro 213

4 Alguns meios executórios destinados a garantir a efetividade da execução de tutelas antecipadas de pagamento de soma em dinheiro 219

4.1 As astreintes 219

4.2 A penhora *on line* 222

4.3 Restrição de direitos 225

4.4 A prisão 226

5 Conclusões 230

8 A TUTELA JURISDICIONAL NA RESPONSABILIDADE CIVIL DAS INDÚSTRIAS DO TABACO – QUESTÕES ATINENTES À MATÉRIA PROBATÓRIA 231

1 Introdução 231

2 A importância da prova e do mecanismo de distribuição do ônus probatório 233

3 O elenco de requisitos a serem provados com o intento de assegurar a responsabilidade civil das indústrias do tabaco 235

4 A prova de que o fumante consome/consumia cigarros fabricados pela indústria do fumo inserida no polo passivo da ação 236

4.1 Fumantes cujo consumo englobou duas ou mais marcas de cigarros, fabricadas por diversas indústrias de cigarros 238

5 A prova dos danos (morte, enfermidades diversas, danos morais) 239

6 A prova do nexo de causalidade entre o consumo de cigarros e a(s) enfermidade(s) 242

6.1 A teoria da equivalência dos antecedentes causais 245

6.2 A teoria da causalidade adequada 246

6.3 A teoria do dano causal direto e imediato 248

6.4 Teorias sobre o nexo causal e sua aplicação no tema sob análise 249

7 A manutenção da presunção do(s) defeito(s) 253

8 Há necessidade de se provar o nexo entre a(s) imperfeição(ões) do cigarro e a enfermidade acarretada ao fumante? 255

9 A inversão do ônus da prova 256

10 A publicidade enganosa e abusiva e a sua prova 258

11 Conclusões 260

9 A NATUREZA JURÍDICA DA MULTA PREVISTA NO ART. 196 DO CÓDIGO DE PROCESSO CIVIL.............263

10 A APLICAÇÃO DO ART. 733 DO CÓDIGO DE PROCESSO CIVIL À EXECUÇÃO DE ALIMENTOS FIRMADOS EM ESCRITURA PÚBLICA.............269

11 A NÃO CRIAÇÃO DE UMA NOVA MODALIDADE DE FRAUDE À EXECUÇÃO PELO ART. 615 - A, §3º, DO CÓDIGO DE PROCESSO CIVIL.............273

12 A ATUAÇÃO DOS PODERES INSTRUTÓRIOS DO JUIZ E A SUA IMPARCIALIDADE.............277

PARTE II
PARECERES

1 PARTILHA DE BENS PERTENCENTES À SOCIEDADE EMPRESÁRIA – INCOMPATIBILIDADE PROCEDIMENTAL E INCOMPETÊNCIA DO JUÍZO ESPECIALIZADO.............283
1   A consulta.............283
2   O parecer.............284
2.1   A inadequação procedimental.............286
2.2   A incompetência absoluta do Juízo de Família.............290
3   Resposta ao quesito.............292

2 A TUTELA JURISDICIONAL ESPECÍFICA E O DIREITO DE VIZINHANÇA.............295
1   A consulta.............295
2   O parecer.............296
2.1   A regularidade da obra edificada.............296
2.2   A prova pericial.............301
3   Respostas aos quesitos.............302

3 O CONTRATO DE SEGURO E A RENOVADA POLÊMICA RELACIONADA À PREMEDITAÇÃO DO SUICÍDIO DEPOIS DA PUBLICAÇÃO DO CÓDIGO CIVIL DE 2002.....303
1   A consulta.............303
2   O parecer.............304
2.1   O contrato de seguro de vida e o suicídio involuntário.............304

2.2	O art. 798 do Código Civil e o ônus da prova	312
2.3	O direito à indenização	313
2.4	Correção monetária e juros	315
3	Respostas aos quesitos	316

4 Ato Processual Incoerente às Formas Previstas no Art. 690 do Código de Processo Civil (Modo de Pagamento da Arrematação) e o Princípio da Instrumentalidade das Formas.....319

1	A consulta	319
2	Parecer	321
2.1	Ausência de interesse de agir	321
2.2	Lesão ao art. 690 do Código de Processo Civil – Ausência de prejuízo ao devedor	323
2.3	Blindagem do embargado contra a eventual condenação de honorários de sucumbência	331
3	Conclusões	332

5 A Inviabilidade da Aplicação da Fungibilidade Recursal em Caso de Erro Grosseiro.....335

1	A consulta	335
2	O parecer	336
2.1	O erro grosseiro na interposição recursal e o não conhecimento do agravo por instrumento	336
2.2	O princípio da unicidade recursal e o não conhecimento da apelação	338
2.3	A ausência de interesse recursal	340
2.4	A ausência de capacidade postulatória	341
3	Respostas aos quesitos	343

6 Condenação de Advogado à Litigância de Má-Fé – Cariz Autoritário da Decisão e Atentado ao Devido Processo Legal.....345

1	A consulta	345
2	O parecer	346
2.1	Interesse e objeto recursal	346
2.2	O autoritarismo da condenação de advogado à litigância de má-fé	347
3	Respostas aos quesitos	354

7 A Desnecessidade de Demonstração da Urgência para o Deferimento de Tutela Antecipada Possessória (Posse Nova) 357

1 A consulta 357
2 O parecer 359
2.1 Os requisitos autorizadores da tutela antecipada possessória 359
2.2 A efetiva demonstração dos requisitos que ensejam a concessão da tutela antecipada possessória no caso sob exame 362
2.3 O atentado ao art. 1.210, §2º, do Código Civil de 2002 365
2.4 O deferimento da tutela antecipada recursal 368
3 Respostas aos quesitos 370

8 Modalidade de Liquidação Disforme à Anunciada no Acórdão e Oferta de Impugnação ao Cumprimento de Sentença Antes da Penhora 371

1 A consulta 371
2 O parecer 374
2.1 A desnecessidade de instauração de liquidação de sentença na modalidade anunciada no acórdão 374
2.2 A natureza da resposta apresentada pela devedora 377
2.3 O suposto excesso na execução 381
3 Respostas aos quesitos 383

Índice de Assuntos 385

Índice da Legislação 391

Índice Onomástico 397

Prefácio

Conheci Lúcio Delfino em sua defesa de tese de doutoramento, na PUC-SP. Eu, como simples observador, pude presenciar a defesa segura de um jovem jurista mineiro sobre um tema muito difícil (responsabilidade civil e uso do tabaco). Desde então, a nossa relação se estreitou. Ele avocou a tarefa de reconstruir a *Revista Brasileira de Direito Processual*, juntamente com o amigo Fernando. Deu-se início a um belíssimo trabalho, cujos resultados já se revelam extremamente positivos, inclusive pelo reconhecimento da CAPES. Convidou-me, então, para ser membro do Conselho Editorial da Revista. Embora sem ter certeza sobre o meu merecimento, resolvi aceitar o desafio.

Alguns anos depois, recebo o convite para escrever algumas palavras de apresentação a esta coletânea de ensaios e pareceres. Prefaciar um livro de um jurista de minha geração é, para mim, motivo de sincera emoção e muita felicidade.

Lúcio é um jurista seguro e sereno. Seus textos são claros e sempre têm por objeto temas atuais e relevantes. Esta coletânea comprova essas características. Há trabalhos sobre direito intertemporal e processo (tema dificílimo), alimentos gravídicos (atualíssimo), interpretação constitucional (que revela conhecimentos multidisciplinares), flexibilidade procedimental (vanguarda do pensamento jurídico processual brasileiro), tutela antecipada (preocupação com a efetividade do processo).

Não esqueçamos os pareceres, quase todos relacionados a temas que impõem uma aproximação entre o direito material e o processo.

Enfim, caro leitor, estamos diante de uma obra de respeito e que merece ser lida com atenção. Não perca mais tempo com este prefácio. Parabéns ao Lúcio e à Editora.

Salvador, fevereiro de 2011.

Fredie Didier Jr.
Professor-adjunto de Direito Processual Civil da Universidade Federal da Bahia. Mestre (UFBA). Doutor (PUC-SP). Pós-Doutor (Universidade de Lisboa). Advogado. Consultor Jurídico.

APRESENTAÇÃO

Caro leitor,

Foi com imensa alegria que recebi o convite do Professor Lúcio Delfino para apresentar esta obra. A princípio, senti certo receio diante de abordagens técnicas impressas no calhamaço de originais. Porém, à medida que passava de uma folha a outra, a leitura ia se tornando mais e mais atraente. Antes mesmo de chegar à última página — confesso — já estava profundamente fascinada com o conteúdo plural destes ensaios.

Chamou-me especialmente a atenção o trabalho sobre a tutela jurisdicional na responsabilidade civil das indústrias do tabaco, tema no qual, aliás, o Professor Lúcio Delfino é doutor e hoje, seguramente, a maior autoridade no país.

Ainda que sejam poucas as decisões conhecidas favoráveis às vítimas do tabagismo, vem ganhando destaque a jurisprudência que adota a tese da responsabilidade civil das indústrias de fumo em razão dos defeitos dos produtos que fabricam e colocam no mercado. Ao abordar o tema, o autor esmiúça com maestria um a um os aspectos controvertidos e polêmicos do embate entre fumantes e indústrias de tabaco. Esse estudo, seguramente, servirá para alicerçar futuras ações e decisões judiciais relacionadas aos danos causados aos fumantes (ativos e passivos) nos próximos anos.

Ao longo dos tempos — ressalta o Prof. Lúcio Delfino — "o legislador, em sede de relações de consumo, filiou-se, como não poderia deixar de ser, à ideia de que os fornecedores devem assumir o risco de sua atividade". Por essa razão, basta ao consumidor, vítima do tabagismo, afirmar a existência do defeito do produto (o tabaco).

Mas como provar o dano moral decorrente do tabagismo? Contra qual indústria a vítima ou seus sucessores devem propor a ação de reparação, se há tantas marcas de cigarro no mercado, distribuídas por diferentes fabricantes? Como negar que o tabagismo foi uma opção individual da vítima? E quais os direitos do fumante passivo? São questões desafiadoras como essas que tornam o tema instigante, encontrando respostas nas reflexões bem fundamentadas ali expostas.

Não raro, no passado as indústrias de tabaco enfatizavam o prazer proporcionado pelo cigarro, associando o tabagismo ao sucesso e às vitórias, através de seus chamativos comerciais lançados na mídia eletrônica, principalmente. Quem não se recorda da vistosa marca de cigarros estampada nos carros de Fórmula-1, repetidas vezes mostradas nas transmissões esportivas da televisão, aos domingos? Nas telas do cinema, o cigarro induzia o público a associar o hábito de fumar ao *glamour* dos galãs, ou à determinação das mulheres bem-sucedidas ou ninfas sedutoras. Durante décadas o tabagismo esteve associado ao que a vida proporciona de bom. Hoje se vê que tudo não passou de propaganda enganosa e os efeitos nefastos do tabaco para o organismo são passíveis de reparação.

Tão esclarecedor quanto o estudo sobre a responsabilidade civil das indústrias de tabaco revela-se o artigo que trata do direito a alimentos gravídicos, tema ainda pouco explorado no direito brasileiro, conforme anotado com a costumeira perspicácia pelo notável Professor Cassio Scarpinella Bueno (*RePro* 190/178, nota 58). Mais adiante, o autor discorre sobre o reconhecimento de união estável com partilha de bens, cumulada com partilha de empresa comercial, no qual resta evidenciada a incompatibilidade da discussão una de ambos num mesmo processo, muito embora reconheça que a confusão de sentimentos que emerge da ruptura de relacionamentos afetivos duradouros muitas vezes induz as partes à falsa ideia de colocar ponto final único nas relações comerciais e amorosas.

Em sede de pareceres, os ensaios abordam o direito ao prêmio do seguro em caso de suicídio. Partindo da análise de um contrato de seguro de vida em grupo, em que um dos segurados atentou contra a vida, o Professor Lúcio Delfino analisa com inigualável clareza o direito da mãe ao recebimento do prêmio.

Outra questão igualmente desafiadora é apresentada por advogada condenada por litigância de má-fé, em autos de ação trabalhista. Mais uma vez afloram os ideais de justiça no autor, enfatizando que "a conclusão (do magistrado) escora-se em corrente doutrinária de cariz altamente autoritário, com a devida vênia insustentável na contemporaneidade". Insustentável, data vênia, por razões óbvias, porém olvidadas por magistrados que ainda hoje guardam resquícios do autoritarismo de outrora. Arremata o autor, com muita propriedade: "Seria, contudo, suficiente o bom senso para afastar a interpretação em que se assenta a sentença. Bastaria, enfim, a percepção de que o advogado há de exercer, com liberdade, a sua profissão, sem receios de retaliações ou de punições por parte de autoridades estatais — e o juiz é uma autoridade estatal. Inexiste, realmente, hierarquia, tampouco subordinação, entre advogados e magistrados, e a lei assim se pronuncia de modo expresso e inequívoco (Lei nº 8.906/94, art. 6º). Liberdade e independência são, deste modo, condições irrespondíveis para o adequado exercício da advocacia".

Enfim, estamos diante de uma obra que não é um tratado sobre tema único, mas um trabalho de fôlego sobre múltiplos assuntos interessantes e peculiares. Depois de chegar ao final da leitura, e conhecendo o autor desde pequenino, asseguro que esta obra trouxe-me uma satisfação enorme, uma alegria quase maternal, ao constatar o crescimento pessoal e profissional do Professor Lúcio Delfino. E, imaginando o orgulho que seus pais sentem ao vê-lo projetar-se no cenário das letras jurídicas brasileiras, com qualidades próprias de juristas consagrados, ponho-me a pensar o quanto meu saudoso pai, Professor Edson Prata, gostaria de ter convivido com ele. Seriam praticamente "almas gêmeas".

Agradeço ao Professor Lúcio Delfino pela oportunidade de ler, em primeira mão os seus ensaios, e de apresentar esta obra, na certeza de que ele continuará nos brindando com muitas outras de igual envergadura.

Lídia Prata Ciabotti
Jornalista. Advogada. Membro do Instituto dos Advogados de Minas Gerais. Membro da Academia de Letras do Triângulo Mineiro.

Nota Introdutória

Reúno nestes ensaios artigos e pareceres técnicos desenvolvidos por mim ao longo dos últimos anos, alguns já publicados em periódicos especializados, outros ainda inéditos, todos, não obstante a variedade de temas, alusivos a assuntos que tocam o direito processual civil. Terá o leitor contato direto com material intelectual que reflete o dia a dia vivido pelo advogado, oriundo da faina diária no laboratório que é uma banca de advocacia, onde se colocam à prova os ensinamentos dos jurisconsultos, as estratégias processuais, as narrativas argumentativas, a tenacidade dos causídicos e até boa dose de criatividade, tudo em prol de uma prestação técnico-profissional que atenda, adequada e eticamente, os interesses de justiça do consumidor do serviço judiciário.

Daí a primeira das características desta coletânea: a preocupação de publicar, tanto na seção correspondente aos artigos como naquela relativa aos pareceres, trabalhos relacionados à experiência forense, nascidos da confrontação com litígios, a grande maioria, aliás, submetida à solução perante o Judiciário. O que se vê aqui, por conseguinte, é o retrato de angústias surgidas frente a questionamentos reais decorrentes da praxe, além — e principalmente —, das respostas elaboradas como tentativas de saná-los e, quem sabe assim, suavizar o desconforto mental que advém de todo e qualquer *estado de dúvida*.

Verdade que alguns trabalhos colacionados se desdobram em questões apenas processuais, aquelas com as quais os que lidam de maneira direta com os autos do processo (juízes, advogados, promotores de justiça) amiúde se deparam e se debruçam no seu desenlace. Mas é também característica da obra a preocupação em levar ao leitor temas que se afinam ao direito material e que o relacionam harmonicamente com o direito processual, numa manifesta intenção de evidenciar o necessário entrelaçamento entre essas duas realidades normativas. Tentou-se, afinal, reunir ensaios que realcem a necessidade de se elaborar e compreender a ciência do processo sempre à luz e em função do direito material, vale dizer, que comprovem uma sadia contaminação da ciência processual com elementos oriundos do direito material, algo a denunciar que a primeira não é neutra, mas antes impura e necessariamente corrompida pelo último.

Os escritos reunidos particularizam-se, de outro lado, por revelarem exegeses ajustadas aos ditames constitucionais, que ofertem respostas produzidas segundo parâmetros constitucionalmente estabelecidos. Trabalha-se com amparo numa hermenêutica constitucional, na busca de caminhos afinados às normas constitucionais materiais e processuais, sobretudo àquelas de natureza principiológica, que alicerçam o Estado Democrático de Direito, delineiam seus objetivos fundamentais e estabelecem importantes cláusulas pétreas (direitos e garantias fundamentais).

Os artigos e pareceres foram todos relidos e revisados, uns enricados com acréscimos de argumentos em seu próprio corpo e nas notas de rodapé que os acompanham, assim para aperfeiçoá-los e proporcionar maior aproveitamento de informações ao estudioso e operador do direito. É obra que, como não poderia ser diferente, encerra minha posição pessoal a respeito das diversas temáticas tratadas, sempre com apoio em farta e respeitada doutrina, construída por grandes e consagrados mestres, responsáveis pela formação jurídica de todos nós.

É meu desejo que esta coletânea tenha alguma serventia à comunidade jurídica e contribua, de algum modo, para o desenvolvimento, sempre contínuo, de nossa doutrina e jurisprudência.

Uberaba, 02 de fevereiro de 2011.

Parte I

Artigos

1

O Processo Democrático e a Ilegitimidade de Algumas Decisões Judiciais[1] [2]

Sumário: **1** Considerações introdutórias – **2** A legitimidade do poder no Estado Democrático de Direito – **3** A tensão entre jurisdição e democracia – **4** A feição contemporânea do contraditório – **5** Casos práticos de decisões judiciais proferidas à margem do contraditório – **5.1** A condenação à multa por litigância de má-fé – **5.2** A condenação por honorários de sucumbência e a incidência dos juros moratórios e correção monetária – **5.2.1** Considerações iniciais – **5.2.2** Os honorários sucumbenciais – **5.2.3** Os juros e a correção monetária – **5.3** Decisões judiciais elaboradas com assento em tese jurídica diversa daquelas debatidas ao longo do procedimento – **5.4** Decisões judiciais fundadas em presunção judicial construída em atentado à dialética processual – **5.5** Decisões judiciais produzidas de ofício – **5.6** Decisões judiciais que desconsideram abruptamente a personalidade de pessoas jurídicas – **5.7** Decisões que julgam embargos de declaração – **6** Conclusões

1 Considerações introdutórias

O tema que ora se enfrenta reverbera circunstância que toca sensivelmente na prática jurídica. É natural que o substrato do raciocínio seja teórico, mas, ao fim e ao cabo, se perceberá que o escopo pretendido

---

[1] Este texto retrata palestra proferida em 12.05.2011, no II Congresso Mineiro de Direito Processual. Foram acrescidas ao texto original inúmeras notas (de rodapé e no corpo do texto), com a intenção de municiar o leitor com informações ainda mais variadas.

[2] Dedico este trabalho ao Professor Donaldo Armelin, cujo nome se insere no rol dos mais importantes processualistas do planeta. Confesso neste espaço minha admiração, respeito e gratidão pelo mestre.

aqui é mesmo apontar incoerências verificadas no dia a dia forense, sobretudo distinguir decisões judiciais proferidas em desarmonia com a ideologia estatal[3] contemporânea.

Quer-se, afinal: i) sublinhar a opção do constituinte por um regime democrático; ii) abordar a questão da legitimidade do poder estatal no modelo do Estado Democrático de Direito, especialmente a daquele exercido por intermédio dos juízes (jurisdição); iii) enfrentar o problema da (aparente) tensão entre jurisdição e democracia (caráter contramajoritário do Judiciário), bem como demarcar resposta que se apresente consentânea aos ditames constitucionais; iv) situar a importância do contraditório no ambiente processual; e v) apresentar um rol de decisões judiciais — atinentes a uma variedade de matérias — que hoje são proferidas pelo Judiciário brasileiro em desatenção ao princípio democrático, pois imbuídas de um ideário que flerta perigosamente com o absolutismo.

Esta é a proposta do presente estudo.

2 A legitimidade do poder no Estado Democrático de Direito

Vive-se num Estado caracterizado como *democrático*. Ou, utilizando-se das expressões eleitas pelo constituinte, vive-se num *Estado Democrático*. É o que se verifica já no preâmbulo da Constituição: "Nós, representantes do povo brasileiro, reunidos em Assembléia Nacional Constituinte para instituir um *Estado Democrático*, destinado a assegurar o exercício dos direitos sociais e individuais, a liberdade, a segurança, o bem-estar, o desenvolvimento, a igualdade e a justiça como valores supremos de uma sociedade fraterna, pluralista e sem preconceitos, fundada na harmonia social e comprometida, na ordem interna e internacional, com a solução pacífica das controvérsias". Também a junção

---

[3] Para Luiz Fernando Coelho, o conceito de *ideologia* remete à imagem que os homens fazem de si mesmos, da sociedade e do mundo que os envolve; a valoração dos objetos culturais é resultado dela, bem como a maioria das atitudes e comportamentos sociais. A valoração estética, econômica ou de outro tipo, que uma pessoa atribui a algo, é influenciada pelo tipo de educação, pela quantidade de informações que recebem em sua vida, pelas influências ideológicas a que está sujeita (COELHO, Luiz Fernando. *Aulas de introdução ao direito*. São Paulo: Manole, 2004. p. 18-19). Parece acertado, nesse rumo, concluir que a referência à *ideologia estatal* encontra significados no próprio (modelo ou paradigma) do Estado Democrático de Direito, nas suas diretrizes fundamentais e estruturantes positivadas no âmbito constitucional. Daí se afirmar — já se adiantando — que a Constituição é o *referencial lógico-jurídico hermenêutico* de todo o ordenamento jurídico, a partir da qual as práticas jurídicas contemporâneas encontram a devida legitimidade.

O Processo Democrático e a Ilegitimidade de Algumas Decisões Judiciais | 31

das mesmas expressões — agora reforçadas por outra — encontra registro no art. 1º da Carta Republicana: "A República Federativa do Brasil, formada pela união indissolúvel dos Estados e Municípios e do Distrito Federal, constitui-se em *Estado Democrático de Direito* e tem como fundamentos: I – a soberania; II – a cidadania; III – a dignidade da pessoa humana; IV – os valores sociais do trabalho e da livre iniciativa; V – o pluralismo político". Já no parágrafo único do aludido art. 1º há um dispositivo repleto de simbolismo, que assinala as aspirações do constituinte e funciona como exortação a todos os órgãos incumbidos do exercício do poder estatal: "Todo o poder emana do povo, que o exerce por meio de representantes eleitos ou diretamente, nos termos desta Constituição".

Compreenda-se que *legítimo* é o poder estatal quando praticado conforme diretivas assumidamente adotadas e aceitas pela sociedade.[4]

Não é possível — leciona Antonio Carlos Wolkmer — pensar e estabelecer uma dada ordem política e jurídica centrada exclusivamente na força material do poder, visto que, por trás dele — seja político ou jurídico — subsiste uma condição de valores aceitos de maneira consensual e que refletem os interesses, as aspirações e as necessidades de uma determinada comunidade. A legitimidade, afinal, incide na esfera da consensualidade dos ideais, dos fundamentos, das crenças, e dos princípios ideológicos, supõe a transposição da simples detenção do poder e a conformidade com as acepções do justo advogadas pela coletividade.[5]

É adequado, nesse rumo, afirmar que essa fonte de consenso social há de ser buscada na própria Constituição, *referente lógico-jurídico*

---

[4] Para Bobbio, a legitimidade está vinculada a uma "situação" e a um "valor", na configuração do Estado Democrático de Direito. A "situação" diz respeito à "aceitação do Estado por um segmento relevante da população"; já o "valor" é identificado no "consenso livremente manifestado por uma comunidade de homens autênticos e conscientes" (BOBBIO, Norberto. *Dicionário de política*. 2. ed. Brasília: Ed. UnB, 1986. p. 678).

[5] WOLKMER, Antonio Carlos. *Ideologia, Estado e direito*. São Paulo: Revista dos Tribunais, 1995. p. 79-81. Ainda com maior profundidade, pontua o aludido jurista: "Legitimidade: entende-se como uma 'qualidade do título de poder'. Implica numa noção substantiva e ético-política, cuja existencialidade move-se no espaço de crenças, convicções e princípios valorativos. Sua força não repousa nas normas e nos preceitos jurídicos, mas no interesse e na vontade ideológica dos integrantes majoritários de uma dada organização social. Enquanto conceituação material, legitimidade condiz com uma situação, atitude, decisão ou comportamento inerente ou não ao poder, cuja especificidade é marcada pelo equilíbrio entre a ação dos indivíduos e os valores sociais, ou seja, a prática da obediência transformada em adesão é assegurada por um consenso valorativo livremente manifestado sem que se faça obrigatório o uso da força" (WOLKMER, Antonio Carlos. *Ideologia, Estado e direito*. São Paulo: Revista dos Tribunais, 1995. p. 84).

hermenêutico[6] de todo o ordenamento jurídico e, mais acentuadamente, no arquétipo do Estado Democrático de Direito por ela encampado.[7] Lembre-se que o titular do *poder constituinte originário* é o povo, que determina quando e como uma nova Constituição deve ser elaborada, isto é, a *soberania popular* retrata com perfeição a ideia de *poder constituinte*, matriz de todos os poderes exercidos pelo Estado. Por isso se afirma que uma Constituição é fonte de *consenso social*, pois nascida da empreitada de uma assembleia constituinte (uma convenção), à qual se atribuiu o exercício do poder constituinte e cujos integrantes, além de eleitos pelo próprio povo, também tinham por papel representá-lo e assegurar seus interesses.

Em reforço, Cynara Monteiro Mariano:

> A partir da declaração francesa, a legitimidade passou a significar o exercício do poder, em nome do povo, segundo uma constituição que contivesse um conteúdo valorativo mínimo: a proteção à liberdade dos indivíduos e mecanismos para a contenção dos abusos estatais. O seu significado, contudo, teria adquirido maior importância no cenário político com o segundo pós-guerra e o Tribunal Militar Internacional de Nuremberg, que, apesar de ter-se limitado apenas aos fatos relacionados com os crimes de guerra, constatou a natureza criminosa do regime nazista e, por via de consequência, a ilegitimidade do sistema normativo por ele instalado, o que serviu de alerta para a necessidade de estabelecer a distinção entre as categorias da legalidade e da legitimidade, diversamente do que sustentava o formalismo jurídico de Kelsen. (...) A partir de então, os conceitos positivistas, no tocante à identificação da legalidade com a legitimidade, perderam força, enfraquecendo-se ainda mais com o advento do Estado Social, pois, com esse, as leis passaram a veicular prestações sociais, desencadeando o surgimento de uma racionalidade já não mais formal, correspondente ao Estado Liberal, mas material. Ou seja, a racionalidade do direito passou a vincular-se a objetivos de bem-estar social, equidade, ou a uma ética determinada, ou, no dizer de Luigi Ferrajoli, com a expansão do paradigma constitucional presente no constitucionalismo da atualidade, houve uma verdadeira mudança de fundamento de validade das normas jurídicas, que não valem mais somente em virtude de sua conformação com o procedimento de

---

[6] Essa expressão foi retirada de trabalho elaborado por Ana Flávia Sales (*A legitimidade do provimento jurisdicional no direito democrático*. Disponível em: <http://www.fmd.pucminas.br>. Acesso em: 11 abr. 2011).

[7] É inegável a sintonia hoje verificada entre os conceitos de (i)legitimidade e (in)constitucionalidade. A *legitimidade* afastou-se da *legalidade* para se harmonizar com a *constitucionalidade*.

elaboração, mas também porque guardam correspondência, de conteúdo, com os valores e princípios constitucionais.[8]

Em resumo: num Estado Democrático de Direito, as *atividades estatais* e as *decisões públicas* delas oriundas adquirem legitimidade *se* e *quando* conforme aos vetores constitucionalmente estabelecidos. E isso não se dá apenas mediante um único critério, apesar de incluídos todos numa única categoria denominada *legitimidade pelo devido processo*.[9] Assim é que, no âmbito da atividade jurisdicional, fala-se em *legitimidade pelo contraditório* — ou *legitimidade pela participação*, ou *legitimidade pela cooperação* — o que denota a indispensabilidade da *construção participada dos provimentos* e a consequente abolição de decisões elaboradas segundo os padrões encontrados unicamente num *espaço metafísico não fiscalizável* decorrente da subjetividade do juiz[10] (*messianismo judicial e tirania dos juízes*). Também se alude em doutrina à *legitimidade da decisão pelos direitos fundamentais materiais* — ou *legitimidade pelo conteúdo da decisão*, ou *legitimidade pela própria decisão* —, proveniente do imperativo de se verificar a constitucionalidade da *norma abstrata* antes de propriamente aplicá-la em prol da solução ao caso concreto, assegurando a esta, ademais, exegese que, conquanto oriunda do debate travado ao longo do *iter* procedimental, se afigure hábil para concretizar, na maior medida possível, os princípios materiais constitucionais (incluídos aí, sobretudo, os direitos fundamentais materiais).[11]

---

[8] MARIANO, Cynara Monteiro. *Legitimidade do direito e do Poder Judiciário*: neoconstitucionalismo ou Poder Constituinte permanente?. Belo Horizonte: Del Rey, 2010. p. 3-4.

[9] É o que se verifica pelos seguintes comandos emblemáticos, positivados em âmbito constitucional: "ninguém será privado da liberdade ou de seus bens *sem o devido processo legal*" (CF, art. 5º, LIV); e "aos litigantes, em processo judicial ou administrativo, e aos acusados em geral *são assegurados o contraditório e ampla defesa, com os meios e recursos a ela inerentes*" (CF, art. 5º, LV).

[10] A expressão "espaço metafísico não fiscalizável" também foi extraída do ensaio de Ana Flávia Sales (*A legitimidade do provimento jurisdicional no direito democrático*. Disponível em: <http://www.fmd.pucminas.br>. Acesso em: 11 abr. 2011).

[11] Para Luiz Guilherme Marinoni, apenas a "legitimação pelo contraditório" vincula-se ao procedimento: (...) "a legitimação da jurisdição não pode ser alcançada apenas pelo procedimento em contraditório e adequado ao direito material, sendo imprescindível pensar em uma legitimação pelo conteúdo da decisão. É que o contraditório e a adequação legitimam o processo como meio, porém não se prestam a permitir a identificação da decisão ou do resultado do processo, ou melhor, a garantir o ajuste da decisão aos compromissos do juiz com os conteúdos dos direitos fundamentais. O procedimento pode ser aberto à efetiva participação em contraditório e adequado ao procedimento material e, ainda assim, produzir uma decisão descompromissada com o conteúdo substancial das normas constitucionais" (MARINONI, Luiz Guilherme. *Teoria geral do processo*. 3. ed. São Paulo: Revista dos Tribunais, 2008. p. 438). Acerta o mestre ao afirmar a possibilidade de o procedimento aberto ao contraditório não produzir decisão compromissada com o conteúdo substancial das normas

3 A tensão entre jurisdição e democracia

O Estado Democrático de Direito é um modelo intencionado a conciliar e superar as colidentes filosofias liberal-burguesa e socialista, que já encamparam as diretrizes ideológicas condutoras de variadas sociedades ocidentais.[12] No Brasil, sua escolha é expressa nos ditames

---

constitucionais. Enfim, a participação dialógica das partes no arco procedimental não conduz necessariamente a provimentos jurisdicionais afinados às normas constitucionais. Daí a necessidade da *legitimação pela própria decisão*, capaz de assegurar o ajuste da decisão ao conteúdo dos direitos fundamentais materiais. Entretanto, não se afigura correto tratar da *legitimidade pela própria decisão* — ou, como prefere o mestre, *legitimidade pelo conteúdo da decisão* — como uma categoria alheia ao procedimento. A *legitimidade pela própria decisão* traduz-se em subcategoria, inserta dentro daquela maior, denominada *legitimidade pelo devido processo*. Autorizar o juiz a se amparar numa legitimidade alheia ao procedimento, ajustando, ele próprio, o debate travado pelas partes (= contraditório) ao conteúdo dos direitos fundamentais é tão somente endossar a produção de decisões-surpresa, nascidas de um *arranjo mental solipsista*, que não se submete, por isso, à (indispensável) fiscalização das partes. Advogar a existência de uma categoria de legitimidade externa ao *devido processo*, é simplesmente defender postura antidemocrática (= ilegítima, inconstitucional), sobretudo pelo atentado à concepção de que as decisões públicas são fruto da participação de seus destinatários. A *legitimidade pelo conteúdo da decisão* defendida como categoria alheia ao *devido processo legal* afronta aquilo que Daniel Mitidiero denomina de *dever de consulta* — decorrente do *princípio da colaboração* — e que exige do órgão judicial a consulta das partes antes de decidir sobre qualquer questão, possibilitando que elas primeiramente o influenciem a respeito do rumo a ser dado à causa (MITIDIERO, Daniel. Colaboração no processo civil como prêt-à-porter? Um convite ao diálogo para Lenio Streck. *Revista de Processo*, São Paulo, n. 194, p. 55-69, 2011). Daí a conclusão lógica: também a *legitimidade pelo conteúdo da decisão* encontra-se vinculada ao *devido processo legal*, razão pela qual o juiz não está autorizado, segundo seu exclusivo talante, a elaborar provimentos alheios ao material (fático e jurídico) debatido ao longo do procedimento, ainda que motivado pela imperiosa necessidade de ajustar a decisão ao conteúdo dos direitos fundamentais. Caso perceba que o debate travado entre as partes não se apresente suficientemente maduro para garantir o ajuste da decisão ao conteúdo dos direitos fundamentais, deve, exercitando seu *dever de consulta* (decorrente do *princípio da colaboração*), incitar as partes e informá-las sobre isso, direcionando e permitindo um debate complementar. Somente depois é que estará autorizado a proferir o provimento jurisdicional.

[12] GUERRA FILHO, Willis Santiago. *Processo constitucional e direitos fundamentais*. 2. ed. São Paulo: RCS, 2005. p. 29. Sobre o Estado Democrático de Direito, são válidas as ponderações extraídas de obra escrita por Bernardo Gonçalves Fernandes. Esclarece o jurista que o Estado Democrático de Direito é também nominado, por autores de tradição alemã, de Estado Constitucional. A razão para isto é clara: as aquisições históricas deixaram evidente que não é a submissão ao Direito que justificam limitações atribuídas ao Estado e aos governantes, mas necessariamente uma subjugação total à Constituição. Numa tentativa didática, alguns explicam o Estado Democrático de Direito como a somatória de dois princípios fundamentais: o Estado de Direito e o Estado Democrático. Porém, além de uma mera junção, o produto desses dois princípios acaba revelando um conceito novo que, mais que adicionar um no outro, equivale à afirmação de um novo *paradigma* de Estado e de Direito. É o Estado Democrático de Direito muito mais que um princípio e se configura, assim, em verdadeiro paradigma — um pano de fundo de silêncio — que compõe e dota de sentido as práticas jurídicas contemporâneas. Representa, sobretudo, uma vertente distinta dos paradigmas anteriores — Estado Liberal e Estado Social —, pois nele a concepção de direito não se limita a um mero formalismo (Estado Liberal), tampouco descamba para uma materialização totalizante (Estado Social). A perspectiva assumida pelo direito caminha

O Processo Democrático e a Ilegitimidade de Algumas Decisões Judiciais | 35

literais do já aludido artigo inaugural da Carta de 1988 (CF, art. 1º). E uma das marcas peculiares a esse paradigma situa-se justamente na criação *democrática* do direito; afinal, vive-se, insista-se nessa ideia, num regime tido por *democrático*. Em última instância, quer isso significar a garantia de que ao povo se assegura a *participação*, direta ou indireta, no processo de formação das *decisões públicas*.[13] Basicamente é o que preconiza o constituinte quando afirma que *todo* poder emana do povo, que o exerce *por meio de representantes* eleitos (democracia representativa), ou *diretamente* (democracia participativa), nos termos desta Constituição (CF, parágrafo único do art. 1º, primeira parte).[14]

---

para a *procedimentalização*; configura-se pela existência de procedimentos ao longo de todo o processo decisório estatal, permitindo e sendo poroso à participação dos atingidos (a sociedade) (FERNANDES, Bernardo Gonçalves. *Curso de direito constitucional*. 2. ed. Rio de Janeiro: Lumen Juris, 2010. p. 202-203).

[13] Nesse rumo, Henrique Yukio: "...o hodierno Estado Democrático de Direito surgiu apresentando como seu fundamento o princípio da soberania popular e defendendo a transformação do *status quo*, mediante um processo de efetiva incorporação de todos os cidadãos nos mecanismos de produção, controle e fiscalização das decisões. Este novo paradigma representou a adoção da democracia como regime de governo, como princípio basilar de uma nova ordem constitucional, surgida no Brasil com a Carta de 1988, e disciplinador da organização do Estado, da relação deste com os indivíduos e destes entre si" (SOUZA, Henrique Yukio Pereira de. A presunção judicial no Estado democrático de direito: uma análise crítica do artigo 335 do Código de Processo Civil. *Revista Brasileira de Direito Processual*, Belo Horizonte, n. 72, p. 112, 2010).

[14] Sobre o conceito de *democracia*, Bernardo Gonçalves Fernandes aduz que desnudá-lo é tarefa hercúlea. Etimologicamente — continua o jurista —, significa "governo do povo". Porém, mais do que isso, é correto afirmar que democracia é uma lógica na qual o povo participa do Governo e do Estado, razão pela qual a ordem jurídica consagra instrumentos não apenas de *democracia direta* (plebiscito, referendo), como também de *democracia indireta* (eleição de representantes que concorrerão aos cargos públicos). Hoje, entretanto, é fato que a democracia não se justifica unicamente na possibilidade de escolha dos atores políticos, pois inclui ainda uma proteção constitucional que afirma: i) a superioridade da Constituição; ii) a existência de direitos fundamentais; iii) a legalidade as ações estatais; iv) um sistema de garantias jurídicas e processuais. Bernardo Gonçalves vai além e indica que Bobbio traz uma leitura baseada em critérios *quantitativos*, pois para ele a democracia corresponde a um conjunto de regras que estabelecem quem está autorizado a tomar as decisões coletivas e com quais procedimentos — a democracia, aqui, faz uso de um instrumento que é a *regra da maioria*. Também se refere a Habermas, o qual, apostando na racionalidade comunicativa, apresenta outra possibilidade de leitura da democracia, afinada a uma perspectiva *qualitativa*. Vale dizer, com a razão comunicativa a decisão democrática será aquela inserida numa dinâmica procedimental na qual tanto autores como sujeitos da decisão possam consentir e reconhecer que o resultado foi correto, porque fruto do "melhor argumento". Aqui, seja quem tomará a decisão, seja quem sofrerá os seus efeitos, serão e poderão, ambos, assumir-se — ao menos virtualmente — como coautores daquela mesma decisão, porquanto participantes de um mesmo discurso que conduzirá à sua definição. Conclui Bernardo Gonçalves, focando seu raciocínio à realidade brasileira, com a afirmação de que a Constituição de 1988 articulou tanto o plano de *democracia direta* quanto de *indireta*, *criando uma figura semidireta de cunho participativo*. Assim, afora a possibilidade de eleição dos representantes políticos, o texto constitucional contempla as modalidades de plebiscito (art. 14, I), *referendum* (art. 14, II) e a iniciativa legislativa popular (art. 14, II, regulada pelo

De fácil assimilação a ideia de *democracia representativa*. Trata-se de uma licença para que o exercício do poder se dê não propriamente pelo povo, mas por aqueles que ele elegeu. É mediante o sufrágio que o povo escolhe os que irão representá-lo na condução dos órgãos públicos (Legislativo e Executivo), assegurando, por consequência, *algum respaldo* de *legitimidade democrática* (ainda que insuficiente, pois meramente formal) à atuação deles (representantes) em prol dos interesses da sociedade.[15] É inegável que também o Judiciário é um órgão estatal. Seus regentes, todavia, não são eleitos pelo povo, embora exerçam importantíssima atividade pública (jurisdição) e contribuam para a consecução das normas constitucionais. A atuação do Judiciário, portanto, não se ajusta ao regime da *democracia representativa*. Muitos veem, deste modo,

---

art. 61, §2º). O propósito é criar condições para desenvolvimento de uma cidadania plena, com livre exercício das liberdades públicas (FERNANDES, Bernardo Gonçalves. *Curso de direito constitucional*. 2. ed. Rio de Janeiro: Lumen Juris, 2010. p. 206-207).

[15] Ao se afirmar que a *democracia representativa* atribui apenas *algum respaldo* de legitimidade à atuação dos representantes eleitos pelo povo, quer-se com isso sublinhar que ela se baseia em um *critério formal* e, por isso, insuficiente para legitimar, por completo, atividades estatais e decisões delas provenientes. Em outras palavras, a *democracia representativa* não assegura que a *vontade do povo* abalize o exercício do poder estatal, porque se traduz em mero *método* que permite a eleição de membros do Executivo e Legislativo, maneira indireta de participação nas decisões públicas, mas que, como afirmado, nem sempre reverbera os anseios da maioria. Ao revés, a *democracia participativa*, para além de simples método (ou forma), proporciona, aí sim, a coincidência entre a vontade popular (da maioria) e a prática do poder estatal. A respeito disso, recorde-se a lição do imortal Pontes de Miranda: "Quando se exprobra à democracia indireta o não ser a vontade do povo que se exprime, comete-se o erro de querer que a forma, o método, se transforme em fundo. A escolha do membro do Parlamento ou de Chefe de Estado é participação no poder estatal. Nada mais. Se se quisesse que o povo exprimisse a vontade, por maioria de votos, seria sempre direta a democracia. Sendo indireta, quaisquer exigências de coincidência entre a 'vontade geral' ou a 'vontade do povo' e o que se vota no Parlamento é simples metáfora" (MIRANDA, Pontes de. *Democracia, liberdade e igualdade*: os três caminhos. 2. ed. Saraiva: São Paulo, 1979. p. 195). Sobre o assunto, também é interessante lembrar que Rousseau atacou a *democracia representativa*, dizendo inadmissível que um cidadão (ou um conjunto deles) seja representado por outro em uma assembleia. Em sua ótica, a liberdade e a vida política se realizam de fato apenas quando cada cidadão se faça presente no momento da discussão das leis. Preconizou, referindo-se às eleições do parlamento inglês, que o povo inglês só é livre e soberano durante as eleições; porém, retorna à escravidão depois delas, na medida em que entrega a sua soberania aos deputados [ROUSSEAU, Jean-Jacques. *Do contrato social*: ensaio sobre a origem das línguas. São Paulo: Abril Cultural, 1999. p. 187. (Os pensadores)]. Não basta, deste modo, que o texto normativo seja fruto de um procedimento legislativo. Imprescindível que a normatividade sujeite-se, como critério de validade, à comprovação discursiva, algo obviamente que não se reduz à pessoa do juiz, por envolver as próprias partes que também laboram na elaboração participada do provimento jurisdicional. Daí se dizer que o processo é método destinado a conferir legitimidade à atividade jurisdicional e aos seus resultados, sobretudo frente aos direitos fundamentais processuais que compõem a sua essência.

O Processo Democrático e a Ilegitimidade de Algumas Decisões Judiciais | 37

um *déficit democrático* na atividade jurisdicional,[16] sobretudo por não entenderem como uma minoria de juízes, *não eleita democraticamente pelo povo*, possui autoridade de se sobrepor aos demais órgãos do poder, a exemplo do que frequentemente ocorre quando, no exercício do controle de constitucionalidade, o Judiciário invalida leis e/ou atos normativos oriundos da atuação de representantes democraticamente eleitos — fenômeno denominado de *caráter contramajoritário do Judiciário.*[17] Ou

---

[16] Não parece totalmente adequado resolver o problema segundo uma cômoda posição formalista, que atribui legitimidade à atividade jurisdicional porque a Constituição prevê a nomeação de juízes mediante concurso de provas e títulos (argumento normativo, formal, procedimental). Ainda que tal resposta não possa ser desprezada, é ela simplista e tangencial, pois negligencia o cerne da questão e, de tal modo, não colabora o suficiente para seu desenlace. Ou seja, afirmar que a Constituição é que determina a maneira pela qual os juízes são nomeados não esclarece, na essência, as razões pelas quais o poder jurisdicional, apesar de emanado do povo, não é por ele exercido por intermédio de representantes eleitos (CF, parágrafo único do art. 1º, primeira parte). Tampouco responde como as decisões judiciais, proferidas por juízes não eleitos, detêm autoridade para invalidar atos legislativos e administrativos oriundos da atuação de representantes democraticamente eleitos pelo povo.

[17] Confira-se, nesta linha, o raciocínio sempre elucidativo de Luís Roberto Barroso: "Os membros do Poder Judiciário — juízes, desembargadores e ministros — não são agentes públicos eleitos. Embora não tenham o batismo da vontade popular, magistrados e tribunais desempenham, inegavelmente, um poder político, inclusive o de invalidar atos dos outros dois Poderes. A possibilidade de um órgão não eletivo como o Supremo Tribunal Federal sobrepor-se a uma decisão do Presidente da República — sufragado por mais de 40 milhões de votos — ou do Congresso — cujos 513 membros foram escolhidos pela vontade popular — é identificada na teoria constitucional como dificuldade contramajoritária. Onde estaria, então, sua legitimidade para invalidar decisões daqueles que exercem mandato popular, que foram escolhidos pelo povo? Há duas justificativas: uma de natureza normativa e outra filosófica". E continua o mestre: "O fundamento normativo decorre, singelamente, do fato de que a Constituição brasileira atribui expressamente esse poder ao Judiciário e, especialmente, ao Supremo Tribunal Federal. A maior parte dos Estados democráticos reserva uma parcela de poder político para ser exercida por agentes públicos que não são recrutados pela via eleitoral, e cuja atuação é de natureza predominantemente técnica e imparcial. De acordo com o conhecimento tradicional, magistrados não têm vontade política própria. Ao aplicarem a Constituição e as leis, estão concretizando decisões que foram tomadas pelo constituinte ou pelo legislador, isto é, pelos representantes do povo. Essa afirmação, que reverencia a lógica da separação de Poderes, deve ser aceita com temperamentos, tendo em vista que juízes e tribunais não desempenham uma atividade puramente mecânica. Na medida em que lhes cabe atribuir sentido a expressões vagas, fluidas e indeterminadas, como dignidade da pessoa humana, direito de privacidade ou boa-fé objetiva, tornam-se, em muitas situações, co-participantes do processo de criação do Direito". E mais: "A justificação filosófica para a jurisdição constitucional e para a atuação do Judiciário na vida institucional é um pouco mais sofisticada, mas ainda assim fácil de compreender. O Estado constitucional democrático, como o nome sugere, é produto de duas idéias que se acoplaram, mas não se confundem. Constitucionalismo significa poder limitado e respeito aos direitos fundamentais. O Estado de direito como expressão da razão. Já democracia significa soberania popular, governo do povo. O poder fundado na vontade da maioria. Entre democracia e constitucionalismo, entre vontade e razão, entre direitos fundamentais e governo da maioria, podem surgir situações de tensão e de conflitos aparentes. Por essa razão, a Constituição deve desempenhar dois grandes papéis. Um deles é o de estabelecer as regras do jogo democrático, assegurando a participação política ampla, o governo da

38 | Lúcio Delfino
Direito Processual Civil – Artigos e Pareceres

como bem resume Roberto Gargarella ao indagar: "Como é possível que um minúsculo grupo de juízes, não eleitos diretamente pela cidadania (como o são os funcionários políticos), e que não estejam sujeitos a periódicas avaliações populares (e, portanto, gozam de estabilidade em seus cargos, livres do escrutínio popular) possam prevalecer, em última instância, sobre a vontade popular?"[18]

A verdade, porém, é que a aparente tensão entre *democracia* e *jurisdição* se caracteriza num falso problema quando se pensa o direito processual segundo uma concepção que lhe é contemporânea. *Não é aceitável ver na jurisdição uma restrição à própria democracia.*[19]

---

maioria e a alternância no poder. Mas a democracia não se resume ao princípio majoritário. Se houver oito católicos e dois muçulmanos em uma sala, não poderá o primeiro grupo deliberar jogar o segundo pela janela, pelo simples fato de estar em maior número. Aí está o segundo grande papel de uma Constituição: proteger valores e direitos fundamentais, mesmo que contra a vontade circunstancial de quem tem mais votos. E o intérprete final da Constituição é o Supremo Tribunal Federal. Seu papel é velar pelas regras do jogo democrático e pelos direitos fundamentais, funcionando como um fórum de princípios — não de política — e de razão pública — não de doutrinas abrangentes, sejam ideologias políticas ou concepções religiosas". E conclui: "Portanto, a jurisdição constitucional bem exercida é antes uma garantia para a democracia do que um risco. Impõe-se, todavia, uma observação final. A importância da Constituição — e do Judiciário como seu intérprete maior — não pode suprimir, por evidente, a política, o governo da maioria, nem o papel do Legislativo. A Constituição não pode ser ubíqua. Observados os valores e fins constitucionais, cabe à lei, votada pelo parlamento e sancionada pelo Presidente, fazer as escolhas entre as diferentes visões alternativas que caracterizam as sociedades pluralistas. Por essa razão, o STF deve ser deferente para com as deliberações do Congresso. Com exceção do que seja essencial para preservar a democracia e os direitos fundamentais, em relação a tudo mais os protagonistas da vida política devem ser os que têm votos. Juízes e tribunais não podem presumir demais de si próprios — como ninguém deve, aliás, nessa vida — impondo suas escolhas, suas preferências, sua vontade. Só atuam, legitimamente, quando sejam capazes de fundamentar racionalmente suas decisões, com base na Constituição" (BARROSO, Luís Roberto. *Judicialização, ativismo judicial e legitimidade democrática.* p. 10-12. Disponível em: <www.oab. org.br>. Acesso em: 12 maio 2009).

[18] GARGARELLA, Roberto. *La justicia frente al gobierno.* Barcelona: Editorial Ariel, 1996. p. 9. Não escapa de Luiz Guilherme Marinoni esta questão: "O debate em torno da legitimidade da jurisdição constitucional, ou melhor, a respeito da legitimidade do controle da constitucionalidade da lei, funda-se basicamente no problema da legitimidade do juiz para controlar a decisão da maioria parlamentar. Isso porque a lei encontra respaldo na vontade popular que elegeu o seu elaborador — isto é, na técnica representativa. Por outro lado, os juízes, como é sabido, não são eleitos pelo povo, embora somente possam ser investidos no poder jurisdicional através do procedimento traçado na Constituição, que prevê a necessidade de concurso público para o ingresso na magistratura de 1º grau de jurisdição — de lado outros critérios e requisitos para o ingresso, por exemplo, no Supremo Tribunal Federal" (MARINONI, Luiz Guilherme. *Teoria geral do processo.* 3. ed. São Paulo: Revista dos Tribunais, 2008. p. 431).

[19] O que se pode assegurar com acerto é que o Judiciário, ao controlar a constitucionalidade da lei, não nega a teoria democrática ou mesmo a vontade do povo, mas, bem diferentemente, controla a decisão da maioria que desborda da Constituição (MARINONI, Luiz Guilherme. *Novo CPC esquece da equidade perante as decisões judiciais.* Disponível em: <www.conjur.com. br>. Acesso em: 12 nov. 2010).

É o processo ambiente democrático porque os resultados dele oriundos não decorrem do labor solitário da autoridade jurisdicional (*solipsismo judicial*),[20] mas, bem diferentemente, também são fruto do empenho dos demais envolvidos (partes), que *participam* e *influenciam* na construção do provimento jurisdicional do qual são destinatários.[21] Vale dizer, na seara processual é *dever* do juiz — *dever de consulta* proveniente do *princípio da colaboração*[22] — assegurar às partes a participação delas

---

[20] A expressão *solipsismo judicial* traduz-se num espaço subjetivo o qual se encontra blindado ao exercício pleno do contraditório, dele se originando decisões judiciais decorrentes do labor solitário do juiz, ao arrepio da necessária colaboração das partes. O *juiz solipsista* é aquele que se basta em si, egoísta, encapsulado, que atua solitariamente, pois compromissado apenas com a sua própria subjetividade. Para um aprofundamento acerca dos significados dessas expressões, verificar: STRECK, Lenio Luiz. *O que é isto – decido conforme minha consciência?*. Curitiba: Livraria do Advogado, 2010; DIAS, Ronaldo Brêtas Carvalho; FIORATTO, Débora Carvalho. A conexão entre os princípios do contraditório e da fundamentação das decisões na construção do Estado democrático de direito. *Revista Eletrônica de Direito Processual*, v. 5, p. 228-260. Disponível em: <http://www.redp.com.br/arquivos/redp_5a_edicao.pdf>. Acesso: 11 abr. 2011; MADEIRA, Dhenis Cruz. *Processo de conhecimento & cognição*: uma inserção no Estado democrático de direito. Curitiba: Juruá, 2008).

[21] Consoante esclarece Botelho, é bem verdade que o sufrágio universal nem sempre legitima o parlamento, sobretudo quando se constata dissociação entre eleitos e eleitores (Rousseau). O mesmo autor complementa o raciocínio, citando em nota de rodapé Mauro Cappelletti: "Não há dúvida de que é essencialmente democrático o sistema de governo no qual o povo tem o 'sentimento de participação'. Mas tal sentimento pode ser facilmente desviado por legisladores e aparelhos burocráticos longínquos e inacessíveis, enquanto, pelo contrário, constitui característica *quoad substantiam* da jurisdição (...) desenvolver-se em direta conexão com as partes interessadas, que têm o exclusivo poder de iniciar o processo jurisdicional e determinar o seu conteúdo, cabendo-lhes ainda o fundamental direito de serem ouvidas. Neste sentido, o processo jurisdicional é até o mais participativo de todos os processos da atividade pública" (BOTELHO, Marcos César. *Democracia e jurisdição*: a legitimidade da jurisdição constitucional na democracia participativa de Jürgen Habermas. Disponível em: <www.portaldosperiodicos.idp.edu.br>. Acesso em: 04 mar. 2011).

[22] Sobre os *deveres* (= regras) atribuídos à autoridade jurisdicional na condução do processo, decorrentes do *princípio da colaboração*, são imprescindíveis as lições de Daniel Mitidiero: (...) "a colaboração no processo civil que é devida no Estado Constitucional é a colaboração do juiz para com as partes. Gize-se: não se trata de colaboração entre as partes. As partes não colaboram e não devem colaborar entre si simplesmente porque obedecem a diferentes interesses no que tange à sorte do litígio (obviamente, isso não implica reconhecer o processo civil como um ambiente livre dos deveres de boa-fé e lealdade, assunto correlato, mas diverso). A colaboração estrutura-se a partir da previsão de regras que devem ser seguidas pelo juiz na condução do processo. O juiz tem os deveres de esclarecimento, de diálogo, de prevenção e de auxílio para com os litigantes. É assim que funciona a cooperação. *Esses deveres consubstanciam as regras que estão sendo enunciadas quando se fala em colaboração no processo civil*. A doutrina é tranquila a respeito disso. O dever de esclarecimento constitui 'o dever de o tribunal se esclarecer junto das partes quanto às dúvidas que tenha sobre as suas alegações, pedidos ou posições em juízo'. O de prevenção, o dever de o órgão jurisdicional prevenir as partes do perigo de o êxito de seus pedidos 'ser frustrado pelo uso inadequado do processo'. O de consulta, o dever de o órgão judicial consultar as partes antes de decidir sobre qualquer questão, possibilitando antes que essas o influenciem a respeito do rumo a ser dado à causa. O dever de auxílio, o dever de auxiliar as partes na superação de eventuais dificuldades que impeçam o exercício de direitos ou faculdades ou o cumprimento de ônus

(= contraditório), *de maneira ativa e direta*, na *criação* da *norma jurídica pacificadora*[23] — expressão do poder estatal —, circunstância a qual instala a jurisdição, com suficiente perfeição, no coração do parágrafo único do art. 1º (segunda parte), que igualmente prevê a *democracia participativa* como meio de legitimidade democrática do poder estatal — "*Todo* poder emana do povo, que o exerce por meio de representantes eleitos, *ou diretamente*, nos termos desta Constituição".[24]

E, conforme restará claro a seguir, no Estado Democrático de Direito o *contraditório* é a *ponte de ouro* entre *jurisdição* e *democracia*.

4 A feição contemporânea do contraditório

Mais condizente com a realidade atual e hábil para afiançar legitimidade (democrática) à atividade jurisdicional, o contraditório, imbuído dos significados que hoje lhe são apregoados, garante aos cidadãos participação *direta* e efetiva no exercício da jurisdição e no resultado dela emanado.[25]

---

ou deveres processuais" (MITIDIERO, Daniel. Colaboração no processo civil como prêt-à-porter? Um convite ao diálogo para Lenio Streck. *Revista de Processo*, São Paulo, n. 194, p. 55-69, 2011).

[23] Segundo Fredie Didier Jr., "falar em processo democrático é falar em processo equilibrado e dialógico. Um processo em que as partes possam controlar-se, os sujeitos processuais tenham poderes e formas de controle previamente estabelecidos. Não adianta atribuir poder, se não houver mecanismos de controle desse poder" (DIDIER JR., Fredie. *Curso de direito processual civil*. 6. ed. Salvador: JusPodivm, 2006. v. 1, p. 62).

[24] Sobre uma ideia mais geral de *democracia participativa* e o porvir, confira-se o ensinamento de Paulo Bonavides: "Na escalada da legitimidade constitucional, o século XIX foi o século do legislador, o século XX o século do juiz e da justiça constitucional universalizada; já o século XXI está fadado a ser o século do cidadão governante, do cidadão povo, do cidadão soberano, do cidadão sujeito de direto internacional, conforme consta, de último, da jurisprudência do direito das gentes, segundo já assinalamos. Ou ainda, do cidadão titular de direitos fundamentais de todas as dimensões; século, por fim, que há de presenciar nos ordenamentos políticos do Terceiro Mundo o ocaso do atual modelo de representação e de partidos. É o fim que aguarda as formas representativas desfalecidas. Mas é também a alvorada que faz nascer o sol da democracia participativa nas regiões constitucionais da periferia". E mais: "Breve, o povo, diretamente, em plebiscitos instantâneos, por via da rede eletrônica, decidirá as grandes questões de interesse nacional e de soberania. E, ao mesmo passo, por meio de referendos, igualmente instantâneos, aprovará as emendas constitucionais daquele teor. O porvir será do povo. Haverá assim mais pureza nas instituições, mais legitimidade, mais democracia, mais poder representativo; portanto, menos corrupção, menos injustiça social, menos falsidade governativa, menos alienação de cidadania" (BONAVIDES, Paulo. *Teoria geral do Estado*. 8. ed. São Paulo: Malheiros, 2010. p. 376-377).

[25] O contraditório é um dos aspectos inerentes ao processo, elemento integrante de sua identidade, nominada por muitos de *modelo constitucional do processo*. O processo, então, condiciona a aferição de legitimidade à jurisdição e ao provimento dela resultante, função que apenas lhe será atribuída se ao contraditório forem conferidos contornos que extrapolem aquela visão lógico-formal, absolutamente vazia e que relega ao limbo toda sua importância.

O Processo Democrático e a Ilegitimidade de Algumas Decisões Judiciais | 41

Não mais se deve aceitar o contraditório como mera *garantia* conferida às partes de *informação* acerca dos atos processuais que se sucedem no curso procedimental. Não é ele, ademais, simples *direito vazio* de *resistir* a esses mesmos atos, mediante impugnações e requerimentos a serem registrados no caderno processual.[26] Pensar no contraditório como princípio de feições eminentemente formais é desprezar aquilo que lhe há de mais peculiar, é ignorar sua própria substância.[27] *Contraditório meramente formal é ficção e de nada serve.*[28] Daí por que as partes têm assegurado o direito de *influir* na decisão do juiz.[29] Não apenas *participam* do processo, mas animam seu

---

[26] Dierle José Coelho Nunes elucida, em estudo profícuo, a visão tradicional que se tinha do princípio do contraditório: "Em uma acepção tradicional, o princípio do contraditório é entendido tão somente como um direito de bilateralidade da audiência, possibilitando às partes a devida informação e possibilidade de reação. É a aplicação do denominado direito de ser ouvido pelo juiz. Assim, bastariam o dizer e o contradizer das partes para garantir o seu respeito, mesmo que estas ações não encontrassem ressonância na estrutura procedimental e no conteúdo das decisões, permitindo, deste modo, tão somente uma participação fictícia e aparente" (NUNES, Dierle José Coelho. O princípio do contraditório: uma garantia de influência e de não surpresa. *In*: DIDIER JR., Fredie; JORDÃO, Eduardo Ferreira (Coord.). *Teoria do processo*: panorama mundial. Salvador: JusPodivm, 2008. p. 151-172).

[27] Nesta toada, Henrique Yukio, atento às lições de Rosemiro Pereira Leal, aponta: "O processo, por sua vez, é tratado como uma instituição constitucionalizada (artigo 5º, LIV, da Constituição da República Federativa) essencial à democracia, uma espécie de procedimento, cujo traço distintivo em relação ao gênero consiste na participação, em conjunto, dos destinatários do provimento na atividade preparatória deste. Os interessados no ato estatal participam de sua construção de uma forma especial — em contraditório entre eles —, vez que seus interesses em relação ao ato final do procedimento são opostos. O contraditório, assim, deixa de ser compreendido como a mera bilateralidade de audiência (uma possibilidade de se informar e de reagir a partir das informações recebidas), para ser entendido como a simétrica paridade de participação dos destinatários na atividade preparatória do ato estatal, sendo que esta participação tem que ser levada em consideração pelo juiz no momento da decisão" (SOUZA, Henrique Yukio Pereira de. A presunção judicial no Estado democrático de direito: uma análise crítica do artigo 335 do Código de Processo Civil. *Revista Brasileira de Direito Processual*, Belo Horizonte, n. 72, p. 113, 2010).

[28] Para ilustrar, lesam o contraditório julgamentos que tomam como meio probatório legítimo, e neles assentam suas conclusões, depoimentos de testemunhas colhidos pelo perito e utilizados em seu laudo como sustentáculo de determinada tese. Já se decidiu a respeito disso que "perito não é juiz e, pois, não pode assumir a produção da prova testemunhal — até porque, quando isso acontece, o princípio do contraditório (...) deixa de ser observado. Cumpria à apelante, isto sim, arrolar como testemunhas, para inquirição em audiência, na presença das partes e seus advogados, as pessoas que prestaram informação ao perito" (extinto Tribunal de Alçada do Paraná, Apelação Cível nº 585/85, julgado em 17.09.1985, Relator Juiz Ivan Rghi, *Revista de Processo*, São Paulo, n. 43, p. 289-290, 1986).

[29] Antes o contraditório era visto como uma garantia de as partes serem *informadas* sobre os atos que se sucedem ao longo do procedimento e de *reagirem* contra eles. Hoje, além de manter essa concepção formal, o contraditório surge como genuíno direito de *influência* na construção do provimento jurisdicional, num viés exegético mais consentâneo aos ideários constitucionais, especialmente à concepção de *democracia*. Assim, é certo sintetizar o contraditório na tríade *informação-reação-influência*. É essa a linha de raciocínio defendida por Sérgio Gilberto Porto e Daniel Ustárroz: "É com esse espírito que a combinação das atividades

resultado.[30] Seria insignificante, aliás, permitir-lhes manifestações e produção probatória se ao magistrado fosse conferida a possibilidade de surpreendê-las com provimentos de conteúdo alheio aos fatos e

do autor, do demandado e do juiz assumirá a estrutura ínsita do conceito de cooperação. Se cada um desses sujeitos trabalhar debruçado sobre a mesma matéria fática e jurídica, cada qual poderá trazer valiosas conclusões para iluminar o *thema decidendum*. O processo transforma-se em um laboratório, no qual todas as partes são convidadas a trabalhar, tal como cientistas fossem. (...) Essa seria uma manifestação positiva do princípio da colaboração. A investigação solitária do órgão judicial, nos dias atuais, mostra-se inadequada, pois o diálogo instado entre as partes e o próprio condutor do processo recomendado pelo método dialético amplia o quadro de análise, constrange à comparação, atenua o perigo de opiniões pré-concebidas e favorece a formação de um juízo mais aberto e ponderado". E concluem: "Quando se fala em colaboração entre as partes, admite-se que é justamente pela soma de seus esforços que o órgão judicial encontrará condições plenas para a aplicação do direito. Em outras palavras, é da soma de comportamentos parciais (tese, esposada pela pretensão + antítese, representada pela defesa) que o processo alcançará a justa síntese. Este, então, é o método de trabalho preconizado pela adoção do princípio do contraditório" (PORTO, Sérgio Gilberto; USTÁRROZ, Daniel. *Lições de direitos fundamentais no processo civil*: o conteúdo processual da Constituição Federal. Porto Alegre: Livraria do Advogado, 2009. p. 54). Em linha semelhante, Dierle José Coelho Nunes: "Neste Estado democrático os cidadãos não podem mais se enxergar como sujeitos espectadores e inertes nos assuntos que lhes tragam interesse, e sim serem participantes ativos e que influenciem no procedimento formativo dos provimentos (atos administrativos, das leis e das decisões judiciais), e este é o cerne da garantia do contraditório. Dentro desse enfoque se verifica que há muito a doutrina percebeu que o contraditório não pode mais ser analisado tão somente como mera garantia formal de bilateralidade da audiência, mas, sim, como uma possibilidade de influência (*Einwirkungsmöglichkeit*) sobre o desenvolvimento do processo e sobre a formação de decisões racionais, com inexistentes ou reduzidas possibilidades de surpresa. Tal concepção significa que não se pode mais na atualidade, acreditar que o contraditório se circunscreva ao dizer e contradizer formal entre as partes, sem que isso gere uma efetiva ressonância (contribuição) para a fundamentação do provimento, ou seja, afastando a idéia de que a participação das partes no processo pode ser meramente fictícia e mesmo desnecessária no plano substancial" (NUNES, Dierle José Coelho. O princípio do contraditório: uma garantia de influência e de não surpresa. In: DIDIER JR., Fredie; JORDÃO, Eduardo Ferreira (Coord.). *Teoria do processo*: panorama mundial. Salvador: JusPodivm, 2008. p. 151-172). Sobre o tema, sugere-se examinar ainda o estudo desenvolvido por: NEVES, Daniel Amorim Assunção. *Manual de direito processual civil*. São Paulo: Método, 2009. p. 55-61.

[30] Confira-se o raciocínio coerente de Fredie Didier Jr.: "O processo é um instrumento de composição de conflito — pacificação social — que se realiza sob o manto do contraditório. O contraditório é inerente ao processo. Trata-se de princípio que pode ser decomposto em duas garantias: participação (audiência; comunicação; ciência) e possibilidade de influência na decisão. Aplica-se o princípio do contraditório, derivado que é do devido processo legal, nos âmbitos jurisdicional, administrativo e negocial. Democracia no processo recebe o nome de contraditório. Democracia é participação; e participação no processo se opera pela efetivação da garantia do contraditório. O princípio do contraditório deve ser visto como manifestação do exercício democrático de um poder". Mais a frente, o processualista baiano aponta dois elementos que compõem a garantia do contraditório, o formal e o substancial. Sobre o segundo deles esclarece: "Há o elemento substancial dessa garantia. Há um aspecto, que eu reputo essencial, denominado, de acordo com a doutrina alemã, de 'poder de influência'. Não adianta permitir que a parte, simplesmente, participe do processo; que ela seja ouvida. Apenas isso não é o suficiente para que se efetive o princípio do contraditório. É necessário que se permita que ela seja ouvida, é claro, mas em condições de poder influenciar a decisão do magistrado. Se não for conferida a possibilidade a parte influenciar a decisão do magistrado — e isso é poder de influência, poder de interferir na decisão do magistrado, interferir com argumentos, interferir com idéias, com fatos novos,

O Processo Democrático e a Ilegitimidade de Algumas Decisões Judiciais | 43

direitos discutidos no palco processual.[31] No campo judicial a surpresa é circunstância que sugere o arbítrio.[32]

---

com argumentos jurídicos novos; se ela não puder fazer isso, a garantia do contraditório estará ferida. É fundamental perceber isso: o contraditório não se implementa, pura e simplesmente, com a ouvida, com a participação; exige-se a participação com a possibilidade, conferida à parte, de influenciar no conteúdo da decisão" (DIDIER JR., Fredie. *Curso de direito processual civil*. 6. ed. Salvador: JusPodivm, 2006. v. 1, p. 58-59). Também acerca dessa visão contemporânea do contraditório, atentem-se para as precisas ponderações de Carlos Alberto Alvaro de Oliveira: "Exatamente em face dessa realidade cada vez mais presente na rica e conturbada sociedade de nossos tempos, em permanente mudança, ostenta-se inadequada a investigação solitária do órgão judicial. Ainda mais que o monólogo apouca necessariamente a perspectiva do observador e em contrapartida o diálogo, recomendado pelo método dialético, amplia o quadro de análise, constrange à comparação, atenua o perigo de opiniões preconcebidas e favorece a formulação de um juízo mais aberto e ponderado. A faculdade concedida aos litigantes de pronunciar-se e intervir ativamente no processo impede, outrossim, sujeitem-se passivamente à definição jurídica ou fática da causa efetuada pelo órgão judicial. E exclui, por outro lado, o tratamento da parte como simples 'objeto' de pronunciamento judicial, garantindo o seu direito de atuar de modo crítico e construtivo sobre o andamento do processo e seu resultado, desenvolvendo antes da decisão a defesa das suas razões. A matéria vincula-se ao próprio respeito à dignidade humana e aos valores intrínsecos da democracia, adquirindo sua melhor expressão e referencial, no âmbito processual, no princípio do contraditório, compreendido de maneira renovada, e cuja efetividade não significa apenas debate das questões entre as partes, mas concreto exercício do direito de defesa para fins de formação do convencimento do juiz, atuando, assim, como anteparo à lacunosidade ou insuficiência da sua cognição" (OLIVEIRA, Carlos Alberto Alvaro de. *Garantia do contraditório*. p. 6. Disponível em: <www.mundojuridico.adv.br>).

[31] O juiz colabora, enquanto sujeito do processo, do diálogo do qual deve resultar a decisão para o caso concreto, mas isso, como adverte Aroldo Plínio Gonçalves, "não o transforma em contraditor, ele não participa 'em contraditório com as partes', entre ele e as partes não há interesses em disputa, ele não é 'interessado', ou um 'contra-interessado' no provimento. O contraditório se passa entre as partes porque importa no jogo de seus interesses em direções contrárias, em divergência de pretensões sobre o futuro provimento que o *iter* procedimental prepara, em oposição. (...) O contraditório realizado entre as partes não exclui que o juiz participe atentamente do processo, mas, ao contrário, o exige, porquanto, sendo o contraditório um princípio jurídico, é necessário que o juiz a ele se atenha, adote as providências necessárias para garanti-lo, determine as medidas adequadas para assegurá-lo, para fazê-lo observar, para observá-lo, ele mesmo" (GONÇALVES, Aroldo Plínio. *Técnica processual e teoria do processo*. Rio de Janeiro: Aide, 1992. p. 121-123). Enfim, consoante pensa, o juiz não se envolve no contraditório. *O contraditório se dá exclusivamente entre as partes*. Isso, contudo, não significa que o juiz deixa de colaborar na construção do provimento jurisdicional. O juiz coopera com as partes na construção do provimento jurisdicional, pois lhe cumpre exercer os deveres de esclarecimento, de auxílio, de prevenção e de consulta, todos decorrentes do *princípio da colaboração* [sobre o tema, verificar: MITIDIERO, Daniel. *Colaboração no processo civil*: pressupostos sociais, lógicos e éticos. São Paulo: Revista dos Tribunais, 2009. (Temas atuais de direito processual civil, v. 14)]. O *dever de consulta*, em especial, possui bastante relevância, considerando que é por intermédio dele que o juiz assegura a observação do contraditório — o juiz, então, não é contraditor, não participa do contraditório, mas, sim, assegura-o. É papel do juiz, mediante os aludidos deveres, colaborar com as partes e, deste modo, assegurar-lhes um debate maduro e completo sobre as questões fáticas e jurídicas. Defendendo posicionamento contrário, Hermes Zaneti Júnior, referindo-se a Miguel Reale, Búlgaro, Carlos Alberto Alvaro de Oliveira e Nicolò Trocker: (...) "o contraditório surge como 'valor fonte' do processo constitucional. Para Búlgaro, *judicium est actum trium personorum*: juiz, autor e réu. Como ficou claro dos estudos mais recentes, o juiz também está sujeito ao contraditório" (ZANETI JÚNIOR, Hermes. *Processo constitucional*: o modelo constitucional do processo civil brasileiro. Rio de Janeiro: Lumen Juris, 2007. p. 194).

[32] Carlos Alberto Alvaro de Oliveira e Daniel Mitidiero lecionam: "Na visão atual, o direito fundamental ao contraditório situa-se para além da simples informação e possibilidade de

Vê-se, de tudo isso, a importância desse direito/garantia fundamental, uma das vertentes do *devido processo legal*, norteado — repita-se — não só a permitir a referida participação formal das partes no módulo processual, mas, sobretudo, dirigida a possibilitar-lhes real autoridade na construção da decisão jurisdicional. Mais do que garantia à informação, além de direito à reação, o contraditório tem por escopo permitir a interferência das partes na decisão, de modo que cooperem e influenciem *diretamente* no raciocínio do juiz.[33]

São, a respeito disso, esclarecedoras as palavras do festejado processualista Leonardo Greco:

> O princípio do contraditório pode ser definido como aquele segundo o qual ninguém pode ser atingido por uma decisão judicial na sua esfera de interesses, sem ter tido a ampla possibilidade de influir eficazmente na sua formação em igualdade de condições com a parte contrária. O contraditório é a expressão processual do princípio político da participação democrática, que hoje rege as relações entre o Estado e os cidadãos na Democracia contemporânea. Essa compreensão estendeu o contraditório também aos processos administrativos, o que está, inclusive, expresso na Constituição (art. 5º, inc. LV). O processo se desenvolve através de uma marcha dialética, na qual, na medida em

---

reação, conceituando-se de forma mais ampla na outorga de poderes para que as partes participem no desenvolvimento e no resultado do processo, da forma mais paritária possível, influenciando de modo ativo e efetivo a formação dos pronunciamentos jurisdicionais. Este último elemento não se circunscreve ao ato que resolve a controvérsia, mas compreende todas as decisões do órgão judicial, digam respeito ao mérito da controvérsia, às chamadas condições da ação, aos pressupostos processuais, ou à prova. Estende-se, ademais, à matéria fática ou de puro direito, e em qualquer fase do processo (conhecimento ou execução), abrangendo também a fase recursal, em qualquer grau de jurisdição ou no âmbito de recurso especial ou extraordinário, e a fase ou processo destinado à obtenção de tutela de urgência". E continuam: "Na perspectiva adotada, cada um dos contraditores pode exercer um conjunto de escolhas, de reações, de controles, e ao mesmo tempo deve suportar os controles e as reações dos outros participantes. Além disso, o prolator do pronunciamento deve considerar seriamente os resultados assim obtidos". Afirmam, ademais: "O último requisito exibe suma importância, visto que o direito fundamental constituiria pura ilusão, se ignorada pelo órgão judicial a participação dos interessados. Em tal hipótese não haveria diálogo, mas monólogo, a contradizer o próprio conceito de processo e afrontar o direito fundamental ora sob análise" (OLIVEIRA, Carlos Alberto Alvaro de; MITIDIERO, Daniel. *Curso de processo civil*: teoria geral do processo civil e parte geral do direito processual civil. São Paulo: Atlas, 2010. v. 1, p. 36-37).

[33] Esclarece Enrico Redenti que as partes têm o legítimo interesse de obter uma decisão e de influenciar, com aporte ou com a oferta de contribuições, tanto temáticas quanto informativas, demonstrativas, críticas ou polêmicas, a formação de seu conteúdo; o contraste dialético ou dialógico que deriva do contraditório fornece ao juiz imparcial e prudente os elementos necessários e suficientes (do ponto de vista da lei) sobre o tema e sobre o modo de decidir, com resultantes de relativa justiça (REDENTI, Enrico. *Diritto processuale civile*. 4ª ed. Milão: Giuffrè Editore, 1997. v. 2, p. 25-26).

O Processo Democrático e a Ilegitimidade de Algumas Decisões Judiciais | 45

que as questões surjam, o juiz deverá colocá-las em debate para obter o pronunciamento das partes sobre elas e, depois, decidi-las. Esse é um princípio tradicional do processo judicial, que remonta à Antiguidade e é uma consequência da própria imparcialidade do juiz.[34]

Entretanto, o contraditório, além disso, se presta a outra função. Afirmar que ele se vincula à ideia de legitimidade quer igualmente, e num outro ângulo de visão, traduzir seu papel de *controlar* a atividade jurisdicional e os resultados dela oriundos. O referido princípio constitucional, de tal sorte, colabora para o desígnio, também democrático, de obstar arbítrios e subjetivismos provenientes do órgão jurisdicional (*decisionismos*).

Se o diálogo travado processualmente é pelo juiz considerado na formulação da norma jurídica pacificadora, é evidente que o contraditório assume mesmo função de *controle* do poder estatal jurisdicional. Como meio de controle do ativismo judicial, hoje difundido e necessário, *nada melhor, e mais democrático, do que investir na imposição de um ativismo também das partes, num viés voltado à cooperação na construção do provimento jurisdicional.*[35] Afinal, segundo esse modelo, as partes não se surpreenderão com *decisionismos* oriundos exclusivamente de reflexões solitárias do juiz. De antemão, terão consciência de que a decisão, como manda um adequado regime democrático, será

---

[34] GRECO, Leonardo. *Instituições de processo civil*: introdução ao direito processual civil. 2. ed. Rio de Janeiro: Forense, 2010. v. 1, p. 540. Em outro trecho de sua obra, Leonardo Greco, avançando no exame do contraditório, acrescenta: "Hoje, o contraditório ganhou uma proteção humanitária muito grande, sendo, provavelmente, o princípio mais importante do processo. Ele é um megaprincípio que, na verdade, abrange vários outros e, nos dias atuais, não se satisfaz apenas com uma audiência formal das partes, que é a comunicação às partes dos atos do processo, mas deve ser efetivamente um instrumento de participação eficaz das partes no processo de formação intelectual das decisões. Assim, impõe-se que as partes sejam postas em condições de, efetivamente, influenciar as decisões. As regras tradicionais da igualdade das partes e da sua audiência bilateral são básicas, mas, como já se afirmou, não satisfazem o contraditório participativo como um instrumento do princípio político da participação democrática. É necessário que o contraditório instaure o diálogo humano, que permita, por exemplo, ao juiz flexibilizar prazos e oportunidades de defesa, para assegurar a mais ampla influência das partes na formação da sua decisão" (GRECO, Leonardo. *Instituições de processo civil*: introdução ao direito processual civil. 2. ed. Rio de Janeiro: Forense, 2010. v. 1, p. 541).

[35] Importante advertência é formulada por Humberto Theodoro Júnior e Dierle José Coelho Nunes: "Devemos nos preocupar com o reforço do papel do juiz, mas ao mesmo tempo com o reforço do papel das partes e dos advogados, pois caso contrário delinear-se-á um sistema antidemocrático de aplicação de tutela no qual o juiz deverá trabalhar praticamente sozinho, sem subsídio técnico algum do procedimento e dos advogados" (THEODORO JÚNIOR, Humberto; NUNES, Dierle José Coelho. Uma dimensão que urge reconhecer ao contraditório no direito brasileiro: sua aplicação como garantia de influência, de não surpresa e de aproveitamento da atividade processual. *Revista de Processo*, São Paulo, n. 168, p. 110, 2009).

proveniente do debate travado no processo, relativo a questões de fato e de direito por elas mesmas suscitadas ou provocadas pelo próprio juiz na busca da (utópica) verdade real. Abaliza-se, desta forma, o princípio da segurança jurídica, pois às decisões judiciais confere-se previsibilidade e, por consequência, resguardam-se as expectativas das partes no que toca ao resultado oriundo da atividade jurisdicional.

Dito de maneira direta: eventuais surpresas no resultado da jurisdição atentam não só à democracia, senão ainda à própria segurança jurídica.[36] Ulceram o poder de controle que é conferido constitucionalmente às partes através do contraditório. A decisão judicial — repita-se — não é fruto da onipotência solitária do magistrado (= juiz *solipsista*),[37] mas

---

[36] É óbvio que aqui não se inserem as chamadas "decisões liminares", de natureza cautelar ou antecipatória, sempre que proferidas legitimamente, com assento no postulado da proporcionalidade. Nesse caso, admitem-se, de maneira excepcional, *decisões-surpresa*, prolatadas, ao menos inicialmente, ao arrepio do contraditório. Depois de concedidas as tais liminares, o debate processual é oportunizado (contraditório *sucessivo, postecipado* ou *diferido*). Sobre o assunto, Dierle José Coelho Nunes: "A possibilidade de deferimento de provimentos sem a oitiva da parte contrária (*inaudita altera parte*) possui previsão técnica no Brasil tanto para provimentos cautelares (art. 804, CPC) quanto antecipatórios (art. 273, CPC), mas seu exercício deverá somente ser acatado quando além de observados os permissivos legais ocorra no caso concreto maior adequabilidade de aplicação de algum outro princípio constitucional em detrimento da abertura e aplicação do contraditório. Quando não existir melhor adequabilidade de outro princípio em face do contraditório não existiria razão para proferimento de decisão sem a abertura do debate preventivo, ou seja, somente excepcionalmente a liminar deveria ser deferida sem oitiva da parte *ex adversa*" (NUNES, Dierle José Coelho. O princípio do contraditório: uma garantia de influência e de não surpresa. *In*: DIDIER JR., Fredie; JORDÃO, Eduardo Ferreira (Coord.). *Teoria do processo*: panorama mundial. Salvador: JusPodivm, 2008. p. 151-172).

[37] Como bem anota Lenio Luiz Streck, acreditar que a decisão judicial é produto "de um ato de vontade (de poder) nos conduz inexoravelmente a um fatalismo. Ou seja, tudo depende(ria) da vontade pessoal (se o juiz quer fazer, faz; se não quer, não faz...!). Logo, a própria democracia não depende(ria) de nada para além do que alguém quer...! Fujamos disso! Aliás, a hermenêutica surgiu exatamente para superar o assujeitamento do sujeito faz do objeto (aliás, isso é o que é a filosofia da consciência...!)" (STRECK, Lenio Luiz. *O que é isto – decido conforme minha consciência?*. 2. ed. Porto Alegre: Livraria do Advogado, 2010. p. 38). O mesmo autor mostra que a problemática relacionada à jurisdição e o papel destinado ao juiz vem de longe, especificamente desde o século XIX. Esclarece, deste modo, que desde "Oskar von Bülow (...) a relação publicística está lastreada na figura do juiz, 'porta-voz avançado do sentimento jurídico do povo', com poderes para além da lei, tese que viabilizou, na sequência, a Escola do Direito Livre. Essa aposta solipsista está lastreada no paradigma racionalista-subjetivista que atravessa dois séculos, podendo facilmente ser percebida, na sequência, em Chiovenda, para quem a vontade concreta da lei é aquilo que o juiz afirma ser a vontade concreta da lei; em Carnellutti, de cuja obra se depreende que a jurisdição é 'prover', 'fazer o que seja necessário'; também em Couture, para o qual, a partir de sua visão intuitiva e subjetivista, chega a dizer que 'o problema da escolha do juiz é, em definitivo, o problema da justiça'; em Liebman, para quem o juiz, no exercício da jurisdição, é livre de vínculos enquanto intérprete qualificado da lei. No Brasil, essa 'delegação' da atribuição dos sentidos em favor do juiz atravessou o século XX, sendo que tais questões estão presentes na concepção instrumentalista do processo, cujos defensores admitem a existência de

O Processo Democrático e a Ilegitimidade de Algumas Decisões Judiciais | 47

proveniente de uma construção dialética e argumentativa a envolver do mesmo modo o ativismo das próprias partes.[38] Com alicerce nesse viés, relacionado à *legitimidade* e ao *controle* da própria jurisdição e de seu resultado, aviva-se o entendimento centrado na invalidade de *decisões-surpresa*, referentes a questões fáticas e/ou jurídicas, porque atentatórias ao contraditório em sua acepção dinâmica — e, portanto, atentatórias à própria democracia. Surpreendida a parte com um provimento alheio à dialética processual, salvaguarda-lhe, mediante os instrumentos apropriados (inclusive via *querela nullitatis*) e em clamor a seu direito de *influência* na construção da norma jurídica pacificadora, o direito de obter, perante o Judiciário, a nulidade da decisão ilegítima, em proveito de outra a ser necessariamente prolatada, e que considere, efetiva e exclusivamente, a matéria fática e jurídica objeto do debate travado no processo.[39]

---

escopos metajurídicos, estando permitido ao juiz realizar determinações jurídicas, mesmo que não contidas no direito legislado, com o que o aperfeiçoamento do sistema jurídico dependerá da 'boa escolha dos juízes' (...) e, consequentemente, de seu — como assinalam alguns doutrinadores — 'sadio protagonismo'" (STRECK, Lenio Luiz. *O que é isto – decido conforme minha consciência?*. 2. ed. Porto Alegre: Livraria do Advogado, 2010. p. 40-41).

[38] Cleber Lúcio de Almeida apresenta visão bastante similar a que ora se defende: "O Estado Democrático de Direito tem como característica essencial a criação das normas jurídicas gerais e abstratas pelos seus destinatários (construção participada da ordem jurídica). Nesse sentido, estabelece o art. 1º, parágrafo único, da Constituição da República que todo poder emana do povo. Contudo, no verdadeiro Estado Democrático de Direito, não é suficiente a construção participada da ordem jurídica. Nele, o processo judicial, como instrumento de atuação de uma das funções do Estado, deve estar em sintonia com os princípios adotados constitucionalmente, dos quais decorre o direito fundamental de participação na tomada de decisões. Por essa razão, também a norma jurídica concreta — a norma regente do caso submetido ao Poder Judiciário ou o direito no caso concreto — deve ser construída com a participação dos destinatários dos seus efeitos (construção participada da decisão judicial ou do direito no caso concreto). A participação das partes na formação do direito no caso concreto opera em favor da consolidação do Estado Democrático de Direito, uma vez que ser senhor do próprio destino é participar não só da criação, mas também da aplicação das normas jurídicas gerais e abstratas a casos concretos". Mais à frente, leciona: "Participar da formação da decisão judicial é, também, participar da compreensão do significado das normas jurídicas gerais e abstratas (interpretação). Essa participação legitima a atribuição de significado à norma constante da decisão e a torna mais objetiva, uma vez que construída a partir de diversos pontos de vista" (ALMEIDA, Cleber Lúcio de. *A legitimação das decisões judiciais no Estado democrático de direito*. Disponível em: <http://direito.newtonpaiva.br/revistadireito/professor/professores.asp>. Acesso em: 08 fev. 2010).

[39] É nessa linha o entendimento de Corrado Ferri, citado por Dierle José Coelho Nunes: (...) "o contraditório constitui uma verdadeira garantia de não surpresa que impõe ao juiz o dever de provocar o debate acerca de todas questões, inclusive as de conhecimento oficioso, impedindo que em 'solitária onipotência' aplique normas ou embase a decisão sobre fatos completamente estranhos à dialética defensiva de uma ou ambas as partes. Toda vez que o magistrado não exercitasse ativamente o dever de advertir as partes quanto ao específico objeto relevante para o contraditório, o provimento seria invalidado, sendo que a relevância ocorre se o ponto de fato ou de direito constituiu necessária premissa ou fundamento para

5 Casos práticos de decisões judiciais proferidas à margem do contraditório

A partir daqui o intento é situar o tema num contexto prático e, de tal modo, apontar um agir estatal ocorrente e que vai de encontro às premissas traçadas até o momento. Quer-se, destarte, indicar algumas decisões judiciais frequentemente verificadas no cotidiano forense e que, entretanto, apresentam-se em desacordo com a atual estruturação do contraditório, desajustadas à ideia de democracia e, por isso, atentatórias ao modelo democrático do processo civil brasileiro.

Questionar-se-á designadamente a legitimidade de decisões judiciais que, em atropelo ao contraditório, condenam: i) à multa por litigância de má-fé; ii) a honorários *sucumbenciais*; e iii) a juros e correção monetária. Segundo a mesma linha de raciocínio, serão examinados — e rotulados de ilegítimos — provimentos jurisdicionais: iv) elaborados com assento em tese jurídica diversa daquelas debatidas ao longo do procedimento; v) que se fundamentam em presunção judicial construída em atentado à dialética processual; vi) proferidos oficiosamente pelo juiz, mas sem a oitiva das partes; vii) que desconsideram abruptamente a personalidade das pessoas jurídicas sem patrimônio a fim de estender aos sócios a responsabilidade patrimonial por dívida contraída por aquela; e viii) que julgam embargos de declaração sem a participação do embargado.

5.1 A condenação à multa por litigância de má-fé

Segundo o Código de Processo Civil, reputa-se litigante de má-fé aquele que: i) deduzir pretensão ou defesa contra texto expresso de lei ou fato incontroverso; ii) alterar a verdade dos fatos; iii) usar do processo para conseguir objetivo ilegal; iv) opuser resistência injustificada ao andamento do processo; v) proceder de modo temerário em qualquer incidente ou ato do processo; vi) provocar incidentes manifestamente infundados; e vii) interpuser recurso com intuito protelatório (CPC, art. 17).

---

a decisão. Assim, o contraditório não incide sobre a existência de poderes de decisão do juiz, mas, sim, sobre a modalidade de seu exercício, de modo a fazer do juiz um garante de sua observância e impondo a nulidade de provimentos toda vez que não exista a efetiva possibilidade de seu exercício" (NUNES, Dierle José Coelho. O princípio do contraditório: uma garantia de influência e de não surpresa. *In*: DIDIER JR., Fredie, JORDÃO, Eduardo Ferreira. *Teoria do processo*: panorama mundial. Salvador: JusPodivm, 2008. p. 151-172).

O Processo Democrático e a Ilegitimidade de Algumas Decisões Judiciais | 49

Verificada nos autos postura que sugere ao juiz a caracterização de hipótese justificadora da penalidade por litigância de má-fé (CPC, art. 18 — perceba isso por provocação ou oficiosamente), cumpre-lhe, antes, instaurar o contraditório e, deste modo, permitir aos interessados que se manifestem, robusteçam ou refutem os argumentos sinalizados pela autoridade jurisdicional e, caso necessário, até produzam provas. Não obstante aquilo percebido no dia a dia do foro, não lhe é permitido condenar previamente, sem assinalar sua suspeita às partes e, assim, possibilitar que elas travem debate sobre a questão, assegurando a cada qual o direito de advogarem suas posições, de reagirem e, sobretudo, de influenciarem na formação da convicção judicial.

Como esclarece Gelson Amaro de Souza, não está o juiz autorizado a aplicar multa por litigância de má-fé, ausente o respeito ao contraditório e à ampla defesa. Em se tratando de regime, que se pretende viver e conviver com um Estado de Direito, não se pode pretender condenar alguém sem que lhe seja concedida, antes, oportunidade de diálogo. Em todo procedimento, administrativo ou judicial, há de se respeitar o *devido processo legal*, algo cuja observância é hoje exigida, inclusive, em procedimentos particulares (exemplos: expulsão de aluno de escola; exclusão de sócio de sociedade, exclusão de plano de saúde, etc.). Estar-se-á diante de um princípio universal que deve ser respeitado por todos os povos, mais precisamente por aqueles que inserem numa democracia.[40]

Num outro giro, verificam-se, com razoável frequência, condenações igualmente precipitadas, estranhas ao *due process*, endereçadas, porém, ao advogado, unicamente a ele ou em solidariedade com seu cliente. Decisões judiciais com esse conteúdo apresentam-se do mesmo modo ilegítimas, por contrariarem violentamente a Constituição e as próprias bases do regime democrático. O arbítrio é seu fundamento maior: i) primeiro, porque atentatórias a texto expresso na lei processual, que veda ao juiz a possibilidade de condenar advogados à multa pela litigância de má-fé (CPC, art. 14, parágrafo único); segundo, porque direcionadas a punir advogados em atropelo a suas prerrogativas profissionais, talhadas em razão de um comando de ordem constitucional (CF, art. 133 — *direito fundamental a um advogado*),[41] e existentes para lhes

---

[40] SOUZA, Gelson Amaro. Litigância de má-fé e o direito de defesa. *Revista Bonijuris*, n. 550, p. 5-11, 2009.

[41] Se num Estado Democrático de Direito toda a atividade estatal há de ser controlada, é nada menos que lógica a necessidade de advogados funcionando no processo judicial. E assim idealmente deve ser, ao menos segundo impõe a Constituição quando afirma que o advogado

50 | Lúcio Delfino
Direito Processual Civil – Artigos e Pareceres

permitir o exercício de seu ofício, sem receios e retaliações; ii) terceiro, porque, no mais das vezes, são provimentos fabricados ao sabor do engenho solitário do juiz, com desdém às garantias da ampla defesa e do contraditório, voltados a invadir a esfera patrimonial daqueles que sequer integram a relação jurídica processual — afinal, advogado não é parte. Condenações assim escamoteiam ideologia atentatória aos valores constitucionais, além de seu inegável caráter intimidatório, porquanto afrontosas — ainda que indiretamente — a todos aqueles que exercem a advocacia, atividade na qual a liberdade e a independência são predicados essenciais para o satisfatório desempenho na defesa dos cidadãos.[42]

É inaceitável, em conclusão, que a autoridade jurisdicional opere de maneira açodada e forme conjecturas que levem à condenação de multa por litigância de má-fé (seja às partes, seja a seus advogados) sem a prévia instalação do debate processual,[43] tomando de maneira vazia

---

é *indispensável* à administração da justiça, sendo inviolável por seus atos e manifestações no exercício profissional (CF/88, art. 133). Por meio desse comando, o constituinte apenas instituiu outra importante garantia ao cidadão, especialmente ao jurisdicionado, àquele que efetivamente haverá de lidar com a autoridade judiciária. Instituiu o *direito fundamental a um advogado*. Confira-se a respeito disso a lição de Rosemiro Pereira Leal: "Assim, por imperativo constitucional, o pressuposto subjetivo de admissibilidade concernente à capacidade postulatória, para a existência legítima de processo, ação e jurisdição, não pode sofrer, no direito brasileiro, restrição, dispensabilidade, flexibilização ou adoção facultativa, porque os procedimentos jurisdicionais estão sob o regime de normas fundamentais que implicam o controle da jurisdição pelo advogado (CR/88, art. 133) e que somente se faz pela presença indeclinável do advogado na construção dos procedimentos jurisdicionais (litigiosos ou não)". E arremata: "O que se extrai do art. 133 da CR/88 é que, muito mais que o retórico controle do judiciário, há que se restabelecer, de imediato, por consectário constitucional, com pronta revogação ou declaração de inconstitucionalidade de leis adversas, o controle da atividade jurisdicional pelo advogado" (LEAL, Rosemiro Pereira. Teoria da defesa no processo civil. In: LEAL, Rosemiro Pereira. *Relativização inconstitucional da coisa julgada*: temática processual e reflexões jurídicas. Belo Horizonte: Del Rey, 2005. p. 47-48).

[42] Para um maior aprofundamento sobre o tema, verificar: DELFINO, Lúcio. Condenação de advogado a litigância de má-fé: cariz autoritário da decisão e atentado ao devido processo legal. *Revista Brasileira de Direito Processual*, Belo Horizonte, n. 72, p. 251-260, 2010.

[43] Essa, sem dúvida, a posição também de Fredie Didier Jr., escorada em importante precedente do Superior Tribunal de Justiça: "Mais condizente com a moderna visão do princípio do contraditório está o art. 599, II, do CPC, que diz que o juiz pode, em qualquer momento do processo, advertir ao devedor que o seu procedimento constitui ato atentatório à dignidade da justiça. Ora, antes de punir, adverte sobre o comportamento aparentemente temerário, para que a parte possa explicar-se. Dispositivo belíssimo, que pode ser aplicado, por analogia, na aplicação de qualquer punição processual — e ressalte-se que este artigo está no Livro II, relacionado ao Processo de Execução, em que as situações processuais das partes são significativamente distintas. Também deve ser assim na aplicação da nova multa do art. 14, par. único, CPC. Deverá o magistrado, ao expedir a ordem ou o mandado para cumprimento da diligência, providenciar advertir esses sujeitos (partes e terceiros) de que o seu comportamento recalcitrante poderá resultar na aplicação da mencionada multa. Sem essa comunicação/advertência prévia, pensamos que a multa porventura aplicada é indevida,

O Processo Democrático e a Ilegitimidade de Algumas Decisões Judiciais | 51

uma regra como se exceção fosse,[44] num agir absolutório pautado unicamente em seu próprio e exclusivo juízo (argumento da autoridade).[45]

---

[44] por desrespeito ao princípio do contraditório. O responsável precisa saber das possíveis consequências de sua conduta, até mesmo para demonstrar ao magistrado as razões pelas quais não cumpriu a ordem, ou não a fez cumprir, ou até mesmo para demonstrar que a cumpriu ou não criou qualquer obstáculo para o seu cumprimento. Afinal, o contraditório se perfaz com a informação e o oferecimento de oportunidade para influenciar no conteúdo da decisão; participação e poder de influência são as palavras-chave para a compreensão desse princípio constitucional. Correta também a solução encontrada pelo Superior Tribunal de Justiça, no julgamento do Recurso Especial nº 250.781/SP, rel. Min. José Delgado, *DJ* de 19 jun. 2000: Processual civil. Litigância de má-fé. Requisitos para sua configuração. 1. Para a condenação em litigância de má-fé, faz-se necessário o preenchimento de três requisitos, quais sejam: que a conduta da parte se subsuma a uma das hipóteses taxativamente elencadas no art. 17, do CPC; que à parte tenha sido oferecida oportunidade de defesa (CF, art. 5º, LV); e que da sua conduta resulte prejuízo processual à parte adversa" (DIDIER; JR., Fredie. *Curso de direito processual civil*. 6. ed. Salvador: JusPodivm, 2006. v. 1, p. 59-60).

[44] Decisões dessa natureza transformam a regra em exceção porque ignoram a conhecida advertência de Malatesta: "o ordinário se presume e o extraordinário se prova" (DINAMARCO, Cândido Rangel. Desconsideração da personalidade jurídica, fraude, ônus da prova e contraditório. *In: Fundamentos do processo civil moderno*. 6. ed. São Paulo: Malheiros, 2010. v. 1, p. 538-539). Percebendo indícios de má-fé praticados por quaisquer das partes, é dever do juiz sinalizar sua impressão e, destarte, permitir a participação delas na construção da decisão. Não se encontra autorizado a agir precipitadamente, proferindo condenação assentada unicamente em seu alvedrio, segundo uma postura altamente *solipsista* e num viés que, mesmo apegado à intenção de celeridade, não guarda relação alguma com a democracia.

[45] Tampouco está o intérprete autorizado a advogar que algumas hipóteses elencadas no art. 17 do CPC, em razão de sua "objetividade e clareza" (?), autorizariam um agir "automático" do juiz, alheio à instauração do contraditório. Tome-se como exemplo a hipótese inserta no inciso I desse dispositivo ("deduzir pretensão ou defesa contra texto expresso de lei ou fato incontroverso"). Consoante anota o saudoso Ovídio Batista, supõem alguns que a "lei" tenha sempre univocidade de sentido, *o que é rigorosamente falso*. Afinal, a hermenêutica contemporânea admite que a norma legal tenha suficiente abertura semântica, capaz de admitir dois ou mais sentidos legítimos de concebê-la, o que torna, sob o ponto de vista prático, tarefa extremamente árdua o reconhecimento de que a parte esteja a postular "contra texto expresso de lei". E mesmo nos casos em que se postula contra súmulas de jurisprudência dominante, a caracterização de litigância de má-fé só é aceitável quando a parte não tenha relevantes argumentos jurídicos, capazes de provocar a mudança ou revogação do posicionamento pacificado. Também, como exemplo, atente-se para a hipótese do inciso II ("alterar a verdade dos fatos"). Indaga Ovídio Batista: "Em que hipóteses se diria que a parte alterou a 'verdade' dos fatos?" E apresenta as possíveis respostas, sublinhando a dificuldade de aplicação da regra e a prudência que deve nortear o magistrado: "Quando a sentença proclamasse que o fato afirmado como existente não existe? Ou quando, negada a existência de algum fato, venha a sentença a tê-lo como existente? Fato verdadeiro é aquele comprovado nos autos? A parte que alegue fato cuja prova não lhe foi possível fazer responderá como litigante de má-fé?" (SILVA, Ovídio A. Baptista da. *Comentários ao Código de Processo Civil*. São Paulo: Revista dos Tribunais, 2000. v. 1, p. 112-113). Essas ilustrações realçam que o contraditório aqui não é meramente simbólico ou inútil. Bem ao contrário, é de sua instauração, da influência advinda dele, que terá o juiz condições seguras de determinar a caracterização ou não da litigância de má-fé.

5.2 A condenação por honorários de sucumbência e a incidência dos juros moratórios e correção monetária

5.2.1 Considerações iniciais

Ao juiz é defeso proferir sentença a favor do autor de natureza diversa (*extra petita*) ou a mais (*ultra petita*) daquilo que foi pedido (CPC, art. 460). Há, todavia, ressalvas a essa regra, tratadas pela doutrina sob a nomenclatura "pedidos implícitos", que, por conseguinte, autorizam decisões judiciais que açambarquem circunstâncias não postuladas expressamente. Incluem-se neste rol excepcional: i) honorários advocatícios (CPC, art. 20); ii) despesas e custas processuais; iii) correção monetária (CC/02, art. 404); iv) prestações vincendas e inadimplidas na constância do processo em caso de contratos de trato sucessivo (CPC, art. 290; e v) juros legais/moratórios (CC/02, arts. 404 e 406).

A expressão implícito vincula-se à ausência de formulação certa e determinada na petição inicial sobre alguma pretensão específica. Ainda que não se constate às vezes expressão formal e manifestamente postulada acerca das hipóteses elencadas no parágrafo anterior, no caso de julgamento de procedência (e na maioria das hipóteses também no de improcedência), deverá o juiz sempre considerá-las, porque sua certeza e determinação decorrem da própria lei processual. Não há, enfim, surpresa às partes quanto a sua análise,[46] pois a autorização para que o órgão jurisdicional examine tais postulações (omissas na petição inicial) encontram-se explicitadas no Código de Processo Civil. Portanto, e sob a ótica da legislação processual, são também pedidos certos e determinados, sem embargo de sua falta na peça de ingresso.

Não é lícito ao intérprete, entretanto, confundir "pedido implícito" e "permissão para ignorar o contraditório". Vale dizer: não é porque o juiz deve decidir sobre algumas matérias alheias àquilo que foi expressamente pedido pelo autor, que estaria da mesma forma legitimado a desprezar nessas hipóteses o contraditório. Basta lembrar que a Constituição não faz concessões no que se refere aos direitos fundamentais processuais — embora tais concessões possam ocorrer

---

[46] As partes, portanto, frente à previsão legal, sabem de antemão que a autoridade judicial irá examinar os chamados "pedidos implícitos". Não há surpresa com relação a esse exame. Poderão surpreender-se, todavia, naquilo que diz respeito ao *conteúdo* da decisão judicial. A lei processual autoriza o exame de algumas pretensões, ainda que ausente formulação expressa quanto a elas ("pedidos implícitos"), não significando isso, contudo, autorização para fazê-lo em desatenção ao contraditório.

O Processo Democrático e a Ilegitimidade de Algumas Decisões Judiciais | 53

no caso concreto e segundo a aplicação escorreita do *postulado da proporcionalidade* — e afirma com todas as letras que "ninguém será privado da liberdade ou de seus bens sem o devido processo legal" (CF/88, art. 5º, LIV).

Tampouco tergiversa quando estabelece que "aos litigantes, em processo judicial ou administrativo, e aos acusados em geral são assegurados o contraditório e a ampla defesa, com os meios e recursos a ela inerentes" (CF/88, art. 5º, LV). Mediante tais comandos, pretendeu-se, como já anunciado anteriormente, destacar o descompasso entre Estado Democrático de Direito e decisões estatais (administrativas ou jurisdicionais) proferidas à margem de um procedimento atento aos direitos fundamentais processuais.

Como subterfúgio, talvez se intente rotular o contraditório de "inútil" nesses casos, até como forma de provar sua desnecessidade. Por se tratar de princípio que se volta à proteção das partes, não seria mesmo racional que seu desrespeito acarretasse a nulidade dos atos (ou ainda de todo o processo) se ausente prejuízo à parte que seria protegida por sua observação.[47] Todavia, naquilo que diz respeito ao

---

[47] NEVES, Daniel Amorim Assunção. *Manual de direito processual civil*. São Paulo: Método, 2009. p. 58-59. Confira-se a acertada lição do festejado processualista acerca do "contraditório inútil": "O contraditório é moldado essencialmente para a proteção das partes durante a demanda judicial, não tendo nenhum sentido que o seu desrespeito, se não gerar prejuízo à parte que seria protegida pela sua observação, gere nulidade de atos e até mesmo do processo como um todo. Qual o sentido, à luz da efetividade da tutela jurisdicional, em anular um processo porque neste houve ofensa ao contraditório em desfavor do vitorioso? O autor não foi intimado da juntada pela parte contrária de um documento e a seu respeito não se manifestou. Houve ofensa ao contraditório, não há dúvida, mas relevável se o autor ainda assim sagrou-se vitorioso na demanda. A citação ocorreu em homônimo do réu, vício gravíssimo — chamado por alguns de transrescisório pela possibilidade de alegação a qualquer momento, até mesmo depois do prazo da ação rescisória — que impede a regular formação da relação jurídica processual. Ocorre, entretanto, que o pedido do autor foi rejeitado, ou seja, o réu, mesmo sem ter sido citado, sagrou-se vitorioso na demanda. Que sentido teria anulá-la por ofensa ao contraditório? A resposta é óbvia: nenhum. Os exemplos trazidos têm como objetivo demonstrar que no caso concreto a ofensa ao princípio do contraditório não gera nulidade em toda e qualquer situação, não representando uma diminuição do princípio e a sua aplicação à luz de outros princípios e valores buscados pelo processo moderno. O afastamento pontual do contraditório, nos termos expostos, é não só admitido, como também recomendável. Por outro lado, também se admite que o próprio procedimento, de forma ampla e genérica, afaste em algumas situações o contraditório, evitando-se o chamado 'contraditório inútil'. A sentença proferida *inaudita altera parte* que julga o mérito em favor do réu (arts. 285-A e 295, IV, do CPC) que nem foi citado certamente não se amolda ao conceito de contraditório, porque nesse caso o réu não é sequer informado da existência da demanda. Mas realmente se pode falar em ofensa ao princípio do contraditório? Exatamente qual seria a função de citar o réu e dele permitir uma reação se o juiz já tem condições de dar a vitória definitiva da demanda (sentença de mérito) a seu favor? Evidentemente, nenhuma digna de nota, não se podendo antever qualquer agressão ao ideal do princípio do contraditório nessas circunstâncias" (NEVES, Daniel Amorim Assunção. *Manual de direito processual civil*. São Paulo: Método, 2009. p. 59).

54 | Lúcio Delfino
Direito Processual Civil – Artigos e Pareceres

julgamento de alguns "pedidos implícitos", não há como sustentar a inutilidade do contraditório, e assim tanto pela ótica do demandante — que se beneficiou, pois obteve mais do que formalmente pediu — como pela do demandado.

5.2.2 Os honorários sucumbenciais

Enfrente-se, num primeiro momento, a questão referente aos honorários advocatícios (CPC, art. 20).

Perceba-se que tal verba pertence, por força legal, ao advogado, a quem cabe, inclusive, executá-la sozinho sempre que incluída na condenação, podendo requerer que o precatório, quando necessário, seja expedido em seu favor (art. 23, Lei nº 8.906/94).

Evidentemente que advogado não é parte no processo em que atua profissionalmente, em defesa dos interesses daquele que o contratou. Manifesta-se, de regra, em nome de seu constituinte, representando-o em todas as fases procedimentais pelas quais perpassa a atividade jurisdicional. Contudo, naquilo que diz respeito especificamente aos honorários *sucumbenciais* que serão arbitrados em sentença, os advogados de ambos os lados atuam na qualidade de genuínas partes (ativas), cada qual defendendo seus interesses e almejando importância monetária que se ajuste a suas expectativas. Considerando que os causídicos operam num determinado momento do processo atendendo interesses exclusivamente deles próprios, parece natural a conclusão de que cumpre à autoridade julgadora, atenta ao *devido processo legal,* permitir-lhes o exercício do seu direito de participação e influência na construção desse capítulo (condenatório) do provimento jurisdicional.

As partes em especial, sobretudo porque a condenação a elas será dirigida, detêm naturalmente a garantia de refutar argumentos e de produzir provas e contraprovas, até como meio de evitar a fixação de honorários que, em sua ótica, se apresentariam excessivos. Não há como se aceitar num regime democrático, demarcado pelo *due process* e por todos os *direitos fundamentais processuais* que lhe conferem identidade, condenação proferida em desprezo à ampla defesa, sem que se permita ao sucumbente a oportunidade de manifestar-se previamente. Pensar de outro modo é ferir mortalmente o art. 5º, LIV e LV, da Constituição Federal.[48]

---

[48] Embora tratando do tema genericamente, a lição adiante, da lavra do ilustre processualista baiano, Fredie Didier Jr., ajusta-se perfeitamente àquilo que ora se defende: "Como poderia

O Processo Democrático e a Ilegitimidade de Algumas Decisões Judiciais | 55

E não há aí a defesa de um contraditório inútil. Basta verificar que a legislação processual não deixa ao exclusivo talante do juiz a fixação dos honorários. Muito pelo contrário, abaliza *critérios gerais* ao afirmar que os honorários serão fixados entre o mínimo de dez por cento (10%) e o máximo de vinte por cento (20%) sobre o valor da condenação, atendidos: i) o grau de zelo do profissional; ii) o lugar de prestação do serviço; iii) a natureza e importância da causa, o trabalho realizado pelo advogado e o tempo exigido para seu serviço (CPC, art. 20, §3º, "a", "b" e "c"). Também há *critérios específicos*, previstos para utilização nas causas "de pequeno valor" e "de valor inestimável", nas em que "não houver condenação" ou "for vencida a Fazenda Pública", além das "execuções, embargadas ou não": nesses casos, estabelece o legislador que os honorários serão fixados consoante apreciação equitativa do juiz,[49] atendidos os critérios já apontados e constantes do art. 20, §3º,

---

o magistrado punir alguém, sem que lhe tenha dado a chance de manifestar-se sobre os fundamentos da punição; por exemplo, demonstrando que os fatos em que se baseia o magistrado ou não ocorreram ou não permitem a aplicação da sanção? Seria punir sem ouvir; seria condenar sem dar a chance de defesa. Não é possível a aplicação de qualquer punição processual, sem que se dê oportunidade de o 'possível punido' manifestar-se previamente, de modo a que possa, de alguma forma, influenciar no resultado da decisão" (DIDIER JR., Fredie. *Curso de direito processual civil*. 6. ed. Salvador: JusPodivm, 2006. v. 1, p. 59).

[49] Não só esse dispositivo autoriza o juiz a julgar "equitativamente" (CPC, art. 20, §4º). Também assim o art. 127 do CPC, sugerindo a possibilidade de julgamento "por equidade" naqueles casos previstos em lei. Apesar da literalidade dos dispositivos, seria equivocado crer que o juiz possa desprezar a lei e julgar "por equidade". Enfim, se interpretados gramaticalmente, ambos os dispositivos são de duvidosa constitucionalidade. Ao instituir os arts. 127 e 20, §4º do Código de Processo Civil, o legislador não vinculou a equidade à interpretação jurídica, senão como substituta da lei. Nessa ótica, a equidade seria uma válvula de escape, algo previsto pelo legislador como possível, conquanto não taxativamente positivado. Decidir por equidade — ainda segundo essa ótica — é pautar-se em critérios não contidos em lei alguma, é permitir ao juiz remontar ao valor do justo e à realidade econômica, política, social ou familiar em que se insere a situação concreta sob análise, para daí retirar os critérios com base nos quais julgará (DINAMARCO, Cândido Rangel. *Instituições de direito processual civil*. 6. ed. São Paulo: Malheiros, 2009. v. 1, p. 331-332). A técnica de decisão via equidade não se harmoniza com os ideais alimentados pelo Estado Democrático de Direito. Não há como — acredita-se — advogar a constitucionalidade desses dispositivos, segundo um parâmetro meramente literal. Num Estado Democrático de Direito não há julgamento "por equidade", isto é, não se admite ao juiz afastar, por critérios próprios, a aplicação do direito objetivo — há, sim e sempre, julgamento *pautado* na equidade. À atividade jurisdicional não é dado parir *decisionismos* tão extremados, em desrespeito absoluto ao *princípio da reserva legal*. Melhor mesmo é forçar a exegese e afirmar que não há decisão jurisdicional que se arrede da equidade. A lei deve ser interpretada *com* equidade — a equidade não é fim, mas meio para se atingir uma adequada interpretação jurídica. A interpretação da lei realizada numa dimensão constitucional, que considere os valores exalados pelos princípios constitucionais e direitos fundamentais, pauta-se seguramente em critérios de equidade; a decisão judicial daí oriunda conquistará um núcleo de justiça e de legitimidade, uma vez que tonificada pelos ideais almejados pelo paradigma do Estado Democrático de Direito.

"a", "b" e "c" do Código de Processo Civil (CPC, art. 20, §4º).

Se porventura o debate, momentos antes da prolação da sentença, não se aperfeiçoou a ponto de abarcar discussão de todos esses critérios — o que quase sempre ocorre —, manda um processo justo e équo que se instaure breve incidente processual a permitir sua realização. Antes disso, no entanto, poderá a autoridade julgadora — e é salutar que assim o faça — incitar advogados e partes a travarem o diálogo, concretizando não só o contraditório, senão ainda o direito fundamental à duração razoável do processo. É concebível, inclusive, que surja a necessidade de produção de provas a fim de se evidenciar, por exemplo, o "grau de zelo profissional", a "natureza e importância da causa", o "trabalho realizado pelo advogado" e "o tempo exigido para seu serviço", situações não verificáveis apenas *endoprocessualmente* e com amparo na mera percepção do juiz, mas que podem ser objeto de reforço no campo extraprocessual.[50]

Absolutamente ilegítimas, portanto, decisões condenatórias a honorários *sucumbenciais* produzidas em desrespeito à participação. E a frequência com a qual se constata essa realidade não serve, como é óbvio, para justificá-la. O que se vê aí, na verdade, é um atentado ao que impõe a Constituição, sobretudo ao contraditório e à ampla defesa.

5.2.3 Os juros e a correção monetária

O ordenamento jurídico estabelece regras diversas acerca do marco inicial no qual incidem juros de mora e correção monetária, a

---

[50] Voltando os olhos para o cotidiano forense, ao advogado mais atento é aconselhável que aproveite o ensejo da *audiência de instrução e julgamento* para produzir prova testemunhal e ali, por exemplo, demonstre seu "grau de zelo profissional", as minúcias do "trabalho realizado" e o "tempo gasto para o serviço". Não há porque se pensar que essas provas devem ser exclusivamente extraídas dos registros contidos no caderno processual, como se a frieza das peças anexadas fosse suficiente para retratar a inteireza do trabalho realizado pelo advogado. Pense-se, para ilustrar: i) nos casos mais complexos, que exigem do advogado inúmeras reuniões em seu escritório e até na residência ou no local de trabalho do cliente; ii) nos telefonemas (às vezes longos e extenuantes) que o advogado faz para o cliente e que dele também recebe; iii) nas investigações *in loco* que, não raramente, exigem do causídico empenho pessoal, até para averiguar as particularidades do caso e, deste modo, retratá-lo mais ajustadamente nas peças processuais que lhe caberá elaborar (casos de reintegração de posse, usucapião, acidentes de veículos, entre outros tantos); iv) nos feitos que exigem do advogado tempo extra, dispensado a profissionais de outras áreas (médicos, dentistas, contadores, engenheiros), que o municiarão de informações indispensáveis ao patrocínio da causa que lhe fora confiada (ações de responsabilidade civil envolvendo erro médico e desabamentos de edifícios, prestações de contas). Todos esses elementos não se encontram historiados nos autos processuais, pois sobrevêm extraprocessualmente e, só por isso, dependem de produção probatória.

depender das particularidades dos casos em julgamento. Não bastassem as interpretações conferidas a essas regras são, vez ou outra, variantes e assim acarretam imprecisões e inseguranças.

Enfrentem-se inicialmente os juros moratórios, que são aqueles, convencionais ou legais, que decorrem do descumprimento das obrigações e, mais frequentemente, do retardamento na restituição do capital ou do pagamento em dinheiro ou ainda do pagamento em outro lugar e por outra forma que não os convencionados.[51] Derivam, portanto, da mora, vale dizer, da imperfeição no cumprimento da obrigação, sobretudo quanto ao tempo, sem descartar o lugar e a forma convencionados, independentemente da prova do dano.[52] Sua finalidade, enfim, é a de remunerar o retardo no pagamento de uma dívida; o prejuízo — leciona Carvalho Santos — é pressuposto pela lei, como resultado da demora culposa do devedor em cumprir sua obrigação, conservando em seu poder a prestação.[53]

Especificamente os juros legais moratórios (espécie de juros moratórios) assim são denominados por serem devidos, mesmo ante a ausência de estipulação pelas partes na constituição da obrigação, com aplicação da taxa determinada por lei.[54] Além da regra geral (CC/02, art. 406),[55] há muitos outros exemplos de juros moratórios legais, devidos independentemente da vontade das partes, em razão da lei: i) juros em razão da prestação de contas sobre o saldo do tutor ou do tutelado (CC/02, art. 1.762); ii) juros em consequência do pagamento de perdas e danos nas obrigações em dinheiro (CC/02, art. 404); iii) juros devidos pelo mandatário ao mandante em virtude do emprego, em proveito próprio, de valores que lhe foram entregues para fazer frente às despesas com o desempenho do mandato, desde o momento em

---

[51] SCAVONE JUNIOR, Luiz Antonio. *Juros no direito brasileiro*. São Paulo: Revista dos Tribunais, 2003. p. 96.

[52] SCAVONE JUNIOR, Luiz Antonio. *Juros no direito brasileiro*. São Paulo: Revista dos Tribunais, 2003. p. 96. Mostra o mesmo autor que, de acordo com o art. 1.062 do Código Civil de 1916, 'a taxa dos juros moratórios, quando não convencionada (art. 1.262), será de 6% ao ano'. No Código Civil de 2002, por sua vez, a taxa de juros legais moratórios é estipulada de acordo com a taxa 'que estiver em vigor para a mora do pagamento de impostos devidos à Fazenda Nacional', ou seja, 1% ao mês, nos termos dos art. 161, §1º, do Código Tributário Nacional. Convencionada, ademais, a taxa de juros moratórios não pode ultrapassar os limites legais impostos por lei, que, como visto, atualmente é de 1% ao mês (SCAVONE JUNIOR, Luiz Antonio. *Juros no direito brasileiro*. São Paulo: Revista dos Tribunais, 2003. p. 96-97).

[53] *Idem*. *Juros no direito brasileiro*. São Paulo: Revista dos Tribunais, 2003. p. 96.

[54] *Ibidem*, p. 96.

[55] "Art. 406. Quando os juros moratórios não forem convencionados, ou o forem sem taxa estipulada, ou quando provierem de determinação da lei, serão fixados segundo a taxa que estiver em vigor para a mora do pagamento de impostos devidos à Fazenda Nacional".

que se apropriou dos valores (CC/02, art. 670); iv) juros devidos pelo segurado em razão de atraso no pagamento de prêmio de seguro (CC/02, art. 772); v) juros devidos pelo afiançado ao fiador que paga a dívida, não havendo juros convencionais na obrigação principal, devidos em razão da sub-rogação legal (CC/02, arts. 831 e 833); vi) juros devidos pelo delinquente em razão da reparação e do ressarcimento dos danos (CC/16, art. 1.544, sem paralelo no Código Civil de 2002); vii) juros devidos ao consumidor cobrados indevidamente, calculados em razão do valor da repetição do indébito (CDC, art. 42).[56]

No que se refere à correção monetária — disciplinada pela Lei nº 6.899/81 —, traduz-se num ajuste periódico de valores financeiros destinado a manter o poder aquisitivo da moeda vigente no País, atenuando-se os efeitos de sua desvalorização. Na seara jurisdicional, é elemento indispensável a ser sempre considerado na prolação de sentenças condenatórias, ainda que inexistente pedido expresso na petição inicial, consoante afirmado noutra parte (CPC, art. 293). Por meio dela compensa-se eventual desvalorização referente à importância monetária atribuída a título de condenação, mantém-se o poder aquisitivo do dinheiro desvalorizado, imperativo de ordem ética e jurídica que assegura a obtenção integral e real da reparação, e isso sem privilegiar ou punir quaisquer das partes envolvidas.[57]

Também são variantes as hipóteses legais acerca de sua incidência, servindo de exemplo a aplicação da correção monetária em decorrência de: i) inexecução contratual (CC/02, arts. 389 e 395); ii) débitos oriundos de decisão judicial (Lei nº 6.899/81, art. 1º); iii) títulos de crédito; e iv) ato ilícito (CC/02, art. 398).

A matéria relativa aos juros moratórios e à correção monetária é intrincada e, pela dificuldade que às vezes seu enfrentamento acarreta, constatam-se no cotidiano decisões nem sempre harmonizadas a sua disciplina legal.[58] Verifica-se daí intensificado risco de o juiz não revelar

---

[56] SCAVONE JUNIOR, Luiz Antonio. *Juros no direito brasileiro*. São Paulo: Revista dos Tribunais, 2003. p. 107.

[57] WALD, Arnoldo. Correção monetária de condenação judicial em ação de responsabilidade civil. *Revista de Processo*, São Paulo, v. 104, n. 26, p. 133-149, out./dez. 2001.

[58] Confira-se a lição de Leone Trida Sene que bem elucida divergências sobre o tema em uma de suas especificidades (incidência de juros moratórios e correção monetária em contrato de seguro de vida): "Segundo o estatuído no art. 397 do CC, 'o inadimplemento de obrigação, positiva e líquida, no seu termo, constitui de pleno direito em mora o devedor'. No caso do contrato de seguro, como inexiste um termo previamente fixado para o cumprimento da obrigação, posto que o mesmo depende de fato futuro e incerto, adota-se a regra do parágrafo único desse mesmo artigo, isto é, 'não havendo termo, a mora se constitui mediante interpelação judicial ou extrajudicial'. Judicialmente, é a citação que tem o condão

adequadamente a norma jurídica que se amolde às singularidades do caso em julgamento, talvez pela adoção de exegese inoportuna, construída ao arrepio do contraditório e, quem sabe por isso, à margem de algumas nuanças ali envolvidas.

Não obstante a ilegitimidade de decisões que surpreendam as partes, pois apoiadas em ponto fundamental, numa visão jurídica da qual não se tenham apercebido,[59] o tema insere no âmbito daqueles aos quais faz referência Carlos Alberto Alvaro de Oliveira, em que a colaboração das partes com a autoridade jurisdicional encontra sua razão num plano mais amplo, porque não importa apenas a investigação da norma aplicável ao caso concreto, mas igualmente estabelecer seu

---

de colocar em mora o segurador, contando, pois, os juros a partir da mesma (CC, art. 405). Extrajudicialmente, configurar-se-á a mora, com a notificação do segurador. Trata-se da denominada *mora ex persona*. Por óbvio, então, somente diante do caso concreto é que será possível definir o termo inicial da contagem do juros. Consideremos, pois, três hipóteses: 1ª: Sem ter comunicado o sinistro à seguradora, o segurado/beneficiário propõe ação judicial de cobrança. Neste caso, a seguradora somente foi cientificada de seu dever de cumprir o contratado, isto é, somente foi constituída em mora por oportunidade da citação. 2ª: Com o advento do sinistro, o segurado/beneficiário faz a devida comunicação do mesmo. Dentro do prazo contratual, em regra 30 dias, a seguradora decide negar o pagamento. Proposta a ação de cobrança, o termo inicial da contagem do prazo será a data da negativa da seguradora, pois, com a comunicação do sinistro nasceu a obrigação de adimplir o seguro dentro do prazo previsto em contrato ou regulamento da Susep. Assim, com a resposta negativa da seguradora, esta fica constituída em mora. 3ª: Com o advento do sinistro, o segurado/beneficiário faz a devida comunicação do mesmo. Depois do prazo previsto em contrato para o cumprimento de sua obrigação, a seguradora nega o pagamento da indenização/capital segurado. Neste caso, como a seguradora ultrapassou o prazo que dispunha para fazer o pagamento, o termo *a quo* para a contagem dos juros, em caso de ação julgada procedente, será a data limite que tinha a seguradora para adimplir o contrato. Em suma, há que se perquirir no caso concreto quando o segurador foi constituído em mora" (SENE, Leone Trida. *Seguro de pessoas*: negativas de pagamento das seguradoras. 2. ed. Curitiba: Juruá, 2009. p. 232-233). Também Luiz Antonio Scavone Junior fornece exemplo que acarreta divergências na doutrina e jurisprudência. Aduz que, tratando-se de dívida positiva, mas ilíquida, grassa desarmonia entre os doutrinadores acerca do início da contagem dos juros moratórios, tendo em vista a redação do art. 407, ante o que dispõe o art. 405, ambos do Código Civil de 2002. Advogando a caracterização de antinomia entre os dois dispositivos, uns defendem a preponderância do art. 407 do CC/02, de maneira que os juros moratórios seriam devidos depois da sentença. Outros, pontuando a inexistência de antinomia, ressaltam que o termo "desde que", que constava do antigo art. 1.064 do Código Civil tinha o significado de "uma vez que", tratando-se de condição para a contagem dos juros moratórios desde a citação inicial (a expressão "uma vez que" é hoje utilizada na redação do art. 407 do CC/02, correspondente do antigo art. 1.064 do CC/16). Para Scavone Junior, a segunda posição é a ideal, vale dizer, os juros moratórios, nas obrigações ilíquidas, serão, em regra, devidos desde que o valor equivalente do objeto da prestação seja fixado por sentença, acordo entre as partes ou arbitramento, contados a partir da citação inicial (SCAVONE JUNIOR, Luiz Antonio. *Juros no direito brasileiro*. São Paulo: Revista dos Tribunais, 2003. p. 111).

[59] OLIVEIRA, Carlos Alberto Alvaro de. *A garantia do contraditório*. Disponível em: <www.abcpc.org.br>. Acesso em: 1º abr. 2011.

60 | Lúcio Delfino
Direito Processual Civil – Artigos e Pareceres

conteúdo e alcance, evitando surpresas e consequências negativas daí decorrentes, além de viabilizar o exercício do direito de defesa e a tutela de outros valores, como a concentração e celeridade do processo e a qualidade do pronunciamento judicial.[60] Ausente discussão travada sobre o termo de incidência dos juros e da correção monetária no palco processual — ou se ela apresentar-se insuficiente ao amadurecimento da convicção judicial —, inadequado ao juiz proferir de imediato a sentença, escorado num "modelo-padrão" antidemocrático, oriundo da prática fria do foro. O contraditório aqui não é infecundo[61] e, por isso, deve, sim, ser instigado, permitindo-se a participação ativa e efetiva das partes e, por resultado, a elaboração de uma decisão que não as surpreenda, que seja por elas influenciada, amadurecida e amoldada às idiossincrasias do feito, afinada, sobretudo aos ideais democráticos.

5.3 Decisões judiciais elaboradas com assento em tese jurídica diversa daquelas debatidas ao longo do procedimento

Caso grave de lesão ao contraditório ocorre quando o juiz conhece de controvérsia não suscitada na petição inicial — e, portanto,

---

[60] *Idem. A garantia do contraditório*. Disponível em: <www.abcpc.org.br>. Acesso em: 1º abr. 2011.

[61] A utilidade do contraditório é verificada no cotidiano forense, sobretudo em recursos de apelação que são providos justamente no que se refere às matérias atinentes ao marco inicial de incidência de juros e correção monetária — algo, aliás, bastante ocorrente também em matéria atinente ao arbitramento de honorários sucumbenciais (tópico anterior). Há, aliás, muitos recursos que abrangem exclusivamente essas questões que, não raro, sequer foram debatidas em primeiro grau de jurisdição, sendo o contraditório sobre elas instaurado somente em grau superior. Se inútil fosse o contraditório, razão não haveria para se instaurar debates nos tribunais, mediante expedientes recursais não raramente providos. Exemplo disso é o seguinte julgado, da lavra do Tribunal de Justiça de Minas Gerais: "Ação monitória. Nota promissória. Inépcia da inicial e impossibilidade jurídica do pedido. Não configuração. Correção monetária e juros moratórios. Termo inicial. Vencimento da dívida. Considera-se a petição inicial inepta quando contiver qualquer dos vícios mencionados no parágrafo único do art. 295 do CPC, em síntese, podem ser considerados como obstáculos, existentes na causa de pedir ou no pedido, à defesa do réu ou à prestação jurisdicional. A impossibilidade jurídica do pedido deve ser entendida como a existência, no ordenamento jurídico pátrio, de vedação a que se deduza determinada pretensão em juízo. Em ação monitória, a data de vencimento da cambial prescrita deve ser considerada o termo inicial da correção monetária, de modo a assegurar a ampla recomposição do valor da moeda. Tendo os embargos monitórios natureza jurídica de defesa, subsiste a distribuição do ônus probatório prevista no art. 333 do CPC, razão pela qual cabe ao réu a prova do fato impeditivo, modificativo ou extintivo do direito do autor" (Tribunal de Justiça de Minas Gerais, Apelação Cível nº 1.0701.07.192132-7/002(1), Relator Elpídio Donizetti, julgado em 27.01.2009. Disponível em: <www.tjmg.jus.br>).

O Processo Democrático e a Ilegitimidade de Algumas Decisões Judiciais | 61

não impugnada pelo demandado —, decidindo a lide segundo molde jurídico (enquadramento jurídico) diverso do que foi proposta.

Assim agindo, ulcera também de morte o denominado princípio da congruência, que vincula a decisão judicial à causa de pedir e ao pedido. Sob essa perspectiva, merecem revisão os brocardos *da mihi factum, dabo tibi ius* e *iura novit curia*. Atualmente não há como aceitar que a colaboração das partes se restrinja ao material fático; deve igualmente ser observada no que concerne às matérias jurídicas.[62] A decisão não pode, pois, surpreender as partes, nem faticamente, nem juridicamente.[63] Vale dizer, a construção do provimento jurisdicional há de ser, insista-se nisso, fruto da cooperação a envolver juiz e partes, e a considerar matérias fáticas e jurídicas.[64]

---

[62] Segundo Carlos Alberto Alvaro de Oliveira e Daniel Mitidiero, "o conteúdo mínimo do direito fundamental do contraditório não se esgota na ciência bilateral dos atos do processo e na possibilidade de contraditá-los (conceito tradicional), mas se estende a todo o material de interesse jurídico para a decisão, tanto jurídico (debate com as partes de todo material jurídico relevante para a decisão) quanto fático (requerimento de provas, indicação dos meios de prova, participação na produção da prova, manifestação sobre a prova produzida), tanto de natureza processual como material" (OLIVEIRA, Carlos Alberto Alvaro de; MITIDIERO, Daniel. *Curso de processo civil*: teoria geral do processo civil e parte geral do direito processual civil. São Paulo: Atlas, 2010. v. 1, p. 37).

[63] A inserção — leciona Dierle José Coelho Nunes — de qualquer entendimento jurídico, a exemplo da aplicação de súmulas da jurisprudência dominante dos Tribunais Superiores, como fundamento da sentença, aplicada oficiosamente pelo juiz, sem anterior debate com as partes, poderá gerar decisões-surpresas, cuja nulidade é medida que se impõe justamente pela lesão que acarretam ao contraditório (NUNES, Dierle José Coelho. O princípio do contraditório: uma garantia de influência e de não surpresa. *In*: DIDIER JR., Fredie; JORDÃO, Eduardo Ferreira (Coord.). *Teoria do processo*: panorama mundial. Salvador: JusPodivm, 2008. p. 151-172).

[64] Cite-se, uma vez mais, a preciosa doutrina de Fredie Didier Jr.: "Há um velho brocardo: *iura novit curia* (do Direito cuida o juiz). Há outro: *da mihi factum dabo tibi ius* (dá-me os fatos, que eu te darei o direito). São dois axiomas que devem ser repensados. Primeiro, sabe-se que não é sempre que o juiz conhece o Direito. Às vezes, o juiz não sabe do que se trata a causa, não tem idéia do que se trata (pode ser uma causa que verse sobre direito estrangeiro, por exemplo). Mas ele também não precisa saber, a princípio. Ele ouvirá o que uma vai dizer, ouvirá o que a outra disser e, pela *(juris)* prudência, decide. Nenhum juiz é obrigado a saber todo o Direito. *Da mihi factum dabo tibi ius* é expressão que me remete a uma imagem, assim, se me permitem, não muito aprazível. Porque, vejam, não sei se tem uma máquina de Coca-Cola, em que se diz: 'Joga uma moeda e aperta o botão escolhido'. *Da mihi factum* é o jogar a moeda; *dabo tibi ius* é a entrega do refrigerante, sai o 'direito escolhido'. Não é assim. O processo de constituição de direito é muito mais complexo. Não se opera de forma tão simples. Pode o magistrado decidir com base em um argumento, uma questão jurídica não posta pelas partes no processo? Percebam: o magistrado, por exemplo, verifica que a lei é inconstitucional. Ninguém alegou que a lei é inconstitucional. O autor pediu com base em lei tal, a outra parte disse que não se aplicava a lei. E o juiz entende de outra forma, ainda não aventada pelas partes: "Essa lei apontada pelo autor como fundamento do seu pedido é inconstitucional. Portanto, julgo improcedente a demanda. Ele pode fazer isso? Claro. O juiz pode aplicar o Direito, trazer, aportar ao processo questões jurídicas. Pode? Pode. Mas pode sem ouvir, antes, as partes? Não. Não pode. O juiz teria, nestas circunstâncias, já que

Nesse sentido, a lição de Junior Alexandre Moreira Pinto:

> O secular adágio *iura novit curia* também merece interpretação à luz do contraditório. A possibilidade do julgador aplicar a regra jurídica conforme seu próprio conhecimento não lhe garante o livre domínio da qualificação jurídica dos fatos discutidos na demanda. Mesmo porque a lei processual exige do autor não somente a exposição dos fatos, mas também o enquadramento jurídico, sua qualificação no plano do direito. O que, contudo, autorizaria o juiz a considerar uma *causa de pedir próxima* diversa da exposta na inicial, quando da decisão, não seria a regra *iura novit curia*, e sim o prévio e efetivo debate entre as partes dessa nova causa.[65]

Por isso, Carlos Alberto Alvaro de Oliveira denuncia que a liberdade concedida ao julgador na eleição da norma a aplicar, independentemente de sua invocação pela parte interessada (*iura novit curia*), não dispensa a prévia ouvida das partes sobre os novos rumos a serem impressos ao litígio, em homenagem ao princípio do contraditório. A hipótese não se exibe rara — continua o mestre — porque frequentes os empecilhos enfrentados pelo operador do direito, nem sempre de fácil solução, dificuldade geralmente agravada pela posição necessariamente *parcializada* do litigante, a contribuir para empecer visão clara a

---

ele trará ao processo fundamento jurídico que não está nos autos, intimar as partes para manifestar-se a respeito. Ele teria que dizer: 'Intimem-se as partes para se manifestar sobre a constitucionalidade da lei tal'. Tem que fazer isso. Aí pode alguém vir dizer: Está prejulgando? Não, não está prejulgando — até porque pode estar em dúvida sobre o tema, que lhe veio à cabeça quando estava a preparar a sua decisão. Se ele fizer isso, estará sendo leal com as partes. Por que? Porque não pegará as partes de surpresa. Porque, se ele não fizer isso, ele vai reconhecer a inconstitucionalidade na sentença, sem ter dado ao autor a chance de poder tê-lo convencido do contrário: não teve a chance de mostrar ao magistrado que aquela lei era constitucional. E, agora, só com a apelação. Como é que se pode restringir o contraditório ao julgamento do recurso? O recurso confere a oportunidade de nova discussão; e não a primeira discussão. Recurso é para restabelecer o curso e não começar um novo curso, a partir dali, para discutir a questão só agora, no Tribunal. Vamos agravar a situação. Imagine o Tribunal de Justiça decidindo com base em questão jurídica não colocada pelas partes, sem a sua prévia manifestação: só lhes restarão os recursos extraordinário, com todas as dificuldades a eles inerentes. A possibilidade de acontecer isso em tribunal é muito grande, notadamente em razão da praxe forense denominada 'entrega de memoriais'. Quantas e quantas vezes, os advogados nos memoriais, dão uma ajeitada no processo, uma corrigida, acrescentando um argumento novo, que não estará nos autos porque os memoriais foram entregues em gabinete do magistrado. Parece-me, então, que o magistrado deve determinar a juntada dos memoriais ao processo, com a subsequente intimação da parte contrária para manifestar-se a respeito" (DIDIER JR., Fredie. *Curso de direito processual civil*. 6. ed. Salvador: JusPodivm, 2006. v. 1, p. 62-63).

[65] PINTO, Junior Alexandre Moreira. *A causa petendi e o contraditório*. São Paulo: Revista dos Tribunais, 2007. p. 168-169. (Temas atuais de direito processual civil, v. 12).

respeito dos rumos futuros do processo. Aliás, a problemática não diz respeito apenas ao interesse das partes, conectando-se intimamente com o próprio interesse público, pois qualquer surpresa ou acontecimento inesperado só faz diminuir a fé do cidadão na administração da justiça. O diálogo judicial — conclui — torna-se, no fundo, e dentro dessa perspectiva, autêntica garantia de democratização do processo, e, deste modo, impede que o poder do órgão judicial e a aplicação da regra *iura novit curia* redundem em instrumentos de opressão e autoritarismo, servindo às vezes a um mal explicado tecnicismo, com obstrução à efetiva e correta aplicação do direito e à justiça do caso.[66]

Portanto, provimentos jurisdicionais que seguem esse rumo não apenas lesam os arts. 128, 460 e 515 do Código de Processo Civil,

---

[66] OLIVEIRA, Carlos Alberto Alvaro de. *A garantia do contraditório*. Disponível em: <www.abcpc.org.br>. Acesso em: 1º abr. 2011. Noutro trecho de seu ensaio, esclarece Carlos Alberto Alvaro de Oliveira: (...) "nada obstante a liberdade desfrutada pelo órgão judicial nessa matéria [conhecimento e investigação oficiosa do direito], podem e devem as partes aportar a sua cooperação também quanto à valorização jurídica da realidade externa ao processo, investigação que hoje de modo nenhum pode constituir labuta exclusiva do órgão judicial. Entendimento contrário significaria transformar o juiz numa máquina, pois, como já se ressaltou com agudeza, dentro de uma concepção puramente silogística, diria às partes 'date mihi factum' e às leis 'date mihi jus' e, recebidos tais elementos, emitiria a decisão com mecânica indiferença, como um aparelho emissor de bilhetes a toda introdução de duas moedas" (OLIVEIRA, Carlos Alberto Alvaro de. *A garantia do contraditório*. Disponível em: <www.abcpc.org.br>. Acesso em: 1º abr. 2011). Assim também o pensamento firme de Ronaldo Brêtas de Carvalho Dias: "No Brasil, ao contrário, a apelidada decisão-surpresa, fruto do mero convencimento solitário do juiz, sem debate prévio com as partes, é moda forense. Vamos exemplificar com uma situação corriqueira nos pretórios, hauridas das regras de experiência comum, ou seja, fundadas nas nossas observações profissionais sobre o que normalmente acontece na prática do foro, na qual surge em algumas oportunidades grosseira supressão da garantia constitucional do contraditório às partes. Considere-se que o autor ajuíze ação, dando início ao processo, sustentando, na petição inicial, como fundamento jurídico de seu pedido, incidência das normas do Código Civil de 1916. O réu, por sua vez, na contestação, resiste à pretensão e, como fundamento de defesa, embora reconhecendo os fatos narrados pelo autor, a eles oponha outras consequências jurídicas, postulando incidência das regras do Código Civil de 2002. Na fase decisória, conclusos os autos, após as partes apresentarem suas razões finais, entende o juiz-diretor do processo que o caso concreto, ao contrário das teses jurídicas alinhadas pelo autor e pelo réu, receberá solução adequada pela aplicação das normas do Código de Defesa e de Proteção ao Consumidor. Pois bem, aqui no Brasil, na prática do foro, é o que observamos em nossa atividade profissional: o juiz lavrará sentença-surpresa, apoiada nas normas do Código de Defesa e de Proteção ao Consumidor, sem permitir às partes possibilidade de prévia manifestação a respeito. É o que acontece na maioria das vezes. Evidentemente, em tal situação, estará sendo violado o contraditório, em concepção científica atualizada, pois as partes destinatárias da sentença, que suportarão seus efeitos, não tiveram a possibilidade de influir no convencimento do juiz, quanto às normas de direito por ele consideradas adequadas à solução decisória do caso reconstruído no processo" (DIAS, Ronaldo Brêtas de Carvalho. *Processo constitucional e Estado democrático de direito*. Belo Horizonte: Del Rey, 2010. p. 98).

64 | Lúcio Delfino
Direito Processual Civil – Artigos e Pareceres

mas igualmente atingem diretamente o contraditório, sobretudo por surpreenderem as partes.[67] De modo que se o juiz, quando de seu pronunciamento judicial, perceber a necessidade de elaborá-la segundo ponto de vista alheio à dialética processual, cumpre-lhe, antes, intimar as partes e conferir-lhes oportunidade de manifestação e de influência na construção da decisão — basicamente este o sentido que se extrai da Ordenança Processual Civil (ZPO) alemã e do *Nouveau Code de Procédure Civile* da França.[68]

5.4 Decisões judiciais fundadas em presunção judicial construída em atentado à dialética processual

Em elucidativo artigo científico,[69] Henrique Yukio propõe-se a uma análise crítica do art. 335 do Código de Processo Civil, na intenção de demonstrar sua inconstitucionalidade, caso não se lhe atribua leitura à luz "de um direito aberto à participação plural, de caráter procedimental e que demanda a observância de direitos fundamentais".[70]

É que o aludido dispositivo, na falta de normas jurídicas parti-

---

[67] Sobre o tema, o Superior Tribunal de Justiça já se manifestou inúmeras vezes, embora segundo análise particularizada ao princípio da congruência (conferir: REsp nº 1.169.755, REsp nº 623.704, RMS nº 18.655, REsp 746.622, REsp nº 380.143).

[68] Sobre o conteúdo do contraditório nas legislações francesa e alemã, Dierle José Coelho Nunes: "Na França, o art. 16 do *Nouveau Code de Procédure Civile* impede o juiz de fundamentar a sua decisão sobre aspectos jurídicos que ele suscitou de ofício sem ter antecipadamente convidado as partes a manifestar as suas observações. Assim, a garantia opera não somente no confronto entre as partes, transformando-se também num dever-ônus para o juiz que passa a ter que provocar de ofício o prévio debate das partes sobre quaisquer questões de fato ou de direito determinantes para a resolução da demanda. Na Alemanha, o conteúdo da cláusula estabelecida no texto do art. 103, §1º, da Lei fundamental da República Federal da Alemanha como 'direito de ser ouvido pelo juiz' (*Rechliches Gehör*) possui um alcance similar ao francês face à interpretação do Tribunal Constitucional Federal (*Bundesverfassungsgericht*), não só operando seus efeitos no confronto entre as partes, mas sim convertendo-se também num dever para o magistrado, de modo que se atribui às partes a possibilidade de posicionar-se sobre qualquer questão de fato ou de direito, de procedimento ou de mérito, de tal modo a poder *influir* sobre o resultado dos provimentos. Ao magistrado é imposto o dever de provocar o debate preventivo, com as partes, sobre todas as questões a serem levadas em consideração nos provimentos" (NUNES, Dierle José Coelho. O princípio do contraditório: uma garantia de influência e de não surpresa. *In*: DIDIER JR., Fredie; JORDÃO, Eduardo Ferreira (Coord.). *Teoria do processo*: panorama mundial. Salvador: JusPodivm, 2008. p. 151-172).

[69] SOUZA, Henrique Yukio Pereira de. A presunção judicial no Estado democrático de direito: uma análise crítica do artigo 335 do Código de Processo Civil. *Revista Brasileira de Direito Processual*, Belo Horizonte, n. 72, p. 107-126, 2010.

[70] SOUZA, Henrique Yukio Pereira de. A presunção judicial no Estado democrático de direito: uma análise crítica do artigo 335 do Código de Processo Civil. *Revista Brasileira de Direito Processual*, Belo Horizonte, n. 72, p. 124, 2010.

O Processo Democrático e a Ilegitimidade de Algumas Decisões Judiciais | 65

culares, permite ao juiz valer-se das chamadas "regras de experiência comum", subministradas pela observação do que ordinariamente acontece, e ainda das "regras de experiência técnica", ressalvado, neste último caso, o exame pericial.[71] A aversão externada pelo processualista assenta-se no fato de que tal autorização legal violaria frontalmente o devido processo legal, sobretudo considerando que, no paradigma constitucional contemporâneo, os cidadãos prescindem de tradutores, intérpretes ou intermediadores, dotados de (supostas) intuição e sensibilidade extraordinárias, que lhes permitam encontrar uma verdade absoluta mediante uma avaliação *solipsista* do quadro fático delineado nos autos.[72]

Aduz, ademais, que no Estado Democrático de Direito o poder emana do povo, que deve fiscalizar irrestritamente toda forma de manifestação e aplicação do poder, uma vez que somente a fiscalização popular confere legitimidade democrática aos atos estatais (soberania popular).[73]

O art. 335 do Código de Processo Civil, segundo a ótica de Yukio, apresenta-se em fina desarmonia com a Constituição quando autoriza o juiz a deduzir presunções judiciais naquilo que ele próprio

---

[71] Sobre o conceito e função das "regras de experiência", Luiz Guilherme Marinoni e Sérgio Cruz Arenhart: "O juiz, para formar o seu raciocínio sobre o litígio, vale-se de regras de experiência, ditas comuns e técnicas. Essas regras têm o objetivo de permitir, entre outras coisas, a análise da relação entre o indício e o fato essencial. As regras de experiência comum decorrem de generalizações formadas no seio da sociedade, as quais podem ter por base em crenças religiosas, regras de moral ou mesmo em leis naturais, lógicas ou científicas. Enquanto isso, as regras de experiência técnica derivam do pensamento técnico-científico sobre uma determinada situação. Como as regras de experiência comum podem se fundar em leis científicas e as regras de experiência técnica delas derivam, alguma confusão pode ocorrer. Mas essa confusão é facilmente eliminada quando se constata que a regra de experiência técnica é ancorada diretamente no pensamento científico (ou em uma lei científica), enquanto a regra de experiência comum é uma versão popular acerca de uma lei ou do pensamento da comunidade científica" (MARINONI, Luiz Guilherme; ARENHART, Sérgio Cruz. *Prova*. São Paulo: Revista dos Tribunais, 2009. p. 142).

[72] SOUZA, Henrique Yukio Pereira de. A presunção judicial no Estado democrático de direito: uma análise crítica do artigo 335 do Código de Processo Civil. *Revista Brasileira de Direito Processual*, Belo Horizonte, n. 72, p. 124, 2010.

[73] *Idem*. A presunção judicial no estado democrático de direito: uma análise crítica do artigo 335 do Código de Processo Civil. *Revista Brasileira de Direito Processual*, Belo Horizonte, n. 72, p. 124, 2010. Encorpa a tese de Yukio citação de trecho doutrinário, extraído de trabalho elaborado pelo professor Dhenis Cruz (MADEIRA, Dhenis Cruz. *Processo de conhecimento e cognição*: uma inserção no Estado democrático de direito. Curitiba: Juruá, 2008. p. 212): "Toda e qualquer motivação decisional deve ser extraída do discurso dialógico-processual. Assim, decisões baseadas na metajuridicidade (v.g., interesse público, equidade, bom senso, adequabilidade, proporcionalidade, justiça, sensibilidade, intuição, experiência) são ilegítimas, porquanto é impossível aos os destinatários se reconheçam como coautores do provimento. A metajuridicidade cria o espaço infiscalizável do soberano" (SOUZA, Henrique Yukio Pereira de. A presunção judicial no Estado democrático de direito: uma análise crítica do artigo 335 do Código de Processo Civil. *Revista Brasileira de Direito Processual*, Belo Horizonte, n. 72, p. 111, 2010).

e exclusivamente deduz serem "regras de experiência".[74] Afinal, a legitimidade dos resultados oriundos do ambiente processual condiciona-se "à possibilidade de participação, ao fato dos indivíduos serem, ao mesmo tempo, destinatários e autores das normas que regerão suas vidas em sociedade".[75] É válida uma decisão somente se oriunda de uma construção coletiva, intermediada por procedimentos discursivos e que viabilizem o contraditório.[76]

No atual paradigma constitucional não há realmente como se encarar as "regras de experiência" como "expressão da cultura dos juízes", intérpretes que seriam dos valores e da experiência acumulada pela sociedade em que vivem, como se a eles exclusivamente fosse atribuído o dever de captá-las por seus próprios sentidos e atentos às realidades do mundo, desenvolvendo no intelecto a significação dos fatos que os circundam na vida ordinária, para traduzirem decisões sensatas àquilo que o homem comum sabe e os conhecimentos que certas técnicas elementares lhe transmitem.[77] No Estado Democrático de Direito — continua Henrique Yukio — cumpre tanto ao juiz como às partes participarem da construção discursiva do provimento no mesmo plano argumentativo, inexistindo posição de superioridade, tampouco esferas de atuação judicial obscuras e impassíveis de fiscalização pela sociedade.[78]

Não se acredita, contudo, que as "regras de experiência" devam simplesmente ser abolidas do ordenamento processual, impedindo-se ao juiz, frente a lacunas, fundar naquelas suas conclusões

---

[74] Nesse rumo, Dhenis Cruz Madeira: "Justamente por isso, e por não ser mais possível a exigência de uma autoridade sensível, sábia, intuitiva e experiente, é que tais elementos metajurídicos não podem ser utilizados como fundamentação do provimento, a não ser que se queira exigir das partes uma esdrúxula investigação acerca da vida pessoal do juiz para fins de argumentação processual. Decerto, um fundamento não extraído da plataforma procedimental, como o é a experiência ou qualidade individual do magistrado, é imprestável à motivação do provimento, eis que não se oferta à crítica, tornando a decisão ilegítima juridicamente" (MADEIRA, Dhenis Cruz. *Processo de conhecimento e cognição*: uma inserção no Estado democrático de direito. Curitiba: Juruá, 2008. p. 171-172).

[75] SOUZA, Henrique Yukio Pereira de. A presunção judicial no Estado democrático de direito: uma análise crítica do artigo 335 do Código de Processo Civil. *Revista Brasileira de Direito Processual*, Belo Horizonte, n. 72, p. 114, 2010.

[76] *Idem*. A presunção judicial no Estado democrático de direito: uma análise crítica do artigo 335 do Código de Processo Civil. *Revista Brasileira de Direito Processual*, Belo Horizonte, n. 72, p. 114, 2010.

[77] DINAMARCO, Cândido Rangel. *Instituições de direito processual civil*. 4. ed. São Paulo: Malheiros, 2003. p. 122.

[78] SOUZA, Henrique Yukio Pereira de. A presunção judicial no Estado democrático de direito: uma análise crítica do artigo 335 do Código de Processo Civil. *Revista Brasileira de Direito Processual*, Belo Horizonte, n. 72, p. 123, 2010.

(= raciocínio presuntivo). Melhor, ao menos assim se crê, é condicionar a legitimidade de provimentos jurisdicionais que se alicercem nessas máximas ao controle deles, mediante a indispensável observação do contraditório e da motivação.

O que não se deve aceitar são deduções sedimentadas no sentimento íntimo e no labor intelectual ermo do julgador, como se unicamente ele estivesse capacitado a estabelecer quais generalizações formadas no seio da sociedade e no âmbito do pensamento técnico-científico se enquadrariam, de forma ajustada, nos conceitos de "regras de experiência comum e técnica". Apesar daquilo constatado no cotidiano forense,[79] trata-se de critério cuja utilização é inaceitável se utilizado dissimuladamente, como anteparo invisível que auxilie o juiz na formulação das inferências necessárias a sua convicção, elaboradas sem a (necessária) consulta às partes e, portanto, em desatenção à construção participativa e argumentativa exigida no âmbito procedimental, escamoteando — sob uma falsa impressão de sagacidade — a ilegitimidade da prática do poder segundo parâmetros arbitrários.

Portanto, na intenção e necessidade da utilização de raciocínio fundado em "regras de experiência" (comuns ou técnicas), é indispensável que a autoridade jurisdicional acione as partes para que com ele dialoguem e se manifestem sobre os possíveis sentidos que dessas máximas podem ser extraídos, evitando-se, assim, surpresas que só deslegitimam a decisão judicial. Além do que, haverá, ademais, de aludir explicitamente às "regras de experiência" empregadas na construção do provimento, explicar seus conteúdos e fundamentos, os significados e as bases de sustentação delas, valer-se de critérios básicos que assegurem sua idoneidade e racionalidade, para que, então, restem claras as razões que conduziram à decisão.[80]

---

[79] Assim pensam Luiz Guilherme Marinoni e Sérgio Cruz Arenhart: "Embora isso pareça evidente, o fato é que as decisões, na prática, não aludem sequer às regras de experiência, e muitas vezes o juiz e as partes nem mesmo percebem a sua utilização. Portanto, a exigência de argumentação racional da validade das regras de experiência, embora imprescindível para a racionalidade da decisão e para o adequado uso do recurso, lamentavelmente não existe no cotidiano forense — o que é extremamente grave, especialmente quando considerada a dimensão da garantia da motivação das decisões" (MARINONI, Luiz Guilherme; ARENHART, Sérgio Cruz. *Prova*. São Paulo: Revista dos Tribunais, 2009. p. 145).

[80] Para um exame profundo e esclarecedor sobre o problema das "regras de experiência" e, sobretudo, acerca da necessidade de sua motivação, de seu controle e dos filtros que lhe conferem racionalidade, consultar: MARINONI, Luiz Guilherme; ARENHART, Sérgio Cruz. *Prova*. São Paulo: Revista dos Tribunais, 2009. p. 142-158.

5.5 Decisões judiciais produzidas de ofício

Conquanto a praxe ratifique postura diversa, também as matérias de ordem pública (exemplos: condições da ação e pressupostos processuais), e outras mais cognoscíveis oficiosamente, merecem interpretação à luz do princípio democrático.

Talvez oriundo da comodidade que proporciona, prospera um entendimento equivocado, e infelizmente generalizado, de que matérias apreciáveis de ofício estariam isentas da influência do contraditório, de maneira que o juiz se encontraria liberto de ouvir, apreciar e considerar as manifestações das partes a respeito delas. Não há, todavia, racionalidade alguma nesse argumento.

Matérias apreciáveis de ofício são aquelas às quais o juiz está autorizado, sem provocação das partes e por iniciativa própria, a encaminhar (indicar, apontar) aos autos do processo. No entanto, a autoridade do juiz restringe-se a essa condução da matéria ao processo, jamais lhe sendo lícito julgá-las sem antes abrir oportunidade para as partes se manifestarem;[81] somente depois, já imbuído pela influência do contraditório, cumpre-lhe, aí sim, decidir.[82]

Entendimento contrário avalizaria a surpresa como resultado da atividade jurisdicional, em desatenção à ideia de democracia participativa que deve vigorar no desenrolar procedimental. Afrontosa à Constituição decisão judicial que, sob o fundamento de julgar matéria que dispensa a iniciativa das partes, é prolatada em desatenção à construção dialógico-participativa que marca e legitima o procedimento na seara jurisdicional.

---

[81] Confira-se, a respeito disso, a precisa lição de Fredie Didier Jr.: "Uma coisa é o juiz poder conhecer de ofício, poder agir de ofício, sem provocação da parte. Essa é uma questão. Outra questão é poder agir sem ouvir as partes. É completamente diferente. Poder agir de ofício é poder agir sem provocação, sem ser provocado para isso; não é o mesmo que agir sem provocar as partes. Esse poder não lhe permite agir sem ouvir as partes" (DIDIER JR., Fredie. *Curso de direito processual civil*. 6. ed. Salvador: JusPodivm, 2006. v. 1, p. 62).

[82] Esta a posição de Leonardo Greco: "Hoje, exige-se um contraditório participativo, em que o juiz dialogue com as partes e não apenas as escute. Ao expor as suas opiniões ou os possíveis reflexos das alegações e das provas que estão sendo objeto da sua cognição, o juiz confere às partes a oportunidade de acompanharem o seu raciocínio e de influenciarem na formação do seu juízo, do seu convencimento. Ora, como as partes podem influir no convencimento do juiz se não sabem o que ele pensa? O contraditório participativo precisa ser efetivado até em relação às questões que, por expressa disposição legal, o juiz pode ou deve apreciar de ofício, como as relativas à concorrência das condições da ação ou à falta de pressupostos processuais que possam acarretar nulidades absolutas. Atualmente, os direitos francês, italiano e português possuem disposições expressas estabelecendo que os juízes não podem decidir de ofício nenhuma questão sem antes ouvir as partes" (GRECO, Leonardo. *Instituições de processo civil*: introdução ao direito processual civil. 2. ed. Rio de Janeiro: Forense, 2010. v. 1, p. 541).

O Processo Democrático e a Ilegitimidade de Algumas Decisões Judiciais

A respeito do assunto, Daniel Amorim Assumpção Neves:

Infelizmente não se percebe a diferença basilar entre "decidir de ofício" e "decidir sem a oitiva das partes". Determinadas matérias e questões devem ser conhecidas de ofício, significando que, independentemente de serem levadas ao conhecimento do juiz pelas partes, elas devem ser conhecidas, enfrentadas e decididas no processo. Mas o que isso tem a ver com a ausência de oitiva das partes? Continua a ser providência de ofício o juiz levar a matéria ao processo, ouvir as partes e decidir a respeito dela. Como a surpresa das partes deve ser evitada em homenagem ao princípio do contraditório, parece que, mesmo nas matérias e questões que deva conhecer de ofício, o juiz deve intimar as partes para manifestação prévia antes de proferir sua decisão, conforme inclusive consagrado na legislação francesa e portuguesa.[83]

Não é, afinal, porque os juízes se encontram autorizados a examinar de ofício determinadas questões, que estariam igualmente desobrigados a se curvarem ao contraditório.[84] Nada há na Constituição

---

[83] O mesmo autor aponta o risco de decisões-surpresa não só em casos de matérias de ordem pública, mas também em outras, igualmente problemáticas. Confira-se: "Partindo-se do pressuposto de que durante todo o desenrolar procedimental as partes serão informadas dos atos processuais, podendo reagir para a defesa de seus direitos, parece lógica a conclusão de que a observância do contraditório é capaz de evitar a prolação de qualquer decisão que possa surpreendê-las. Em matérias que o juiz só possa conhecer mediante a alegação das partes, realmente parece não haver possibilidade de a decisão surpreender as partes. Os problemas verificam-se no tocante às matérias de ordem pública, na aplicação de fundamentação jurídica alheia ao debate desenvolvido no processo até o momento da prolação da decisão, e aos fatos secundários levados ao processo pelo próprio juiz. São matérias e temas que o juiz pode conhecer de ofício, havendo, entretanto, indevida ofensa ao contraditório sempre que o tratamento de tais matérias surpreender as partes. Ainda que a matéria de ordem pública e a aplicação do princípio do *iura novit curia* permitam uma atuação do juiz independentemente da provocação da parte, é inegável que o juiz, nesses casos — se se decidir sem dar oportunidade de manifestação prévia às partes —, as surpreenderá com sua decisão, o que naturalmente ofende o princípio do contraditório" (NEVES, Daniel Amorim Assunção. *Manual de direito processual civil*. São Paulo: Método, 2009. p. 58).

[84] Assim também advoga o insigne Fredie Didier Jr.: "Será que o magistrado pode levar em consideração um fato de ofício, sem que as partes se manifestem sobre esse fato? Imaginem a seguinte situação: A e B estão litigando, cada um argumenta o que quis e o juiz na hora da sentença, se baseia em um fato que não foi alegado pelas partes, não foi discutido por elas, mas está provado nos autos. Ele trouxe esse fato para fundamentar a sua decisão com base no art. 131, conjugado com o 462, ambos do CPC. Ele pode fazer isso? Pode. Está autorizado? Está. Mas ele poderia ter feito isso sem submeter esse fato ao prévio debate entre as partes? Sem submeter esse fato antes, ao diálogo das partes? A parte pode ter, contra si, uma decisão baseada em fatos sobre os quais ela não se manifestou? Não. Isso fere, escancaradamente, o contraditório. Por quê? A decisão forma-se com elemento de fato sobre o qual as partes não falaram, e, portanto, baseia-se em ponto a respeito do qual as partes não puderam ter exercido o 'poder de influência'; elas não puderam dizer se o fato aconteceu ou não aconteceu, ou aconteceu daquela forma, ou de outra forma" (DIDIER JR., Fredie. *Curso de direito processual civil*. 6. ed. Salvador: JusPodivm, 2006. v. 1, p. 62).

5.6 Decisões judiciais que desconsideram abruptamente a personalidade de pessoas jurídicas

É com razoável frequência que se observam abusos praticados contra pessoas jurídicas e seus sócios, mediante decisões justiceiras proferidas com o propósito de desconsiderar a personalidade das primeiras. A desconsideração da personalidade jurídica não é simples consequência da ausência patrimonial da sociedade empresária devedora. Não há, enfim, extensão *objetiva* da responsabilidade patrimonial aos sócios, como se bastasse para a aplicação da *disregard doctrine* a mera ausência de patrimônio por parte da pessoa jurídica devedora.[86]

---

[85] Também este é o entendimento de Junior Alexandre Moreira Pinto ao assinalar que o contraditório se aplica às matérias que em princípio seriam cognoscíveis de ofício, pois essa prática não desobriga o julgador de submeter à participação todas e quaisquer matérias [PINTO, Junior Alexandre Moreira. *A causa petendi e o contraditório*. São Paulo: Revista dos Tribunais, 2007. p. 168-169. (Temas atuais de direito processual civil, v. 12)].

[86] Alguns defendem uma liberalidade bem maior na aplicação da *disregard doctrine* quando o litígio envolvido se referir à relação de consumo. Escoram seu posicionamento na perigosa (e inconstitucional) abertura conferida pelo §5º do art. 28 do Código de Defesa do Consumidor: "Também poderá ser desconsiderada a pessoa jurídica sempre que sua personalidade for, de alguma forma, obstáculo ao ressarcimento de prejuízos causados aos consumidores". No entanto, os mais prestigiados consumeristas também combatem essa ideia, consoante se verifica nas lições de Cláudia Lima Marques, Antônio Herman V. Benjamim e Bruno Miragem: "A doutrina da desconsideração tem seu fundamento nos princípios gerais da proibição do abuso de direito e permite ao Judiciário, excepcionalmente, desconsiderar (ignorar no caso concreto) a personificação societária, como se a pessoa jurídica não existisse, atribuindo condutas e responsabilidades diretamente aos sócios e não à pessoa jurídica. O reflexo desta doutrina no esforço de proteção aos interesses do consumidor é facilitar o ressarcimento dos danos causados aos consumidores por fornecedores-pessoas jurídicas. No direito tradicional é o patrimônio societário que responde pelas dívidas da sociedade, estando a responsabilidade dos sócios restrita conforme o tipo de sociedade criada (sociedade por quotas de responsabilidade limitada, sociedade anônima, comandita etc.)". Em outro trecho, concluem os citados juristas: "...a melhor doutrina fixará que na desconsideração o problema é de imputação do ato jurídico aos sócios. A doutrina encarregar-se-á de considerar a teoria aplicável somente em casos de desvio das finalidades da sociedade ou abuso de direito, casos graves que justifiquem desconsiderar a pessoa jurídica regularmente constituída, que praticou determinado ato jurídico. O método é mais uma vez tópico e funcional, bem ao gosto do CDC no sentido de resolver o problema concreto do conflito de valores entre manutenção do dogma da separação patrimonial e os interesses da outra parte contratante com a pessoa jurídica insolvente" (MARQUES, Cláudia Lima; BENJAMIN, Antônio Herman V.; MIRAGEM, Bruno. *Comentários ao Código de Defesa do Consumidor*. 2. ed. São Paulo: Revista dos Tribunais, 2006. p. 440-441).

Tal ilação é extraída da leitura do art. 50 do Código Civil,[87] que evidencia a preocupação do legislador em regular ajustadamente o instituto da desconsideração da personalidade jurídica e, destarte, evitar decisões judiciais de cariz autoritário, que atentem abertamente contra direitos de terceiros.

Não se deve olvidar que a desconsideração da personalidade jurídica é medida excepcionalíssima, admissível tão só quando demonstrado o *abuso da personalidade jurídica*, que se caracteriza pelo "desvio da personalidade" ou pela "confusão patrimonial". Assim é, até em respeito a dois princípios capitais, que servem de orientação ao Direito Societário, vale dizer: i) as pessoas jurídicas têm existência própria e distinta da de seus membros; e ii) o patrimônio da sociedade e o de seus membros não se confundem.[88]

Atenta a essa lógica, o voto proferido pela Ministra Nancy Andrigi, relatora do REsp nº 948.117:

> (...) A desconsideração da personalidade jurídica configura-se como medida excepcional. Sua adoção somente é recomendada quando forem atendidos os pressupostos específicos relacionados com a fraude ou abuso de direito estabelecidos no art. 50 do CC/2002. Somente se forem verificados os requisitos de sua incidência, poderá o juiz, no próprio processo de execução, "levantar o véu" da personalidade jurídica para que o ato de expropriação atinja os bens da empresa.[89]

Como se sabe, a doutrina, responsável pela edificação da *disregard doctrine*, foi desenvolvida pelos tribunais norte-americanos para impedir o abuso por meio do uso da personalidade jurídica. Também no Brasil, quando o art. 50 do Código Civil estabelece que os bens dos sócios *poderão* vir a responder por obrigações da sociedade, sempre que houver *abuso* de sua personalidade jurídica, verdadeiramente impõe *a contrario*

---

[87] Confira-se o teor do aludido dispositivo legal: "Art. 50. Em caso de *abuso da personalidade jurídica*, caracterizado pelo *desvio de finalidade*, ou pela *confusão patrimonial*, pode o juiz decidir, a requerimento da parte, ou do Ministério Público quando lhe couber intervir no processo, que os efeitos de certas e determinadas relações de obrigações sejam estendidos aos bens particulares dos administradores ou sócios da pessoa jurídica".

[88] LIMA, Osmar Brina Corrêa. *Responsabilidade civil dos administradores de sociedade anônima*. Rio de Janeiro: Aide, 1989. p. 140. Completa Osmar Brina que é do somatório desses dois princípios capitais que advém o efeito benéfico de se encorajar o aparecimento e o desenvolvimento de empresas privadas no âmbito nacional (LIMA, Osmar Brina Corrêa. *Responsabilidade civil dos administradores de sociedade anônima*. Rio de Janeiro: Aide, 1989. p. 141).

[89] Superior Tribunal de Justiça, REsp nº 948.117-MS, Relatora Ministra Nancy Andrigi, julgado em 22.06.2010. Disponível em: <www.stj.jus.br>.

sensu que, ausente esse mau uso, sempre será respeitada a autonomia patrimonial de cada um.[90]

Nessa toada, é indispensável para a aplicação da desconsideração da personalidade jurídica não apenas a ocorrência da fraude (abuso do direito),[91] mas, sobretudo, que tal circunstância seja demonstrada pelo credor, que é aquele que a postula e poderá dela beneficiar-se.[92]

---

[90] DINAMARCO, Cândido Rangel. Desconsideração da personalidade jurídica, fraude, ônus da prova e contraditório. *Fundamentos do processo civil moderno*. 6. ed. São Paulo: Malheiros, 2010. v. 1, p. 531.

[91] Consoante lição precisa do conceituadíssimo Cândido Rangel Dinamarco, a expressão "abuso da personalidade jurídica" foi a encontrada pelo legislador de 2002 para definir o que a doutrina e os tribunais vêm qualificando como fraude (DINAMARCO, Cândido Rangel. Desconsideração da personalidade jurídica, fraude, ônus da prova e contraditório. *Fundamentos do processo civil moderno*. 6. ed. São Paulo: Malheiros, 2010. v. 1, p. 535).

[92] É imperioso que a aplicação da teoria da desconsideração seja precedida, portanto, de criteriosa análise, isso para que não seja vulnerado o instituto societário. Sabe-se que a personalidade jurídica e a limitação da responsabilidade dos sócios permitem proteger o empregador de riscos não aceitáveis no empreendimento societário, prefixando sua participação nos prejuízos da sociedade. Se assim não fosse, a maioria das pessoas não se disporia a atuar no mercado, o que acarretaria aumento no desemprego, crescimento da criminalidade, mitigação no desenvolvimento do País, menor contribuição fiscal, entre outros fatores maléficos (GONTIJO, Vinícius José Marques. Responsabilização no direito societário de terceiro por obrigação da sociedade. *Revista dos Tribunais*, São Paulo, n. 854, p. 48, 2006). Daí por que — leciona Dinamarco — cumpre àquele que postula a aplicação da teoria — reforce-se isso — *demonstrar* a presença de uso abusivo da personalidade jurídica, seja mediante a prova do "desvio de finalidade", seja ainda provando a "confusão patrimonial". Essa afirmação é autoexplicativa a partir da ideia, positivada no direito processual brasileiro, de que compete a cada uma das partes a prova dos fatos de seu interesse. Tal, aliás, é a regra *chiovendiana* que transparece nos dois incisos do art. 333 do Código de Processo Civil: i) o autor prova os fatos constitutivos de seu direito; ii) o réu prova os fatos extintivos, modificativos ou impeditivos da eficácia jurídica dos fatos constitutivos alegados pelo autor (DINAMARCO, Cândido Rangel. Desconsideração da personalidade jurídica, fraude, ônus da prova e contraditório. *Fundamentos do processo civil moderno*. 6. ed. São Paulo: Malheiros, 2010. v. 1, p. 539). Diante da questão referente à desconsideração da personalidade jurídica, a eventual fraude (ou abuso do direito) que se atribui à sociedade empresária devedora (ou a seus sócios) é *fato constitutivo* do direito que alega possuir a exequente. Reside, afinal, na prova dos eventuais atos fraudulentos a causa hábil para legitimar a aplicação da *disregard doctrine*. Aliás, nada mais lógico, uma vez que, sendo a fraude alegada pelo credor e tendo-se em vista que seu reconhecimento beneficiará a ele, é a este exclusivamente que cabe o ônus de demonstrar a ocorrência do alegado fato fraudulento, pois o contrário violaria frontalmente a regra de distribuição do ônus da prova, contida no art. 333, I, do Código de Processo Civil (DINAMARCO, Cândido Rangel. Desconsideração da personalidade jurídica, fraude, ônus da prova e contraditório. *Fundamentos do processo civil moderno*. 6. ed. São Paulo: Malheiros, 2010. v. 1, p. 540). Nas palavras de Cândido Rangel Dinamarco, "sem fraude nada se desconsidera; sem prova a fraude não pode ser reconhecida" (DINAMARCO, Cândido Rangel. Desconsideração da personalidade jurídica, fraude, ônus da prova e contraditório. *Fundamentos do processo civil moderno*. 6. ed. São Paulo: Malheiros, 2010. v. 1, p. 540). Perceba-se sobre o tema a melhor orientação jurisprudencial: "Execução diversa. Desconsideração da personalidade jurídica. Hipóteses de cabimento. A desconsideração da personalidade societária é hipótese a ser considerada somente nos casos de comprovado abuso de direito para fraudar a lei ou prejudicar terceiros, nos termos da jurisprudência pátria"

Ou parafraseando Cândido Rangel Dinamarco, o pilar fundamental da teoria da desconsideração consiste no combate à fraude, isto é, sua aplicação só será legítima quando houver um vício de tal jaez e cujos efeitos clamem por neutralização. Sem isso não se desconsidera a personalidade jurídica, sendo extraordinários na ordem jurídica os casos de desconsideração precisamente porque a fraude e a má-fé não são fatos ordinários da vida das pessoas e no giro de seus negócios. Ausente a prova da fraude, enfim, não se legitima a extensão da responsabilidade ao patrimônio daqueles integrantes das pessoas jurídicas.[93]

(Tribunal Regional Federal, 4ª Região, 3ª Turma, Agravo de Instrumento nº 2005.04.01.051620-5-PR, Relatora Juíza Federal Vânia Hack de Almeida, julgado em 06.03.2006. Disponível em: <www.trf4.gov.br>). "Execução de sentença. Redirecionamento para o sócio-gerente. Hipóteses de cabimento. Os tribunais vêm admitindo a tese da desconsideração da personalidade jurídica nos casos em que a sociedade se presta como disfarce para ato abusivo ou em fraude a credores. Todavia, para que seja declarada é necessária a prova cabal da fraude realizada pelos sócios ou administradores da pessoa jurídica" (Tribunal Regional Federal, 4ª Região, 3ª Turma, Agravo de Instrumento nº 2006.04.00.011446-9-SC, Relatora Juíza Federal Vânia Hack de Almeida, julgado em 17.10.2006. Disponível em: <www.trf4.gov.br>). "Processual civil. Execução. Redirecionamento à pessoa do sócio. Desconsideração da pessoa jurídica da empresa executada. Pressupostos. Inexistência. 1. Não comprovada a alegada extinção irregular da empresa executada, assim como a sua utilização pelos sócios para fraudar credores, pressuposto indispensável para ensejar o redirecionamento da execução ao sócio, correta a decisão que indeferiu pedido da exeqüente, visando a desconsideração da personalidade jurídica da empresa executada. 2. Agravo desprovido" (Tribunal Regional Federal, 1ª Região, 6ª Turma, Agravo de Instrumento nº 2005.01.00.058867-5-MG, Relator Desembargador Daniel Paes Ribeiro, julgado em 28.08.2006. Disponível em: <www.trf1.gov.br>). "Agravo de instrumento. Desconsideração da personalidade jurídica da pessoa jurídica. A importância do princípio da autonomia patrimonial da pessoa jurídica impõe a aplicação da desconsideração apenas em casos excepcionais, atendidos determinados requisitos bem específicos, não sendo o caso em questão" (Tribunal Regional Federal, 4ª Região, 1ª Turma, Agravo de Instrumento nº 2005.04.01.052195-0-PR, Relator Desembargador Edgard Antônio Lippmann Júnior, julgado em 31.01.2006. Disponível em: <www.trf4.gov.br>). "Desconsideração da personalidade jurídica para penhora de bens particulares dos sócios proprietários da empresa devedora. Sociedade de responsabilidade limitada por quotas. Inexistência de bens passíveis de constrição em nome da empresa executada. Fechamento do estabelecimento. Condutas que não configuram, desde logo, infração à lei ou fraude na administração da empresa. Recurso provido" (Tribunal de Justiça do Estado de São Paulo. Agravo de Instrumento nº 7.361.495-4, Vigésima Câmara de Direito Privado, Relator Desembargador Cunha Garcia, julgado em 03.08.2009. Disponível em: <www.tjsp.jus.br>).

[93] DINAMARCO, Cândido Rangel. Desconsideração da personalidade jurídica, fraude, ônus da prova e contraditório. *Fundamentos do processo civil moderno.* 6. ed. São Paulo: Malheiros, 2010. v. 1, p. 536. Em reforço, vale a citação de excerto, recordado também da prestigiosa doutrina de Cândido Rangel Dinamarco: "Precisamente porque a má-fé, malícia, fraude ou abuso constituem fatos extraordinários na vida dos negócios, prevalece a multissecular necessidade de provar essas máculas de conduta, sob pena de ser o juiz impedido de reconhecê-las — fora esses casos em algum indício muito forte faça presumir essa causa para a desconsideração. Andrea Torrente não fez mais que expressar uma consistente máxima da cultura ocidental ao dizer que '*La buona fede si presume: chi allega mala fede di un'altra persona deve provarla*' (A boa-fé se presume: quem alega má-fé de outra pessoa deve prová-la). A má-fé precisa sempre ser provada, a não ser quando fortemente sugerida ou

Além disso, e no que interessa mais especificamente a este estudo, é indispensável, também como condição legitimadora da decisão judicial, permitir aos sócios o exercício do contraditório e da ampla defesa, de maneira que possam argumentar e até produzir provas se necessário. Afinal, até então sua esfera patrimonial não se encontrava em risco, sequer integravam a relação jurídica processual e, por conseguinte, não se haviam ainda manifestado no processo.[94]

O Judiciário não atua como se justiceiro fosse. Não é órgão (estatal) a serviço unicamente do autor (demandante, exequente), determinado a satisfazer seu direito a todo custo, mesmo que em atropelo aos direitos de terceiros. A aplicação da *disregard of legal entity* configura-se — insista-se sempre na ideia — medida de exceção, e só por isso a cautela deve nortear a autoridade jurisdicional, mormente para se evitar

---

algum indício particularmente expressivo, porque é fato extraordinário (na clássica lição de Malatesta, *o ordinário se presume e o extraordinário se prova*). A norma é respeitar as barreiras representadas pela personalidade jurídica, que constitui notória realidade do direito positivo — e, obviamente, o ônus desta prova será sempre do credor interessado em seu reconhecimento e na imposição das consequências da má-fé ou abuso da personalidade jurídica" (DINAMARCO, Cândido Rangel. Desconsideração da personalidade jurídica, fraude, ônus da prova e contraditório. *Fundamentos do processo civil moderno*. 6. ed. São Paulo: Malheiros, 2010. v. 1, p. 538-539). Este também o entendimento de Vinícius José Marques Gontijo: "Para que seja decretada a desconsideração (...) é necessária a prova do *vício*. Dois são os vícios que mais comumente maculam uma pessoa jurídica, autorizando a decretação da ineficácia da personalidade jurídica no caso concreto: a fraude e o abuso do direito" (GONTIJO, Vinícius José Marques. Responsabilização no direito societário de terceiro por obrigação da sociedade. *Revista dos Tribunais*, São Paulo, n. 854, p. 47, 2006). Em idêntica entoação, Ana Caroline Santos Ceoli: "É imperioso que se aplique a teoria da desconsideração à luz dos princípios gerais de hermenêutica, sempre se tendo em conta os pressupostos que lhe são inerentes e as peculiaridades dos casos levados a juízo. Analisada sob um enfoque fragmentário e sectário, não resta dúvida de que seu uso abusivo e indiscriminado atende aos fins imediatistas, como imprimir celeridade e efetividade à prestação jurisdicional em prol daqueles que postulam a satisfação de seus direitos creditícios. Porém, sob ponto de vista global e mais abrangente, é imperioso reconhecer que a aplicação descriteriosa da desconsideração da pessoa jurídica descura-se de valores supremos como a segurança e a justiça, para cuja proteção ela foi concebida. (...) Indubitável, pois, que a teoria da desconsideração, se moderada e corretamente aplicada, servirá para o aprimoramento da pessoa jurídica, coibindo os abusos praticados pelos indivíduos que a constituem, encobertos pelo princípio da autonomia patrimonial e da separação de personalidades. Inversamente, porém, se transformada em miraculosa panacéia, essa teoria ensejará o desvirtuamento do ente personificado e comprometerá a função institucional que se lhe confere, gerando, por conseguinte, graves prejuízos de ordem econômica e social para todo o País" (CEOLI, Ana Caroline Santos. *Abusos na aplicação da teoria da desconsideração da personalidade jurídica*. Belo Horizonte: Del Rey, 2002. p. 174).

[94] É providente o Projeto nº 166/10 (novo Código de Processo Civil) ao regulamentar a abertura de *incidente procedimental* próprio para se desconsiderar a personalidade jurídica (arts. 77 a 79). Nele é clarividente a necessidade de o juiz, frente a um requerimento de desconsideração, determinar a citação dos sócios a fim de, no prazo de 15 (quinze) dias, manifestarem e requererem a produção das provas cabíveis. Somente depois, concluída a instrução, é que cumprirá à autoridade jurisdicional decidir.

O Processo Democrático e a Ilegitimidade de Algumas Decisões Judiciais | 75

afronta aos mais comezinhos princípios constitucionais (sobretudo aos direitos fundamentais materiais e processuais), postura inaceitável no paradigma do Estado Democrático de Direito.

5.7 Decisões que julgam embargos de declaração

Os embargos de declaração agregam-se ao catálogo recursal,[95] embora não se prestem, de regra, a reformar ou a invalidar o provimento impugnado, mas, sim, a integrá-lo ou a aclará-lo, escoimando-o dos defeitos considerados relevantes a sua compreensão e alcance: a omissão, a contradição e a obscuridade.[96] Excepcionalmente, corrigem ainda a dúvida, além do que há defeitos atípicos que, na falta de outro expediente hábil ou por medida de saudável economia, se emendam mediante os declaratórios.[97]

O procedimento altamente concentrado dos embargos declaratórios abstraiu a abertura de prazo para o embargado respondê-los, antes ou depois de o recurso submeter-se àquele controle da admissibilidade a cargo do relator, ou de o juiz singular julgá-los, algo, aliás, que no art. 840 do Código Processual de 1939, se visualizava explicitamente.[98] Tenta-se explicar o atentado ao contraditório mediante razões variadas; nenhuma, contudo, aceitável para justificar sua inutilidade.[99]

Segundo a acertada lição de Cassio Scarpinella Bueno, a omissão da atual legislação processual acerca da incidência do contraditório nos embargos de declaração há de ser encarada à luz da Constituição, o que leva à conclusão de que seu estabelecimento é providência

---

[95] É nessa linha também o entendimento de Fredie Didier Jr. e Leonardo José Carneiro da Cunha: "Os embargos de declaração constituem um recurso, por estarem capitulados no rol do art. 496 do CPC, atendendo, com isso, ao princípio da taxatividade; são cabíveis quando houver, na sentença ou no acórdão, obscuridade ou contradição, sendo igualmente cabíveis quando houver omissão, ou seja, quando o juiz ou tribunal tiver deixado de apreciar ponto sobre o qual deveria pronunciar-se" (DIDIER JR., Fredie; CUNHA, Leonardo José Carneiro da. *Curso de direito processual civil*: meios de impugnação às decisões judiciais e processo nos tribunais. 3. ed. Salvador: JusPodivm, 2007. v. 3, p. 159).

[96] ASSIS, Araken. *Manual dos recursos*. São Paulo: Revista dos Tribunais, 2007. p. 578.

[97] *Idem. Manual dos recursos*. São Paulo: Revista dos Tribunais, 2007. p. 578.

[98] *Ibidem*, p. 617.

[99] Basicamente são essas as justificativas, todas extraídas da obra de Araken de Assis: i) os vícios embargáveis prejudicariam, de maneira uniforme, as partes e os terceiros, motivo pelo qual se pressupõe falta de interesse para se opor ao pedido formulado nos embargos; ii) os embargos declaratórios não ventilam questão inédita ou nova, mas, sim, reportam-se àquilo já debatido no curso do procedimento; e iii) os embargos não se prestam precipuamente a modificar o provimento (ASSIS, Araken. *Manual dos recursos*. São Paulo: Revista dos Tribunais, 2007. p. 617).

irrecusável, ainda mais naqueles casos em que o magistrado constata que o acolhimento dos declaratórios tem aptidão, em tese, de alterar o conteúdo da decisão anterior.[100] Assim, a parte contrária àquela que formulou os declaratórios deve ser ouvida a seu respeito, no prazo de cinco dias (CPC, art. 523, §2º); só depois, então, é que o recurso será julgado. Incoerente o argumento de que o exercício do contraditório seria desnecessário, pois seu exercício já se dera antes de proferida a decisão e, por conseguinte, antes da imposição dos declaratórios. Assim, porque o contraditório há de ser contemporâneo à prática dos atos processuais, deve realizar-se em função dos embargos de declaração, tais quais apresentados, segundo suas particulares razões, viabilizando que a decisão que o julgue considere a oitiva da parte contrária.[101]

Em reforço, elucida Araken de Assis:

> (...) Na verdade, o princípio do contraditório há de ser sempre observado nos embargos de declaração, apesar do elastério provocado ao procedimento. A desvantagem mínima ficará largamente compensada pelos bons frutos que o diálogo das partes com o órgão judiciário gera no processo. Nada assegura que o defeito que se pretende corrigir, averbado de manifesto, de fato exista no pronunciamento, errando-se no segundo momento, a pretexto de corrigi-lo, vício que pode ser evitado através da vigilante manifestação do embargado.[102]

---

[100] Naquilo que diz respeito à hipótese na qual os embargos de declaração assumem caráter "infringente", é praticamente pacífico o entendimento, jurisprudencial e doutrinário, no sentido de que cumpre ao juiz, ou ao tribunal, antes de julgar o recurso, dar audiência ao embargado, sob pena de ferir mortalmente o contraditório. Num determinado caso, julgado pelo Tribunal de Justiça de Minas Gerais, uma instituição de ensino interpôs recurso de apelação e nele argumentou, em suma, que a sentença, naquilo que dizia respeito ao arbitramento de honorários advocatícios, foi alterada após o acolhimento parcial de embargos declaratórios sem, contudo, ter sido chancelada oportunidade de sua manifestação quanto ao pleito. Evidenciou, ademais, que sequer a hipótese admitia os declaratórios. Postulou, por fim, a nulidade da decisão embargada porque lesiva ao contraditório e à ampla defesa; se caso outro o entendimento, fosse o recurso provido e reformada a sentença, mantendo-se a fixação originária dos honorários. Esta a ementa do acórdão: "Apelação. Ação declaratória c/c pedido condenatório. Sentença integrada por decisão posterior. Embargos declaratórios com efeito infringente. Prévia intimação do embargado. Devido processo legal. A atribuição de efeito modificativo aos embargos de declaração reclama prévia intimação da parte adversa para se manifestar acerca do pedido, sob pena de nulidade absoluta" (Tribunal de Justiça de Minas Gerais, Apelação Cível nº 1.0701.09.266872-5/001, 13ª Câmara Cível, Relator Desembargador Francisco Kupidlowski, julgado em 10.02.2001. Disponível em: <www.tjmg.jus.br>).

[101] BUENO, Cassio Scarpinella. *Curso sistematizado de direito processual civil*. São Paulo: Saraiva, 2008. p. 2001. (Recursos. Processos e incidentes nos tribunais. Sucedâneos recursais: técnicas de controle das decisões jurisdicionais, v. 5).

[102] ASSIS, Araken. *Manual dos recursos*. São Paulo: Revista dos Tribunais, 2007. p. 617.

Logo, razões de ordem prática e jurídica sinalizam rumo ao estabelecimento da *democracia participativa* também no seio dos embargos declaratórios, não somente quando estes se mostrarem hábeis para modificar a decisão embargada, mas sempre e invariavelmente. Postura diversa, apesar de contrastar com o cotidiano forense, implica nulidade do julgamento dos declaratórios, desde que, obviamente, se constate prejuízo ao embargado, decorrente da alteração do pronunciamento para desfavorecê-lo.[103]

6 Conclusões[104]

A expressão "absolutismo" designa toda doutrina — a despeito de variações nos fundamentos — que prega o exercício sem limitações ou restrições do poder estatal.[105]

---

[103] *Idem. Manual dos recursos.* São Paulo: Revista dos Tribunais, 2007. p. 619.

[104] Conforme afirmado na *nota de rodapé n⁰ 1*, este ensaio representa a versão escrita e melhorada de palestra proferida pelo autor, na data de 12.05.2011, no *II Congresso Mineiro de Direito Processual.* Naquela oportunidade, concluiu-se a exposição nos seguintes termos: Há outros exemplos de *decisões ilegítimas*, atentatórias a ideia de *democracia participativa* que deve, hoje, iluminar o direito processual civil. Entretanto, já é hora de concluir, até porque o tempo que me fora concedido esgotou-se. E finalizo com uma reflexão filosófica, iniciada nos tempos antigos, naquela época marcada pelos pensamentos de Platão e Aristóteles. Esses filósofos, e outros mais que posteriormente despontaram, cada qual a sua maneira, trataram do tema *admiração.* Elucidaram que o amor pela sabedoria é suscitado pelo admirar-se. A admiração seria uma *sensação de dúvida*, um *sentimento que exprime espanto*, que *revela uma súbita surpresa da alma diante de novidades*, diante de algo que não se esperava. É ela, a *admiração*, que *impulsiona o pensar*; é um *estado de ânimo*; a *primeira das paixões...* A rotina forense nos impõe uma realidade dura. O dia a dia do operador do direito — juízes, promotores e advogados — é árduo e extenuante. Muitas vezes nos leva a perder a própria capacidade de admiração, fazendo com que encaremos as práticas jurídicas sem um mínimo de reflexão. Não podemos perder nossa capacidade de admiração, de nos surpreendermos, de nos espantarmos diante do novo e diante do velho também. Afinal, hodiernamente vivemos em um novo paradigma, no Estado Democrático de Direito, instalado no Brasil a partir da Constituição de 1988. São muitas, contudo, as práticas que ainda não se ajustaram a esse modelo. Cabe a nós, que lidamos no cotidiano forense, exercitar nossa capacidade de admiração, a fim de corrigir desvios e incoerências e, deste modo, obrar em prol de uma sociedade mais consentânea às diretrizes democráticas.

[105] São exemplos: i) o absolutismo utopista de Platão em República; ii) o absolutismo papal afirmado por Gregório VII e por Bonifácio VIII, que reivindica para o Papa, como representante de Deus sobre a Terra, a *plenitudo potestatis*, isto é, a soberania absoluta sobre todos os homens, inclusive os príncipes, os reis e o imperador; iii) o absolutismo monárquico do século XVI, cujo defensor é Hobbes; iv) o absolutismo democrático, teorizado por Rousseau no Contrato Social, por Marx e pelos escritores marxistas como "ditadura do proletariado" (ABBAGNANO, Nicola. *Dicionário de filosofia.* São Paulo: Martins Fontes, 2000. p. 2); v) o absolutismo de Maquiavel que, partindo da constatação sobre a perversidade da natureza humana, defende que somente um homem excepcional (de *virtù*) pode proporcionar estabilidade a uma comunidade política.

Conquanto inserido num regime democrático, o cidadão brasileiro ainda é vítima de expressões do poder estatal que se apresentam estranhas à *soberania popular*, capazes de atingi-lo em sua esfera física, psíquica e patrimonial de maneira absolutamente arbitrária, o que se dá quando lhe é negado o direito de participação ativa na construção das decisões públicas. Não é, por isso, exagero algum afirmar que há, sim, alguma manifestação embrionária de absolutismo instalada no regime democrático do País. Estar-se-á a referir-se em específico a algumas decisões judiciais proferidas em manifesto atentado ao contraditório, direito/garantia constitucional que estabelece a *democracia participativa* no ambiente processual e, por conseguinte, colabora flagrantemente para a legitimidade da jurisdição e dos resultados dela oriundos.

Já é hora de o operador jurídico atentar para essa realidade e, sobretudo, obrar esforços a fim de suplantar tais desvios despóticos,[106] os quais só fazem desgastar as bases do Estado Democrático de Direito e contribuem para o descrédito do Judiciário, órgão estatal a quem cabe, acima de todos os outros, o papel de sentinela do ordenamento jurídico e, em especial, da Constituição.[107]

---

[106] As hipóteses de absolutismo incutido em decisões judiciais não se restringem aos casos aventados neste ensaio. A visão dinâmica (ou substancial) do contraditório impõe uma revisão de exegeses, hoje praticamente pacíficas, atribuídas também a várias outras normas processuais. Veja-se, por exemplo, que os arts. 131 e 462 do CPC exigem esforço hermenêutico que lhes garantam sentidos adequados aos ditames do Estado Democrático de Direito. Lembre-se, nesse rumo, que o intérprete, por dever de lealdade aos valores-guia do Estado Democrático de Direito, continuamente deve interpretar a lei numa dimensão constitucional. Assim, do comando que determina tocar ao juiz a apreciação livre da prova, atendendo aos fatos e circunstâncias constantes dos autos, ainda que não alegados pelas partes (CPC, art. 131), não se pode, decerto, entender uma determinação legislativa concedendo a possibilidade de uma decisão despótica, plenamente apta a desconsiderar todo o debate travado nos autos pelas partes e pelo juiz e, portanto, flagrantemente individual, visto que nascida apenas do esforço intelectivo solitário do juiz. De igual modo, a permissão para que o juiz, depois da propositura da ação, tome em consideração, mesmo de ofício, algum fato constitutivo, modificativo ou extintivo do direito na formação de sua convicção no momento de proferir a sentença (CPC, art. 462), não pode ser compreendida como uma autorização para que ele, o juiz, decida questões à revelia das partes, sem consultá-las, sem considerar seus argumentos. Exige-se uma conformação desses dispositivos com o princípio do contraditório, isso em consideração a seu aspecto dinâmico e não puramente formal. É certo que ao juiz é lícito avaliar os fatos, circunstâncias e matérias de direito, ainda que não alegadas pelas partes. Também é dado a ele refletir sobre fatos surgidos após o ajuizamento da ação, plenamente capazes de influir nos rumos de sua decisão. Afinal, o processo não é um plano alheio à realidade, e a busca da "verdade real" é sempre um objetivo a ser perseguido. De todo modo, se assim pretender agir, é imperioso que antes conceda às partes a possibilidade de se manifestarem sobre aquilo que considera relevante, bem assim deixar-se influenciar por essas manifestações, revestindo sua decisão da necessária legitimidade constitucional.

[107] Com a afirmação de que o juiz é uma sentinela (ou um guardião) da Constituição Federal não se quer dispensar a ele tratamento soberano. Não se pretende com isso endeusar o

O Processo Democrático e a Ilegitimidade de Algumas Decisões Judiciais | 79

Não se pode deixar de verificar, nesse particular, que o Projeto de Lei nº 166/10 (novo Código de Processo Civil) avançou. Afinal, um de seus propósitos é positivar, de forma expressa, aquilo que já devia fazer parte do senso comum de todos, mormente daqueles que lidam, por ofício, com a atividade jurisdicional (juízes, promotores e advogados). Constata-se nele verdadeira intenção de se realizar a indispensável interface entre a Constituição e o ordenamento processual, percebida já em seu artigo inaugural, que impõe a ordenação, a disciplina e a interpretação do Código de Processo Civil segundo os valores e princípios fundamentais estabelecidos na Carta Magna.

No que se refere ao *princípio democrático*, nota-se que o legislador do Projeto nº 166/10 se conscientizou de sua importância, tanto que está previsto em diversos dispositivos. Ali, em seu corpo normativo, atesta-se que as partes têm direito de participar ativamente no ambiente processual, cooperando com o juiz, fornecendo-lhe subsídios para que profira decisões, realize atos executivos ou determine a prática de medidas de urgência (art. 5º). Veda-se ao juiz, no mesmo rumo, proferir decisão ou sentença contra uma das partes, desimportante a natureza da matéria envolvida, sem que antes seja ela previamente ouvida, excepcionados os casos de medida de urgência ou concedida a fim de evitar o perecimento de direito (art. 9º). Tampouco é aceitável à autoridade judicial decidir em qualquer grau de jurisdição, com base em fundamento a respeito do qual não se tenha dado às partes

---

ser humano que se encontra por detrás da toga, como se esta lhe retirasse magicamente o coração e a própria humanidade, transformando-o nalguma divindade suprema. Sublinha-se sempre a importância do juiz no Estado Democrático de Direito; não, contudo, para lhe atribuir onipotência e sabedoria super-humanas, que justifiquem um agir dele pautado unicamente em seu próprio engenho e, deste modo, a prolação de julgamentos descompassados com o debate travado ao longo do procedimento. Quer-se tão somente assinalar que seu papel ganhou relevante importância na contemporaneidade, razão pela qual deve manter-se familiarizado com a doutrina e jurisprudência, atento aos diversos palcos de diálogos sociais, sempre em busca da ampliação de seus horizontes de conhecimento, algo natural num País que necessita do *ativismo judicial*. De outro lado, e até para se evitar arbitrariedades atentatórias ao regime democrático e aos direitos fundamentais processuais, há de laborar com o propósito de fomentar também um *ativismo das próprias partes*, atribuindo a elas, por igual, o papel de canalizar os valores da sociedade para o ambiente processual, conferindo-lhes a possibilidade real de influência nos provimentos judiciais (contraditório em sua feição substancial). Decerto que o ativismo judicial, somado ao ativismo das partes, proporcionará decisões judiciais mais bem elaboradas e amadurecidas, alheias ao fenômeno absolutista que representam as surpresas não raramente verificadas na prática da atividade jurisdicional. Enfim, advoga-se um ativismo judicial responsável, praticado por juízes verdadeiramente preparados técnica e socialmente, mas que seja controlado por um ativismo das partes, em respeito à *democracia participativa* que legitima a atividade jurisdicional e os resultados dela oriundos. O equilíbrio é, portanto, a solução.

oportunidade de se manifestar, ainda que se trate de matéria sobre a qual tenha que se decidir de ofício (art. 10).

É bem verdade que essa leitura constitucionalizada da legislação processual já é realidade viva no Brasil (ao menos doutrinariamente), consequência da onda renovatória que conduziu a todos ao constitucionalismo. Contudo, é sensato que a lei processual se ajuste aos regramentos constitucionais e que assim conscientize — de uma vez por todas — aqueles que ainda resistem às inovações, que só enxergam com nitidez diante do texto expresso e particularizado da lei, mantendo-se, por isso, cativos numa rotina forense já há muito descompassada com o ideal democrático.

2

A Lei nº 12.016/09 e o Direito Processual Intertemporal – Primeiras Impressões

Sumário: 1 Introdução – **2** Identificação da denominação direito intertemporal – **3** Retroatividade ou irretroatividade da lei? – **4** Efeitos retroativo e imediato da lei – **5** A lei processual – Aplicação retroativa ou imediata? – **6** Particularidades da lei processual – **7** Enunciados hermenêuticos de direito processual intertemporal – **8** O direito intertemporal processual e a Lei nº 12.016/09 – **8.1** Os processos já findos, aqueles ainda não instaurados e a Lei nº 12.016/09 – **8.2** O prazo de 30 dias para impetração do mandado de segurança por terceiro em favor do direito originário (Lei nº 12.016/09, art. 3º, parágrafo único) – **8.3** A necessária indicação da pessoa jurídica na petição inicial (Lei nº 12.016/09, art. 6º, *caput*) – **8.4** O prazo para a autoridade coatora prestar informações (Lei nº 12.016/09, art. 7º, I) – **8.5** A exigência de caução, fiança ou depósito (Lei nº 12.016/09, art. 7º, III) – **8.6** Restrições ao "poder-geral de antecipação" e a sua extensão à disciplina dos arts. 273 e 461 do Código de Processo Civil (Lei nº 12.016/09, art. 7º, §§2º e 5º) – **9** Conclusão

1 Introdução

Superado o regime legislativo anterior e instituída novidade no ordenamento jurídico, problemas naturalmente surgem, sobretudo àqueles jungidos à hermenêutica.

E a referência não diz respeito tão só aos equívocos de grafia, termos dúbios ou ainda normas exageradamente abertas, hipóteses, sem dúvida, responsáveis por dificultar o trabalho daquele que opera o direito. Há problemas outros, cuja natureza também é de ordem hermenêutica, que também se traduzem em embaraços, os quais não raro atentam à própria justiça da decisão quando não compreendidos de maneira equânime: os *conflitos de lei no tempo*.

A nova Lei nº 12.016, publicada em 07 de agosto de 2009, traz novel disciplina ao mandado de segurança, e revoga o regime anterior, cuja vigência perfazia mais de um século. É bem verdade que as inovações não foram muitas, pois o propósito focou-se, acima de tudo, em solidificar entendimentos doutrinários e jurisprudenciais que já se apresentavam aceitáveis na praxe com certa tranquilidade. Mas algum choque entre as Legislações pretérita e novel realmente há, e só isso já justificaria o desenvolvimento de trabalhos doutrinários que enfrentem a temática sobre o *direito intertemporal processual*.

Pretende-se, portanto, depois de traçar linhas gerais sobre o *conflito de leis no tempo*, indicar hipóteses problemáticas que se situam no contexto da Lei nº 12.016/09, as quais, muito possivelmente, irão atormentar o dia a dia dos juristas. Soluções, que se acreditam viáveis, serão, ao final, apresentadas a cada uma delas.

2 Identificação da denominação direito intertemporal

Esclarece Jônatas Milhomens que a lei, disposição de ordem geral, abstrata, projeta-se no tempo e no espaço, voltando-se, naturalmente, para o futuro. E desde que começa a vigorar, regula todas as hipóteses que venham a surgir e se ajustem ao respectivo preceito. O direito, entretanto, evolui, acompanha as mutações da vida social, o que implica a substituição de muitos preceitos legais por outros, estes últimos regulando a matéria diferentemente.[108]

Algumas vezes, a colisão da Lei nova com a anterior acarreta problemas. Isso porque determinadas circunstâncias estabelecidas pela lei antiga podem permanecer sob a vigência da nova Lei; ou, por outro lado, situações outras, que foram criadas pela lei velha, já não vão encontrar guarida na novel legislação.[109] Destarte, há que se estudar até que ponto a lei antiga pode gerar efeitos e até que ponto a Lei nova não pode impedir esses efeitos da lei antiga.[110]

---

[108] MILHOMENS, Jônatas. *Hermenêutica do direito processual civil*. Rio de Janeiro: Forense. p. 19.

[109] Logo se vê que o *direito processual intertemporal* tem por objeto a determinação dos momentos de início e fim da vigência da lei processual, como também estabelecer os limites de eficácia da lei velha, ou da nova, em relação aos processos pendentes e aos já extintos no momento de vigência desta. Essas normas de direito processual intertemporal estão situadas na Lei de Introdução ao Código Civil (LICC) e se denominam normas de *superdireito* (direito sobre direito), já que são normas de produção jurídica.

[110] MACHADO, A. Paupério. *Introdução ao estudo do direito*. 7. ed. Rio de Janeiro: Forense, 1986. p. 282.

E esse estudo, necessário para o desate de problemas jurídicos de apreço, recebe as denominações de *conflito de leis no tempo, retroatividade ou não retroatividade das leis, aplicação do direito em relação ao tempo, superveniência da lei no tempo, direito transitório* e, com tendência a prevalecer sobre as demais, *direito intertemporal.*[111]

3 Retroatividade ou irretroatividade da lei?

Seguindo o exemplo de seu criador, a lei nasce, vive e se esvai. Tem seu *dies a quo* e pode conter explícito o limite de sua vigência (*dies ad quem*).

Salvo disposição em contrário, a lei começa a vigorar em todo país 45 dias depois de oficialmente publicada na imprensa oficial, consoante previsão expressa contida no art. 1º da Lei de Introdução ao Código Civil — é comum, no Brasil, enunciado que preveja a entrada em vigor da Lei nova "a partir da sua publicação", ainda que tal hipótese restrinja-se a legislações que envolvam matéria de pequena repercussão.[112]

A lei publicada permanece sem efeito até que chegue o dia estabelecido para tanto. Em tal circunstância, diz-se que a lei é *vacante*, pois imersa no período de *vocatio legis*, o que lhe coloca em situação de inércia, sem poder de atuação ou vigência.

Não detendo a lei *vigência temporária*, permanecerá em vigor até que outra a modifique ou a revogue (LICC, art. 2º, *caput*). Ressalte-se que a lei posterior revoga a anterior quando expressamente o declare (revogação expressa), quando seja com ela incompatível ou quando regule inteiramente a matéria de que tratava a lei anterior (revogação por incompatibilidade lógica) (LICC, §1º do art. 2º).[113]

E é nesse cenário, no qual as leis novas colidem com as antigas, que surgem problemas afetos ao direito intertemporal. É necessário,

---

[111] MONTORO, André Franco. *Introdução à ciência do direito*. 4. ed. São Paulo: Martins, 1973. v. 2, p. 152.

[112] Confira-se, a este respeito, o que dispõe a Lei nº 95/98: "Art. 8º A vigência da lei será indicada de forma expressa e de modo a contemplar prazo razoável para que dela se tenha amplo conhecimento, reservada a cláusula 'entra em vigor na data de sua publicação' para as leis de pequena repercussão. §1º A contagem do prazo para entrada em vigor das leis que estabeleçam período de vacância far-se-á com a inclusão da data da publicação e do último dia do prazo, entrando em vigor no dia subseqüente à sua consumação integral. §2º As leis que estabeleçam período de vacância deverão utilizar a cláusula 'esta lei entra em vigor após decorridos (o número de) dias de sua publicação oficial'".

[113] Fala-se em *ab-rogação* para indicar que a revogação de uma lei foi total e absoluta, e em *derrogação* quando foi ela apenas parcial.

84 | Lúcio Delfino
Direito Processual Civil – Artigos e Pareceres

neste ponto, considerar-se que essa problemática possui duas facetas igualmente relevantes: a) a repulsa irrestrita à retroatividade da lei; e b) a adoção da retroatividade da lei de maneira absoluta.

A admissão da retroatividade da lei, *como princípio absoluto*, geraria situações inaceitáveis, haja vista a atmosfera de insegurança que pairaria na sociedade. Aceitando-se, sem restrição, tal postura, situações anômalas ao atual regime democrático e mais aproximadas ao absolutismo propagar-se-iam no sistema social, em atentado à própria estabilidade jurídica. A confiança na lei e em sua autoridade estaria, portanto, prejudicada; relações jurídicas já concretizadas fragilizar-se-iam diante do perigo da publicação de novas leis prontamente hábeis a alterá-las.

Mas também aceitável, de outro lado, admitir que a preponderância do interesse público sobre as conveniências dos cidadãos, como consequência derivada da soberania da lei, seria circunstância apta a justificar, *antes de qualquer consideração*, sua aplicação a todos os fatos por ela regulados. Para que a legislação mais moderna possa realizar inteiramente sua finalidade benéfica, o interesse social exige que seja aplicada tão completamente quanto possível.[114] Parafraseando Paiva Pitta, se a Lei nova tiver de respeitar a sua razão de ser no passado, restringindo o seu império somente ao que se fizer depois da sua promulgação, ver-se-á caminhar, de maneira paralela, o pretérito com o presente, o desengano com a esperança, a saudade com o gozo, a sombra com a luz, enfim, as velhas com as novas instituições.[115]

Pergunta-se, pois, qual será a solução adequada aos problemas envolvendo conflitos de lei no tempo. Dever-se-á dar privilégio à estabilidade jurídica e à paz social, impedindo a Lei nova de abraçar situações concretamente abrangidas por leis anteriores, ou, ao invés, evitar a estagnação social, buscando, sempre, o progresso ante a aceitação da *retro-operância* da lei?

Colocadas essas diretrizes preliminares, afirme-se, desde já: não se duvide que a opção do constituinte, *como regra geral do sistema*, foi pelo *princípio da não retroatividade da lei*, admitindo a retroatividade apenas em situações excepcionais. Assim o fez ao prescrever que "a lei não prejudicará o direito adquirido, o ato jurídico perfeito e a coisa julgada" (art. 5º, XXXVI). Também este o sentido oriundo do comando

---

[114] FARIA, Bento de. *Aplicação e retroatividade da lei*. Rio de Janeiro: A. Coelho Branco Filho, 1934. p. 20.

[115] FARIA, Bento de. *Aplicação e retroatividade da lei*. Rio de Janeiro: A. Coelho Branco Filho, 1934. p. 21.

A Lei nº 12.016/09 e o Direito Processual Intertemporal – Primeiras Impressões 85

legal constante do art. 6º da Lei de Introdução ao Código Civil: "A lei terá efeito imediato e geral, respeitados o ato jurídico perfeito, o direito adquirido e a coisa julgada".

A *regra de ouro*, portanto, estabelece que toda lei dispõe para o futuro e não para o passado, de modo que os *fatos jurídicos*[116] ocorridos e já consumados não se regem pela Lei nova que entra em vigor, mas continuam valorados segundo a lei do seu tempo, circunstância que encontra justificativa no culto à segurança das relações jurídicas, valor constitucionalmente garantido (*direito fundamental à segurança jurídica*).[117]

Ressalte-se que por ser o *princípio da irretroatividade* oriundo de preceito constitucional (art. 5º, XXXVI), é aplicável, imperativamente, a todos os ramos do direito, a todas as espécies de enunciados normativos — leis, decretos, resoluções, portarias, etc. —, e a todas as esferas do poder público, federal, estadual e municipal.[118] Trata-se de uma conquista do mundo moderno contra a tirania de outrora.

Mas é um desacerto crer que a Constituição Federal impôs absoluta vedação à retroatividade legal. O que fez foi instituir a proibição da irretroatividade da lei quando ela implicar prejuízo ao direito adquirido, ao ato jurídico perfeito e à coisa julgada. A retro-operância da lei, por sua vez, é aceita nas hipóteses devidamente previstas na própria Carta Magna.[119]

---

[116] Os "fatos" podem ser "jurídicos" ou "não jurídicos", conforme interessem ou não ao direito. Preocupam o jurista apenas os "fatos jurídicos", os quais, amplamente considerados, inclinam-se à deflagração de consequências jurídicas. Os exemplos de "fatos jurídicos *lato sensu*" são inúmeros, justamente por também deterem acepção larga, desde os mais conhecidos (nascimento, morte, adoção, casamento, contrato), até aqueles mais específicos, como os "atos processuais" estritamente considerados (petição inicial, citação, intimação), estes últimos que mais abertamente interessam ao estudioso do direito processual.

[117] Já na Constituição do Império (1824) havia preceito segundo o qual a lei não teria efeito retroativo (art. 179, §3º), garantia essa que se manteve na primeira Constituição da República ("É vedado aos Estados, como à União, prescrever leis retroativas"; art. 11, §3º). A partir de 1934, preferiu-se a fórmula adotada pela Constituição ora em vigor, sendo que a proscrição de leis retroativas, pelo menos como enunciado seco, já não existe mais entre as garantias constitucionais (MILHOMENS, Jônatas. *Hermenêutica do direito processual civil*. Rio de Janeiro: Forense. p. 20).

[118] MONTORO, André Franco. *Introdução à ciência do direito*. 4. ed. São Paulo: Martins, 1973. v. 2, p. 155.

[119] Poder-se-ia advogar que não somente se admitiria a retro-operância nas hipóteses positivadas pelo constituinte, pois impedimento algum haveria de retroação da lei que não atentasse ao direito adquirido, ao ato jurídico perfeito e à coisa julgada. Adiante se evidenciará, contudo, que em tais casos o que ocorre não é propriamente a aplicação retroativa da lei, mas, sim, a sua aplicação imediata. A doutrina, aliás, acertadamente aponta existir uma situação intermediária entre a *retroatividade* e a *irretroatividade*, a saber: *a da aplicação imediata da nova Lei às relações nascidas sob a vigência da anterior e que ainda não se aperfeiçoaram*. O requisito *sine qua non* para a imediata aplicação é o respeito ao direito adquirido, ao ato

Em síntese, afirme-se: a) os fatos jurídicos ocorridos e já consumados no passado não se regem pela Lei nova que entra em vigor, mas continuam valorados segundo a lei do seu tempo,[120] *sempre respeitados e preservados os efeitos deles já produzidos e aqueles ainda a serem produzidos;* b) a Lei nova se aplicará aos fatos jurídicos presentes e aos efeitos deles oriundos (*tempus regit actum*); c) a Lei nova se aplicará aos fatos jurídicos pretéritos (e aos seus efeitos futuros), originados sob a égide e o império da lei precedente por ela revogada, mas ainda não consumados, que se encontram num *estado de transição;* d) a retroatividade da Lei nova só é aceita nas hipóteses expressamente autorizadas pela Constituição Federal.

4 Efeitos retroativo e imediato da lei

É de importância elementar, neste ponto, a distinção entre efeito *retroativo* e *imediato* da lei.

A Lei de Introdução ao Código Civil (art. 6º) e a Constituição Federal (art. 5º, XXXVI) referem-se a *fatos jurídicos consumados* ao imporem que a lei não prejudicará o ato jurídico perfeito, o direito adquirido e à coisa julgada, opção legislativa cujo alicerce maior é justamente a proteção à segurança das relações jurídicas. O que pretendeu o constituinte, em suma, é *preservar os fatos jurídicos já consumados, bem assim os efeitos deles oriundos na vigência da antiga lei e aqueles ainda a produzir.*

Daí falar-se em *efeito imediato da lei* (CPC, art. 1.211) para retratar hipóteses em que ela é aplicável imediatamente, assim que vigente, aos fatos jurídicos presentes e aos efeitos por estes produzidos, bem assim aos efeitos futuros daqueles fatos jurídicos anteriores, ainda não consumados, originados sob a égide da lei precedente revogada pela novel legislação.

Já quando se fala em *retro-operância ou retroatividade da lei* estar-se-á a se referir àquelas hipóteses em que a Lei nova incide diretamente em situações pretéritas, anteriormente regidas pela lei revogada e já devidamente consumadas. Nas palavras de Dinamarco, a retroatividade da lei se dá quando o seu império impõe-se a fatos jurídicos pretéritos consumados antes da sua vigência.[121]

---

jurídico perfeito e à coisa julgada (DINIZ, Maria Helena. *Lei de introdução ao Código Civil brasileiro interpretada.* São Paulo: Saraiva, 1994. p. 193).

[120] DINAMARCO, Cândido Rangel. *Instituições de direito processual civil.* 5. ed. São Paulo: Malheiros, 2005. v. 1, p. 115.

[121] DINAMARCO, Cândido Rangel. *Instituições de direito processual civil.* 5. ed. São Paulo: Malheiros, 2005. v. 1, p. 116.

Repise-se, superadas estas considerações, que no Brasil se aceita a retroatividade apenas naquelas situações devidamente previstas na própria Constituição Federal — *a retroatividade é, pois, circunstância excepcional*. Afinal, quando a Lei nova incide em fatos jurídicos pretéritos ainda não absolutamente consumados no império da antiga lei, não se está diante de um efeito retroativo, e sim imediato. Se a Lei nova incide sobre fatos jurídicos anteriores que não se configuram em ato jurídico perfeito, direito adquirido, ou não se encontrem acobertados pela coisa julgada, essa incidência não é retroativa, senão imediata.[122]

5 A lei processual – Aplicação retroativa ou imediata?

Chiovenda aponta ser um costume afirmar-se que a lei processual é *retroativa* e de *aplicação imediata*. A primeira afirmação é *errônea*; a segunda *equívoca*. *Errônea* porque, como todas as leis, a processual está sujeita ao princípio geral de que a lei dispõe para o futuro e, portanto, não tem efeito retroativo. *Equívoco* é asseverar que a lei processual é de imediata aplicação, porquanto isto é próprio de todas as leis, as quais, justamente por proverem para o futuro, se aplicarão imediatamente aos atos e fatos que se verificarem depois de posta em vigor a Lei nova, exceto se constituírem efeitos novos de fatos já anteriormente consumados.[123]

Sem dúvida, essa lição reforça aquilo que foi afirmado alhures: a Lei nova aplica-se imediatamente àqueles fatos jurídicos presentes (e, portanto, aos seus efeitos), bem assim aos efeitos futuros daqueles fatos e situações anteriores, *mas ainda não consumados*, originados sob o império da lei precedente por ela revogada.

---

[122] Ao nosso sentir, Elpídio Donizetti Nunes incide nesse equívoco e confunde os efeitos retroativo e imediato da lei. Em recente trabalho, esclarece: "Ressalte-se que nada obsta que a lei retroaja para alcançar atos já praticados na vigência da lei revogada. O que se veda, em nome da segurança jurídica, é a ofensa ao ato jurídico perfeito, ao direito adquirido e à coisa julgada (art. 5º, XXXVI, da CF e art. 6º da LICC). Admite-se, por exemplo, a retroatividade da lei que dá nova redação ao disposto no art. 38, dispensando o reconhecimento de firma, porquanto tal norma não fere a situação jurídica das partes, denominando-se, por isso, retroatividade legítima" (NUNES, Elpídio Donizetti. Tempus Regit Actum. *Revista Jurídica Consulex*, Brasília, n. 241, p. 26-28, jan. 2007). Quando a lei se aplica a fatos ou situações já praticados, mas que não se encontrem acobertados pela coisa julgada, ou não se configurem em ato jurídico perfeito ou direito adquirido, não se estará diante de uma aplicação retroativa, mas sim de aplicação imediata da lei. A aplicação retroativa é admitida excepcionalmente no sistema jurídico e apenas e tão somente naqueles casos devidamente previstos na Constituição Federal.

[123] CHIOVENDA, Giuseppe. *Instituições de direito processual civil*. Campinas: Bookseller, 1998. v. 1, p. 114.

Ocorre que os enunciados processuais, em sua maioria, são cogentes, e, por tal razão, alguns defendem a sua aplicação retroativa àqueles *atos processuais*[124] já devidamente consumados por leis processuais anteriores.

Bento de Faria, referindo-se às normas de ordem pública ou cogentes, assenta que "na esfera do direito público há de sempre prevalecer a vontade do Estado, orientada, é bem de ver, pelo menor sacrifício dos direitos subjetivos". Igual entendimento é adotado por Lafayette: "É um princípio fundamental de direito — que as leis de administração e ordem pública têm efeito retroativo, isto é, são aplicáveis aos atos anteriores à sua promulgação, contanto que esses atos não tenham sido objeto de demandas e que não estejam sob o selo da coisa julgada".[125] Maria Helena Diniz, aduzindo posição semelhante, esclarece que os "direitos adquiridos devem ceder ao interesse da ordem pública; logo, as normas de ordem pública serão retroativas, desde que expressas e sem que haja desequilíbrio jurídico-social".[126]

A tese da retroatividade das normas de ordem pública, como se vê, é fundamentada na *prevalência dos interesses da coletividade* na *ordem jurídica e social*. Os particulares devem, segundo esse entendimento, subordinar-se às mudanças legais reclamadas naquele momento social, em razão de sua conveniência. Tratando-se de norma de *ordem pública* — argumentam os defensores da sua aplicação *retro-operante* — seria ilícito pretender direitos, como irrevogavelmente adquiridos, contrários a ela. A retroatividade, em tais casos, justificar-se-ia pelo interesse essencial da sociedade, mas sem a possibilidade de determinar perturbações de caráter geral, simplesmente porque importaria ofensa à mesma ordem pública invocada como fundamento da retroação.[127]

---

[124] Ao se tratar especificamente do "direito intertemporal processual" interessa, mais detidamente, os *atos processuais*, que, em conjunto, conferem forma ao procedimento e permitem que se atinja o ato final pretendido mediante a jurisdição. O "ato processual" é espécie de "fato jurídico humano", mais especificamente de "ato jurídico *stricto sensu*" e, portanto, depende de ato humano e, no mais das vezes, também ressoa efeitos no curso do procedimento. Traduz-se em toda conduta tendente a repercutir, de algum modo, na atuação das partes, do juiz e de seus auxiliares, e também de terceiros, às vezes até quando praticados exteriormente ao próprio processo. Os exemplos são inúmeros: a apresentação de uma petição inicial, as decisões em geral, as audiências, o interrogatório, o depoimento pessoal, o depoimento de testemunhas, a inspeção judicial, a transação, a sentença, a interposição de recursos, dentre outros.

[125] FARIA, Bento de. *Aplicação e retroatividade da lei*. Rio de Janeiro: A. Coelho Branco Filho, 1934. p. 27.

[126] DINIZ, Maria Helena. *Lei de introdução ao Código Civil brasileiro interpretada*. São Paulo: Saraiva, 1994. p. 194.

[127] FARIA, Bento de. *Aplicação e retroatividade da lei*. Rio de Janeiro: A. Coelho Branco Filho, 1934. p. 28.

A Lei nº 12.016/09 e o Direito Processual Intertemporal – Primeiras Impressões | 89

É de se dizer, contudo, que os defensores da retroatividade da lei olvidam-se de que a *manutenção da ordem social* também representa um interesse coletivo. O raciocínio que opõe interesses coletivos a interesses particulares com o intuito de defender a retro-operância da lei é falho. Se é certo afirmar que os particulares devem ceder às alterações legislativas necessárias num dado momento social, e isso em razão de sua conveniência para a ordem pública, mais acertada é a afirmativa de que os indivíduos não podem viver num ambiente de absoluta insegurança social, sujeito a alterações constantes, acarretadas pelo simples surgir de novas leis. A *segurança jurídica e social* traduz-se, sobretudo, num valor coletivo meritório, já que a própria Constituição Federal optou por aboná-la (preservação da coisa julgada, do direito adquirido e do ato jurídico perfeito).

Sem dúvida, mais consentâneo à realidade nacional é o magistério do mestre Caio Mário Pereira, ao indicar, com pena de ouro, o viés exegético que deve guiar o intérprete ao se deparar com problemas vinculados ao direito intertemporal, lição válida, invariavelmente, às normas cogentes e dispositivas:

> Costuma-se dizer que as leis de ordem pública são retroativas. Há uma distorção de princípio nesta afirmativa. Quando a regra da não-retroatividade é de mera política legislativa, sem fundamento constitucional, o legislador, que tem o poder de votar leis retroativas, não encontra limites ultralegais à sua ação, e, portanto, tem a liberdade de estatuir o efeito retrooperante para a norma de ordem pública, sob o fundamento de que esta se sobrepõe ao interesse individual. Mas, quando o princípio da não-retroatividade é dirigido ao próprio legislador, marcando os confins da atividade legislativa, é atentatória da constituição a lei que venha ferir direitos adquiridos, ainda que sob inspiração da ordem pública. A tese contrária encontra-se defendida por escritores franceses ou italianos, precisamente porque, naqueles sistemas jurídicos, o princípio da irretroatividade é dirigido ao juiz e não ao legislador.[128]

A Lei nova, seja ela de ordem pública ou não, terá aplicação imediata e geral — a não ser que a própria lei disponha em sentido contrário —, ilação que se obtém da incontestável premissa de que as leis, em regra, dispõem para o futuro e não para o passado. Por tal razão, a Lei nova aplica-se imediatamente aos atos processuais presentes e seus efeitos, e também aos efeitos futuros daqueles atos processuais

---

[128] PEREIRA, Caio Mário da Silva. *Instituições de direito civil*. Rio de Janeiro: Forense, 1974. p. 155.

anteriores ainda em transição (não concluídos), originados sob a égide da lei precedente por ela revogada.

Consoante já se esclareceu, a lei retroativa é aquela que se aplica aos fatos jurídicos já acabados, concluídos e perfeitos — e, numa visão presa ao direito processual, a lei retroativa seria aquela que se aplica aos atos processuais já acabados, concluídos e perfeitos. São raras as hipóteses de aplicação retroativa da lei no sistema jurídico nacional, podendo-se citar, como exemplo, a lei penal nova, cuja retroação é admitida quando o réu dela se beneficiar, *mas isso em razão de expressa previsão constitucional* (art. 5º, XL, da CF; "a lei penal não retroagirá, salvo para beneficiar o réu").

É apropriado insistir no fato de que a Constituição Federal, ao declarar, imperativamente, que a Lei nova não atingirá o direito adquirido, o ato jurídico perfeito e a coisa julgada, *optou por adotar o princípio da não retroatividade da lei como regra geral do ordenamento jurídico, restringindo sobremaneira o campo de retro-operância da novel legislação.* E o princípio da irretroatividade das leis, dependendo da forma em que é posto e regulamentado num ordenamento jurídico, poderá permitir uma exegese mais ou menos plástica, o que, por consequência, autorizará a sua aplicação de maneira engessada ou aberta.

Logo, nos países em que é o legislador ordinário quem proclama o *princípio da irretroatividade das leis,* tal prescrição é imposta exclusivamente ao Judiciário, de modo que se reserva ao legislador o direito de abrir-lhe exceções, aparentemente justificadas pelos invocados preceitos da moral e do direito filosófico, ou pelas exigências da ordem social. Outra, porém, é a conclusão quando o *princípio da irretroatividade* situar-se no rol das normas constitucionais — como é o caso do Brasil. Em tal circunstância, o aludido preceito dirige-se não só ao Judiciário, mas também ao próprio legislador, de sorte que não se poderão abrir-lhe exceções, salvo aquelas permitidas pela própria Constituição Federal. O legislador fica preso, maniatado, não sendo legítima eventual intenção sua de dominar, mediante as novas leis, os fatos jurídicos — e, por tabela, os atos processuais (*espécie* de fato jurídico) — pretéritos já devidamente consumados (e também a seus efeitos já concretizados e aqueles a realizar). Os juízes, ainda com maior razão, também se vinculam a esse raciocínio hermenêutico, pois lhes é vedado aplicar a Lei nova retroativamente àqueles fatos jurídicos — e atos processuais — consumados na vigência da legislação anterior (e também aos seus efeitos já concretizados e àqueles ainda a se realizar).

Conclui-se, de tudo que foi dito, que não é lícito, no Brasil, adotar exegeses que atribuam às normas cogentes efeito retroativo, sobretudo porque a Carta Política, ao preceituar que a Lei nova não prejudicará o ato jurídico perfeito, o direito adquirido e a coisa julgada, não distingue entre legislações com tal natureza (cogentes) e outras que não a possuem. Quisesse o legislador recepcionar a retroatividade das leis de ordem pública deveria tê-lo feito expressamente, e isso na própria Constituição Federal.

Em suma, também os atos processuais já consumados, perfeitamente concluídos na vigência de normas processuais anteriores, e seus efeitos pretéritos, presentes e futuros, não serão atingidos pela publicação de novos enunciados processuais. A Lei nova atinge o processo em curso no ponto em que ele se encontrar quando ela entrar em vigência, resguardando-se, entretanto, os *atos processuais jurídicos perfeitos* e os *direitos processuais adquiridos*.

6 Particularidades da lei processual

Ao menos duas regras seguras de *direito processual intertemporal* podem ser registradas, sem maiores problemas: a) a lei processual nova não se aplica aos processos já findos quando ela entrou em vigor, cujos atos processuais se regeram pela lei anterior e cujas decisões têm eficácia já conseguida antes da passagem da lei velha para a nova — rigorosa aplicação da máxima *tempus regit actum*; b) a lei processual nova aplica-se inteiramente aos processos instaurados na sua vigência, sobretudo porque as previsões contidas na lei velha já não existem e, obviamente, as consequências jurídicas dos atos futuros não são as que ela ditara no passado.[129]

Inquietantes, entretanto, são as dificuldades quando se pretende analisar os efeitos da Lei nova nos processos pendentes ao momento de sua vigência. E, basicamente, são três as correntes que procuram explicitar os problemas que envolvem a eficácia das leis processuais no tempo, todas fundamentalmente focadas numa perspectiva referente aos processos pendentes.

Intitulou-se a primeira das teorias de *unidade processual*, e isso porque os seus adeptos veem o processo como um complexo de atos processuais inseparáveis uns dos outros, todos eles subordinados à tutela jurisdicional, fim ou objetivo de todo processo. Ao se considerar o processo como uma entidade única, é até natural a conclusão de que

---

[129] DINAMARCO, Cândido Rangel. *Instituições de direito processual civil*. 5. ed. São Paulo: Malheiros, 2005. v. 1, p. 117.

ele deve, sempre, ser regido por uma única lei. Se o processo está em curso e uma Lei nova passa a viger, será ele disciplinado inteiramente por esta ou pela lei precedente. Acaso se opte pela Lei nova, todos os atos já realizados serão tidos por ineficazes, e assim também os efeitos dela decorrentes — esse entendimento abaliza o efeito retroativo da lei processual. Num sistema como o brasileiro, se tal teoria fosse adotada, a escolha correta seria a aplicação da lei velha, evitando-se, assim, o efeito retro-operante da norma, cuja vedação encontra-se positivada no rol de direitos fundamentais.

Já a segunda corrente, denominada de *fases processuais*, considera a existência de várias fases processuais autônomas (postulatória, probatória, decisória, recursal), cada qual compreendendo um conjunto de atos inseparáveis, e cada uma constituindo uma unidade processual. Encontrando-se um processo em curso, e sobrevindo uma Lei nova, a esta não é autorizado disciplinar a fase ainda não encerrada, que continuaria a se reger pela lei anterior. Tão só as fases seguintes, nascidas sob a vigência da Lei nova, passariam a dever-lhe respeito.

A última das teorias é a do *isolamento dos atos processuais*. Sem olvidar que o processo é uma unidade em vista do fim a que se propõe, seus defensores apontam que ele é um conjunto de atos, e cada um dos quais pode ser considerado isoladamente para os efeitos de aplicação da Lei nova.[130] Assim, a Lei nova, deparando-se com um processo em desenvolvimento, respeita os atos processuais já concluídos e seus efeitos (pretéritos, presentes e futuros) e disciplina o processo a partir de sua vigência. Em outros termos, a Lei nova respeita os atos processuais realizados e os seus efeitos, aplicando-se aos que houverem de realizar-se, ainda que oriundos de fase processual pendente quando da passagem da lei velha para a nova, *e sempre respeitados o ato processual jurídico perfeito, o direito processual adquirido e a coisa julgada*.

A terceira teoria é a que vigora no País (CPC, art. 1.211),[131] e o seu uso implica o repúdio a critérios radicais oriundos das outras duas teorias, a saber: a) a aplicação por completo da Lei nova aos processos já pendentes no momento de sua vigência; b) a imunização por completo desses processos à eficácia da Lei nova, para que prosseguissem até o fim sob o regime da velha; e c) o respeito às fases procedimentais já

---

[130] SANTOS, Moacyr Amaral. *Primeiras linhas de direito processual civil*. 23. ed. São Paulo: Saraiva, 2004. v. 1, p. 32.

[131] O art. 1.211 do Código de Processo Civil consagra, expressamente, teoria do isolamento dos atos processuais ao dispor: "Este Código regerá o processo civil em todo o território brasileiro. Ao entrar em vigor, suas disposições aplicar-se-ão desde logo aos processos pendentes".

A Lei nº 12.016/09 e o Direito Processual Intertemporal – Primeiras Impressões | 93

superadas ou em curso (postulatória, ordinatória, instrutória, decisória), impondo a Lei nova apenas quanto às fases subsequentes.[132] É de se prevenir, de outro lado, que o intérprete deve dispensar especial atenção às *normas processuais materiais*, tomada essa locução para definir os preceitos que regem aqueles institutos que embora apareçam de modo explícito no processo, de alguma forma dizem também respeito à vida dos sujeitos, de suas relações intersubjetivas e daquelas que estabelecem com os bens[133] — representam verdadeiros *pontos de interseção* entre os planos normativos *substancial* e *processual*. Esse cuidado se justifica simplesmente porque não é crível aceitar-se que a norma nova sempre altere a norma processual material velha, ainda que não haja processo pendente, pois tal postura, em alguns casos, poderá traduzir-se em atropelo a direitos adquiridos, protegidos, assim, da eficácia da Lei nova por força do *princípio da irretroatividade das leis*. A lei velha, em tais casos, permanece eficaz apesar de no momento de sua vigência inexistir processo algum pendente e ato processual a ser preservado.[134]

7 Enunciados hermenêuticos de direito processual intertemporal

Ao cabo das considerações procedidas, e sempre considerando o desprestígio de critérios radicais, é possível pontuar alguns enunciados hermenêuticos capazes de guiar o intérprete, de forma quase segura, quando envolto num raciocínio voltado a superar problemas afetos ao direito processual intertemporal. São eles:

---

[132] DINAMARCO, Cândido Rangel. *Instituições de direito processual civil*. 5. ed. São Paulo: Malheiros, 2005. v. 1, p. 118.

[133] DINAMARCO, Cândido Rangel. *Instituições de direito processual civil*. 5. ed. São Paulo: Malheiros, 2005. v. 1, p. 62.

[134] DINAMARCO, Cândido Rangel. *Instituições de direito processual civil*. 5. ed. São Paulo: Malheiros, 2005. v. 1, p. 120. É por tal razão que Dinamarco nega a aplicação imediata da Lei nova nas seguintes situações: a) quando ela atingir o próprio direito de *ação*, de modo a impor ao sujeito novas *competências* ou privá-lo dos meios antes postos a sua disposição para a obtenção da tutela jurisdicional (*provas, bens*); b) não pode a Lei nova retirar a proteção jurisdicional antes outorgada a determinada pretensão, excluindo ou comprometendo radicalmente a possibilidade do exame desta, de modo a tornar impossível ou particularmente difícil a tutela anteriormente prometida; c) não se admite a aplicação imediata da lei processual quando seu objetivo é criar novas impossibilidades jurídicas; d) sempre que haja redução da possibilidade de ampla defesa, é vedada a aplicação imediata da lei processual que cria novas competências ou tornem irrelevantes as já existentes; e e) não se pode impor a Lei nova que altere regras de distribuição do ônus da prova ou subtraia bens à responsabilidade patrimonial, excluindo sua penhorabilidade (DINAMARCO, Cândido Rangel. *Instituições de direito processual civil*. 5. ed. São Paulo: Malheiros, 2005. v. 1, p. 120).

a) a lei processual nova não se aplica aos processos já findos quando ela entrou em vigor, cujos atos (e seus efeitos) se regeram pela lei anterior e cujas decisões têm eficácia já conseguida antes da passagem da lei velha para a nova — trata-se da rigorosa aplicação da máxima *tempus regit actum*.[135] Dito de outro modo: os atos processuais ocorridos e já consumados no passado não se regem pela Lei nova que entra em vigor, mas continuam valorados segundo a lei do seu tempo, *sempre respeitados e preservados os efeitos deles já produzidos e aqueles ainda a serem produzidos;*

b) a retroatividade da lei (cogente ou dispositiva) apenas é admitida em hipóteses expressamente autorizadas pela Constituição Federal;

c) a lei processual nova aplica-se inteiramente aos processos instaurados na sua vigência, sobretudo porque as previsões contidas na lei velha já não existem e, obviamente, as consequências jurídicas dos atos processuais futuros não são as que ela ditara no passado;[136]

d) em hipóteses envolvendo processos pendentes, a Lei nova respeita os atos processuais realizados e os seus efeitos (pretéritos, presentes e futuros), aplicando-se, por outro lado, aos que houverem de realizar-se (aplicação imediata da lei), ainda que oriundos de fase processual pendente quando da passagem da lei velha para a nova, *e sempre respeitados o ato processual jurídico perfeito, o direito processual adquirido e a coisa julgada;*[137]

---

[135] DINAMARCO, Cândido Rangel. *Instituições de direito processual civil*. 5. ed. São Paulo: Malheiros, 2005. v. 1, p. 117.

[136] DINAMARCO, Cândido Rangel. *Instituições de direito processual civil*. 5. ed. São Paulo: Malheiros, 2005. v. 1, p. 117.

[137] De maneira a se reforçar este item, saliente-se o seguinte: consoante reza o art. 158 do CPC, todo ato processual das partes, consistente em declarações unilaterais ou bilaterais de vontade, produz imediatamente a constituição, a modificação ou a extinção de direitos processuais. Isso prova que o ato processual realizado configura-se em verdadeiro *ato jurídico perfeito* e, por isso mesmo, plenamente capaz de conceber *direitos adquiridos processuais* naquilo que diz respeito aos efeitos gerados por ele, de modo que ambos, o *ato jurídico perfeito* e os eventuais *direitos adquiridos processuais*, devem ser necessariamente respeitados pela lei novel. A título de exemplo, imagine-se a situação daquele que, depois de proferida e publicada certa decisão, adquire o direito de interpor determinado recurso, desafiando-a, mas, logo no início do curso de seu prazo, uma Lei nova entra em vigência reduzindo o referido prazo. Tenha-se, ainda, em mente situação semelhante à anterior, só que, numa alteração mais agressiva, a Lei nova exclui a possibilidade de manejo do aludido recurso contra aquela decisão, antes admitido pela lei velha, e isso logo depois de a tal decisão ter sido proferida e publicada. Nos dois casos, a Lei nova não poderá impedir os direitos

e) é de se dispensar especial atenção às *normas processuais materiais*, pois não é crível aceitar-se que a Lei nova sempre as altere, ainda que não haja processo pendente, pois tal postura, em alguns casos, poderá traduzir-se em atropelo a direitos adquiridos, protegidos, assim, da eficácia da Lei nova por força do *princípio da irretroatividade das leis*. A lei velha, em tais casos, permanece eficaz, apesar de no momento de sua vigência inexistir processo algum pendente e ato processual a ser preservado.[138]

8 O direito intertemporal processual e a Lei nº 12.016/09

Há, finalmente, que se examinar a Lei nº 12.016, de 07 de agosto de 2009, com os olhos atentos às balizas hermenêuticas estabelecidas no tópico anterior, e assim identificar não apenas alguns possíveis problemas a serem enfrentados futuramente, envolvendo a *colisão entre leis no tempo*, mas principalmente indicar soluções que se lhes acredite adequadas.

---

adquiridos processuais provenientes dos efeitos gerados pelo ato jurídico perfeito (decisão proferida e publicada). Assim, o prazo, no primeiro exemplo, permanecerá aquele regido pela lei ab-rogada, e o recurso, no segundo exemplo, poderá ser interposto contra aquela decisão, mesmo que a Lei nova lhe tenha conferido novos contornos. Outro exemplo: hoje, vigente a Lei nº 11.382/06, que conferiu nova roupagem à ação de execução por título executivo extrajudicial, problemas diversos, a envolver o conflito de leis no tempo, certamente surgirão. Tome-se, para ilustrar, a seguinte hipótese: atualmente, numa execução por título executivo extrajudicial, o executado será citado para, no prazo de três dias, efetuar o pagamento da dívida. Se não o fizer, o oficial, munido da segunda via do mandado, procederá, de imediato, à penhora de bens e a sua avaliação, lavrando-se o respectivo auto e de tais atos intimando, na mesma oportunidade, o executado (CPC, art. 652, §1º). Na nova sistemática, o executado, independentemente de penhora, depósito ou caução, poderá opor-se à execução. Aliás, os embargos serão distribuídos por dependência, autuados em apartado, e instruídos com cópias (CPC, art. 736, parágrafo único). Suponha-se, então, que o executado tenha sido citado antes da Lei nº 11.382/06 entrar em vigência. Admita-se, ainda, a realização da penhora e a juntada aos autos da prova de sua intimação, tudo antes de entrar em vigor a aludida Lei nº 11.382/06. No ínterim entre a *intimação da penhora* e o *esgotamento do prazo para se ofertar os embargos à execução*, a Lei nº 11.382/06 finalmente passa a viger. Indaga-se: os embargos deverão ser ofertados no prazo de 10 dias (antiga legislação) ou no prazo de 15 dias (nova legislação)? Não apenas o prazo para interposição dos embargos foi alterado. Com a nova sistemática, eles perderam sua capacidade de suspender a execução. Isto é, a regra, hoje, é a de que os embargos não suspenderão a execução; apenas excepcionalmente, a requerimento do embargante e desde que presentes alguns requisitos, o juiz poderá atribuir efeito suspensivo aos embargos (CPC, art. 739-A, §1º). Por ser assim, ocorrendo a penhora e a juntada dos autos de sua intimação antes de entrar em vigor a Lei nº 11.382/06, o regime anterior deve ser respeitado, de modo que o executado deverá ofertar seus embargos no prazo de 10 dias, os quais suspenderão os efeitos da execução.

[138] DINAMARCO, Cândido Rangel. *Instituições de direito processual civil*. 5. ed. São Paulo: Malheiros, 2005. v. 1, p. 120.

As hipóteses vislumbradas serão, cada qual, abordadas em tópicos próprios e específicos, adiante discriminados, até como meio de se assegurar uma melhor compreensão didática.

8.1 Os processos já findos, aqueles ainda não instaurados e a Lei nº 12.016/09

Afirme-se, já inicialmente, que a Lei nº 12.016/09 não há de ser aplicada aos processos já findos quando de sua entrada em vigor. Afinal, os atos processuais e seus efeitos (inclusive os futuros) foram disciplinados pelas legislações anteriores, e por elas continuam valorados, orientação que se coaduna à máxima *tempus regit actum*, bem assim ao *princípio constitucional da segurança jurídica*.

Outra premissa que se pode extrair quase intuitivamente é a de que a Lei nº 12.016/09 aplica-se inteiramente aos processos instaurados a partir de sua vigência (10.08.2009). E isso pela singela razão de que as leis infraconstitucionais que regiam o mandado de segurança não mais existem, pois revogadas expressamente (Lei nº 12.016, art. 28).

8.2 O prazo de 30 dias para impetração do mandado de segurança por terceiro em favor do direito originário (Lei nº 12.016/09, art. 3º, parágrafo único)

Interessante situação pode vir a surgir em decorrência do que dispõe o art. 3º da Lei nº 12.016/09.

Disciplinando hipótese de *legitimação extraordinária* (substituição processual), a revogada Lei nº 1.533/51 autorizava terceiro a impetrar mandado de segurança em favor do direito de outrem, desde que o direito deste terceiro decorresse de direito não exercido a tempo e modo oportunos.[139] Exemplo, indicado por Cassio Scarpinella Bueno, é o de erro na classificação de concursados, em que o direito lesado é apenas de uma pessoa, mas com reflexos sobre todos os demais que são atingidos indiretamente pela irregularidade do ato administrativo praticado.[140]

---

[139] BUENO, Cassio Scarpinella. *A nova lei do mandado de segurança*: comentários sistemáticos à Lei nº 12.016, de 7.8.2009. São Paulo: Saraiva, 2009. p. 14.

[140] BUENO, Cassio Scarpinella. *A nova lei do mandado de segurança*: comentários sistemáticos à Lei nº 12.016, de 7.8.2009. São Paulo: Saraiva, 2009. p. 15.

A Lei nº 12.016/09 e o Direito Processual Intertemporal – Primeiras Impressões | 97

Anteriormente à Lei nº 12.016/09, o terceiro poderia, portanto, impetrar mandado de segurança a favor do direito originário, se o seu titular não o fizesse, e isso "em prazo razoável", apesar de, para isso, notificado judicialmente (Lei nº 1.533/59, art. 3º).[141] Hoje, contudo, a notificação judicial, não obstante ainda exigida, tem prazo certo: o titular do direito há de ser notificado (judicialmente) no prazo de 30 dias, além de sujeitar-se ao *prazo decadencial* de cento e vinte dias, previsto no art. 23 (Lei nº 1.533/59, art. 3º, parágrafo único).

Indaga-se: ocorrida a lesão ao direito líquido e certo anteriormente à vigência da Lei nº 12.016/09, mas ainda não notificado o titular do direito pelo terceiro interessado em impetrar, ele mesmo, o mandado de segurança, é certo concluir pela aplicação imediata da nova regra? O terceiro, enfim, estaria vinculado ao prazo de trinta dias, ainda que a lesão do direito líquido e certo tenha se dado anteriormente à vigência da Lei nº 12.016/09?

A resposta só pode ser negativa. Perceba-se que a norma em epígrafe possui também natureza material (norma processual material), pois não se limita a disciplinar a relação jurídica processual e o *iter* procedimental. Afinal, suas repercussões extrapolam o limite processual e podem atentar contra o próprio *direito fundamental à ação* (CF/88, art. 5º, XXXV). Advoga boa parte da doutrina que o prazo de trinta dias a que fez menção a novel Legislação — e, por óbvio, aquele anteriormente rotulado pela lei revogada de "prazo razoável" —, tem natureza *decadencial*. Quer isso significar que eventual notificação realizada depois de superados os trinta dias implica a perda do direito ao mandado de segurança por parte do terceiro interessado.

A Lei nº 12.016/09, enfim, impõe ao terceiro nova *condição* para a impetração do mandado de segurança, priva-o de situação mais confortável que antes lhe era disponibilizada para a postulação da tutela jurisdicional. E se assim é, necessário que se respeite o *direito processual adquirido* advindo com a lesão do direito líquido e certo e, por

---

[141] Ainda sobre esta hipótese de legitimação extraordinária, lecionam José Miguel Garcia Medina e Fábio Caldas de Araújo: "O art. 3º da Lei 12.016/09 procura tutelar a expectativa legítima do terceiro de boa-fé que não pode ser obliterado em sua posição jurídica pela inação do titular. É possível que o ato coator praticado provoque efeito reflexo ou direto sobre a posição jurídica do terceiro, o qual dependerá da postulação ativa do titular para a defesa quanto ao ato ilegal ou abusivo. A dinâmica das relações sociais permite que o terceiro possa se antecipar ao próprio titular da pretensão e ajuizar o mandado de segurança" (MEDINA, José Miguel Garcia; ARAÚJO, Fábio Caldas de. *Mandado de segurança individual e coletivo*: comentários à Lei 12.016, de 7 de agosto de 2009. São Paulo: Revista dos Tribunais, 2009. p. 66).

98 | Lúcio Delfino
Direito Processual Civil – Artigos e Pareceres

conseguinte, mantenha-se incólume a orientação legal anterior. Noutras palavras, admite-se ao terceiro, cujo direito líquido e certo foi lesado anteriormente à entrada em vigor da nova Lei, impetrar, ele mesmo, o mandado de segurança, desde que notificado, previa ou posteriormente à Lei nº 12.016/09, o titular do direito "em prazo razoável", não sendo crível, em tal situação, defender-se a ocorrência de decadência.

E ainda que assim não fosse, a questão se resolveria pela inconstitucionalidade do parágrafo único da Lei nº 12.016/09, pois o que se constata aí é a evidente tentativa de se limitar o direito de impetração do mandado de segurança mediante legislação infraconstitucional.[142]

8.3 A necessária indicação da pessoa jurídica na petição inicial (Lei nº 12.016/09, art. 6º, *caput*)

Vê-se, na Lei nº 12.016/09, exigência expressa de se indicar, na petição inicial, que instrumentaliza o mandado de segurança, além da *autoridade coatora*, a *pessoa jurídica* à qual integra, acha-se vinculada ou exerce atribuições (Lei nº 12.016/09, art. 6º, *caput*).

Não parece adequado, contudo, daí concluir-se que o legislador optou por exigir, hoje, um *litisconsórcio necessário passivo*,[143] que envolva, assim, tanto *autoridade coatora*, como a *pessoa jurídica*.[143] Acredita-se mais ajustado compreender a exigência como maneira de possibilitar ao magistrado, prontamente, determinar eventual emenda à petição inicial, em casos de flagrante erro na indicação da *autoridade coatora*

---

[142] Sobre a inconstitucionalidade do parágrafo único do art. 3º da Lei nº 12.016/09, a lição precisa de Cassio Scarpinella Bueno: "Como a nova regra pretende, a exemplo das que lhe eram anteriores, limitar o exercício do mandado de segurança a determinado prazo, não há como negar a sua inconstitucionalidade. A previsão do mandado de segurança como direito e garantia individual e coletivo não aceita, máxime diante do que se extrai do §1º do art. 5º da Constituição Federal, limitações temporais". E conclui: "O ideal seria que a nova Lei nada dissesse a respeito do assunto ou que esclarecesse que caberá o mandado de segurança enquanto houver necessidade de 'proteger direito líquido e certo, não amparado por habeas corpus ou habeas data quando o responsável pela ilegalidade ou abuso de poder for autoridade pública ou agente de pessoa jurídica no exercício de atribuições do Poder Público'" (BUENO, Cassio Scarpinella. *A nova lei do mandado de segurança*: comentários sistemáticos à Lei nº 12.016, de 7.8.2009. São Paulo: Saraiva, 2009. p. 145).

[143] Há respeitabilíssima doutrina neste sentido, a qual, apesar de criticar a opção legislativa, advoga que "o legislador mais recente optou por voltar à disciplina das leis da década de 1930, isto é, a de estabelecer ex lege, um litisconsórcio necessário passivo entre a autoridade coatora e a pessoa jurídica a que pertence" (BUENO, Cassio Scarpinella. *A nova lei do mandado de segurança*: comentários sistemáticos à Lei nº 12.016, de 7.8.2009. São Paulo: Saraiva, 2009. p. 145).

A Lei nº 12.016/09 e o Direito Processual Intertemporal – Primeiras Impressões | 99

pelo impetrante — anseia-se, portanto, por uma maior facilitação na identificação correta da própria autoridade coatora.[144]

Substancialmente nada mudou, portanto. À autoridade coatora confere-se mera *legitimidade formal* para defender a pessoa jurídica em cujo nome atuou para a prática do ato discutido no *mandamus*.[145] Não é propriamente a *autoridade coatora* que integra o polo passivo em mandado de segurança, mas, bem diferentemente, a própria pessoa jurídica, da qual a primeira é mero órgão ou parte integrante.[146] Assim era e continua a ser.[147]

Confira-se, neste rumo, a precisa lição de Humberto Theodoro Júnior:

> O agente da pessoa jurídica responsável pelo ato impugnado pode e deve defendê-lo, agindo, pois, no processo, como representante especial da pessoa jurídica em cujo nome atuou. Esta atuação processual, porém, não exclui a legitimidade da pessoa jurídica para, querendo, intervir, também, através de seu órgão institucional de representação judicial. Se isto acontecer, duas entidades poderão atuar paralelamente na defesa do ato impugnado: o coator e o procurador da pessoa jurídica.[148]

Adotada tal premissa, que encontra abrigo em estimada orientação doutrinária e jurisprudencial, maiores problemas afetos ao direito intertemporal processual serão evitados. Bastará ao juiz, em qualquer tempo ou fase processual, determinar ao impetrante que indique a pessoa jurídica à qual a autoridade coatora se encontra vinculada, além de ordenar a intimação desta, feita ao seu órgão de representação judicial, para que tenha ciência do feito e, querendo, nele ingresse (Lei nº 12.016/09, art. 7º, II), até em respeito à aplicação imediata da novel Legislação. Trata-se, insista-se nisso, de exigência direcionada exclusivamente à adequada identificação da pessoa jurídica à qual a *autoridade coatora* está a representar, e que, portanto, já é considerada parte integrante da relação jurídica processual.

---

[144] CRUZ, Luana Pedrosa de Figueiredo. *Comentários à lei do mandado de segurança*. São Paulo: Revista dos Tribunais, 2009. p. 69-70.

[145] THEODORO JÚNIOR, Humberto. *O mandado de segurança segundo a Lei nº 12.016, de 07 de agosto de 2009*. Rio de Janeiro: Forense, 2009. p. 7.

[146] THEODORO JÚNIOR, Humberto. *O mandado de segurança segundo a Lei nº 12.016, de 07 de agosto de 2009*. Rio de Janeiro: Forense, 2009. p. 7-8.

[147] Neste rumo, a lição de Celso Agrícola Barbi: (...) "a parte passiva no mandado de segurança é a pessoa jurídica de direito público a cujos quadros pertence a autoridade coatora" (...) (*Do mandado de segurança*. 7. ed. Rio de Janeiro: Forense, 1993. p. 154-155).

[148] THEODORO JÚNIOR, Humberto. *O mandado de segurança segundo a Lei nº 12.016, de 07 de agosto de 2009*. Rio de Janeiro: Forense, 2009. p. 7-8.

8.4 O prazo para a autoridade coatora prestar informações (Lei nº 12.016/09, art. 7º, I)

Reza o art. 7º, I, da Lei nº 12.016/09 que, notificada a autoridade coatora, cumpre-lhe prestar informações no prazo de 10 (dez) dias. Antes, entretanto, o prazo previsto pela Lei nº 1.533/51 era de 15 (quinze) dias.

Impetrado o mandado de segurança anteriormente à nova Lei, mas ainda não concluída a citação depois de sua entrada em vigor, questiona-se qual o prazo deve ser observado pela autoridade coatora. Lembre-se que em hipóteses envolvendo processos pendentes, a Lei nova respeita os atos processuais realizados e os seus efeitos (pretéritos, presentes e futuros), aplicando-se, por outro lado, aos que houverem de realizar-se (aplicação imediata da lei), ainda que oriundos de fase processual pendente quando da passagem da lei velha para a nova, *e sempre respeitados o ato processual jurídico perfeito, o direito processual adquirido e a coisa julgada.*

Há duas hipóteses específicas que merecem exame: a) a impetração da ação, a consequente instauração do procedimento de mandado de segurança e a determinação judicial para que se notifique o coator se deram na égide do regime anterior; e b) impetrada a ação e instaurado o procedimento de mandado de segurança na égide do regime anterior, a determinação judicial para que se notifique o coator ocorreu apenas no império da nova Lei.

Determinada a citação anteriormente à vigência da nova Lei, o ato processual deve ser preservado e seus efeitos respeitados. A autoridade coatora, destarte, terá 15 (quinze) dias para apresentar suas informações, prazo que se inicia a partir da juntada aos autos do comprovante de notificação (Lei nº 12.016/09, art. 9º; CPC, art. 241, I a III).

Situação diversa, porém, é aquela em que a determinação judicial para que se notifique a autoridade coatora se deu já no império da nova Lei, não obstante a impetração da ação tenha ocorrida no regime anterior. Tendo-se em vista que a Lei nova deve ser aplicada imediatamente, será ela, portanto, que disciplinará o ato processual e seus efeitos, de modo que, em tal hipótese, juntada aos autos o comprovante de notificação, terá a autoridade coatora 10 (dez) dias para apresentar suas informações.

8.5 A exigência de caução, fiança ou depósito (Lei nº 12.016/09, art. 7º, III)

Atualmente faculta-se ao juiz, mediante decisão fundamentada, exigir do impetrante caução, fiança ou depósito, com o objetivo de assegurar o ressarcimento à pessoa jurídica (*periculum in mora* inverso – Lei nº 12.016/09, art. 7º, III). Não há aqui propriamente um *conflito de leis no tempo*, pois o regime anterior era omisso quanto a este tema.

E assim se deve entender o dispositivo porque não há nele imposição de uma *condição* para o deferimento da decisão liminar destinada à suspensão do ato questionado. Se tal *condição* existisse, aí sim ter-se-ia *conflito temporal de leis* envolvendo aquela revogada, não subordinante, e esta atual, mais restritiva. Mas não é exegese acertada — repita-se — ver-se no art. 7º, III, a imposição de *condição* para o deferimento da tutela antecipada, senão apenas a criação de um mecanismo que possa assegurar eventual prejuízo à pessoa jurídica, decorrente de eventual rejeição do mandado de segurança.

De tal sorte, a nova técnica há de ser aplicada imediatamente, a fim de permitir ao juiz, acaso necessário, e mediante decisão fundamentada, exigir do impetrante caução, fiança ou depósito, ainda que a decisão liminar tenha sido deferida no regime legal precedente.

8.6 Restrições ao "poder-geral de antecipação" e a sua extensão à disciplina dos arts. 273 e 461 do Código de Processo Civil (Lei nº 12.016/09, art. 7º, §§2º e 5º)

Dispõe o §2º do art. 7º da Lei nº 12.016/09 que "não será concedida medida liminar que tenha por objeto a compensação de créditos tributários, a entrega de mercadorias e bens provenientes do exterior, a reclassificação ou equiparação de servidores públicos e a concessão de aumento ou a extensão de vantagens ou pagamento de qualquer natureza". As hipóteses aí disciplinadas, contudo, não inovam o ordenamento jurídico, pois todas já se encontravam devidamente positivadas em leis esparsas.

No entanto, inovou o legislador ao disciplinar a regra prevista no §5º do art. 7º da Lei nº 12.016/09, *cujo propósito é o de estender as restrições ao "poder-geral de antecipação", previsto nos arts. 273 e 461 do Código de Processo Civil.* Reza a aludida regra que as "vedações relacionadas com a concessão de liminares previstas neste artigo (art. 7º, §2º) se estendem à tutela antecipada a que se referem os arts. 273 e 461 da Lei nº 5.869, de

11 de janeiro de 1973 — Código de Processo Civil".[149] Não obstante as restrições que já se impunham ao deferimento de tutelas antecipadas no procedimento diferenciado do mandado de segurança, atualmente também indicadas no §2º da Lei nº 12.016/09, inexistente, até então, previsão que as estendesse à *tutela antecipada genérica*, disciplinada pelos arts. 273 e 461 do Código de Processo Civil. Daí ser certo afirmar que a liberalidade de outrora e a limitação de hoje podem desencadear *conflitos de leis no tempo*.

O que fez o legislador infraconstitucional, porém, foi impor óbice ao *direito fundamental à ação*, do qual a técnica da tutela antecipada é, sem dúvida, um dos consectários.[150] Basta conferir o texto da própria Constituição, que em seu art. 5º, XXXV, impõe, de maneira expressa, que "a lei não excluirá da apreciação do Poder Judiciário lesão ou ameaça a direito". A tutela antecipada, espécie do gênero "tutelas urgentes", representa também técnica (*stricto sensu*) voltada a evitar "ameaça a direito". Tanto assim que a sua concessão acelera (antecipa), total ou parcialmente, os efeitos da tutela jurisdicional de direito pretendida, justificando-se naqueles casos em que a própria satisfação do direito é emergencial, dado que a demora na sua fruição constitui, por si, elemento desencadeante de dano grave.[151] Por aí já se vê o vício de inconstitucionalidade da norma, uma vez que exclui da apreciação do Poder Judiciário ameaça a direito, ulcerando mortalmente cláusula pétrea.[152]

---

[149] Nas expressivas palavras de Cassio Scarpinella Bueno, a nota comum a ambos os dispositivos (Lei nº 12.016/09, art. 7º, §§2º e 5º) "é o desarmamento do Poder Judiciário em face de determinadas ilegalidades ou abusividades da Administração Pública" (BUENO, Cassio Scarpinella. *A nova lei do mandado de segurança*: comentários sistemáticos à Lei nº 12.016, de 7.8.2009. São Paulo: Saraiva, 2009. p. 47).

[150] Em entrevista ao *Jornal Carta Forense*, Luiz Guilherme Marinoni evidencia a relação existente entre o "direito de ação" e a "tutela antecipada". Confira-se sua lição: "A relação é bastante clara — se ter direito de ação significa ter direito à tutela jurisdicional efetiva, então obviamente o direito de ação tem de viabilizar o direito à técnica processual idônea para proteção efetiva dos direitos. Se o direito depende de realização urgente para sua efetividade ou se a sua evidência impõe um novo dimensionamento do ônus do tempo no processo entre autor e réu, então é pouco mais que evidente que só se pode falar em direito de ação no Estado Constitucional se há previsão de direito à tutela antecipatória. O direito à tutela antecipatória é corolário imediato do direito de ação no Estado Constitucional" (Entrevista concedida ao *Jornal Carta Forense* e publicada em 04 de novembro de 2009. Disponível em: <www.cartaforense.com.br>).

[151] ZAVASCKI, Teori Albino. *Antecipação da tutela*. 4. ed. São Paulo: Saraiva, 2005. p. 48.

[152] Realmente o problema relativo às restrições e à extensão da tutela antecipada comporta solução que dispensa análise, segundo o direito processual intertemporal. Ao se adotar a premissa de que os aludidos dispositivos se apresentam inconstitucionais, ao juiz cumpre simplesmente afastá-los, justificando a sua não aplicação com alicerce no *princípio da supremacia constitucional* (controle difuso de constitucionalidade). É certeira, neste rumo, a lição

Mas o foco deste ensaio é o direito intertemporal. Então, admitindo-se, ainda que com esforço, a constitucionalidade de tal política legislativa de restrição ao direito fundamental à ação, há que se perquirir qual a influência da nova Lei nos processos pendentes, cujo mérito abarque uma daquelas hipóteses indicadas no §2º do art. 7º da Lei nº 12.016/09, que seguem o rito ordinário, e que albergam pedido de tutela antecipada, e até já registrem decisões liminares concedidas com base no "poder-geral de antecipação" (CPC, arts. 273 e 461).

A restrição legal impede o uso de técnicas processuais, antes autorizado, para a salvaguarda de direitos ameaçados pela prática de determinados atos ilícitos, justamente aqueles hoje descritos no §2º do art. 7º da Lei nº 12.016/09. *Retira, por completo, a proteção procedimental-jurisdicional outrora possível através do "poder-geral de antecipação".* E se assim é, não há sentido em defender-se a aplicação imediata da norma restritiva aos processos em curso, tenha sido concedida ou não a tutela antecipada previamente a sua entrada em vigor. Arrisca-se a dizer mais: ainda que o mandado de segurança não tenha sido impetrado previamente à vigência da nova Lei, plenamente aceitável que o impetrante formule pedido antecipatório quando já vigente o novo regime, cumprindo, por sua vez, ao juiz, presentes os requisitos autorizadores, conceder a tutela provisória jurisdicional de direito também em tal caso. É que aqueles que foram vitimados por quaisquer dos atos elencados no §2º do art. 7º da Lei nº 12.016/09, antes da entrada em vigor desta, possuem verdadeiro *direito processual adquirido* de se valerem das técnicas processuais anteriormente autorizadas para acudir tais ilícitos ou abusos (CPC, arts. 273 e 461).

9 Conclusão

O elenco de hipóteses que aqui se descreve é, sem dúvida, incompleto. A riqueza inerente à praxe decerto cuidará de indicar muitas outras, igualmente instigantes.

---

de Cassio Scarpinella Bueno: "As previsões são todas, sem exceção, flagrantemente inconstitucionais, destoando, por completo, da ordem constitucional e do modelo por ela criado para o mandado de segurança, individual e coletivo. Impensável que a grandeza constitucional do mandado de segurança e sua aptidão para assegurar a fruição integral e in natura de bem da vida (o que decorre imediatamente do art. 5º, XXXV e LXIX, da Constituição Federal) sejam obstaculizadas, frustradas ou, quando menos, minimizadas por qualquer disposição infraconstitucional". E continua: "Aliás, nem mesmo por alteração constitucional isso seria possível, porque os direitos e garantias fundamentais são cláusulas pétreas, imunes, pois, a alterações até mesmo por parte do constituinte derivado (art. 60, §4º, IV, da Constituição Federal)" (BUENO, Cassio Scarpinella. *A nova lei do mandado de segurança*: comentários sistemáticos à Lei nº 12.016, de 7.8.2009. São Paulo: Saraiva, 2009. p. 45).

Pretendeu-se, mediante essas "primeiras impressões", apenas situar o problema do conflito de leis envolvendo o regime do mandado de segurança, e assim instigar a comunidade jurídica a pensá-lo e empreender pesquisas que possam orientar adequadamente o dia a dia do foro.

3

PONDERAÇÕES SOBRE A INTERPRETAÇÃO JURÍDICA NO ESTADO CONSTITUCIONAL[153]

Sumário: 1 Introdução – 2 Modelos de Estado e interpretação jurídica – **2.1** Estado Liberal – **2.2** Estado Social – **2.3** Estado Democrático de Direito – **3** A democracia e sua importância para o Estado Democrático de Direito – **4** Um debate que se faz importante — Procedimentalismo *versus* substancialismo – **5** Algumas notas sobre a interpretação jurídica – **5.1** As singularidades do caso concreto – **5.2** As disparidades histórico-ideológicas entre a norma e a realidade – **5.3** A legalidade constitucionalizada – **5.4** A (re)avaliação das tradições (e pré-conceitos) do próprio intérprete – **6** Conclusões

1 Introdução

Este ensaio tem o propósito de melhor situar o estudioso e aplicador do direito no contexto histórico em que vivem, além de municiá-los de alguns elementos que se acreditam hábeis para facilitar-lhes a imprescindível tarefa de compreensão do ordenamento jurídico positivado. Pretende-se, ademais, sublinhar aquilo que se espera do Judiciário, em termos hermenêuticos, no Estado Constitucional hoje experimentado.

Para tanto, apontam-se as relações entre os modelos estatais e a forma de se produzir e compreender as leis, indicam-se a essência da ideia de democracia e o papel dela de verdadeiro *eixo teórico* no Estado Democrático de Direito, enfrenta-se o fecundo debate entre os *procedimentalistas* e *substancialistas* e, finalmente, traçam-se algumas notas mediante as quais a interpretação jurídica contemporânea não pode se desprender.

---

[153] Artigo escrito em coautoria com Fernando Rossi.

2 Modelos de Estado e interpretação jurídica

A maneira de exercitar a interpretação jurídica sofre contínua alternância, pois submissa aos humores das ideologias que condicionam, de tempos em tempos, o agir estatal e social. Vale dizer, e consoante se perceberá adiante, há nítido vínculo entre as ideologias adotadas pelo Estado, em seus diversos modelos, e a ausência ou não de liberdade com a qual o Judiciário interpreta e aplica as leis.

O objetivo, aqui, é examinar justamente a relação entre esses modelos adotados pelo Estado Constitucional — Estado Liberal, Estado Social e Estado Democrático de Direito — e a interpretação jurídica, bem assim pontuar, ainda que com exagerada brevidade, as características exegéticas preponderantes em cada qual dos períodos.

2.1 Estado Liberal

Pondere-se, de início, sobre o Estado Liberal.

Nascido como resposta ao absolutismo até então reinante, seu mote era o valor liberdade. Pregava-se, enfim, a não interferência estatal nas relações travadas entre os particulares.[154] Acreditava-se que a economia possuía leis próprias, provenientes de um sistema perfeito — uma *mão invisível* —, responsável por um equilíbrio econômico satisfatório e ideal.[155] Nesta quadra, como é evidente, que se positivaram os *direitos fundamentais de primeira geração* (de cunho eminentemente negativo).

---

[154] Segundo Gustav Radbruch, citado por Péricles Prade em ensaio clássico, "o indivíduo exaltado pelo liberalismo não é o indivíduo empírico, considerado na condicionalidade de sua existência concreta, mas o indivíduo abstrato, erradicado da vida real, conceitualmente igual a todos os indivíduos, sem quaisquer diferenças decorrentes da posição social ou econômica" (PRADE, Péricles. Interesses difusos: expressão ideológica e hermenêutica. *Revista Brasileira de Direito Processual*, Rio de Janeiro, n. 53, p. 131-144, 1987).

[155] Em tal ambiente, fácil concluir que o Estado abraçou uma postura neutra diante da sociedade. Cumpria-lhe as funções públicas essenciais, pois sua atuação restringir-se-ia ao mínimo necessário à garantia dos direitos conquistados pela burguesia, vale dizer, assegurar um ambiente em que a liberdade seria a mais ampla possível (BAHIA, Alexandre Gustavo Melo Franco. A interpretação jurídica no Estado democrático de direito: contribuição a partir da teoria do discurso de Jürgen Habermas. *In*: OLIVEIRA, Marcelo Andrade Cattoni de (Coord.). *Jurisdição e hermenêutica constitucional*: no Estado democrático de direito. Belo Horizonte: Mandamentos, 2004. p. 304). Pouco interessava, à vista disso, a diferença de posições sociais entre os contratantes, ou mesmo outras desigualdades entre eles existentes, e nem mesmo se questionava acerca das diferentes necessidades dos direitos materiais. Indispensável, entretanto, era afiançar a vontade e a liberdade daqueles que contratavam, pois qualquer intromissão maior do Estado nas relações interprivadas iria de encontro à concepção liberal e voluntarista da época (NOVAIS, Alinne Arquette Leite. *A teoria contratual e o Código de Defesa do Consumidor*. São Paulo: Revista dos Tribunais, 2001. p. 44-47).

Naturalmente, essa ideologia refletiu-se na atividade jurisdicional. Maximizou-se a figura do legislador. Reduziu-se a importância do juiz.[156] A lei era mesmo o melhor sinônimo de direito.[157]

Aliás, também em tal época que, logo após a edição do Código Civil Francês (1804), deu-se o surgimento da Escola Exegética,[158] a

---

[156] A ideia de se limitar a atividade do juiz também encontra suas bases no racionalismo. Confira-se a lição acertada do saudoso Ovídio A. Baptista da Silva: (...) "a eliminação da retórica suprimiu, *ipso facto*, tanto a possibilidade de criação jurisprudencial do direito, quanto sua essencial dimensão *hermenêutica*, segundo aquela ideia ingênua de que, sendo o legislador um ser iluminado, capaz de produzir normas de sentido transparente, deveria ficar vedada a seus aplicadores a tarefa de interpretá-las. (...) se a lei contém de fato 'uma' vontade, restará ao julgador a exclusiva tarefa de descobri-la, como quem resolve um problema algébrico. Foi apoiado neste pressuposto que se procurou impedir, na França, no início da vigência dos Códigos Napoleônicos, que os magistrados interpretassem. O núcleo da resistência oferecida pelo sistema à ideia de que o Direito seja uma ciência da *compreensão*, apóia-se no mesmo *paradigma* racionalista, em sua luta contra os juízos de *verossimilhança* que, como dissera Descartes, haverão de ter-se liminarmente como falsos. Se a norma pudesse comportar duas ou mais interpretações válidas e legítimas, como obter a segurança procurada pelo nascente Estado Industrial? E como justificar nossa interminável cadeia recursal? A submissão do juiz ao legislador decorrida, então, de uma premissa lançada por Thomas Hobbes, em que o pai do positivismo moderno proclamara que a missão do juiz era dar aplicação ao que o legislador dissera ser direito, sendo-lhe indiferente a ideia de justiça" (SILVA, Ovídio A. Baptista da. *Processo e ideologia*. Rio de Janeiro: Forense, 2004. p. 97).

[157] Sobre o tema Jaime Piterman, em trabalho clássico, leciona: "A característica tradicional dos ordenamentos ocidentais é a objetividade do juízo e a sua delimitação positiva dentro de uma concepção legalista normativa, concepção esta que fixa a natureza da sentença como ato declaratório. A busca da garantia e da certeza do direito desde l'esprit des lois de Montesquieu modelou uma ideia mecânica da função do juízo, ideia que vê no ato de julgar um ato que já está pressuposto no legislar". E continua: "Com o advento do Iluminismo pretendeu-se impedir o arbitrário das decisões através de um sistema baseado na rígida predeterminação normativa. Os teóricos do Iluminismo foram percursores do princípio da legalidade da decisão visando sujeitar o juiz à lei. O juiz está sujeito a critérios independentes do seu próprio pensar. Renasce a tese de Cícero aplicada aos magistrados: servi legum sumus ut liberi esse possimus. A essa tese adiciona-se o racionalismo social idealizando a certeza científica do direito dentro de ordenamentos jurídicos fechados. O papel do juízo se simplifica, delimitado pelos critérios silogísticos e dedutivos. O magistrado é o porta-voz do legislador, que se inspira na máxima de Francis Bacon: Optima est lex quae minimum relinquit arbitrio iudicis. Surgem as grandes doutrinas do liberalismo e da democracia, o primeiro entendido como defesa da liberdade dos cidadãos nos confrontos com o Estado e a democracia compreendida como a participação dos cidadãos no poder do Estado". Conclui o mestre: "Os trabalhos de codificação dos juristas que procuraram resumir todo o direito positivo na lei escrita objetivaram além da superação do pluralismo das fontes jurídicas, a busca da simplificação e sistematização, aliada à certeza do direito e à irretroatividade das leis" (PITERMAN, Jaime. A significação do princípio da independência do juízo no Código de Processo Civil de 1973. *Revista Brasileira de Direito Processual*, Rio de Janeiro, n. 44, p. 135-138, 1984).

[158] Segundo João Batista Herkenhoff, essas foram as principais características da *Escola Exegética*: i) era constituída pelos comentadores dos Códigos de Napoleão, em especial o Código Civil de 1804; ii) fundava-se na concepção da perfeição do sistema normativo, na ideia de que a legislação era completa e de que, na generalidade da lei, encontrava-se solução para todas as situações jurídicas; iii) via na lei escrita a única fonte do direito, expressão do direito natural; iv) adotava o método de interpretação literal, orientado para

qual pregava que as leis encontravam-se aptas a resolver quaisquer problemas e o papel do juiz restringia-se a exclusivamente declarar a obra do legislador. Doutrinava-se um método interpretativo designadamente dogmático,[159] limitador exagerado das possibilidades

---

encontrar na pesquisa do texto a vontade ou intenção do legislador (*mens legislatoris*); v) lançava mão do método lógico quando a linguagem fosse incompleta, de maneira que extraísse plenamente o sentido dos textos legais para apreender o significado deles; vi) negava valor aos costumes e repudiava a atividade criativa, mínima que fosse, da jurisprudência (HERKENHOFF, João Baptista. *Como aplicar o direito*. 9. ed. Rio de Janeiro: Forense, 2004. p. 35). Manuel Atienza, de sua vez, esclarece que a Escola da Exegese teria dominado o conhecimento jurídico e continental até aproximadamente 1880 e se caracterizou por conceber o Direito como um sistema dedutivo, além de configurar o raciocínio judicial segundo a conhecida teoria do silogismo. Para o juiz só é importante que a sua decisão esteja de acordo com o Direito; não lhe cabendo considerar as possíveis consequências ou o caráter razoável ou não dela (ATIENZA, Manuel. *As razões do direito*: teorias da argumentação jurídica: Perelman, Viehweg, Alexy, Maccormick e outros. 3. ed. São Paulo: Landy, 2006. p. 76).

[159] Sendo obscuro o texto normativo, permitia-se ao juiz, no máximo, utilizar de uma interpretação lógica em sentido estrito, mediante a qual fixaria o sentido e o alcance da lei pela perquirição da vontade do legislador (MAGALHÃES FILHO, Glauco Barreira. *Hermenêutica e unidade axiológica da Constituição*. 3. ed. Belo Horizonte: Mandamentos, 2004. p. 47) — aceitava-se, apenas, que o juiz *reconstruísse o pensamento do legislador*. Havia, inclusive, vozes radicais a defender que o juiz deveria abster-se de julgar quando diante de situações não previstas pelo legislador (HERKENHOFF, João Baptista. *Como aplicar o direito*. 9. ed. Rio de Janeiro: Forense, 2004. p. 36). Era, destarte, dominante, no cenário da época, a doutrina que pregava o *positivismo jurídico*, e isso por se supor que o Direito — leia-se conjunto de normas — era um sistema fechado, continente de todas as soluções demandáveis, tendo em vista a harmonização ou a organização de conflitos (GRAU, Eros Roberto. *Ensaio e discurso sobre a interpretação/aplicação do direito*. São Paulo: Malheiros, 2002. p. 57). Um sistema que se realizaria como tal, simplesmente por não conter nem admitir exceções, na crença irreal de que o universal domine, suplante e supere os particularismos (GRAU, Eros Roberto. *Ensaio e discurso sobre a interpretação/aplicação do direito*. São Paulo: Malheiros, 2002. p. 57). Acirrado o ânimo pela evolução das ciências naturais — leciona Alexandre Bahia —, acreditou-se que, trazendo para as ciências humanas o "método" desenvolvido pelas primeiras, poder-se-ia obter iguais resultados. Pautados pela objetividade, pelo rigor metódico e pela separação absoluta entre sujeito, objeto e método, os positivistas acabaram por negar qualquer fundamento metafísico ao Direito. Para eles, o Direito era somente o legislado e interessava à ciência jurídica apenas o texto normativo (BAHIA, Alexandre Gustavo Melo Franco. A interpretação jurídica no Estado democrático de direito: contribuição a partir da teoria do discurso de Jürgen Habermas. *In*: OLIVEIRA, Marcelo Andrade Cattoni de (Coord.). *Jurisdição e hermenêutica constitucional*: no Estado democrático de direito. Belo Horizonte: Mandamentos, 2004. p. 306). Sobre o positivismo e suas pretensões, lecionam Luís Roberto Barroso e Ana Paula de Barcellos: "O positivismo filosófico foi fruto de uma crença exacerbada no poder do conhecimento científico. Sua importação para o Direito resultou no positivismo jurídico, na pretensão de criar uma ciência jurídica, com características análogas às ciências exatas e naturais. A busca de objetividade científica, com ênfase na realidade observável e não na especulação filosófica, apartou o Direito da moral e dos valores transcendentes. Direito é norma, ato emanado do Estado com caráter imperativo e força coativa. A ciência do Direito, como todas as demais, deve fundar-se em juízos de fato, que visam ao conhecimento da realidade, e não em juízos de valor, que representam uma tomada de posição diante da realidade. Não é no âmbito do Direito que se deve travar a discussão acerca de questões como legitimidade e justiça" (BARROSO, Luís Roberto;

Ponderações sobre a Interpretação Jurídica no Estado Constitucional | 109

do intérprete, já que este não poderia compreender o texto normativo senão gramaticalmente, e isso para que não substituísse a vontade do legislador pela sua própria, o que, em última instância, significaria uma inaceitável intromissão na esfera de competência do Legislativo.[160]

2.2 Estado Social

Pense-se, ainda, no Estado Social.

Surgido em substituição do modelo anterior, destinou-se a contornar o profundo abismo de desigualdades provocado pela filosofia liberal-burguesa, efeito colateral do canibalismo econômico e social causado pelas crenças, sem limites, na liberdade e no individualismo.[161] Sua bandeira era o valor igualdade. Foi a época da conquista dos direitos sociais (proibição do trabalho infantil, igualdade entre homens e mulheres, seguro-desemprego, educação, saúde, previdência, etc.), os chamados *direitos fundamentais de segunda dimensão* (de cunho eminentemente *positivo*).[162]

BARCELLOS, Ana Paula de. *O começo da história*: a nova interpretação constitucional e o papel dos princípios no direito brasileiro. p. 8. Disponível em: <http://www.camara.rj.gov.br/setores/proc/revistaproc/revproc2003/arti_histdirbras.pdf>).

[160] MAGALHÃES FILHO, Glauco Barreira. *Hermenêutica e unidade axiológica da Constituição*. 3. ed. Belo Horizonte: Mandamentos, 2004. p. 45.

[161] O Estado Liberal era açoitado por um vendaval político-doutrinário de ideias construídas por filósofos políticos do socialismo utópico (Owen, Fourier, Saint-Simon, Proudhon) e por pensadores do chamado socialismo científico (Marx e Engels), cujas críticas ao capitalismo levavam aos ideais de reforma social e, até mesmo, de extinção do próprio Estado que, para alguns, havia se tornado obsoleto (BONAVIDES, Paulo. *Teoria do Estado*. 5. ed. São Paulo: Malheiros, 2004. p. 43). O resultado disso tudo foi uma acirrada violência. Esses movimentos — leciona André Regis — foram encarados como subversivos — e, decerto, eles estavam mesmo tentando subverter a ordem por meio da luta de classes. Conquanto a burguesia capitalista valia-se de pesada repressão, na tentativa de não perder o controle da situação, acabou por não obter o êxito esperado, e uma ameaça ao *status quo* se apresentava real, mormente pela possibilidade de repetir tudo aquilo que efetivamente ocorrera na Rússia em 1917. Nesse contexto, encontravam-se, de um lado, aqueles que pretendiam impedir a revolução e, de outro, os que buscavam evitar mais mortes e a incerteza do futuro. Surgiu, então, o caminho mais sensato: a negociação. De tal processo negocial, por meio do qual se tentava conciliar interesses antagônicos dos liberais clássicos e socialistas, surge a social-democracia, teoricamente destinada a harmonizar esses interesses opostos, garantindo a manutenção da ordem capitalista, entretanto com a forte presença do Estado nas relações sociais (REGIS, André. Ideologias políticas, direitos humanos e Estado: do liberalismo à terceira via; reflexões para a discussão do modelo de Estado brasileiro. *Revista ESMAFE*, p. 191-216. Disponível em: <http://www.am.trf1.gov.br>). Acesso em: 25 ago. 2006). Nascia, assim, uma proposta de um modelo de Estado de Direito em que o teor social das instituições era a sua nota predominante (BONAVIDES, Paulo. *Teoria do Estado*. 5. ed. São Paulo: Malheiros, 2004. p. 42).

[162] Buscou-se, então, reformular as bases do Estado para proporcionar aos trabalhadores diversos benefícios, sem a necessidade de uma revolução. As preocupações, agora, eram

Como essa nova estrutura estatal propunha-se a viabilizar a criação e efetivação dessa segunda dimensão de direitos fundamentais, tornou-se visível a figura do Estado intervencionista, o qual, por certo, necessitava arrecadar muito para ser efetivo e executar os programas sociais que almejava — construção de estradas, de escolas, de hospitais, garantia de aposentadorias, etc.[163]

A quebra da ideologia liberal clássica repercutiu, de maneira preponderante, na forma de *conceber* e *interpretar* o direito. Estavam ultrapassados os raciocínios hermenêuticos que alinhavam a função do juiz à mera atividade de declarar a lei. Mostrou-se insuficiente, diante do vigor da mudança ideológica empreendida, a tese que via o juiz como um autômato, com função restrita à aplicação fria da lei ao fato (subsunção), e cujo labor impunha-lhe unicamente perquirir e anunciar a real vontade da lei e/ou do legislador.[164] O juiz não mais poderia ter a

---

menos direcionadas à liberdade do que à justiça, uma vez que a primeira já se tinha por adquirida e positivada nos ordenamentos constitucionais, ao passo que a segunda, como anseio e valor social superior, ainda estava distante de ser alcançada (BONAVIDES, Paulo. *Teoria do Estado*. 5. ed. São Paulo: Malheiros, 2004. p. 42).

[163] REGIS, André. Ideologias políticas, direitos humanos e Estado: do liberalismo à terceira via; reflexões para a discussão do modelo de Estado brasileiro. *Revista ESMAFE*, p. 191-216. Disponível em: <http://www.am.trf1.gov.br>. Acesso em: 25 ago. 2006. O ente estatal, além daquelas atividades administrativas habituais, passou a assumir, inclusive, a prestação de serviços que, até então, era deixada a cargo da iniciativa privada, e fazia isso seja confiando tarefas públicas às pessoas privadas, seja coordenando atividades econômicas privadas por meio de planos de metas, seja, ainda, tornando-se, ele mesmo, ativo enquanto produtor e distribuidor (HABERMAS, Jürgen. *Mudança estrutural da esfera pública*. Rio de Janeiro: Tempo Brasileiro, 1984. p. 176). O capitalista, contudo, continuaria a ganhar muito, mas, a partir de então, também teria que contribuir com grande parte do seu lucro para os cofres públicos, propiciando, assim, a efetivação da justiça social (REGIS, André. Ideologias políticas, direitos humanos e Estado: do liberalismo à terceira via; reflexões para a discussão do modelo de Estado brasileiro. *Revista ESMAFE*, p. 191-216. Disponível em: <http://www.am.trf1.gov.br>. Acesso em: 25 ago. 2006). Eis a nova feição estatal: um ente intervencionista e arrecadador de elevados tributos. É o chamado *Estado Social de Direito, Estado Previdência* ou, ainda, *Estado Intervencionista*.

[164] Sobre a decadência do positivismo e a reaproximação do direito da ética, conferir Luís Roberto Barroso e Ana Paula Barcellos: "Sem embargo da resistência filosófica de outros movimentos influentes nas primeiras décadas do século XX, a decadência do positivismo é emblematicamente associada à derrota do fascismo na Itália e do nazismo na Alemanha. Esses movimentos políticos e militares ascenderam ao poder dentro do quadro de legalidade vigente e promoveram a barbárie em nome da lei. Os principais acusados de Nuremberg invocaram o cumprimento da lei e a obediência a ordens emanadas da autoridade competente. Ao fim da Segunda Guerra Mundial, a ideia de um ordenamento jurídico indiferente a valores éticos e da lei como uma estrutura meramente formal, uma embalagem para qualquer produto, não tinha mais aceitação no pensamento esclarecido". E continuam: "A superação histórica do jusnaturalismo e o fracasso político do positivismo abriram caminho para um conjunto amplo e ainda inacabado de reflexões acerca do Direito, sua função social e sua interpretação. O pós-positivismo é a designação provisória

sua atividade reduzida à mera tarefa mecânica de aplicação silogística da lei. A hermenêutica jurídica reclamava métodos mais sofisticados, como as análises teleológica,[165] sistêmica e histórica, que emancipassem o sentido a ser conferido à lei dessa vontade subjetiva do legislador.[166] Abriam-se, pois, ao Judiciário novas possibilidades, agora hábil para se valer de interpretações mais livres, destinadas, se necessário, a complementar o trabalho do legislador, não assentadas meramente na limitada enunciação ou declaração de preceitos legais.

---

e genérica de um ideário difuso, no qual se incluem a definição das relações entre valores, princípios e regras, aspectos da chamada nova hermenêutica constitucional, e a teoria dos direitos fundamentais, edificada sobre o fundamento da dignidade humana. A valorização dos princípios, sua incorporação, explícita ou implícita, pelos textos constitucionais e o reconhecimento pela ordem jurídica de sua normatividade fazem parte desse ambiente de reaproximação entre Direito e Ética" (BARROSO, Luís Roberto; BARCELLOS, Ana Paula de. *O começo da história*: a nova interpretação constitucional e o papel dos princípios no direito brasileiro. p. 9. Disponível em: <http://www.camara.rj.gov.br/setores/proc/revistaproc/revproc2003/arti_histdirbras.pdf>).

[165] Manuel Atienza, referindo-se a Perelman, denomina esta nova concepção de raciocínio judicial, de teleológica, funcional e sociológica, e esclarece que suas origens estariam na obra de Ihering (o "segundo" Ihering, para ser mais exato). Daí afirmar que o Direito é um meio do qual o legislador se serve para alcançar fins e promover determinados valores. O juiz não pode se contentar com simples deduções silogísticas, mas, bem diferentemente, há de remontar à "intenção" do legislador, pois o que conta, sobretudo, é o fim social perseguido por este. Por isso cumpre ao juiz sair dos esquemas da lógica formal e utilizar diversas técnicas "argumentativas" na indagação da vontade do legislador (argumentos *a simili, a contrario*, psicológicos, teleológicos, etc.). Segundo o mesmo autor, também a "concepção tópica do raciocínio jurídico surgiu a partir do Código Napoleônico, especialmente nos países ocidentais a partir de 1945. É que depois da experiência do regime nacional-socialista, ocorreu, nos países continentais europeus, uma tendência a aumentar os poderes dos juízes na elaboração do Direito, com o que se operou também uma aproximação entre o sistema jurídico continental e o anglo-saxão e suas correspondentes concepções do raciocínio jurídico (judicial). A experiência nazista supôs, para Perelman, a crítica definitiva ao positivismo jurídico e à sua pretensão de eliminar do Direito toda a referência à Justiça. Resumindo, a nova concepção do Direito se caracterizaria pela importância atribuída aos princípios gerais do Direito e aos lugares específicos do Direitos (os tópicos jurídicos). O raciocínio jurídico não é nem 'uma simples dedução silogística' e nem, tampouco, 'a mera busca de uma solução equitativa', mas sim a 'busca de uma síntese na qual se leve em conta, ao mesmo tempo, o valor da solução e a sua conformidade com o Direito (...). Ou, dito de outra forma, a conciliação dos valores de equidade e segurança jurídica, a procura de uma solução que seja 'não apenas de acordo com a lei como também equitativa, razoável e aceitável" (ATIENZA, Manuel. *As razões do direito*: teorias da argumentação jurídica: Perelman, Viehweg, Alexy, Maccormick e outros. 3. ed. São Paulo: Landy, 2006. p. 76-77).

[166] CARVALHO NETTO, Menelick de. A hermenêutica constitucional sob o paradigma do Estado democrático de direito. *In*: OLIVEIRA, Marcelo Andrade Cattoni de (Coord.). *Jurisdição e hermenêutica constitucional*: no Estado democrático de direito. Belo Horizonte: Mandamentos, 2004. p. 308.

2.3 Estado Democrático de Direito

Mas também o modelo anterior ruiu. Agigantou-se o Estado e o clientelismo se espraiou. Ao revés do que se esperava, as pessoas acabaram inseridas numa cômoda posição, cujo resultado mais evidente foi a neutralização, quase completa, do que se entende por cidadania.[167] Condenou-se o cidadão, enfim, à passividade de uma espera por escola, emprego, cultura, lazer, nem de longe um participante ativo na concretização de sua própria felicidade.[168]

Necessário se fazia, pois, a edificação de um novo modelo ideológico, que respondesse aos diversos problemas e anseios da realidade que surgia, destacada por relações sociais alternantes, plurais e de alta complexidade. Para enfrentar essa demanda, o Estado Social sofre um remodelamento, sobrevindo a ele o atual Estado Democrático de Direito, o último dos paradigmas constitucionais, aberto e em constante desenvolvimento, cuja ideologia se mostra mais adequada a assegurar o exercício dos direitos sociais e individuais, a liberdade, a segurança, o bem-estar, o desenvolvimento, a igualdade e a justiça, como valores supremos de uma sociedade fraterna, pluralista e sem preconceitos.[169] Representa uma forma de superação dialética da antítese entre os modelos liberal e socialista de Estado.[170] Nesta novel atmosfera,

---

[167] BAHIA, Alexandre Gustavo Melo Franco. A interpretação jurídica no Estado democrático de direito: contribuição a partir da teoria do discurso de Jürgen Habermas. *In*: OLIVEIRA, Marcelo Andrade Cattoni de (Coord.). *Jurisdição e hermenêutica constitucional*: no Estado democrático de direito. Belo Horizonte: Mandamentos, 2004. p. 301-357.

[168] CARVALHO NETO, Menelick de. A contribuição do direito administrativo enfocado da ótica do administrado: para uma reflexão acerca dos fundamentos do controle de constitucionalidade das Leis no Brasil. Um pequeno exercício de teoria da Constituição. *Fórum Administrativo*, Belo Horizonte, ano 1, n. 1, 2001.

[169] Apontem-se apenas algumas características da atual realidade paradigmática: i) despontam-se reivindicações sociais de setores antes ausentes do processo de debate interno, como as minorias raciais e grupos ligados por vínculos de gênero ou de orientação sexual; ii) surge uma demanda por novos direitos fundamentais, a exemplo das manifestações ligadas à tutela dos direitos difusos e coletivos (meio ambiente, consumidores, crianças e adolescentes, idosos) (PINTO, Cristiano Paixão Araújo. Arqueologia de uma distinção: o público e o privado na experiência histórica do direito. *In*: PEREIRA, Cláudia Fernanda de Oliveira (Org.). *O novo direito administrativo brasileiro*. Belo Horizonte: Fórum, 2003. p. 26-27); iii) entra em convulsão a dicotomia entre os direitos público e privado, pois nesse novo ambiente a comunidade passa a exercer um papel efetivo na vida jurídica e política, e o próprio Estado continua a exercer forte papel interventor; iv) valoriza-se a participação ativa da comunidade no panorama político-jurídico da sociedade, mostrando-se relevante, a respeito disso, a participação e influência das organizações da sociedade civil na defesa de interesses diversos, inclusive voltando-se contra o próprio Estado.

[170] GUERRA FILHO, Willis Santiago. *Processo constitucional e direitos fundamentais*. 2. ed. São Paulo: RCS, 2005. p. 29.

a Constituição é vista como um *projeto estatal*, com inegável força normativa e cuja concretização traz deveres a todos os órgãos do poder, Executivo, Legislativo e Judiciário, e também à própria sociedade.[171]

Como não poderia ser diferente, em tempos condicionados pelos ideais do Estado Democrático de Direito a interpretação surge, uma vez mais, renovada. Ao Judiciário não mais é aceitável o uso de técnicas hermenêuticas de raiz liberal, tampouco daqueles métodos mais abertos surgidos com o paradigma estatal social. Não basta somente compreender e aplicar a norma com o interesse de reforçar a crença na legalidade, pois a preocupação, hoje, centra-se, mais do que nunca, na conquista do sentimento de justiça.[172] E justa certamente será a tutela jurisdicional proferida também em respeito à dimensão substancial da Constituição.

Esta, então, a grande conquista hermenêutica, advinda com o Estado Democrático de Direito: *a conscientização de que as normas constitucionais situam-se no centro do sistema jurídico e desfrutam uma supremacia não apenas formal, mas também material, axiológica*, como bem ensina o constitucionalista Luís Roberto Barroso.[173]

3 A democracia e sua importância para o Estado Democrático de Direito

A democracia[174] traduz-se em verdadeiro *eixo teórico* adotado pela Constituição. Sua ajustada compreensão proporciona a acepção global dos ideais que guiam o Estado Constitucional, além de fornecer ao intérprete elementos indispensáveis à eficiente compreensão do próprio

---

[171] Esta parece ser também a posição do constitucionalista André Del Negri: "Embora o vigente sistema constitucional brasileiro acrescente inovações à proteção dos direitos dos cidadãos contra a administração governativa, está longe de haver uma total garantia desses direitos. Isso significa que nenhuma das funções (Executivo, Legislativo e Judiciário), no Estado de Direito Democrático, pode recusar-se a dar efeito autoaplicável aos direitos fundamentais expressos no art. 5º, §1º, da CB/88" (DEL NEGRI, André. *Teoria da Constituição e do direito constitucional*. Belo Horizonte: Fórum, 2009. p. 72-73).

[172] CARVALHO NETTO, Menelick de. A hermenêutica constitucional sob o paradigma do Estado democrático de direito. *In*: OLIVEIRA, Marcelo Andrade Cattoni de (Coord.). *Jurisdição e hermenêutica constitucional*: no Estado democrático de direito. Belo Horizonte: Mandamentos, 2004. p. 25-44.

[173] BARROSO, Luís Roberto. *Neoconstitucionalismo e constitucionalização do direito*: o triunfo tardio do direito constitucional no Brasil. Disponível em: <www.jusnavegandi.com.br>. Acesso em: 29 dez. 2009.

[174] Leciona Artur Machado Paupério que a "democracia baseia-se primacialmente na ideia de que cada povo é senhor de seu próprio destino" (PAUPÉRIO, Artur Machado. *Teoria do Estado democrático*. Rio de Janeiro: Presença, 1968. p. 29).

114 | Lúcio Delfino
Direito Processual Civil – Artigos e Pareceres

ordenamento jurídico.[175] Essa é, aliás, a impressão que se colhe da doutrina de Guerra Filho, para quem o Estado Democrático de Direito é uma "fórmula política" e a democracia elemento caracterizador da Constituição, vale dizer, *principal vetor de orientação para a interpretação de seus enunciados legais* e, por intermédio deles, de todo o ordenamento jurídico. Ou dito de maneira ainda mais direta: *resume-se ela num programa de ação — uma opção básica por determinados valores característicos de uma ideologia — a ser partilhado por todos que integram uma comunidade.*[176]

---

[175] André Del Negri bem situa a "qualidade" *democracia* no contexto do denominado Estado Democrático de Direito. Leciona o constitucionalista: (...) "o art. 1º da Constituição Brasileira aparece como uma proposta paradigmatizante de Estado Democrático de Direito, o que cumpre notar que, neste livro, referida expressão aparecerá de forma invertida, isto é, com a redação de Estado de Direito Democrático (projeto inacabado e em constante construção). A inversão se explica. Observe-se que, para nós, o Estado, seja ele autocrático ou não, sempre será um Estado de Direito (Kelsen). Vemos, portanto, nisso tudo, uma imensa obviedade, pois todo Estado, dito democrático ou não, só poderá ser de Direito. Daí não se torna interessante a utilização da redação do art. 1º da Constituição (Estado Democrático de Direito), porque referida terminologia apresenta conotação pleonástica. Por outro lado, é bom lembrar que a democracia deve aparecer como uma espécie de qualidade, de característica, de paradigma jurídico, de eixo teórico adotado pela Constituição, pois democrático não é o Estado, mas sim o Direito que rege o Estado. Quando falamos, na contemporaneidade, em Estado, queremos saber se esse Estado é regido por um Direito social, liberal ou por um Direito democrático, pois, de maneira indubitável, há uma acentuada diferença". E conclui: "Destaquemos, desde logo, que, se há o princípio da reserva legal (art. 5º, II, CB/88) e, por outro lado, a exigência de democracia (art. 1º, CB/88), a lei, certamente, só poderá ser produzida, aplicada e reconstruída de forma democrática. Disso resulta uma série de reposicionamentos como os que dizem respeito à moderna interpretação jurídica (Hermenêutica), à legitimidade do Direito, ao estudo do Processo Legislativo como inconstitucionalizador da vontade democrática dos cidadãos, à ruína do Estado Absolutista (superior ao cidadão) e até mesmo ao afastamento do Estado Social representado pelas benesses estatais (Estado paternal/ maternal) e pela posição filial do cidadão (posição não ativa/participativa no processo de vida política)" (DEL NEGRI, André. *Teoria da Constituição e do direito constitucional*. Belo Horizonte: Fórum, 2009. p. 72-73).

[176] GUERRA FILHO, Willis Santiago. *Processo constitucional e direitos fundamentais*. 2. ed. São Paulo: RCS, 2005. p. 17. A democracia se apoia no *consentimento popular* e se propõe a viabilizar o transpasse de uma condição ineficiente à outra funcional, um *regime político* em constante mutação e aperfeiçoamento, destinado a fundar um espaço em que os direitos fundamentais, não importando a dimensão em que se encontrem, sejam respeitados e concretizados, assegurando crescimento econômico, social, cultural e político aos homens, instruindo-os, tornando-os mais conscientes de sua cidadania, do seu poder e do seu papel essencial às tomadas de decisões condutoras do próprio desenvolvimento da comunidade. É a democracia, em termos gerais, um *programa político* idealizado com o propósito de superar as deficiências do homem, um caminho que permita o avanço sobre a miséria e a transformação da sociedade num ambiente onde reinem, de forma concreta e genuína, a igualdade (substancial) e a liberdade, alavancando a efetivação de todas as dimensões de direitos fundamentais, cujo alicerce maior é o princípio da *dignidade humana*. E por se tratar de um *conceito histórico*, continua válido mesmo que ainda não se tenha logrado alcançar, em sua totalidade, os direitos fundamentais, em especial os de cunho econômico e social, sem os quais os direitos individuais não se efetivam realmente (SILVA, José Afonso da. *Curso de direito constitucional positivo*. 24. ed. São Paulo: Malheiros, 2005. p. 132-134). A democracia existe para concretizar esses direitos fundamentais, o que só se firma, por se

Numa primeira perspectiva, a ideia de democracia há de ser encarada sob o enfoque *procedimentalista*. Por representar um dos pilares do novel modelo estatal, a comunidade teoricamente assume função decisiva na produção e consecução das decisões públicas: detém, por assim dizer, o direito-dever de *participar* intensamente na atividade política e no processo jurídico *decisional*,[177] de colaborar com a consecução daqueles *programas constitucionais* a serem observados por todos que se interagem socialmente, inclusive e principalmente pelo Estado e seus órgãos, incitados, numa *perspectiva objetiva*, a atuarem com foco em tais programas, buscando seu alcance e concretização.

No Estado Constitucional contemporâneo — preleciona Magalhães Filho — *o povo é titular e objeto do poder legítimo*. Esse povo, amplamente considerado, compreende aqueles para os quais as leis preveem direitos e deveres, integrados a um ordenamento jurídico em cujo ápice impera a Constituição, essa que certifica aos cidadãos uma variedade de direitos fundamentais, incluídos alguns que asseguram a *participação* de todos nos processos políticos, sociais e jurídicos. Daí se dizer que o povo não é um ente passivo, mas ativamente atuante na concretização e legitimação das expressões de poder, de maneira que se lhe confira, inclusive, a possibilidade de participar diretamente — e não apenas de forma representativa — nas decisões tomadas em prol da sociedade, isso por meio de alguns mecanismos institucionais (ação popular, ação civil pública, mandado de injunção), ou, simplesmente, por intermédio do processo social de determinação do sentido dos preceitos jurídicos. É o ideal democrático, deste modo, garantia de existência de uma sociedade pluralista e participativa, hábil para proporcionar a todos o direito de discutir e decidir sobre aquilo que merece o reconhecimento geral.[178]

Mas não é lícito estreitar-se a ideia de democracia neste particular ângulo de visão, ou seja, é apoucada e extremamente limitante uma perspectiva dela restrita à participação popular (direta ou indiretamente) na tomada de decisões públicas. *Alinhado a sua definição, encontra-se também o compromisso de se efetivarem os princípios constitucionais e os*

---

tratar de *um governo do povo, pelo povo e para o povo*, pela luta incessante, não raro por meio da via revolucionária, sempre norteada a abrigar o indivíduo da opressão autoritarista e a estabelecer uma igualdade *real* entre os indivíduos (SILVA, José Afonso da. *Curso de direito constitucional positivo*. 24. ed. São Paulo: Malheiros, 2005. p. 132-134).

[177] THEODORO FILHO, Wilson Roberto. A crise da modernidade e o Estado democrático de direito. *Revista de Informação Legislativa*, Brasília, n. 165, p. 231-238, 2003.

[178] MAGALHÃES FILHO, Glauco Barreira. *Hermenêutica e unidade axiológica da Constituição*. 3. ed. Belo Horizonte: Mandamentos, 2004. p. 109.

direitos fundamentais (programas constitucionais).[179] Basta pensar que as Constituições representam expressões jurídico-políticas da *soberania popular*, de modo que a essência de seus enunciados principiológicos (sua matéria-prima) repercute e traz obrigações aos integrantes da sociedade — ainda que seja uma maioria insatisfeita —, bem como a todos os órgãos de poder invariavelmente, Executivo, Legislativo e Judiciário.[180] Na trajetória que os conduziu ao centro do sistema, os princípios

---

[179] Leciona Sergio Fernando Moro que não se pode entender democracia sob uma visão exclusivamente *procedimentalista*, sob pena de ser impossível a compatibilidade dela com a jurisdição constitucional. Se a democracia for definida apenas como um processo de tomada de decisões, no qual deve ser ampla a influência da vontade popular, então a jurisdição constitucional dificilmente poderá ser considerada instituição democrática (MORO, Sérgio Fernando. *Jurisdição constitucional como democracia*. São Paulo: Revista dos Tribunais, 2004. p. 115). No mesmo rumo de entendimento, leciona José Herval Sampaio Júnior: "Entender a democracia limitada à participação hoje universal do cidadão na escolha de seus representantes nos Poderes Legislativo e Executivo é ir de encontro à necessidade da efetividade dos direitos e garantias fundamentais, o que representa uma quebra de todo o movimento de constitucionalização do Direito e minimiza a própria importância do cidadão, fazendo do processo jurisdicional um faz-de-conta. Democracia só existe quando os direitos dos cidadãos são cumpridos. Imaginar, por exemplo, que o direito à liberdade do cidadão em todos os sentidos não é respeitado pelo poder público significa dizer que, nesse caso, não há que se falar em Estado Democrático. Não se pode admitir — a partir da ideia de que em uma democracia deve sempre prevalecer a vontade da maioria — que se descumpram os direitos e garantidas fundamentais do cidadão" (SAMPAIO JÚNIOR, José Herval. *Processo constitucional*: nova concepção de jurisdição. São Paulo: Método, 2008. p. 92-93). Não bastam, no Estado Democrático de Direito, um adequado procedimento e a própria participação em igualdade de condições das partes no processo para se legitimar a decisão judicial. *Por certo que a legitimidade da jurisdição e da própria tutela jurisdicional está inelutavelmente condicionada à observância do modelo constitucional do processo.* Entretanto, indispensável pensar-se numa *legitimidade pelo resultado* – categoria menor açambarcada pela *legitimidade pelo procedimento* –, algo que implica a participação dialógica entre parte e contraparte (contraditório) segundo um discurso hermenêutico pautado nas normas constitucionais. Em cooperação, litigantes e juiz atribuem conteúdo exegético aos textos normativos conforme parâmetros obtidos à luz da Constituição.

[180] Alexandre Bahia, alicerçado nas lições de Dworkin, realça a importância dos princípios, esclarecendo que, quando uma comunidade aceita que é governada por princípios, e não apenas por regras dadas por "decisões políticas tomadas no passado", faz com que o conjunto desses princípios possa "expandir-se e contrair-se organicamente, à medida que as pessoas se tornem mais sofisticadas em perceber e explorar aquilo que esses princípios exigem sob novas circunstâncias, sem a necessidade de um detalhamento da legislação ou da jurisprudência de cada um dos possíveis pontos de conflito" (BAHIA, Alexandre Gustavo Melo Franco. A interpretação jurídica no Estado democrático de direito: contribuição a partir da teoria do discurso de Jürgen Habermas. *In*: OLIVEIRA, Marcelo Andrade Cattoni de (Coord.). *Jurisdição e hermenêutica constitucional*: no Estado democrático de direito. Belo Horizonte: Mandamentos, 2004. p. 321-322). Estando os princípios impregnados de normatividade, possuem valia indiscutível na solução dos casos concretos, não apenas funcionando como norte hermenêutico de compreensão e aplicação das regras, senão ainda integrando o conteúdo mesmo da decisão jurídica. Mas por terem caráter altamente genérico, o trabalho do intérprete se intensifica, cabendo-lhe valorá-los, completando-os e preenchendo seu conteúdo, num agir direcionado à adequada apreensão de seus significados, de maneira que construa legitimamente a norma jurídica

constitucionais — incluídos aí, obviamente, os direitos fundamentais[181] — tiveram de conquistar o *status* de norma jurídica.[182] Superaram, assim, a crença de que teriam uma dimensão puramente axiológica, ética, sem eficácia jurídica ou aplicabilidade direta e imediata.[183] Vive-se, nas palavras de Paulo Bonavides, época em que o destaque é a soberania dos princípios constitucionais. Se antes, quando não havia Constituições, ou as havendo, ainda assim a lei preponderava, porquanto contida

---

e aplique-a na pacificação do caso concreto. E essa *valoração* ou *densificação* dos princípios jurídicos não deve seguir rumo a técnicas ultrapassadas, as quais buscam na mente (ou espírito) do legislador, ou na historicidade do preceito, o seu real significado. Na trilha dos ensinamentos de Martin Heidegger e Hans-georg Gadamer, a hermenêutica não deve ser encarada como simples método técnico-normativo, mas como um modo de compreensão dentro da *tradição*, algo inerente à própria experiência humana (interpretação filosófica). Ou seja, a interpretação de algo essencialmente se funda numa *posição prévia, numa visão ou concepção prévia*. Ela necessariamente levará em consideração as impressões anteriores, o prévio universo cultural, social, histórico do intérprete. Seus *pré-conceitos* irão influenciar a interpretação. Daí por que as interpretações não se esgotam numa única compreensão, não sendo, sequer, definitivas. Sobretudo, variam conforme as alternâncias históricas e culturais experimentadas pelo intérprete. Nas palavras de Manfredo Araújo de Oliveira, "onde quer que compreendamos algo, nós o fazemos a partir do horizonte de uma tradição de sentido, que nos marca e precisamente torna essa compreensão possível" (OLIVEIRA, Manfredo Araújo de. *Reviravolta lingüístico-pragmática*. São Paulo: Loyola, 1996. p. 228). A interpretação, então, relaciona-se à própria existência mesma do intérprete. Não deve ser encarada como um método, senão como algo ligado ao contexto vital do existente humano, vinculada ao mundo da experiência, da pré-compreensão (NUNES JUNIOR, Amandino Teixeira. *A pré-compreensão e a compreensão na experiência hermenêutica*. Disponível em: <www.jus.com.br>. Acesso em: 11 dez. 2006).

[181] *Os direitos fundamentais são também princípios por natureza*. E os princípios, por possuírem alto grau de generalidade, permitem uma maior participação *criadora* por parte do intérprete na formação da "norma de decisão", o que, em tese, asseguraria uma atualização constante do ordenamento positivo, mantendo uma sintonia entre o direito e a sociedade. Noutros termos, os princípios apresentam-se mais suscetíveis a valorações, circunstância apta a conferir ao ordenamento jurídico significados axiológicos que se ajustem mais perfeitamente a uma dada realidade.

[182] Sobre a efetividade das normas constitucionais, confira-se a lição de Luís Roberto Barroso e Ana Paula Barcellos: "E a efetividade da Constituição, rito de passagem para o início da maturidade institucional brasileira, tornou-se uma ideia vitoriosa e incontestada. As normas constitucionais conquistaram o status pleno de normas jurídicas, dotadas de imperatividade, aptas a tutelar direta e imediatamente todas as situações que contemplam. Mais do que isso, a Constituição passa a ser a lente por meio da qual se leem e interpretam todas as normas infraconstitucionais. A Lei Fundamental e seus princípios deram novo sentido e alcance ao direito civil, ao direito processual, ao direito penal, enfim, a todos os demais ramos jurídicos. A efetividade da Constituição é a base sobre a qual se desenvolveu, no Brasil, a nova interpretação constitucional" (BARROSO, Luís Roberto; BARCELLOS, Ana Paula de. *O começo da história*: a nova interpretação constitucional e o papel dos princípios no direito brasileiro. p. 3-4. Disponível em: <http://www.camara.rj.gov.br/setores/proc/revistaproc/revproc2003/arti_histdirbras.pdf>).

[183] BARROSO, Luís Roberto; BARCELLOS, Ana Paula de. *O começo da história*: a nova interpretação constitucional e o papel dos princípios no direito brasileiro. p. 10. Disponível em: <http://www.camara.rj.gov.br/setores/proc/revistaproc/revproc2003/arti_histdirbras.pdf>.

118 | Lúcio Delfino
Direito Processual Civil – Artigos e Pareceres

nos Códigos, cuja normatividade concreta se afigurava superior à das Constituições, hoje, na sociedade contemporânea, reinam, em absoluto, os princípios constitucionais. Esses princípios, *por serem a essência da constitucionalidade*, ocupam o lugar mais alto e nobre na hierarquia dos ordenamentos jurídicos — *todo o direito positivo jaz debaixo da legitimidade haurida constitucionalmente*. Retratam a vontade da Carta Magna com os quais se legitimam a ação e o exercício de todos os poderes.[184]

Já se afirmou alhures — assertiva repisada agora pela importância que encerra: a grande conquista hermenêutica, advinda com o Estado Democrático de Direito, *foi a conscientização de que as normas constitucionais situam-se no centro do sistema jurídico e desfrutam uma supremacia não apenas formal, mas também material, axiológica* (Luís Roberto Barroso).[185] Hoje, portanto, não basta o ajustamento *formal* da norma

---

[184] BONAVIDES, Paulo. *Teoria do Estado*. 5. ed. São Paulo: Malheiros, 2004. p. 48-51. Nesta trilha, o constitucionalista Ingo Wolfgang Sarlet afirma que os direitos fundamentais — princípios constitucionais por excelência, insista-se nesta ideia —, como resultado da personalização e positivação constitucional de determinados valores básicos, integram, ao lado dos princípios estruturais e organizacionais, o núcleo substancial da ordem normativa do Estado Constitucional Democrático. *Os direitos fundamentais passam a ser considerados, para além de sua função originária de instrumentos de defesa da liberdade individual, elementos da ordem jurídica objetiva, integrando um sistema axiológico que atua como fundamento material de todo o ordenamento jurídico* (SARLET, Ingo Wolfgang. *A eficácia dos direitos fundamentais*. 6. ed. Porto Alegre: Livraria do Advogado, 2006. p. 72).

[185] BARROSO, Luís Roberto. *Neoconstitucionalismo e constitucionalização do direito*: o triunfo tardio do direito constitucional no Brasil. Disponível em: <www.jusnavegandi.com.br>. Acesso em: 29 dez. 2009. Ao acreditar que o ordenamento jurídico positivo era completo, avesso a lacunas e absolutamente claro, obviamente que ao julgador restava apenas o ofício de *declarar* o conteúdo da lei. Por não se aceitar ingerência do Estado nas relações travadas entre particulares, o poder do juiz acabou limitado ao extremo. Essa influência direta da ideologia liberal no modo de compreensão da ciência jurídica contribuiu para se atribuir à jurisdição o mero propósito de atuar (declarar) a lei no caso concreto, ideia que, ainda hoje, em pleno Estado Democrático de Direito, encontra adeptos. Contudo, essa visão reducionista do direito à lei não é mais aceitável. A sociedade tornou-se demasiadamente complexa e plural. Espera-se mais do Estado do que a mera produção legislativa. *Nessa nova sociedade os valores-guia habitam a Constituição, o que conduz a exigência de uma interpretação jurídica afiliada a uma matéria-prima principial.* Ao Estado não basta apenas assegurar a liberdade das pessoas; exige-se dele, também, a realização das *promessas* imiscuídas nos direitos fundamentais e princípios constitucionais. Por isso, é preciso que se diga, há necessidade de a interpretação jurídica ser praticada, sempre, à luz das diretrizes constitucionais. É realmente equivocado compreender o direito como ordenamento jurídico ou como conjunto de enunciados preestabelecidos e exatos. É ele algo, dia a dia, construído e reconstruído pelos órgãos do poder e cidadãos, por meio do exercício oficial, ou não, da interpretação jurídica. *Direito não é a lei, mas o resultado de sua interpretação.* E se o direito não deve ser compreendido apenas como lei, é certo que não basta à jurisdição simplesmente atuar essa mesma lei. A jurisdição, no Estado Democrático de Direito, não apenas aplica a lei, senão ainda propriamente *cria* a norma jurídica concreta, considerando a participação das partes — e eventuais terceiros interessados —, respeitado o *modelo constitucional do processo*, mas sempre por meio de uma interpretação jurídica presa à dimensão constitucional, praticada com o fim de avaliar e conformar a lei segundo os princípios constitucionais e direitos fundamentais. Persista-se nisso: numa sociedade pluralista e absurdamente complexa, seria impróprio relegar ao legislador responsabilidade única pela *criação* do direito. Não é crível pensar no Judiciário como um mero repetidor de leis, como se efetivamente fosse o legislador munido de sensibilidade e

à Constituição; impõe-se, até em prol de uma democracia legítima, a necessária obediência ao seu aspecto *substancial*.[186] *Não é, nesta linha de princípio, a lei, formalmente revestida pela representação popular, que traduz a medida da atuação do juiz;*[187] *além de qualquer outra, essa medida*

capacidade produtiva hercúleas, que lhe autorizasse não só a intuir as diversas situações conflitantes, como também lhe permitisse elaborar leis em número ainda mais açulado e plenamente afinadas com as várias e diversificadas pretensões de direito material. Por ser assim — e forte nas lições de Klaus Stern — hoje, mesmo diante das grandes codificações legislativas, mostra-se impossível considerar o juiz como mero prolator mecanicista de algo previamente pensado na lei. Ele avançou à condição de intérprete da lei, por vezes vendo-se obrigado a verdadeiramente assumir a função do legislador, isso quando a lei o abandona, por falta de clareza, por lacunosidade ou por falta de determinação, compensando eventuais *déficits* legislativos para assegurar a proteção jurídica e a certeza do direito às partes litigantes. Assim, a aplicação da lei não é mera interpretação reprodutiva, mas, simultaneamente, produtiva e evolutiva. É função do juiz aplicar ou implementar a lei, não apenas no sentido de repeti-la, *mas complementá-la, pensá-la até as suas últimas consequências, conforme o espírito do direito, sobretudo do direito constitucional e da ordem de valores que este fornece como orientação prévia* (STERN, Klaus. O juiz e a aplicação do direito. *In*: GRAU, Eros Roberto; GUERRA FILHO, Willis Santiago (Coord.). *Direito constitucional*: estudos em homenagem a Paulo Bonavides. São Paulo: Malheiros, 2003. p. 505-515). Enfim, os traços da interpretação jurídica sofreram sérias transformações no curso dos tempos. E isso porque a ideologia estatal, a influenciar o caminhar da sociedade, também se alterou. Antes, a justiça guardava relação com a lei. Hoje, essa concepção ruiu, e a lei nem sempre se mostra como expressão ajustada à ideia de justiça. No Estado Democrático de Direito a noção de justiça encontra-se intimamente ligada aos direitos fundamentais e aos princípios constitucionais. Justiça é mesmo aquela realizada com asilo constitucional.

[186] Trata-se de postura, advirta-se, que não desconsidera a importância do *princípio da legalidade*, porém, imprime a este sentido diverso, uma vez que hodiernamente não se aceita a lei como algo supremo, alheio a uma compreensão que considere também a carga valorativa inerente aos princípios constitucionais e direitos fundamentais. Numa palavra, no Estado Democrático de Direito apenas a legalidade constitucionalmente válida é admitida.

[187] Na linha proposta por Luiz Guilherme Marinoni, é de ressaltar que, outrora, quando vigorava o modelo do *Estado Liberal*, a lei, genérica e abstrata, dirigia-se a uma sociedade de "homens livres e iguais", todos com idênticas necessidades. A liberdade era o valor magno e, para garanti-la, o Estado resolveu tratar a todos *de forma igual perante a lei*. Ainda nessa época, a lei era fruto da vontade do Parlamento, cujos integrantes representavam a burguesia — não havia, pois, confronto ideológico (MARINONI, Luiz Guilherme. A jurisdição no Estado contemporâneo. *In*: MARINONI, Luiz Guilherme (Coord.). *Estudos de direito processual civil*: homenagem ao Professor Egas Dirceu Moniz de Aragão. São Paulo: Revista dos Tribunais, 2005. p. 13-66). Hoje, superada essa fase, as casas legislativas cederam lugar às divergências, de maneira que diferentes ideias sobre o papel do Direito e do Estado passaram a se confrontar. Daí já se constata que as normas jurídicas nem sempre são elaboradas conforme a *vontade dominante*, mas, sim, segundo *vontades políticas* de grupos de interesses, esses que se impõem, influenciando o Parlamento mediante atos de pressão (*lobbys*). E essa realidade, à qual não se pode permanecer alheio, autoriza o desenvolvimento de um raciocínio capaz de alterar o próprio conceito de jurisdição (MARINONI, Luiz Guilherme. A jurisdição no Estado contemporâneo. *In*: MARINONI, Luiz Guilherme (Coord.). *Estudos de direito processual civil*: homenagem ao Professor Egas Dirceu Moniz de Aragão. São Paulo: Revista dos Tribunais, 2005. p. 13-66). Consoante afirmado alhures, na vigência do Estado Liberal, tinha-se o legislador como um ser onisciente, e a *lei* era o melhor sinônimo daquilo que se denominava *direito*. Ao Judiciário era atribuída uma função coadjuvante, meramente declaratória, voltada ao ato de *dizer a lei* (o juiz era a "boca da lei"); nessa época, *o direito foi literalmente reduzido à lei*, e a legitimidade desta dependia, apenas, da autoridade responsável por sua criação. Se hoje, contudo, reconhece-se que a lei é o resultado da coalizão das forças dos vários grupos de interesses, adquirindo, frequentemente, contornos nebulosos

120 | Lúcio Delfino
Direito Processual Civil – Artigos e Pareceres

reside nos princípios constitucionais e direitos fundamentais,[188] não sendo a lei, isoladamente considerada, a palavra hierarquicamente mais autorizada.[189]

---

e egoísticos, torna-se evidente a necessidade de submeter a produção normativa a um controle que tome em consideração os princípios de justiça. Assim — ainda segundo o preciso pensamento de Marinoni —, foi imperioso resgatar a "substância" da lei e, principalmente, encontrar instrumentos capazes de permitir a sua limitação e conformação a esses princípios de justiça, atualmente colocados numa posição superior, já que infiltrados nas Constituições. *A lei, pois, perdeu seu posto de supremacia, passando a se subordinar à Constituição.* De tudo isso, é natural a conclusão de que o juiz hodierno não mais se limita apenas a revelar a letra da lei. *Ela, a lei, deve ser compreendida à luz dos princípios constitucionais, notadamente dos direitos fundamentais,* circunstância que certamente autoriza o juiz a *construir (criar)* a norma jurídica concreta, vista não como o texto legal, mas decorrente do significado obtido de sua interpretação. É o novo contorno da jurisdição, traçado em conformidade com os ideais de um *positivismo crítico,* cujo cerne não se restringe ao fato de as normas constitucionais serem o fundamento de todo o sistema jurídico, mas, também, na ideia central de que o texto da lei deve ser submetido aos princípios materiais de justiça e direitos fundamentais, permitindo que seja encontrada uma norma jurídica que revele a adequada conformação da lei (MARINONI, Luiz Guilherme. A jurisdição no Estado contemporâneo. *In:* MARINONI, Luiz Guilherme (Coord.). *Estudos de direito processual civil:* homenagem ao Professor Egas Dirceu Moniz de Aragão. São Paulo: Revista dos Tribunais, 2005. p. 13-66).

[188] Nesse rumo, a precisa lição de José Carlos de Oliveira Robaldo: "O sistema jurídico é uma estrutura arquitetônica que tem a ordem constitucional como base, como fundamento de validade. Cada Estado está edificado em uma perspectiva jurídico-política moldada na sua Lei Maior. O modelo de Estado adotado na Constituição dará a formatação valorativa que deve orientar a sua estrutura jurídico-interpretativa. Isso significa que o sistema normativo infraconstitucional, de forma harmoniosa e sistemática, deve guardar uma perfeita sintonia axiológica com o modelo de Estado respectivo. Essa preocupação deve estar presente não só por ocasião da elaboração da norma, como também no momento da sua interpretação e aplicação. Contudo, deve-se ter sempre em mente que, em se tratando de um Estado autoritário, o seu enfoque valorativo é diverso daquele correspondente a um Estado democrático. É, segundo a perspectiva de um Estado Social e Democrático de Direito, que se afirma: (...) a norma constitucional passou para o centro do sistema jurídico, desfrutando uma supremacia que já não é tão somente formal, mas também material, axiológica" (BARROSO, Luís Roberto. *O controle de constitucionalidade no direito brasileiro.* 2. ed. rev. e atual. São Paulo: Saraiva, 2006). "Isso se concretiza no enfoque metodológico pós-positivista, em que não basta o atendimento meramente formal da norma, impõe-se, também, a obediência ao seu aspecto substancial, caracterizando, em última análise, aquilo que doutrinariamente se denomina de justiça do caso concreto. Ora, partindo-se dessa premissa e considerando que é esse o modelo de Estado implantado no nosso País com a Constituição de 1988, é possível concluir, desde já, que a construção e respectiva interpretação do ordenamento jurídico infraconstitucional brasileiro, para ter validade, deve obedecer rigidamente às linhas mestras valorativas traçadas pela Lei Maior, explícita ou implicitamente por meio das suas normas e dos seus princípios estruturantes, como os princípios da dignidade da pessoa humana, da proporcionalidade, da razoabilidade, entre outros, que se traduzem, em síntese, nos direitos fundamentais. A construção do edifício jurídico e sua aplicação, com efeito, deve guardar perfeita sintonia com suas bases, sobretudo com seus propósitos axiológicos. Esse equilíbrio é imperioso. Ocorre, todavia, que a eventual ocorrência de descompasso entre a orientação constitucional e o ordenamento jurídico infraconstitucional, ou entre aquela e o seu intérprete, na prática, não pode ser desprezada e, quando tal se verifica, cabe ao Poder Judiciário, como legítimo intérprete constitucional e seu guardião, fazer o controle dessa (in)compatibilidade para declarar o direito e manter o equilíbrio, arredando o que for incompatível ou adequando ao quadro axiológico, quando possível, o que for compatível" (ROBALDO, José Carlos de Oliveira. *Controle de constitucionalidade:* algumas reflexões. Disponível em: <www.lfg.com.br>. Acesso em: 05 mar. 2007).

[189] É a Constituição que confere balizas aos órgãos do poder. Ao Legislativo cumpre respeitar os ditames constitucionais na elaboração das leis. E, quanto ao juiz, por certo, não basta

4 Um debate que se faz importante — Procedimentalismo *versus* substancialismo

Digladiam-se as correntes filosóficas *procedimentalismo* e *substancialismo*, contenda que gera reflexos evidentes na *jurisdição constitucional*.[190] É que um de seus *enfoques* presta-se justamente a estabelecer em que medida a atividade jurisdicional pode também laborar em prol da consecução do ideal traçado pela Constituição (projeto estatal constitucional), especialmente alicerçado nos princípios constitucionais e direitos fundamentais.

Os *procedimentalistas* (Habermas, Luhmann, Ely e Garapon) defendem um modelo de jurisdição calcado numa concepção formal (ou procedimental) de democracia. Seu propósito não é o oferecimento de critérios conteudísticos objetivos, mas apenas de procedimentos para a resolução de conflitos morais, sempre com os olhos voltados à busca de soluções imparciais.[191] Tanto assim que Habermas, um dos mais árduos defensores desta corrente, afirma que cumpre ao Tribunal Constitucional atuação restrita à tarefa de *compreensão procedimental* da

---

simplesmente que declare, de modo mecânico, o teor da lei — ou mesmo desvele seu espírito ou a intenção do legislador. Seu ofício lhe impõe uma avaliação de legitimidade dessa mesma lei — se necessário atingir essa legitimidade mediante uma *interpretação conforme* —, tendo como parâmetro as normas constitucionais — em especial, os direitos fundamentais e princípios constitucionais —, sem, por óbvio, deslembrar o necessário respeito ao *modelo constitucional do processo*. Apenas dessa maneira sua decisão judicial se mostrará comprometida com os ideais apregoados pelo Estado Democrático de Direito. Vê-se, portanto, que, neste novo modelo estatal, num giro de importância, o Judiciário tem sua função reformulada e sua influência sobressai à do Executivo e à do Legislativo. Relativiza-se o *princípio da legalidade* e atinge-se, em sua plenitude, o *princípio da constitucionalidade*, um "direito por princípios" e não um "direito por regras", como já ensinava um notável constitucionalista nacional. É expressiva, neste rumo, a lição de Salo de Carvalho, voltada ao direito penal, mas certamente aplicável ao direito amplamente considerado: o papel da jurisdição "deve ser compreendido como defesa intransigente dos direitos fundamentais, topos hermenêutico de avaliação da validade substancial das leis. O vínculo do julgador à legalidade não pode ser outro que não o da legalidade constitucionalmente válida, sendo imperante sua tarefa de superador das incompletudes, incoerências e contradições do ordenamento inferior em respeito ao estatuto maior. A denúncia crítica da invalidade (constitucional) das leis permite sua exclusão do sistema, não gerando nada além do que a otimização do próprio princípio da legalidade e não, como querem alguns afoitos doutrinadores, sua negação" (CARVALHO, Salo de. *Pena e garantias*: uma leitura do garantismo de Luigi Ferrajoli. Rio de Janeiro: Lumen Juris, 2001. p. 108).

[190] Ao contrário do que se pode imaginar, a expressão "jurisdição constitucional" não se resume hoje à atividade empreendida pelo Supremo Tribunal Federal. Atualmente toda e qualquer atividade jurisdicional, desimportante o órgão que a pratica, é constitucional, porque sempre comprometida com a concretização dos valores constitucionais.

[191] MAIA, Antonio Cavalcanti *apud* CAMBI, Eduardo. *Neoconstitucionalismo e neoprocessualismo*: direitos fundamentais, políticas públicas e protagonismo judiciário. São Paulo: Revista dos Tribunais, 2009. p. 282.

Constituição, isto é, apenas proteger um processo de criação democrática do direito, zelar pela garantia de que a cidadania disponha de meios para estabelecer um entendimento sobre a natureza dos seus problemas e a forma de sua solução, não sendo sua atribuição guardar uma suposta ordem suprapositiva de valores substanciais[192] — a tarefa da jurisdição estaria, portanto, meramente restrita à compreensão procedimental da Constituição. Negam que a legitimidade da jurisdição constitucional situe-se na tutela do conteúdo material dos direitos fundamentais, pois creem que sua finalidade restringe-se à correção de eventuais desvios no processo de representação popular, para assegurar a efetiva participação do povo no poder e o envolvimento político das minorias.[193] Dizem intolerável um protagonismo judicial que interfira na livre construção da discursividade e que evoque para si a tarefa de legislador político, não interessando, portanto, uma pauta de valores previamente estabelecidos, mas a existência de um conjunto de procedimentos democráticos que organize o debate e estimule a participação das pluralidades instituidoras da legitimação da política e do direito, papel que jamais há de ser exercido pelo Judiciário.[194] Afirmam que tal posicionamento não implica submissão do Judiciário, mas sim o reconhecimento de que os discursos de justificação do direito não devem ser confundidos e não podem ser usurpados pelos discursos de aplicação, razão pela qual a atividade jurisdicional há de se manter imparcial para não perturbar os espaços de formação do direito.[195] Segundo defendem, a invasão da sociedade pelo Judiciário serviria ao enfraquecimento da democracia

---

[192] HABERMAS apud STREK, Lenio Luiz. Hermenêutica jurídica e(m) crise: uma exploração hermenêutica da construção do direito. 6. ed. Porto Alegre: Livraria do Advogado, 2005. p. 43.

[193] CAMBI, Eduardo. Neoconstitucionalismo e neoprocessualismo: direitos fundamentais, políticas públicas e protagonismo judiciário. São Paulo: Revista dos Tribunais, 2009. p. 282.

[194] HOMMERDING, Adalberto Narciso. Constituição, Poder Judiciário e Estado democrático de direito: a necessidade do debate "procedimentalismo versus substancialismo". Revista da Associação dos Juízes do Rio Grande do Sul – Ajuris, ano XXXIII, n. 103, p. 9-30, set. 2006.

[195] HOMMERDING, Adalberto Narciso. Constituição, Poder Judiciário e Estado democrático de direito: a necessidade do debate "procedimentalismo versus substancialismo". Revista da Associação dos Juízes do Rio Grande do Sul – Ajuris, ano XXXIII, n. 103, p. 9-30, set. 2006. O brilhante processualista Adalberto Narciso Hommerding, no mesmo trabalho, assim sintetiza o papel do magistrado, segundo os ideais da corrente procedimentalista: "A atuação do magistrado, nesse aspecto, deveria auxiliar os indivíduos a encontrarem, a partir de suas relações sociais, os mecanismos para solucionar os problemas que os afetam. Isso porque, na sociedade contemporânea, ocorre a multiplicação dos espaços decisórios que, paralelamente à jurisdição tradicional, descentralizam os processos democráticos, possibilitando o surgimento de um Direito mais próximo da realidade social, pois oriundo dos próprios interessados. O juiz apresenta-se, portanto, como um agente controlador e zelador das 'formalidades' e dos 'procedimentos' adotados nos diferentes locais de produção do direito. Esta é a visão, pois, do que se pode nominar 'procedimentalismo'".

representativa[196] e à derrocada da imparcialidade do juiz, esta última decorrente de uma *interpretação construtiva*, ajustada ao preenchimento de espaços vazios com juízos de valores morais e principiais.[197]

Os *substancialistas* (Bonavides, Streck, Miranda), por seu turno, advogam que o Judiciário é o intérprete da vontade geral ou dos valores substanciais implícitos do direito positivo.[198] Trabalham na perspectiva de que a Constituição, explicitação do contrato social, estabelece as condições do agir político-estatal.[199] É por isso que, nesta ótica, cumpre também à jurisdição a tarefa de concretizar o conteúdo democrático da Constituição.[200] Segundo pensam, não é adequado sustentar que o direito ou a democracia se contentam em estabelecer uma *regra de jogo* puramente formal, compatível com qualquer conteúdo material.[201] Mais do que equilibrar e harmonizar os demais Poderes, ao Judiciário cabe o papel de intérprete, o qual põe em evidência — inclusive contra maiorias eventuais — a vontade geral implícita no direito positivo, especialmente na Constituição e nos princípios selecionados como de valor permanente na sua cultura de origem e na do Ocidente.[202] Com a positivação dos direitos sociais-fundamentais, não aceita tal corrente uma postura passiva do Judiciário diante da sociedade, voltada meramente a permitir o acesso aos mecanismos de participação democrática no sistema; bem diferentemente, exige-se dele papel de absoluta relevância: a tarefa de intérprete e de agente concretizador dos valores constitucionais.[203]

Acredita-se mais sensata a posição defendida pelos *substancialistas*, mas condicionada a *reservas* indispensáveis à legitimação (e ao controle) da jurisdição.[204] Essas *reservas* se materializam no ambiente processual

---

[196] GARAPON *apud* STREK, Lenio Luiz. *Hermenêutica jurídica e(m) crise*: uma exploração hermenêutica da construção do direito. 6. ed. Porto Alegre: Livraria do Advogado, 2005. p. 44.

[197] ELY *apud* STREK, Lenio Luiz. *Hermenêutica jurídica e(m) crise*: uma exploração hermenêutica da construção do direito. 6. ed. Porto Alegre: Livraria do Advogado, 2005. p. 44.

[198] CAMBI, Eduardo. *Neoconstitucionalismo e neoprocessualismo*: direitos fundamentais, políticas públicas e protagonismo judiciário. São Paulo: Revista dos Tribunais, 2009. p. 288.

[199] STREK, Lenio Luiz. *Hermenêutica jurídica e(m) crise*: uma exploração hermenêutica da construção do direito. 6. ed. Porto Alegre: Livraria do Advogado, 2005. p. 45.

[200] CAMBI, Eduardo. *Neoconstitucionalismo e neoprocessualismo*: direitos fundamentais, políticas públicas e protagonismo judiciário. São Paulo: Revista dos Tribunais, 2009. p. 288.

[201] CAMBI, Eduardo. *Neoconstitucionalismo e neoprocessualismo*: direitos fundamentais, políticas públicas e protagonismo judiciário. São Paulo: Revista dos Tribunais, 2009. p. 288.

[202] VIANNA *apud* STREK, Lenio Luiz. *Hermenêutica jurídica e(m) crise*: uma exploração hermenêutica da construção do direito. 6. ed. Porto Alegre: Livraria do Advogado, 2005. p. 45.

[203] STREK, Lenio Luiz. *Hermenêutica jurídica e(m) crise*: uma exploração hermenêutica da construção do direito. 6. ed. Porto Alegre: Livraria do Advogado, 2005. p. 45.

[204] É esta, afinal, a base na qual se funda o presente trabalho. Realmente há um hiato entre a jurisdição *real* e a *ideal*. Procura-se, assim, desenvolver uma doutrina afinada com o *dever-ser*,

(no processo e mediante a aplicação do direito processual, portanto), em que a própria atividade jurisdicional se desenvolve e atinge seu mister de tutela dos direitos. Estar-se-á a referir propriamente àquilo que a prestigiada doutrina italiana intitula *modelo constitucional do processo*, isto é, um intrincado fluxo de direitos e garantias fundamentais processuais (contraditório e motivação das decisões judiciais, por exemplo), a cuja observância encontra-se atrelado o juiz, e sem os quais a jurisdição, longe de harmonizar-se com a democracia, exterioriza-se em mera manifestação do arbítrio.

É adequada no Brasil, portanto, uma jurisdição: i) *substancialista*, apta a efetivar os princípios constitucionais e direitos fundamentais materiais em suas variadas dimensões (direitos à saúde, à educação, à função social da propriedade), e, portanto, capaz de superar, respeitados alguns limites legítimos, omissões e deficiências, atentatórias à Carta Magna, perpetradas pelo Executivo e Legislativo;[205] ii) aberta a todos (maiorias e minorias), controlada processualmente e cujos resultados originem-se da colaboração das partes e do juiz (bem como de outros atores processuais e representantes de setores da sociedade), sempre devidamente justificados, vale dizer, uma atividade jurisdicional intimamente sintonizada com o *devido processo legal*, até como forma de assegurar a própria legitimidade desta expressão do poder estatal.[206]

---

e não propriamente com o que *é* hoje a jurisdição (e, também, a ação, o processo e a defesa). Não se quer com isso afiliar-se a entendimentos doutrinários românticos, compromissados meramente com a utopia, mas, bem diferentemente, defender algo cuja viabilização se acredita possível. Crê-se, a despeito das dificuldades, concebível uma jurisdição ajustada ao *projeto estatal* que o constituinte originário idealizou ao elaborar a Constituição de 1988.

[205] Luiz Guilherme Marinoni não aceita os argumentos dos procedimentalistas, os quais alicerçam a legitimidade da decisão judicial unicamente nos procedimentos que asseguram o regime democrático. Para tais teóricos, essa legitimidade não poderia se fundar no conteúdo material dos direitos fundamentais, porquanto inexistiriam valores fundamentais aceitos por todos os cidadãos de forma pacífica. Acredita-se acertada a visão de Marinoni quando afirma que "o processo é o módulo legal que legitima a atividade jurisdicional, e, atrelado à participação, colabora para a legitimidade da decisão" (MARINONI, Luiz Guilherme. *Da teoria da relação jurídica processual ao processo civil do Estado constitucional*. Disponível em: <www.abdpc.org.br>. Acesso em: 31 out. 2006). O processo apenas "colabora" para a legitimidade da decisão. Ela, a legitimidade, não decorre unicamente da observância dos parâmetros fixados pelo legislador para o desenvolvimento do procedimento. Aceita o mestre que a participação no âmbito procedimental efetivamente possui grande importância, mas advoga a tese de que a jurisdição também "deve dar ênfase ao conteúdo material dos direitos fundamentais, aplicando-os de acordo com uma concepção atraente dos valores morais que lhe servem de fundamento" (MARINONI, Luiz Guilherme. *Da teoria da relação jurídica processual ao processo civil do Estado constitucional*. Disponível em: <www.abdpc.org.br>. Acesso em: 31 out. 2006).

[206] Daí se vê, vale o parêntese, a importância da compreensão adequada do direito processual. Afinal, traduz-se em mecanismo de legitimação da jurisdição, uma das expressões do poder

Ponderações sobre a Interpretação Jurídica no Estado Constitucional | 125

5 Algumas notas sobre a interpretação jurídica

Observados, os *fenômenos físicos* admitem a formulação de uma *hipótese*, como explicação antecipada e racional à sua ocorrência, solução provisória a qual, depois de submetida à *experimentação* e vindo a verificar-se, permite ao cientista, como conclusão de seu trabalho, enunciar uma *lei*, que traduza, em linguagem sintética e genérica, as relações constantes e necessárias existentes entre aqueles mesmos fenômenos (método *empírico-indutivo*).[207] Ao enunciá-la, o cientista terá *explicado* aquilo que se observou de forma válida e definitiva, se e enquanto fatos novos não dispuserem em contrário.[208]

Diversamente, os *fenômenos culturais*, oriundos do *espírito humano*, não admitem *explicações*. Não é possível, de tal sorte, realizar experimentações com o intuito de comprovar hipóteses previamente elaboradas. Porque ontologicamente ligados a *valores*, plausível somente sua *compreensão*, a qual se atinge por um método *empírico-dialético*.[209] Mediante um *ir e vir compreensivo*, que atravessa séculos e gerações, os objetos de origem cultural são progressivamente enriquecidos e ampliados com novas interpretações e abordagens, as quais, nem pelo fato de serem diferentes, invalidam as interpretações anteriores, num processo de superação e, ao mesmo tempo, de conservação e de absorção.[210]

As leis, obra do espírito humano, detêm natureza essencialmente cultural.[211] Não há, só por isso, como desnudá-las, sempre e invariavelmente,

---

estatal. É por intermédio do direito processual que se controla o poder conferido ao juiz, que se asseguram decisões sintonizadas com o ideal democrático e, portanto, fruto da participação de todos os sujeitos processuais (partes e juiz) e, necessariamente, afinadas com os demais direitos constitucionais processuais.

[207] MENDES, Gilmar Ferreira; COELHO, Inocêncio Mártires; BRANCO, Paulo Gustavo Gonet. *Curso de direito constitucional*. São Paulo: Saraiva, 2007. p. 47.

[208] MENDES, Gilmar Ferreira; COELHO, Inocêncio Mártires; BRANCO, Paulo Gustavo Gonet. *Curso de direito constitucional*. São Paulo: Saraiva, 2007. p. 47.

[209] MENDES, Gilmar Ferreira; COELHO, Inocêncio Mártires; BRANCO, Paulo Gustavo Gonet. *Curso de direito constitucional*. São Paulo: Saraiva, 2007. p. 47.

[210] MENDES, Gilmar Ferreira; COELHO, Inocêncio Mártires; BRANCO, Paulo Gustavo Gonet. *Curso de direito constitucional*. São Paulo: Saraiva, 2007. p. 48.

[211] É importantíssima a advertência do saudoso professor Ovídio A. Baptista da Silva, em uma de suas mais brilhantes obras, ao evidenciar os reflexos do racionalismo na construção do direito processual civil. Esclarece o mestre: "Ao racionalismo deve-se a primeira e mais significativa consequência desta premissa, qual seja a revelação do pressuposto de que o direito deveria ser uma ciência *explicativa*, não uma ciência da *compreensão*, como as correntes de Filosofia do Direito contemporâneas o consideram. Supõe-se que a incidência e, consequentemente, a atividade de aplicação da lei sirva-se do mesmo raciocínio lógico com que o matemático demonstra a correção de um teorema qualquer". E conclui:

mediante a utilização de métodos que se aproximam daqueles elaborados para explicar a realidade física. Se a *neutralidade* do cientista é algo elogiável na obtenção de explicações daquilo que é natural, na *compreensão* dos textos normativos representa postura alheia aos ideais que contemporaneamente alicerçam a ideia de justiça. Pense-se, apenas, que as normas[212] são produzidas segundo *valores*, de modo que para a extração de seus *significados*, necessário, por óbvio, considerá-los; mas valores transmudam-se constantemente, o que impõe ao intérprete conferir ao objeto abordagens mescladas de valorações também contemporâneas, até como critério de aceitação pública do resultado hermenêutico a ser obtido.

Não se quer, evidentemente, desprezar o fato de que a ausência de objetividade, como defende autorizada doutrina, conduz ao risco de se atingir uma ampla discricionariedade judicial, cujo resultado implique perigosos subjetivismos que se situam apenas na mente do juiz. O positivismo, aliás, tinha como uma de suas metas justamente controlar a interpretação judicial e, de tal modo, evitar disfunções que pudessem caracterizar uma *ditadura da magistratura*. Mas esse risco, embora concreto, é minimizado: i) por intermédio de um controle do discurso jurídico que considere o *diálogo processual* (contraditório) travado entre os sujeitos processuais (juiz e partes);[213] ii) pela própria *argumentação* desenvolvida pela autoridade jurisdicional para justificar a decisão judicial (motivação das decisões judiciais);[214] iii) por um

---

"Eliminando-se a 'compreensão' hermenêutica, retira-se qualquer legitimidade da *retórica*, enquanto ciência da argumentação forense. O racionalismo, especialmente nos sistemas jurídicos herdeiros da tradição romano-canônica, tornou a tarefa judicial conceitualmente limitada a descobrir e *verbalizar* a 'vontade da lei'" (SILVA, Ovídio A. Baptista da. *Processo e ideologia*. Rio de Janeiro: Forense, 2004. p. 96-97).

[212] A expressão "norma", neste trabalho, é utilizada como sinônimo de "enunciado (ou programa) legal", "texto" ou "preceito normativo". A "norma", portanto, é apenas a *matéria--prima* utilizada pelo intérprete para se chegar, mediante a atividade de interpretação, à "norma jurídica".

[213] O *contraditório*, aceito em sua perspectiva dinâmica, há de efetivamente contribuir para o *controle* da atividade jurisdicional e do seu resultado, pois, superada a concepção que o rotulava como princípio de caráter meramente lógico-formal, suas atuais feições inserem também as partes como responsáveis pela própria construção do provimento jurisdicional.

[214] Os subjetivismos judiciais são igualmente evitados pelo *controle da própria argumentação jurídica* desenvolvida pelo juiz como alicerce e justificativa de suas decisões. A motivação dos provimentos jurisdicionais, enfim, possibilita às partes verificarem a correção dos argumentos apresentados em suporte a uma determinada conclusão ou, ao menos, averiguarem a racionalidade do raciocínio desenvolvido em cada caso, sobretudo naqueles que envolvem a aplicação de princípios, cuja generalidade é seu marco mais distintivo (BARROSO, Luís Roberto; BARCELLOS, Ana Paula de. *O começo da história*: a nova interpretação constitucional e o papel dos princípios no direito brasileiro. p. 22. Disponível em: <http://www.camara.rj.gov.br/setores/proc/revistaproc/revproc2003/arti_histdirbras.pdf>).

procedimento que leve em conta também os demais princípios processuais constitucionais que integram o *devido processo legal*.

Importante, neste momento, é saber que a interpretação jurídica tem por finalidade desvelar significados do texto normativo. É por meio dela que se supera a natural generalidade entre o texto a ser compreendido e a situação jurídica concreta e emergente dos casos particulares. Para se atingir tal desiderato, cumpre ao intérprete, em seu labor hermenêutico, e de uma maneira geral, considerar necessariamente alguns fatores: i) as singularidades do caso concreto; ii) as eventuais — e mesmo naturais — disparidades histórico-ideológicas existentes entre o texto interpretado e a realidade na qual se encontra inserido o intérprete; iii) a ideia de *legalidade constitucionalmente válida*; iv) a (re)avaliação das tradições (e *pré-conceitos*) do próprio intérprete.

5.1 As singularidades do caso concreto

Não há sentido numa interpretação alheia à aplicação. Só é possível compreender o alcance e a significação da norma (programa legal) quando examinada na busca de soluções para problemas concretos (reais ou imaginários). *Compreender a norma pela própria norma nada desvela.*

Cumpre ao intérprete o papel de individualizar o texto normativo e operar a transformação do *geral* em *particular*.[215] Somente atentando-se às singularidades fáticas do caso terá condições de compreender o enunciado legal e, por conseguinte, diligenciar a transição daquilo que é meramente *potencial* para o *concreto*, extraindo-se dele significados que disciplinem adequadamente dada situação conflituosa.[216] É, enfim,

---

[215] A jurisprudência acarreta, não raras vezes, um prejudicial efeito colateral: *a comodidade*. Hoje, impossível imaginar que a jurisdição resume em atividade *mecânica*, mediante a qual basta o enquadramento de uma norma geral a um fato concreto para se assegurar uma adequada prestação jurisdicional. Esse ajustamento entre a norma abstrata e o fato particularizado, antes de robótico, constitui-se em atividade hermenêutica complexa. É pouco, sob o argumento de se estar perpetrando interpretação jurídica, conformar-se com a mera subsunção. É igualmente insuficiente a cômoda empreitada de fundar raciocínios hermenêuticos em precedentes jurisprudenciais — o que, ontologicamente, é também uma forma de subsunção. *Cada caso concreto é um caso em particular e, só por isso, merece interpretação segundo as suas próprias particularidades*. A consciência de que o papel do intérprete presta-se a reduzir o abismo entre a generalidade das normas positivadas e as singularidades dos casos a decidir, também colabora com a concretização do desejo de se obter uma adequada tutela jurisdicional dos direitos

[216] Prestigiosos juristas, com acerto, já afirmaram a inadequação de assinalar função puramente declaratória à jurisdição, apoucando o papel do juiz e das partes ao longo do processo. Em realidade, "a jurisdição, longe de apenas declarar o direito, opera verdadeira reconstrução

apenas pelo trabalho hermenêutico de ajustamento entre normas e fatos — no qual se fundem, necessariamente, a compreensão, a interpretação e a aplicação dos modelos jurídicos —, que se viabiliza a ordenação jurídico-normativa da vida social, porque é no ato e no momento da individualização da norma que o juiz desempenha o papel de agente redutor da inevitável distância entre a generalidade dos preceitos jurídicos e a singularidade dos casos concretos.[217]

Essa atividade endereçada a particularizar textos normativos assume, no atual estágio histórico, feição preponderante, sobretudo pela frequente opção legislativa de elaborar normas ainda mais gerais, as quais trazem consigo uma variedade de conceitos vagos e indeterminados. Em síntese, o legislador tornou-se consciente da sua inaptidão para regular ajustadamente a riqueza das circunstâncias da vida, de sua inabilidade para disciplinar, de maneira pontual e precisa, uma gama plural de situações e conflitos originados diuturnamente em razão do avanço contínuo da humanidade. E se assim é, alarga-se o papel do intérprete, tendo em vista que tais normas, por sua dilatada generalidade, são ainda mais receptíveis a adequações que levem em conta as singularidades fáticas de cada caso concreto.[218]

5.2 As disparidades histórico-ideológicas entre a norma e a realidade

Ao se interpretar o texto normativo é necessário que se considerem também as eventuais disparidades histórico-ideológicas eventualmente

---

da ordem jurídica mediante o processo, tendo por matéria-prima as afirmações de seus participantes a respeito da situação litigiosa" (OLIVEIRA, Carlos Alberto Alvaro de; MITIDIERO, Daniel. *Curso de processo civil*: teoria geral do processo e parte geral do direito processual civil. São Paulo: Atlas, 2010. p. 43).

[217] MENDES, Gilmar Ferreira; COELHO, Inocêncio Mártires; BRANCO, Paulo Gustavo Gonet. *Curso de direito constitucional*. Saraiva: São Paulo, 2007. p. 60.

[218] É possível que uma norma, abstratamente considerada, tenha sua constitucionalidade assegurada pelo STF. Todavia, em sua concreta aplicação, um resultado inconstitucional poderá surgir, isso se o intérprete não estiver atento às particularidades do caso concreto. Luís Roberto Barroso e Ana Paula de Barcellos exemplificam essa interessante possibilidade: "Pode acontecer que uma norma, sendo constitucional no seu relato abstrato, produza um resultado inconstitucional em uma determinada incidência. Por exemplo: o STF considerou constitucional a lei que impede a concessão de antecipação de tutela contra a Fazenda Pública (*RTJ* 169:383, ADC-MC 4, Rel. Min. Sydney Sanches), fato que, todavia, não impediu um Tribunal de Justiça de concedê-la, porque a abstenção importaria o sacrifício do direito à vida do requerente (AI 598.398.600, TJRS, 4ª. CC, Rel. Des. Araken de Assis)" (BARROSO, Luís Roberto; BARCELLOS, Ana Paula de. *O começo da história*: a nova interpretação constitucional e o papel dos princípios no direito brasileiro. p. 7. Disponível em: <http://www.camara.rj.gov.br/setores/proc/revistaproc/revproc2003/arti_histdirbras.pdf>).

Ponderações sobre a Interpretação Jurídica no Estado Constitucional | 129

existentes entre ele e a realidade na qual o intérprete se insere. Afinal, esses *déficits* ampliam sobremaneira o natural abismo presente entre a *generalidade* das normas e as *particularidades* dos casos concretos.

O direito — reitere-se esta ideia — não é a norma (lei, texto normativo, preceito legal) propriamente dita, mas o resultado de sua interpretação (*norma jurídica*). A norma, individualmente considerada, é só *potência*. É o processo hermenêutico que produz o verdadeiro direito. *Interpretar é também formular*. A *criação* judicial do direito é mesmo só um complemento do trabalho do legislador, cujas opções normativas, ainda que fossem proféticas, jamais conseguiriam aprisionar, nas malhas da lei, toda a complexidade social.[219]

Sem embargo de sempre desgastada pelo tempo, a norma se presta à solução de problemas atuais. Portanto, a interpretação deve incluir não somente a explicitação do que o texto representava no mundo em que foi desenhado, na circunstância em que foi produzido, senão ainda aquilo que significa no momento atual, pois em todo ato de compreensão se dá uma aplicação ao presente.[220] *É, deste modo, papel do intérprete atuar como instância redutora de lacunas históricas que naturalmente atingem as leis.* O legislador não prescinde, antes necessita da participação do juiz — e também das partes, que igualmente colaboraram no processo de construção da *norma jurídica* —, a quem só fornece critérios gerais[221] (modelo normativo, matéria-prima textual). É assim que se afiança vigor a desgastados enunciados normativos e justiça à solução a ser conferida ao caso concreto, sem ter de aguardar as sempre demoradas respostas do legislador.[222]

5.3 A legalidade constitucionalizada

Não se pode esquecer que o objeto da interpretação, aqui, é a *norma* (texto normativo ou enunciado legal). Sem dúvida, há particularidades que diferenciam a compreensão de normas e de outras *obras*, ainda que também fruto do espírito humano. *Talvez a mais evidente seja justamente*

---

[219] MENDES, Gilmar Ferreira; COELHO, Inocêncio Mártires; BRANCO, Paulo Gustavo Gonet. *Curso de direito constitucional*. São Paulo: Saraiva, 2007. p. 55.

[220] MENDES, Gilmar Ferreira; COELHO, Inocêncio Mártires; BRANCO, Paulo Gustavo Gonet. *Curso de direito constitucional*. São Paulo: Saraiva, 2007. p. 63.

[221] MENDES, Gilmar Ferreira; COELHO, Inocêncio Mártires; BRANCO, Paulo Gustavo Gonet. *Curso de direito constitucional*. São Paulo: Saraiva, 2007. p. 55.

[222] MENDES, Gilmar Ferreira; COELHO, Inocêncio Mártires; BRANCO, Paulo Gustavo Gonet. *Curso de direito constitucional*. São Paulo: Saraiva, 2007. p. 55.

a imprescindibilidade de se avaliar a legitimidade (formal e substancial) da norma e, deste modo, compreendê-la e dela extrair significados à luz da Constituição.[223] A CF é classificada como *rígida*. Por ser assim, o sistema normativo é necessariamente *hierárquico*. A *rigidez* de uma Constituição — leciona Marcelo Novelino — tem como principal consequência o *princípio da supremacia constitucional*. No ordenamento jurídico brasileiro a norma *superior* (constitucional) regula a produção normativa, ao passo que a *inferior* é produzida segundo as determinações daquela. Logo, uma norma infraconstitucional só será válida se produzida da maneira determinada por outra norma, que é o seu fundamento imediato de validade. A subordinação jurídica implica, enfim, a prevalência de uma determinada norma (superior) sobre a outra (inferior), sempre que entre elas houver conflito.[224]

Mas não só cumpre ao juiz — com a colaboração das partes, insista-se na ideia — afiançar a legitimidade da norma em comparação à Constituição (legitimidade formal); é também seu dever conformar a primeira aos valores emanados da segunda, imprimindo rótulo constitucional em todas as suas decisões. Perfeitamente lícitas, por exemplo, atividades hermenêuticas focadas na manutenção da integridade do tecido normativo, dirigidas ao ajustamento da norma ao conteúdo material da Constituição, em prol da justa solução do caso concreto. É válida e indispensável tal *conformação hermenêutica* como meio de: i) assegurar a efetivação dos princípios constitucionais e direitos fundamentais por intermédio da interpretação (= aplicação) concreta da norma interpretada, imprimindo-lhe sentidos que se coadunem com os valores constitucionalmente estabelecidos;[225]

---

[223] É pertinente a lição de Luís Roberto Barroso: (...) "a verdade, no entanto, é que a preocupação com o cumprimento da Constituição, com a realização prática dos comandos nela contidos, enfim, com a sua efetividade, incorporou-se, de modo natural, à prática jurídica brasileira pós-1988. Passou a fazer parte da pré-compreensão do tema, como se houvéssemos descoberto o óbvio após longa procura. A capacidade — ou não — de operar com as categorias, conceitos e princípios de direito constitucional passou a ser um traço distintivo dos profissionais das diferentes carreiras jurídicas. A Constituição, liberta da tutela indevida do regime militar, adquiriu força normativa e foi alçada, ainda que tardiamente, ao centro do sistema jurídico, fundamento e filtro de toda a legislação infraconstitucional. Sua supremacia, antes apenas formal, entrou na vida do país e das instituições" (BARROSO, Luís Roberto. *O direito constitucional e a efetividade de suas normas*: limites e possibilidades da Constituição Brasileira. 6. ed. Rio de Janeiro: Renovar, 2006. Nota prévia, p. X).

[224] NOVELINO, Marcelo. *Direito constitucional para concursos*. Rio de Janeiro: Forense, 2007. p. 26.

[225] Segundo mostra Rodolfo Viana Pereira, "a Constituição é o *locus* hermenêutico do Direito; é o 'lugar' a partir do qual se define a amplitude dos significados possíveis dos preceitos jurídicos infraconstitucionais. Isso não poderia ser de maneira diferente em função da

ii) imprimir ao ordenamento jurídico uniformidade e completude, suplantando lacunas que, sem dúvida, disseminam a insegurança jurídica; iii) afastar, durante o exercício da atividade jurisdicional, a aplicação de determinadas normas no caso concreto, sempre que estas se mostrarem *absolutamente* antagônicas aos ditames constitucionais.[226]

Advirta-se que as posturas cognitivas de *fiscalização* da constitucionalidade da norma (controle difuso de constitucionalidade) e da sua *conformação* aos valores constitucionais traduzem-se em *deveres* para o juiz. Quer isso significar que não é lícito ao órgão jurisdicional aguardar a provocação de uma das partes para, só então, avaliar a constitucionalidade de uma determinada norma, ou ainda conformá-la aos ditames constitucionais. Caso perceba nela eventual inconstitucionalidade, ou ainda necessidade de adaptá-la aos valores constitucionalmente vigentes, cumpre-lhe agir *oficiosamente*, e, de tal modo, provocar a discussão sobre tais pontos (contraditório) entre

---

afirmação do constitucionalismo moderno como modo de regulamentação da convivência política, bem como da consagração do princípio da supremacia constitucional". Mais à frente, continua o jurista: "Ato contínuo, não é mais possível estabelecer diferenças entre o fazer hermenêutico em relação às leis infraconstitucionais e em relação aos preceitos constitucionais. Toda compreensão, interpretação e aplicação — que são momentos conexos — de preceitos legais são simultaneamente compreensão, interpretação e aplicação de preceitos constitucionais, ainda que indiretamente. Convém, portanto, redefinir o relacionamento entre a chamada Hermenêutica Constitucional e a Hermenêutica Clássica, sabendo-se que as discussões originais quanto às particularidades daquela vieram a lume após a afirmação do referido princípio da supremacia como uma contribuição importantíssima e original do Direito Constitucional". E, mais: "Ora, em consonância à afirmativa de que a Constituição é o *locus* hermenêutico do direito, a conclusão a ser extraída é pela unicidade do fenômeno que leva, pois, à assertiva de que o processo de compreensão, interpretação e aplicação dos preceitos jurídicos (constitucionais e infraconstitucionais) é essencialmente unitário — processo esse que será descrito posteriormente como concretização. Há, em verdade, uma constitucionalização de toda interpretação jurídica; em outras palavras, uma absorção da Hermenêutica Jurídica Clássica pela Hermenêutica Constitucional" (PEREIRA, Rodolfo Viana. *Hermenêutica filosófica e constitucional*. 2. ed. Belo Horizonte: Del Rey, 2007. p. 177-179).

[226] Esclareça-se, em conclusão, que as normas constitucionais, no Estado Democrático de Direito, prestam-se verdadeiramente àquilo que Manuel Atienza denomina de "motor de inferência" (ATIENZA, Manuel. *As razões do direito*: teorias da argumentação jurídica: Perelman, Viehweg, Alexy, Maccormick e outros. 3. ed. São Paulo: Landy, 2006. p. 57), afora sua utilidade, como já referido, de supressão das lacunas legislativas. É sua função, portanto, possibilitar que o intérprete promova induções e um adequado encadeamento de raciocínios ("motor de inferência"), cumprindo a elas (normas constitucionais) sempre recorrer com o propósito de conferir à sua argumentação caráter coadunável com a própria hierarquia que caracteriza o ordenamento jurídico, além de ajustar os sentidos dos enunciados infraconstitucionais à tábua axiológica que assenta todo o sistema, tudo em prol de uma efetividade constitucional incansavelmente perseguida. Ainda, deparando-se o intérprete com lacunas no ordenamento jurídico, e lhe sendo vedado o *non liquet*, cumprem as normas constitucionais o importante papel de acudi-lo na tarefa de superar a falha sistêmica, permitindo-lhe prosseguir no cumprimento do desiderato jurisdicional.

as partes da relação jurídica processual.[227] Afinal, como guardião da *legalidade constitucional*, o ministério primeiro do juiz, antes mesmo de julgar os fatos e combiná-los racionalmente com o substrato jurídico, é o de avaliar a própria norma a ser aplicada, aquilatando a compatibilidade formal e substancial entre ela e a Constituição.[228] Entendendo pela possibilidade de salvar a norma que apresenta sentidos inconstitucionais, deverá assim proceder e interpretá-la conforme a Constituição; sendo tal agir inexequível, cumpre-lhe afastar sua aplicação daquele caso concreto (controle difuso) e buscar solução que melhor se afine com os princípios constitucionais e direitos fundamentais.

5.4 A (re)avaliação das tradições (e pré-conceitos) do próprio intérprete

É ineliminável que alguma subjetividade se agregue aos sentidos oriundos da interpretação jurídica.[229]

---

[227] Esta também a linha de entendimento dos juristas Vicente Paulo e Marcelo Alexandrino ao apontarem que "o juiz ou tribunal, de ofício, independentemente de provocação, poderá declarar a inconstitucionalidade da lei, afastando a sua aplicação ao caso concreto, já que esses têm por poder-dever a defesa da Constituição". E continuam: "Note-se que a declaração da inconstitucionalidade no caso concreto não está dependente do requerimento das partes ou do representante do Ministério Público. Ainda que estes não suscitem o incidente de inconstitucionalidade, o magistrado poderá, de ofício, afastar a aplicação da lei ao processo, por entendê-la inconstitucional". Finalmente, concluem: "Em síntese, dispõem [o juiz ou tribunal] de legitimação para suscitar o incidente de inconstitucionalidade: a) as partes do processo; b) terceiros admitidos como intervenientes no processo; c) o representante do Ministério Público; d) o juiz ou tribunal, de ofício" (PAULO, Vicente; ALEXANDRINO, Marcelo. *Direito constitucional descomplicado*. Niterói: Impetus, 2007. p. 728).

[228] A tarefa é realmente árdua. Afinal, trata-se de uma atividade que impõe o exame da adequação de uma *norma* a outra *norma hierarquicamente superior*. O parâmetro para a manutenção de uma *norma* no ordenamento positivado é outra *norma* (embora superior). O intérprete, então, deverá, num só processo hermenêutico, buscar, sempre, *sentidos de normas infraconstitucionais e normas constitucionais*. Para identificar esses sentidos se socorrerá — isso, repita-se, vale também para o desnudamento das *normas parâmetro* (constitucionais) —, das singularidades do caso concreto, dos valores que regem — e também dos que regiam — a realidade em que se encontra situado, das suas tradições e *pré-conceitos* (visão de mundo).

[229] A interpretação das normas não deve escorar-se em técnicas ultrapassadas (ou métodos), as quais buscam na mente (ou espírito) do legislador, ou na historicidade do preceito, o seu *único e real* significado. Na trilha dos ensinamentos de Martin Heidegger (*Ser e tempo*. Parte I. Petrópolis: Vozes, 1988) e Hans-Georg Gadamer (*Verdade e método*. Petrópolis: Vozes, 1997) a hermenêutica não deve ser encarada como simples método técnico-normativo, *mas como um modo de compreensão dentro da tradição, algo inerente à própria experiência humana (interpretação filosófica)*. Ou seja, a interpretação se funda essencialmente numa posição, visão ou concepção prévia. *Necessariamente há de considerar as impressões anteriores, o prévio universo cultural, social, histórico do intérprete; os pré-conceitos deste irão, decerto, influenciar no*

Não que o juiz esteja autorizado a buscar, fora dos limites do ordenamento jurídico, e segundo seu próprio alvedrio, respostas às crises de interesses que lhe são submetidas. É óbvio que em um Estado Democrático de Direito a autoridade jurisdicional, além de compromissada com as partes (contraditório), está vinculada estritamente ao ordenamento jurídico (= princípio da reserva legal), e é com alicerce nele que haverá de aplicar concretamente o direito na solução dos casos concretos. Não lhe é autorizado, por exemplo, desprezar em absoluto a lei e buscar desenlaces com amparo exclusivamente na equidade,[230] ou em preceitos religiosos ou costumeiros.

---

resultado da interpretação. A linha de pensamento que alicerça a hermenêutica filosófica ou existencial — leciona Magalhães Filho — foi inaugurada por Heidegger e desenvolvida por Gadamer. Trata-se de uma hermenêutica que repudia o método. Para Gadamer a compreensão resulta de um diálogo entre o intérprete e o texto. Esse texto "responderia" às indagações formuladas pelo intérprete, ao mesmo tempo que nele suscitava as perguntas, em um genuíno *círculo hermenêutico*. A compreensão do texto está condicionada por *pré-conceitos* ou *pré-juízos*, expressões que, ao revés de possuírem significados pejorativos, apenas indicam a existência de conceitos e juízos pressupostos em nossas interpretações, o que não poderia deixar de ocorrer, tendo-se em vista a historicidade do homem. Gadamer reconhece o valor da tradição decorrente da herança histórica e não da autoridade, motivo pelo qual fala em *fusão de horizontes*. Essa seria a *fusão do horizonte* do intérprete com a do texto. O horizonte do texto seria a riqueza de sentido nele incorporada por sucessivas interpretações que lhe foram dadas no curso da história. Depois de reiteradas fusões de horizontes, tanto o horizonte do intérprete como o do próprio texto adquiririam ampliação maior, de maneira tal que um reencontro do intérprete com o texto daria margem a novas perguntas e, consequentemente, a novas respostas. Esse círculo hermenêutico, ainda na ótica de Gadamer, teria a forma de uma espiral, porquanto o sentido seria inesgotável e a compreensão sempre sujeita à ampliação e ao aprofundamento (MAGALHÃES FILHO, Glauco Barreira. *Hermenêutica e unidade axiológica da Constituição*. 3. ed. Belo Horizonte: Mandamentos, 2004. p. 39-41).

[230] Bem verdade que o art. 127 do CPC vigente autoriza o juiz a decidir por equidade nos casos previstos em lei. O dispositivo, apesar disso, é de duvidosa constitucionalidade. Ao instituir o art. 127 do Código de Processo Civil o legislador não vinculou a equidade à interpretação jurídica, senão como substituta da lei. Nessa ótica, a equidade seria uma válvula de escape, algo previsto pelo legislador como possível, conquanto não taxativamente positivado. Decidir por equidade — ainda segundo essa visão — é pautar-se em critérios não contidos em lei alguma, é permitir ao juiz remontar ao valor do justo e à realidade econômica, política, social ou familiar em que se insere a situação concreta sob análise, para daí retirar os critérios com base nos quais julgará (DINAMARCO, Cândido Rangel. *Instituições de direito processual civil*. 6. ed. São Paulo: Malheiros, 2009. v. 1, p. 331-332). A técnica de decisão via equidade certamente harmoniza-se com os ideais do Estado Liberal, jamais, contudo, com aqueles nutridos pelo Estado Democrático de Direito. Não há como, acredita-se, advogar a constitucionalidade deste dispositivo, segundo um parâmetro meramente literal. Num Estado Democrático de Direito não há julgamento por equidade, isto é, não se admite ao juiz afastar, por critérios próprios, a aplicação do direito objetivo — há, sim, e sempre, julgamento *pautado* na equidade. À atividade jurisdicional não é dado parir decisionismos tão extremados, em desrespeito absoluto ao *princípio da reserva legal*. Melhor mesmo é forçar a exegese e afirmar que não há decisão jurisdicional que se arrede da equidade. A lei deve ser interpretada com equidade — equidade não é fim em si mesma, mas meio para se atingir uma adequada interpretação jurídica. Ao interpretar a lei numa dimensão constitucional, levando-se em consideração os valores

Problema diverso, contudo, é a empreitada inglória destinada a eliminar, por completo, o subjetivismo que se associa ao texto normativo (norma, lei, enunciado) quando este é submetido à atividade exegética do intérprete. É que a despeito de o intérprete se encontrar preso à legalidade no momento de solucionar o litígio, a decisão judicial (norma jurídica concreta) a esta não se reduz. Não bastassem os fatos, que conferem contornos particularizados a cada qual dos casos concretos, também integram os pronunciamentos jurisdicionais a *visão de mundo* do exegeta, vale dizer, seus valores, suas tradições e *pré-conceitos*. Juiz e partes, homens que são, têm um conjunto de crenças sobre eles próprios e sobre o ambiente que os circundam, do que são e de como devem agir, ou seja, encontram-se munidos de *esquemas sociais* que lhes permitem formar juízos e expectativas sobre seus semelhantes e as relações que estabelecem entre objetos e coisas.[231] A *percepção de mundo* deles, enfim, liga-se necessariamente a esse *esquema social* que os qualificam e diferenciam; sua humanidade os impedem de registrar o ambiente em que vivem como *máquina fotográfica*, por isso o enxergam com distorções decorrentes de suas idiossincrasias pessoais.[232]

Bem ilustra tal realidade as considerações abaixo:

i) toda a diversidade de significados, às vezes resultante da interpretação de um único preceito normativo, brota de raciocínios e argumentações que levam em consideração outras normas (interpretação sistemática), especialmente aquelas de calibre constitucional (conformação constitucional), às quais o intérprete encontra-se sempre maniatado. Ocorre que a Constituição, incrementada que é por princípios, possui, em grande extensão, tessitura aberta, e por isso força o intérprete — no

---

exalados pelos princípios constitucionais e direitos fundamentais, o juiz estará certamente pautando-se em critérios de equidade e, deste modo, conferirá a sua decisão um núcleo de justiça e legitimidade, já que tonificada pelos ideais almejados pelo paradigma do Estado Democrático de Direito.

[231] As exegeses não se esgotam numa única compreensão, não sendo, sequer, definitivas. Mormente, variam conforme as alternâncias filosóficas e ideológicas experimentadas pelo intérprete. Nas palavras de Manfredo Araújo de Oliveira, "onde quer que compreendamos algo, nós o fazemos a partir do horizonte de uma tradição de sentido, que nos marca e precisamente torna essa compreensão possível" (OLIVEIRA, Manfredo Araújo de. *Reviravolta linguístico-pragmática*. São Paulo: Loyola, 1996. p. 228). A interpretação se relaciona, enfim, com a própria existência do intérprete. Não deve ser encarada como método, senão como algo ligado ao contexto vital do existente humano, vinculada ao mundo da experiência, da pré-compreensão (NUNES JUNIOR, Amandino Teixeira. *A pré-compreensão e a compreensão na experiência hermenêutica*. Disponível em: <www.jus.com.br>. Acesso em: 11 dez. 2006).

[232] RODRIGES, Aroldo. *Psicologia social para principiantes*. Petrópolis: Vozes, 2003. p. 24.

momento de correlacionar a norma interpretada ao princípio constitucional — a buscar, em sua própria *visão de mundo*, sentidos que acredita plausíveis para a solução adequada do caso concreto. Tal postura, por certo, impõe aos pronunciamentos jurisdicionais algum subjetivismo;[233]

ii) não é incomum que as próprias normas interpretadas apresentem alargada amplitude de sentidos. Hoje, até natural a positivação de cláusulas gerais, também no âmbito da legislação infraconstitucional. Quanto mais genérico o preceito, maiores as possibilidades que tem o intérprete de cair em subjetivismos. Que são, por exemplo, dignidade, boa-fé, lealdade, devido processo legal, contraditório, ampla defesa, motivação? Tratam-se, sem dúvida, de expressões vagas, difundidas aos montes nas legislações pátrias, e que dão ao intérprete certa liberdade para lhes conferir os devidos significados no momento em que são chamados a compreendê-las e aplicá-las ao caso concreto;

iii) a presença de subjetivismos (e até arbítrios) na decisão judicial é uma constante pelo mero fato de ter o juiz que escolher, entre as possíveis respostas existentes — oriundas das diversas interpretações apresentadas ao longo do procedimento jurisdicional pelas partes e por ele próprio —, aquela que lhe pareça mais adequada para a solução do caso concreto. A resposta jurisdicional, pelo simples motivo de originar-se

---

[233] Dito de outro modo: na contemporaneidade, já se disse em oportunidade anterior, toda hermenêutica é necessariamente constitucional, vale dizer, há de iluminar-se pela Constituição, lugar-comum diante do qual se define a amplitude dos sentidos possíveis dos preceitos infraconstitucionais. Exige-se, hoje, do intérprete, um *balançar de olhos* entre a norma infraconstitucional interpretada e as normas constitucionais (*locus* hermenêutico do direito); um perpassar pela generalidade característica dos princípios constitucionais e direitos fundamentais, para, só então, produzirem-se os significados que caracterizarão o enunciado infraconstitucional, o qual se busca compreender e aplicar num específico caso concreto. *Quer-se afirmar, portanto, que a interpretação jurídica, não raramente, e sobretudo pela tessitura aberta que caracteriza as normas constitucionais, impõe alguma subjetividade nos significados conferidos aos preceitos infraconstitucionais, uma abertura da qual se vale o intérprete para inserir nos significados que confere texto interpretado suas próprias tradições e pré-conceitos.* Aliás, Gilmar Ferreira Mendes, Inocêncio Mártires e Paulo Gustavo Gonet esclarecem, a respeito disso, que a interpretação transforma disposições legais em direito interpretado. Segundo os constitucionalistas, há mesmo uma assumida descontinuidade entre a expressão linguística da disposição legal e a sua compreensão para fins de aplicação, uma transmutação que se opera no e pelo raciocínio dos intérpretes, indivíduos situados e datados, historicamente condicionados, cujas ideias e valores, para não dizer preconceitos e ideologias, se não determinam, pelo menos condicionam, em larga medida, a sua visão do correto ou justo (MENDES, Gilmar Ferreira; COELHO, Inocêncio Mártires; BRANCO, Paulo Gustavo Gonet. *Curso de direito constitucional.* São Paulo: Saraiva, 2007. p. 49).

de uma escolha perpetrada pelo órgão julgador (ainda que se trate de uma escolha limitada às interpretações e argumentos discutidos ao largo do processo pelas partes e pelo juiz), apresenta, portanto, alguma nuança arbitrária e subjetivista.

E, se é mesmo inevitável que algum subjetivismo se agregue às decisões judiciais,[234] não há como evitar a afirmação de que a responsabilidade do juiz se eleva sobremaneira na contemporaneidade. Afinal, não é ele um *pilar de pedra* no processo. Seu papel é ativo e, assim, suplanta a eleição do melhor argumento apresentado pelos contendores, aquele que, em seu ângulo de visão, é o ideal para a solução do conflito de interesses. Vai bem além, porque é seu dever *dialogar* com as partes, *esclarecê-las*, *auxiliá-las* e até *preveni-las*.[235] Cumpre-lhe, numa tal perspectiva, inclusive suscitar questão jurídica (matéria de direito) não percebida previamente pelos litigantes, e, a partir daí, fomentar o contraditório, abrindo oportunidade para o colóquio entre eles, sempre atento à ideia de que, em uma democracia, a transparência é valor caro aos cidadãos, inadmissíveis, portanto, armadilhas processuais hábeis para surpreendê-los.

Diante da importância da função do juiz, e da plenitude dos deveres que assume no Estado Democrático de Direito, é que não

---

[234] Há, todavia, mecanismo para conter abusos e filtrar *decisionismos* absurdos e em demasia praticados pela autoridade jurisdicional. É no ambiente processual (o processo), por meio do formalismo que lhe é característico, que se limita, em boa medida, o subjetivismo que pode se ajuntar aos sentidos conferidos às normas interpretadas, ali mesmo onde reinam os princípios fundamentais que dão contorno ao *devido processo legal*, espaço no qual os pronunciamentos jurisdicionais são construídos de maneira racional e motivada, frutos da ativa cooperação entre partes e juiz. Ou seja, evitam-se e controlam-se subjetivismos — há subjetivismos que não podem ser evitados, apenas controlados e apoucados, como visto anteriormente —, que naturalmente decorrem da tessitura aberta das normas e da própria criatividade do intérprete, por intermédio de uma *legitimação pelo procedimento*, vale dizer, mediante a necessária filtragem pelo *devido processo legal*, cujo propósito é assegurar às partes a certeza de que não serão surpreendidas e que os pronunciamentos jurisdicionais serão também construídos pela participação delas.

[235] Esclarece Daniel Mitidiero os significados de cada um desses deveres do juiz: i) dever de diálogo: seu escopo é de salvaguarda do jurisdicionado da surpresa, tutelando a sua confiança legítima nos atos estatais; impõe ao juiz que toda a questão que conste definitivamente resolvida em sua decisão seja previamente debatida com as partes; ii) dever de esclarecimento: determina que o Estado tem o dever de esclarecer-se a respeito da posição das partes quanto às alegações de fato constantes de seus arrazoados, a fim de que não sejam compreendidas de maneira inadequada pelo órgão jurisdicional; iii) dever de auxílio: impõe ao Estado o dever de auxiliar as partes no desempenho de seus ônus processuais; iv) dever de prevenção: determina que o Estado advirta as partes de que o direito material afirmado em juízo pode soçobrar em face do uso inadequado do processo. Para uma visão mais aprofundada sobre esses *deveres* do juiz no Estado Constitucional, conferir a obra: MITIDIERO, Daniel. *Colaboração no processo civil*: pressupostos sociais, lógicos e éticos. São Paulo: Revista dos Tribunais, 2009. (Coleção Temas Atuais de Direito Processual Civil, v. 14).

lhe basta, hoje, a mera intimidade com o ordenamento positivado. Insuficiente, ainda, que nutra familiaridade com a doutrina e jurisprudência, mananciais dos quais brotam as exegeses explicitadas pelos juristas e tribunais. Mais do que isso, espera-se dele um estreito compromisso cultural com a sociedade, voltado ao enriquecimento e à reavaliação de suas tradições, dos seus *pré-conceitos* (ou *pré-juízos*).[236] Como agente público que é, compromissado com a tutela jurisdicional numa perspectiva constitucional, exige-se do julgador sintonia com os diversos palcos de diálogos sociais, isso para que seus horizontes se harmonizem com a realidade em que vive e atua, ampliando sua consciência acerca das diversas interpretações realizadas, não só por órgãos estatais, senão ainda pelos cidadãos, pela opinião pública, pelos grupos de interesses e peritos, etc., os quais — na linha defendida por Peter Häberle — são também intérpretes ativos do texto normativo.[237] Esse compromisso cultural,[238] sintonizado com o princípio democrático, permitir-lhe-á, num agir argumentativo e motivado, e sempre atrelado à indispensável influência dos envolvidos no processo (contraditório), exercer adequadamente o seu papel de produzir, juntamente com as partes, a *norma jurídica pacificadora* aplicável ao caso concreto.[239]

---

[236] A ideia de reavaliação das tradições a ser implementada pelo intérprete é algo que Husserl nominava de "redução fenomenológica" (ou *epoché*), em sua oposição àquela perspectiva científica tradicional. Segundo o filósofo, a redução fenomenológica implica suspender todos os juízos preestabelecidos, das ciências e doutrinas, e também da vida cotidiana. Todas as crenças do intérprete, enfim, são postas entre parênteses. É importante que o juiz assim aja, até como forma de se ver liberto de algumas de suas crenças pessoais que não se coadunam com a atividade jurisdicional (por exemplo, crenças religiosas), as quais, além de o amarrarem, não raramente o compelem a julgamentos distanciados dos parâmetros legais e constitucionais.

[237] HÄBERLE, Peter. *Hermenêutica constitucional*: a sociedade aberta dos intérpretes da Constituição: contribuição para a interpretação pluralista e "procedimental" da Constituição. Tradução de Gilmar Ferreira Mendes. Porto Alegre: Sergio Antonio Fabris, 1997. p. 15.

[238] A respeito desse compromisso cultural que envolve e compromete o juiz, Sálvio de Figueiredo Teixeira, em clássico trabalho, evidenciou que a função do juiz reclama permanente aprimoramento e só adquire real importância quando ele recebe sólida formação jurídica e humanística, quando, então, realmente preparado, será o mais severo guardião do direito e da comunidade, em tarefa árdua mas de uma dignidade que não se pode comparar com nenhuma outra. E conclui, afirmando que assentada a evolução do direito pela jurisprudência, impõe-se reconhecer a necessidade de uma magistratura adequadamente preparada e atualizada, haja vista que, se ninguém se torna sacerdote do direito sem grandes esforços, também certo é que a magistratura somente se torna útil à sociedade quando seus juízes se tornam dignos da função em que se investiram, não só pela conduta, mas também pela própria vocação e cultura (CASTRO, Almícar de *apud* TEIXEIRA, Sálvio de Figueiredo. A jurisprudência como fonte do direito e o aprimoramento da magistratura. *Revista Brasileira de Direito Processual*, Rio de Janeiro, n. 28, p. 106-120, 1981).

[239] Luiz Guilherme Marioni, socorrendo-se das lições de Alexy, apresenta uma real dimensão do problema da interpretação jurídica no Estado Democrático de Direito. Esclarece, de

6 Conclusões

Em abreviada síntese, possível concluir de tudo o que foi exposto até então:

i) a maneira pela qual se exercita a interpretação jurídica sofre alternância conforme os humores das ideologias que condicionam o agir Estatal e social;

ii) de uma interpretação jurídica hermética e quase totalmente textual (Estado Liberal) evoluiu-se para técnicas mais abertas, não voltadas tão somente ao reforço da crença na legalidade, senão ainda destinadas à conquista do sentimento de justiça (Estado Democrático de Direito). Toda e qualquer interpretação jurídica, hoje, pauta-se na supremacia (formal, material, axiológica) da Constituição;

iii) a democracia constitui-se em verdadeiro *eixo teórico* adotado pela Constituição. É duplo seu significado. De um lado é encarada como programa normativo direcionado a exigência de procedimentos que assegurem a participação popular (direta ou indiretamente) na tomada de decisões públicas. De outro, quer significar o compromisso de efetivação pelo Estado (e também pela sociedade) dos princípios constitucionais e direitos fundamentais;

iv) o exame do debate travado entre *procedimentalistas* e *substancialistas* se apresenta indispensável à compreensão das balizas da atividade jurisdicional no Estado Constitucional. Examinadas ambas as perspectivas teóricas, no Brasil

---

início, que os direitos fundamentais deveriam expressar, em tese, o consenso popular. Mas o consenso é formado por concepções particulares, muitas das quais conflitivas e antagônicas. Noutras palavras, se é certo que os direitos fundamentais correspondem ao consenso popular, também é que o preenchimento do conteúdo desses direitos fundamentais, normas principiais por natureza, é tarefa dificultosa, haja vista a diversidade de valores que integram a personalidade de cada indivíduo. Admitindo-se que ao juiz compete controlar a lei a partir dos direitos fundamentais, aceitando-se um dever da jurisdição em garantir a legitimidade da decisão mediante a sua conformação com os princípios constitucionais e direitos fundamentais, estar-se-á, por certo, reconhecendo que, ocorrendo conflito entre a lei a ser aplicada ao caso concreto e um direito fundamental, deverá o juiz afastar a decisão do legislador e decidir de maneira adequada à dimensão constitucional. E nesse momento o papel da argumentação é fator de legitimação essencial da decisão judicial, cabendo ao juiz demonstrar, publicamente, que seu julgamento está amparado em argumentos que são reconhecidos como bons argumentos, ou, ao menos, como argumentos plausíveis. Deve o órgão julgador lançar mão de uma argumentação racional, capaz de convencer a sociedade no caso em que aparece a desconfiança de que a decisão do parlamento toma de assalto a substância identificada em um direito fundamental (MARINONI, Luiz Guilherme. *Da teoria da relação jurídica processual ao processo civil do Estado constitucional*. Disponível em: <www.abdpc.org.br>. Acesso em: 10 nov. 2006).

Ponderações sobre a Interpretação Jurídica no Estado Constitucional[3]

acredita-se mais ajustada uma jurisdição substancialista, apta a efetivar os princípios constitucionais e direitos fundamentais materiais em suas variadas dimensões, e, portanto, capaz de superar, respeitados alguns limites legítimos, omissões e deficiências atentatórias à Carta Magna, perpetradas pelo Executivo e Legislativo. Uma atividade jurisdicional aberta a todos (maioria e minorias), controlada processualmente e cujos resultados originem-se da colaboração das partes e do juiz (bem como de outros atores processuais e representantes de setores da sociedade), e sempre devidamente justificados — enfim uma atividade jurisdicional intimamente harmonizada com o *devido processo legal*;

v)   a interpretação jurídica tem por escopo desvelar significados do texto normativo. Para atingir tal desiderato, cumpre ao intérprete, em seu labor hermenêutico, e de uma maneira geral, considerar necessariamente alguns fatores: a) as singularidades do caso concreto; b) as eventuais — e mesmo naturais — disparidades histórico-ideológicas existentes entre o texto interpretado e a realidade na qual se encontra inserido o intérprete; c) a ideia de *legalidade constitucionalmente válida*; d) a (re)avaliação das tradições (e *pré-conceitos*) do próprio intérprete;

vi) cabe ao intérprete o papel de individualizar o texto normativo e operar a transformação do geral em particular. Vale dizer, somente atentando-se às singularidades fáticas do caso terá condições de compreender o enunciado legal e, por conseguinte, diligenciar a transição daquilo que é meramente potencial para o concreto. E na medida em que o legislador tornou-se consciente da sua inaptidão para regular ajustadamente a riqueza das circunstâncias da vida, o papel do intérprete — em especial o do juiz —, no Estado Democrático de Direito, alargou-se sobremaneira, naturalmente porque as normas, hoje instituídas, possuem dilatada generalidade e, deste modo, são mais receptíveis a adequações que levem em conta as particularidades que caracterizam cada um dos casos concretos;

vii) o direito não é a norma (lei, texto normativo) propriamente dita, mas o resultado de sua interpretação (norma jurídica). Não obstante desgastada pelo tempo, os preceitos legais prestam-se à solução de problemas atuais. Daí a razão pela qual a interpretação deve incluir não somente a explicitação do que o texto representava no mundo em que foi desenhado, senão ainda aquilo que significa no momento atual. É papel do intérprete atuar como instância redutora de lacunas históricas que naturalmente atingem as leis;

viii) como guardião da legalidade constitucional, o ministério primeiro do juiz, antes mesmo de julgar os fatos e combiná-los racionalmente com o substrato jurídico, é o de avaliar, ainda que oficiosamente — mas sempre com o auxílio das partes, para não supreendê-las e lhes permitir participar da construção do provimento jurisdicional —, o próprio texto normativo a ser aplicado, aquilatando a compatibilidade formal e substancial entre ele e a Constituição. Entendendo pela possibilidade de salvar a norma que apresenta sentidos inconstitucionais, deverá assim proceder e interpretá-la conforme a Constituição; sendo tal agir inexequível, cumpre-lhe afastar sua aplicação daquele caso (controle difuso) e buscar solução que melhor se harmonize com os princípios constitucionais e direitos fundamentais;

ix) é ineliminável que alguma subjetividade se agregue aos sentidos oriundos da interpretação jurídica, ainda que obviamente controlada por procedimentos judiciais instituídos em consonância com os direitos fundamentais processuais constitucionais (especialmente o contraditório, a ampla defesa, a isonomia e a motivação das decisões). Não há, por isso, como se evitar a constatação de que a responsabilidade do juiz se eleva sobremaneira na contemporaneidade, não lhe bastando a mera intimidade com o ordenamento positivado, ou que nutra familiaridade com a doutrina e jurisprudência. Mais do que isso, espera-se dele um estrito compromisso cultural com a sociedade, voltado ao enriquecimento e à reavaliação de suas tradições, dos seus pré-conceitos (ou pré-juízos). Exige-se do julgador, ademais, sintonia com os diversos palcos de diálogos sociais, isso para que seus horizontes se afinem com a realidade em que vive e atua, ampliando sua consciência acerca das diversas interpretações realizadas, não só por órgãos estatais, senão ainda pelos cidadãos, pela opinião pública, pelos grupos de interesses e peritos, os quais são também intérpretes ativos do texto normativo (Peter Häberle). Esse compromisso cultural permitir-lhe-á, num agir argumentativo e motivado, e sempre atrelado ao contraditório, exercer, de maneira adequada, o seu papel de produzir, juntamente com as partes, a norma jurídica pacificadora aplicável ao caso concreto.

4

A Tutela Jurisdicional do Direito a Alimentos Gravídicos – Análise às Técnicas Processuais Diferenciadas Instituídas pela Lei nº 11.804/08

Sumário: 1 Introdução – **2** A pertinência do tema tutela dos direitos no âmbito do direito processual civil – **3** A tutela jurisdicional e a tutela jurisdicional dos direitos – **4** Técnicas processuais e a tutela jurisdicional de direitos – **5** O direito material a alimentos e as suas necessidades – **6** Técnicas processuais e a tutela jurisdicional de direitos a alimentos – **7** A Lei nº 11.804/08 e as técnicas processuais diferenciadas à tutela de direitos a alimentos gravídicos – **7.1** Considerações iniciais – **7.2** O conceito e a extensão dos alimentos gravídicos – **7.3** A especial situação do nascituro – **7.4** Visão geral do procedimento instituído pela Lei nº 11.804/08 – **7.5** A legitimidade ativa e passiva – **7.6** A competência – **7.7** A cognição – **7.8** A tutela antecipada – **7.9** A coisa julgada e seus limites – **7.9.1** Considerações iniciais – **7.9.2** Os limites objetivos da coisa julgada – **7.9.3** Os limites subjetivos da coisa julgada – **7.10** Apontamentos finais – **8** Conclusão

1 Introdução

Pretende-se neste ensaio enfrentar questões essenciais atinentes às *técnicas processuais diferenciadas* (*lato sensu*), instituídas com a publicação da Lei nº 11.804/08, que disciplina o *direito* a alimentos gravídicos e a *forma* de sua tutela jurisdicional.

É o que se propõe.[240]

---

[240] Agradeço prontamente aos preciosos amigos, Claudiovir Delfino, João Delfino, André Menezes Delfino e João D'Amico, pela leitura dos originais que deram origem a este ensaio, bem assim às críticas que ofertaram, todas importantes e devidamente consideradas, de um modo ou de outro, no corpo do artigo.

2 A pertinência do tema tutela dos direitos no âmbito do direito processual civil

Conquanto a *tutela dos direitos* não seja exclusividade da jurisdição,[241] representa seu principal escopo. E se assim é, sentido nenhum há em se trabalhar o direito processual civil alheio às necessidades do direito material, às especificidades do caso concreto e à realidade da vida, numa busca estéril e ilimitada pela neutralidade da ciência processual.

Foi realmente importante a empreitada assumida pela escola processual italiana do início do século XX, sobretudo porque reconstruiu o processo sob bases publicistas, consoante leciona Luiz Guilherme Marinoni. Contudo, ali teve início a história que permitiu ao processo afastar-se perigosamente dos seus compromissos com o direito material.[242] Afinal, trabalhava-se com a ilusão de que o processo poderia ser neutro em relação ao direito material e à realidade da vida, uma lógica fria que alienava as formas processuais do seu próprio fim. Nas palavras do mestre paranaense, "houve uma lamentável confusão entre autonomia científica, instrumentalidade e neutralidade do processo em relação ao direito material".[243]

Contudo, diante da conscientização de que o direito processual possui finalidades que lhe são exteriores, percebeu-se que as *formas processuais* devem ajustar-se ao direito material com o qual operam.[244] A ciência processual civil deve ser pensada, construída e apreendida sempre à luz do direito material e em função dele, sendo inúteis as construções processuais que não proporcionem real contribuição para o objeto mesmo do processo — prega-se o comprometimento com os *resultados* do processo mediante a necessária compatibilização entre a *técnica processual* e o seu escopo.[245]

---

[241] A *tutela jurisdicional* — fruto da atividade jurisdicional — é só uma das maneiras de se tutelar direitos. Também o *legislador* tutela direitos quando legisla (tutela normativa de direitos). Por igual, o *administrador* tutela direitos, quando, por exemplo, determina, mediante processo administrativo, o cumprimento de uma norma de proteção (instalação de equipamento antipoluente, paralisação na construção de obra, etc.) (tutela administrativa de direitos). Sugere-se, para aprofundamento no tema, a leitura de: MARINONI, Luiz Guilherme. *Teoria geral do processo.* 3. ed. São Paulo: Revista dos Tribunais, 2008. p. 241-246.

[242] MARINONI, Luiz Guilherme. *Teoria geral do processo.* 3. ed. São Paulo: Revista dos Tribunais, 2008. p. 240.

[243] MARINONI, Luiz Guilherme. *Teoria geral do processo.* 3. ed. São Paulo: Revista dos Tribunais, 2008. p. 240.

[244] BEDAQUE, José Roberto dos Santos. *Direito e processo*: influência do direito material sobre o processo. 4. ed. São Paulo: Malheiros, 2006. p. 20.

[245] BEDAQUE, José Roberto dos Santos. *Direito e processo*: influência do direito material sobre o processo. 4. ed. São Paulo: Malheiros, 2006. p. 20.

A Tutela Jurisdicional do Direito a Alimentos Gravídicos – Análise às Técnicas Processuais Diferenciadas...

Trabalhar a *tutela dos direitos* no âmbito jurisdicional é, enfim, atentar-se à intimidade entre o direito material e o direito processual.[246] É encarar que a ciência processual civil deve ser elaborada e compreendida sempre à luz do direito material e em função dele. É, afinal, admitir uma sadia contaminação da ciência processual com elementos oriundos do direito material. *É aceitar que o direito processual civil não é neutro, mas antes impuro e necessariamente corrompido pelo direito material.*

3 A tutela jurisdicional e a tutela jurisdicional dos direitos

Pensar em *tutela de direitos* é referir-se automaticamente a alguma *atividade* (pública ou particular) e a *técnicas* voltadas à proteção ou satisfação de direitos. Isso não quer significar, contudo, que a *atividade* e as *técnicas* sejam propriamente a *tutela de direitos*, não obstante condutos indispensáveis à sua consecução. Logo, sempre que um direito (material) é protegido, é amparado ou salvaguardado, é efetivado ou usufruído, não importando em que plano (legislativo, administrativo, jurisdicional ou privado), ou mediante quais *técnicas*, é legítimo afirmar que houve *tutela de direito*.

Ao direito processual civil, interessa, mais especialmente, a tutela *jurisdicional* do direito e os meios predispostos à sua obtenção. Interessa ao estudioso da ciência processual e ao operador do processo, a *tutela do direito* decorrente da atividade jurisdicional, vale dizer, o resultado prático da jurisdição e as *técnicas processuais* utilizadas na sua concretização.[247]

---

[246] É esta também a visão de Robson Renault Godinho ao afirmar que o direito processual e o direito material possuem uma "dependência recíproca", e assim é impossível estudar o processo sem mirar os direitos cuja tutela se pretende. Esclarece, ademais, que direito material e processo correspondem a dimensões indissociáveis da garantia de tutela de direitos consagrada constitucionalmente. A aproximação do processo com o direito material, portanto, não traduziria nenhum risco para a autonomia do direito processual. Reputa, aliás, excessivo pudor e incompreensível resistência rechaçar a tutela dos direitos dos objetivos do processo (GODINHO, Robson Renault. *Tutela jurisdicional diferenciada e técnica processual*: temas atuais das tutelas diferenciadas: estudos em homenagem ao Professor Donaldo Armelin. São Paulo: Saraiva, 2009. p. 736).

[247] Não é nenhuma novidade a diversidade de amplitude que a doutrina atribui ao termo "tutela jurisdicional". Há aqueles, na esteira de Flávio Luiz Yarshell, para quem a "tutela jurisdicional é locução apta a designar não apenas o resultado do processo, mas igualmente os meios predispostos para a obtenção desse resultado. Nessa medida, portanto, o exercício da jurisdição, por meio do processo, é forma de tutela para o autor e para o réu, embora de formas distintas" (YARSHELL, Flávio Luiz. *Tutela jurisdicional*. São Paulo: Atlas, 1999. p. 189). Entretanto, crê-se que tal concepção é demasiada ampla por encampar duas realidades num só conceito. Afinal, para os que assim pensam, integram a ideia de *tutela jurisdicional* não apenas o *resultado* do processo, senão ainda as *técnicas processuais* à obtenção

Tenha-se em mente que é a pretensão a uma *tutela jurisdicional de direito* — a vontade de conquistar, de usufruir, de sentir esse mesmo direito — que instiga a ignição da máquina judiciária pelo demandante. Quando se pensa no *pedido*, um dos requisitos essenciais à valia da *petição inicial* (CPC, art. 282, IV), estar-se-á a refletir também na própria *tutela jurisdicional do direito*, pois ela o integra — é o que a doutrina chama de *pedido mediato*, isto é, o *bem da vida* que se pretende ver tutelado com instigação da atividade jurisdicional. Numa realidade oposta, é a pretensão de obter uma *tutela jurisdicional* reversa (declaratória negativa) — nesse caso apenas *tutela jurisdicional* e não *tutela jurisdicional "de direito"* — que igualmente estimula àquele, em face de quem foi instaurada a demanda (demandado), a se defender em juízo e dele intentar resposta que o beneficie.[248]

Mas a importância de a ciência processual se dedicar ao estudo das *tutelas jurisdicionais* vai além. Ora, se a *tutela jurisdicional* revela o *resultado* que se almeja por intermédio da atividade jurisdicional no plano

---

desse mesmo *resultado*. Prefere-se, assim, encarar a *tutela jurisdicional* apenas sob o prisma do *resultado* oriundo da atividade jurisdicional.

[248] Fala-se em *tutela jurisdicional "de direito"* quando o demandante obtém, provisória ou definitivamente, o *bem da vida* objetivado, seja no curso, seja ao final do procedimento. Se a jurisdição se presta a tutelar o direito material controvertido, a *tutela jurisdicional "de direito"* deve ser compreendida justamente como essa *tutela do direito* ameaçado ou lesado. *Tutela jurisdicional "de direito"* é, pois, espécie de *tutela de direitos*, e surge quando o demandante, diante da resposta concedida pela atividade jurisdicional, sente seus efeitos no plano do direito material. Obtém *tutela jurisdicional "de direito"*, enfim, apenas o demandante, quando o Estado-juiz conforma a realidade da vida à sua pretensão. Por outro lado, fala-se também, pura e simplesmente, em *tutela jurisdicional* (*stricto sensu*), isto é, sem o designativo *"de direito"*. É que casos há em que o resultado (provisório ou definitivo) da jurisdição não conforma a realidade a direito algum. Nessas situações, a *tutela jurisdicional* não se relaciona com o direito material. Exemplos: a) quando o juiz declara não existir o direito afirmado pelo demandante (julgamento de improcedência); b) quando é constatada a ausência de condições da ação e o processo é extinto sem resolução de mérito (CPC, art. 267, VI); c) quando se verifica a ausência de pressupostos processuais e o processo é também extinto sem resolução de mérito (CPC, art. 267, IV); d) quando o demandante desistir da ação (CPC, art. 267, VIII). Casos ainda existem em que, não obstante procedente o pedido (julgamento de procedência), a *tutela do direito* não se concretiza, circunstância que se pode atribuir, vezes à própria depreciação (ou desaparecimento) do *bem da vida* perseguido, vezes à indisposição do próprio devedor em satisfazer a obrigação, vezes outras a sua insubsistência patrimonial. Pense-se, como ilustração, nas execuções específicas direcionadas a satisfação de *obrigações infungíveis* às quais o devedor se recusa a adimplir, ou nas execuções promovidas em face de *pessoa insolvente*. Em tais casos, não há realmente *tutela jurisdicional de direito*, mas mera *tutela jurisdicional* (*stricto sensu*), a despeito da procedência dos pedidos postulados em juízo. Em resumo: "tutela jurisdicional *lato sensu*" é *gênero*, da qual são *espécies*: a) a "tutela jurisdicional de direito" e a "tutela jurisdicional *stricto sensu*". Fala-se, portanto, em "tutela jurisdicional *de direito*" quando o demandante obtém, provisória ou definitivamente, o *bem da vida* perseguido, seja no curso, seja ao final do procedimento. Já a "tutela jurisdicional *stricto sensu*" traduz-se também no resultado oriundo da atividade jurisdicional, sem, contudo, tutelar direito, pois não conforma a realidade a direito algum.

do direito material, pensá-la, nesta perspectiva, é comprometer-se com o escopo mais importante da jurisdição, *e assim pensar o direito processual civil na perspectiva das necessidades do próprio direito material.*[249] É fundamental a consciência de que, por trás da tutela, há sempre um direito, e é com base nas peculiaridades deste último que aquela deve ser prestada.[250]

4 Técnicas processuais e a tutela jurisdicional de direitos

A *tutela jurisdicional de direito* há de ser compreendida à luz do direito material. Afinal, indica esse mesmo direito material em exercício, vale dizer, é a concretização da *pretensão mediata* postulada através do processo. Quando se afirma, destarte, que a *tutela jurisdicional de direito* foi entregue pelo Estado-juiz, quer-se com isso dizer que o demandante percebeu (sentiu, usufruiu, auferiu) a resposta da atividade jurisdicional ao seu pedido. *Tutela jurisdicional de direito* é sinônimo de satisfação, de entrega do *bem da vida* perseguido àquele que o postulou via judicial.

Mas os direitos são tutelados pelo Estado-juiz mediante *técnicas processuais* (*lato sensu*) as mais diversas, criadas e, muitas vezes, adaptáveis segundo as necessidades do direito material e as particularidades do caso concreto. A elaboração e a compreensão dessas *técnicas processuais*, enfim, levam em conta essencialmente as necessidades dos diversos direitos materiais às quais elas mesmas se prestam a efetivar.

Não há, por outro lado, que se confundir decisões interlocutórias, sentenças ou acórdãos com a própria *tutela jurisdicional de direito.*[251] Não

---

[249] Há de se compreender a seguinte lição: "Muito embora hoje seja 'costume' falar em tutela jurisdicional dos direitos, é preciso que se deixe claro que o jurista que estuda o processo civil na perspectiva da tutela jurisdicional tem sério compromisso em pensar em um processo que possa responder, com efetividade, às diversas necessidades de tutela do direito material. (...) Não se trata, portanto, de utilizar a expressão 'tutela' apenas por amor conceitual — ou, o que é pior, por simples preferência terminológica —, mas de tentar elaborar uma construção dogmática capaz de dar conta das diferentes necessidades de tutela dos direitos, tomando em consideração suas peculiaridades e características e principalmente o papel que pretendem cumprir na sociedade. (...) é preciso delinear as tutelas capazes de responder às diferentes necessidades do direito substancial" (MARINONI, Luiz Guilherme. *Manual do processo de conhecimento.* 5. ed. São Paulo: Revista dos Tribunais, 2006. p. 431).

[250] BOECKEL, Fabrício Dani de. *Tutela jurisdicional do direito a alimentos.* Porto Alegre: Livraria do Advogado, 2007. p. 15.

[251] Há de se deixar claro que as *tutelas dos direitos* situam-se no plano do direito material, ao passo que as sentenças e os meios executivos, assim como todas as demais *técnicas processuais* para a adequada tutela dos direitos, estão no plano do direito processual (MARINONI, Luiz Guilherme. *Manual do processo de conhecimento.* 5. ed. São Paulo: Revista dos Tribunais, 2006. p. 433). Não é lícito, nesta perspectiva, nivelar *sentenças* e *tutelas jurisdicionais*, tratá-las como se identificassem o mesmo fenômeno, pois, como já mencionado, *sentenças* são técnicas voltadas a concretizar a *tutela de direito* que se pretende pela via jurisdicional.

se traduz a sentença (e nem as decisões interlocutórias e acórdãos) em *tutela de direito*, mas em *técnica processual* destinada a colaborar com a *tutela do direito*. Às vezes, é bem verdade, a *tutela jurisdicional do direito* intrinca-se — mas não se confunde — com a *técnica processual* que medeia seu trânsito do plano processual à realidade da vida. Outras, contudo, a *técnica processual* se apresenta absolutamente distinta à *tutela jurisdicional de direito*, uma vez que apenas *certifica* o direito e autoriza a realização de atos práticos à sua real concretização.[252]

Ressalte-se, nesse turno, que as *técnicas processuais* são inúmeras e não se restringem às decisões judiciais (*lato sensu*). Na medida em que são predisposições ordenadas de meios destinados à obtenção de certos resultados preestabelecidos,[253] abarcam todas as *formas* elaboradas pelo legislador com o propósito de efetivar a *tutela de direitos* na seara jurisdicional.[254] Por isso o rol que identifica as *técnicas processuais* engrossa-se demasiadamente, conforme, aliás, demonstra José Roberto dos Santos Bedaque:

> Nesta linha, as especificidades procedimentais constituem aspecto da técnica, pois se pretende que o processo se desenvolva de forma

---

Enfim, a classificação das *tutelas de direito* há de se manter fiel ao plano do direito material; aquela, relativa às sentenças, deve guardar relação com o direito processual.

[252] No que toca às *sentenças condenatórias*, a *tutela de direito*, para se realizar, ou é prestada voluntariamente pelo demandado, ou se concretizará jurisdicionalmente, mediante *meios executivos* que o ordenamento jurídico oferece para esse fim, isto para não falar no procedimento e na jurisdição, de resto também fundamentais para se atingir a tutela jurisdicional adequada (MARINONI, Luiz Guilherme. *Manual do processo de conhecimento*. 5. ed. São Paulo: Revista dos Tribunais, 2006. p. 432). Obviamente que esses *meios executivos* (penhora, *astreintes*, expropriação) também se caracterizam como *técnicas processuais* hábeis a mediar a realidade certificada no processo à realidade da vida.

[253] DINAMARCO, Cândido Rangel. *Instituições de direito processual civil*. 6. ed. São Paulo: Malheiros, 2009. v. 1, p. 60.

[254] Leciona o insigne processualista Cândido Rangel Dinamarco, em aclamada passagem doutrinária, que "técnica é a predisposição ordenada de meios destinados a obter certos resultados preestabelecidos. Toda técnica será cega e até perigosa se não houver a consciência dos objetivos a realizar, mas também seria estéril e de nada valeria a definição de objetivos sem a predisposição de meios técnicos capazes de promover sua realização. A técnica do processo visa em primeiro lugar à pacificação de indivíduos e grupos de indivíduos, eliminando conflitos mediante a realização da justiça. Na adequada aplicação da técnica processual cumpre ao juiz buscar soluções legitimamente descobertas no direito substancial bem interpretado, o que significa que, num plano imediato, essa técnica é instrumento a serviço da realização do direito substancial — embora, numa visão mais ampla, ambos se filiem ao escopo social de pacificar. A técnica processual é descrita de maneira mais visível nas leis e tem, portanto, indisfarçável tendência às conotações preponderantemente dogmáticas: cada ordem jurídico-processual difere, no tempo e no espaço, da ordem jurídico-processual de outros períodos históricos ou de outros países" (DINAMARCO, Cândido Rangel. *Instituições de direito processual civil*. 6. ed. São Paulo: Malheiros, 2009. v. 1, p. 60).

A Tutela Jurisdicional do Direito a Alimentos Gravídicos – Análise às Técnicas Processuais Diferenciadas... | 147

a permitir a adequada solução da controvérsia. Como esta também apresenta peculiaridades, deve haver compatibilidade entre meio e objeto. (...) também são opções relacionadas com a técnica processual a predominância da palavra oral sobre a escrita (oralidade), a maior ou menor profundidade da cognição, a restrição ou ampliação da iniciativa probatória do juiz, a liberdade ou legalidade das formas, a fungibilidade de meios, o regime da preclusão, a recorribilidade ou não das decisões, a regulamentação dos requisitos de admissibilidade do julgamento do mérito.[255]

Em conclusão, as *técnicas processuais* traduzem-se, assim, em *meios* variados através dos quais o *fim* da jurisdição (*tutela de direitos*) é alcançado.[256] Não têm valor em si mesmas, pois sua elaboração e compreensão apenas se mostram aceitáveis se consideradas as necessidades do direito material[257] e as especificidades do caso concreto.[258] Por serem

---

[255] BEDAQUE, José Roberto dos Santos. *Efetividade do processo e técnica processual*. São Paulo: Malheiros, 2006. p. 33.

[256] Hoje se concebe o *direito fundamental à ação* (CF/88, art. 5º, XXXV) numa nova roupagem. Fala-se, assim, em *direito fundamental à tutela jurisdicional adequada*, cujo significado engloba também *o direito a técnicas processuais capacitadas a assegurar as tutelas jurisdicionais prometidas pelo direito material*. Em sua *perspectiva objetiva*, os *direitos fundamentais* estabelecem valores cuja serventia é a de orientar toda a interpretação do ordenamento jurídico, norteando a postura dos Poderes Executivo, Legislativo e Judiciário. A compreensão (ideal) mesma do ordenamento jurídico se legitima quando realizada com alicerce nos valores emanados pelos direitos fundamentais. Esses mesmos valores se propagam, irradiam-se sobre o direito positivo, fundindo-se a ele, moldando seus contornos de significação. *É como o ar, que a todos invade e cuja necessidade não se pode prescindir*. E se os *direitos fundamentais* são portadores dessa *perspectiva objetiva*, é mesmo ajustado atribuir ao *direito fundamental à tutela jurisdicional adequada* o sentido de *direito a técnicas processuais capacitadas a assegurar tutelas jurisdicionais prometidas pelo direito material*. Trata-se de uma interpretação voltada a obrigar o próprio legislador a criar *técnicas processuais* aptas a garantir tutelas jurisdicionais segundo as necessidades devidamente anunciadas pelo direito material. Esse significado é, pois, resultado de uma análise hermenêutica focada na *perspectiva objetiva* do *direito à tutela jurisdicional adequada*, numa ótica dirigida ao legislador, mas, também, ao próprio juiz, caso haja omissão legislativa, ou mesmo inaptidão da técnica quando confrontada às necessidades do direito material e às particularidades do caso concreto.

[257] MARINONI, Luiz Guilherme. *Técnica processual e tutela dos direitos*. São Paulo: Revista dos Tribunais, 2004. p. 34.

[258] Robson Renault Godinho é categórico ao informar que não basta disponibilizar *técnicas processuais*, pois seu adequado manejo é indispensável à prestação adequada da tutela jurisdicional. Estas as suas palavras: "*A preocupação com a técnica processual se dá ao menos em dois planos: a) técnicas disponíveis para a tutela de direitos; 2) correto manejo das regras do processo pelos sujeitos que nele atuam. Ou seja: é necessária a existência de técnicas aptas para a realização do direito material; entretanto, apenas a previsão abstrata de técnicas é insuficiente se não há um manejo correto dos instrumentos postos à disposição dos sujeitos do processo*" (GODINHO, Robson Renault. *Tutela jurisdicional diferenciada e técnica processual*: temas atuais das tutelas diferenciadas: estudos em homenagem ao Professor Donaldo Armelin. São Paulo: Saraiva, 2009. p. 746).

instrumentos, não devem se constituir em empecilhos à consecução do resultado perseguido pela atividade jurisdicional, como se a *técnica* se legitimasse mesmo alienada ao *objeto* para o qual serve e se justifica. A *tutela jurisdicional* e as *técnicas processuais* destinadas à sua concretização representam, enfim, os *pontos de confluência* entre os dois planos (processual e material) do ordenamento jurídico.[259]

5 O direito material a alimentos e as suas necessidades

Alimentos correspondem a tudo aquilo indispensável à conservação das *necessidades vitais* e à manutenção da *dignidade* daquele que, sozinho, é incapaz de fazê-lo — os motivos são diversos: incapacidade, idade avançada, desemprego, enfermidade, necessidade financeira. Especificamente, equivalem a prestações, *em dinheiro* ou *in natura*, destinadas à garantia de uma *vida digna*, às quais, além do sustento, se prestam igualmente a suprir *necessidades elementares* à própria *qualidade de vida* do ser humano. Dentre outras, são despesas alimentares as vinculadas ao vestuário, à habitação, à educação, ao lazer, à cultura e à saúde.

Para facilitar a sua compreensão, a doutrina os divide em *naturais* e *civis*. Os primeiros, também denominados *necessários*, prestam-se a prover as *necessidades básicas* do alimentando; os últimos, por sua vez, também chamados *côngruos*, destinam-se a manter, dentro de determinados padrões, sua *qualidade de vida*, até mesmo igualá-la ao patamar que se reputa desejável à recuperação e à conservação de seu *status* social.[260]

Pela sua importância, os alimentos encontram-se inseridos num contexto constitucional. Afinal, é a Constituição que impõe ser *dever* da família, da sociedade e do Estado assegurar à criança e ao adolescente, *com absoluta prioridade*, o direito à vida, à saúde, à alimentação, à educação, ao lazer, à profissionalização, à cultura, à dignidade, ao respeito, à liberdade e à convivência familiar e comunitária, além

---

[259] MAFFINI, Rafael da Cás. Tutela Jurisdicional: um ponto de convergência entre o direito e o processo. *Revista AJURIS*, Porto Alegre, n. 76, p. 263-288, 1999.

[260] NERY JUNIOR, Nelson; NERY, Rosa Maria de Andrade. *Código de Processo Civil comentado e legislação extravagante.* 9. ed. São Paulo: Revista dos Tribunais, 2006. p. 962. Numa visão ainda mais aprofundada, há quem classifique a obrigação alimentar segundo as seguintes espécies: a) alimentos legais (ou legítimos); b) alimentos voluntários (contratuais e testamentários); e c) alimentos indenizatórios ou originados de ato ilícito. Cada qual tem por fonte, respectivamente: a) a relação familiar; b) o negócio jurídico; c) o ato ilícito causador do dano. Conferir críticas a essa classificação em: BOECKEL, Fabrício Dani de. *Tutela jurisdicional do direito a alimentos.* Porto Alegre: Livraria do Advogado, 2007. p. 26.

A Tutela Jurisdicional do Direito a Alimentos Gravídicos – Análise às Técnicas Processuais Diferenciadas... | 149

de colocá-los a salvo de toda forma de negligência, discriminação, exploração, violência, crueldade e opressão (CF/88, art. 227).[261] Não bastasse, é inegável o vínculo entre os alimentos e alguns dos *fundamentos* e *objetivos* da República Federativa do Brasil, vale dizer, a *dignidade da pessoa humana* (CF/88, art. 1º) e a *construção de uma sociedade solidária* (CF/88, art. 3º, I).[262]

Mais importante para atingir os objetivos que se pretende neste ensaio, entretanto, é identificar as necessidades do *direito material a alimentos*. Afinal, é pressuposto lógico perquirir sobre essas necessidades para, só em seguida, averiguar se determinada *técnica processual* (*lato sensu*) se apresenta a elas afinada.[263] Há, enfim, que se desvelar o porquê de *técnicas processuais diferenciadas*[264] na busca da efetivação do *direito a alimentos*.

Sublinhe-se, de início, que o crédito alimentar realmente recebe do ordenamento jurídico tratamento especial. E assim ocorre justamente em razão da sua *finalidade*, cuja essência é compreendida por uma de suas características essenciais: a *imprescindibilidade dos alimentos*.[265]

---

[261] Quando impõe cumprir à família, à sociedade e ao Estado o *dever* de assegurar às *criança* e aos *adolescentes* todo aquele elenco de *direitos* (vida, saúde, alimentação, educação, lazer, profissionalização, cultura, dignidade, respeito, liberdade), quer mesmo o constituinte, num conceito mais simples, apenas lhes garantir a *tutela ao direito de alimentos*. Afinal, vida, saúde, alimentação, educação, lazer, profissionalização, cultura, dignidade, respeito e liberdade são todos designativos de um conceito maior, isto é, conferem sentido à ideia de alimentos. Pertinente, assim, a observação doutrinária de que os alimentos "legais" apresentam significado mais amplo se comparados à expressão comum e não jurídica "alimentos".

[262] Segundo Rolf Hanssen Madaleno, o dever de prestar alimentos funda-se "na solidarie-dade humana reinante nas relações familiares e que têm como inspiração fundamental a preservação da dignidade da pessoa humana, de modo a garantir a subsistência de quem não consegue sobreviver por seus próprios meios, em virtude de doença, falta de trabalho, idade avançada ou qualquer incapacidade que a impeça de produzir os meios materiais necessários à diária sobrevida" (MADALENO, Rolf Hanssen. Renúncia a alimentos. *Revista Brasileira de Direito de Família*, São Paulo, v. 6, n. 27, p. 147, dez. 2004/jan. 2005).

[263] Na esteira de Luiz Guilherme Marinoni, "para analisar a efetividade do processo no plano do direito material e, assim, sua concordância com o direito fundamental à tutela jurisdi-cional efetiva, é imprescindível tomar consciência das necessidades que vêm do direito material, as quais traduzem diferentes desejos de tutela" (MARINONI, Luiz Guilherme. *Técnica processual e tutela dos direitos*. São Paulo: Revista dos Tribunais, 2004. p. 147-148).

[264] É manifesta a divergência doutrinária acerca do conceito de *tutela diferenciada*, de resto influenciada pela própria divergência também existente quanto ao próprio conceito de *tutela jurisdicional*. Acredita-se inadequado falar-se em *tutela diferenciada*, pois não é propriamente a *tutela jurisdicional* que se apresenta "diferenciada", mas, sim, as *técnicas processuais* adotadas para salvaguardá-la. A *tutela jurisdicional* (*lato sensu*) é apenas o resultado logrado pela atividade jurisdicional mediante *técnicas processuais*, diferenciadas ou não.

[265] Existem outras características da obrigação alimentar, também responsáveis, em alguma medida, pela diferenciação das *técnicas processuais* instituídas para a sua tutela. Essas carac-terísticas geram, assim, algum tipo de repercussão no processo. São elas: a) imprescindibili-dade dos alimentos, b) irrepetibilidade dos alimentos prestados, c) retroatividade limitada,

A *ratio* desta proteção especial reconhecida a esse direito repousa, afinal, na própria *finalidade* do crédito alimentar: a garantia da subsistência e a manutenção da vida do alimentando.[266] O direito a alimentos é exigência que, no mais das vezes, "se impõe como decorrência do próprio direito fundamental à vida, pois traz em si o fornecimento daquilo que é essencial para a subsistência de determinada pessoa".[267]

E a própria Constituição dá notícia desta especialidade conferida ao crédito alimentar, pois o excepciona da obediência à ordem cronológica de apresentação dos precatórios, quando devedora a Fazenda Pública, priorizando a satisfação dos alimentos em face de crédito de natureza diversa (CF/88, art. 100).[268] No âmbito processual infraconstitucional, por sua vez, faculta-se ao alimentando a utilização de meios executivos bastante enérgicos — a ameaça de prisão, por exemplo —, sempre em prol da célere e efetiva tutela da qual depende a sua subsistência.

É, portanto, a *finalidade* do crédito alimentar, motivada, sobretudo, por sua *imprescindibilidade*, que avaliza, em especial, a criação de *técnicas processuais diferenciadas*, destinadas à sua tutela de maneira rápida e eficaz,[269] ainda que eventualmente em sacrifício da segurança jurídica e de direitos patrimoniais do alimentante.[270] Também o direito

---

e d) periodicidade. Para uma compreensão adequada de todas essas características, bem assim da influência que exercem na elaboração e compreensão das *técnicas processuais destinadas à tutela do direito a alimentos*, recomenda-se a leitura de: BOECKEL, Fabrício Dani de. *Tutela jurisdicional do direito a alimentos*. Porto Alegre: Livraria do Advogado, 2007.

[266] GUERRA, Marcelo Lima. *Execução indireta*. São Paulo: Revista dos Tribunais, 1998. p. 227-228.

[267] BOECKEL, Fabrício Dani de. *Tutela jurisdicional do direito a alimentos*. Porto Alegre: Livraria do Advogado, 2007. p. 39. Belmiro Pedro Welter leciona, na mesma senda, que esse tratamento especial conferido pelo legislador ao crédito alimentar justifica-se porque representa a preservação da vida, a qual tem preferência sobre qualquer outro direito, além de ser o primeiro direito posto à disposição do ser humano, até porque de nada adiantariam outros direitos sem ela (WELTER, Belmiro Pedro. *Alimentos no Código Civil*. 2. ed. São Paulo: IOB-Thompson, 2004. p. 355).

[268] No mesmo sentido a Súmula nº 100 do Superior Tribunal de Justiça: "Os créditos de natureza alimentícia gozam de preferência, desvinculados os precatórios da ordem cronológica dos créditos de natureza diversa".

[269] Conforme leciona Donaldo Armelin "presentes diferenciados objetivos a serem alcançados por uma prestação jurisdicional efetiva, não há porque se manter um tipo unitário desta ou dos instrumentos indispensáveis a sua corporificação. A vinculação do tipo da prestação à sua finalidade específica, espelha a atendibilidade desta; a adequação do instrumento ao seu escopo potencia o seu tônus de efetividade" (ARMELIN, Donaldo. Tutela jurisdicional diferenciada. *Revista de Processo*, São Paulo, n. 65, p. 45, jan./mar. 1992).

[270] Transcreva-se importante observação de Robson Renault Godinho: (...) "verifica-se que o procedimento pode consistir na diferenciação da tutela, desde que haja modificação do resultado obtenível no procedimento que pode ser designado como sendo o comum, tornando efetiva a tutela jurisdicional. Advirta-se que a diferenciação da tutela pode

fundamental à igualdade justifica a construção dessas *técnicas processuais diferenciadas* em prol da efetividade dos alimentos, afinal, naquilo que diz respeito à vida, apesar de ambos, alimentante e alimentando, terem direito a ela, é óbvia a fragilidade do último neste particular. Acaso a *tutela de direito a alimentos* não se concretize da forma que se espera e como haveria de ser natural, a alternativa é a instigação do Estado-Juiz para dele postular a satisfação pretendida. Configuraria imperdoável *inconstitucionalidade por omissão* a ausência de *técnicas processuais diferenciadas* asseguradoras de uma *tutela jurisdicional do direito a alimentos* segundo os valores celeridade e efetividade.[271]

6 Técnicas processuais e a tutela jurisdicional de direitos a alimentos

As principais necessidades a serem consideradas pelo legislador em termos de *tutela de direito a alimentos* situam-se nos ideais de *celeridade* e *efetividade*. Afinal, estar-se-á tratando de um direito cuja *finalidade* é a garantia da subsistência e a conservação da própria vida do alimentando. Noutras palavras, a sobrevivência do credor e o atendimento de suas demais necessidades básicas dependem do adimplemento *pontual* a ser realizado pelo alimentante. A celeridade e a efetividade na prestação do direito alimentar, enfim, traduz-se em condição indispensável à vida digna e sadia do alimentando.[272] Até

---

significar sacrifício de direitos do réu, motivo pelo qual os interesses em jogo devem ser ponderados para que não haja nenhum excesso constitucionalmente vedado na consagração de instrumentos diferenciados". E conclui, citando passagem doutrinária de autoria de Luiz Guilherme Marinoni: "A importância da tutela jurisdicional diferenciada está no reconhecimento da necessidade de o processo adaptar-se a diferentes situações decorrentes do direito material, que, exatamente por serem variadas, não são adequadamente tuteladas por um único procedimento comum ou ordinário. Vale lembrar que o fato de o processo civil ser autônomo em relação ao direito material não significa que ele possa ser neutro ou indiferente às variadas situações de direito substancial" (GODINHO, Robson Renault. *Tutela jurisdicional diferenciada e técnica processual*: temas atuais das tutelas diferenciadas. estudos em homenagem ao Professor Donaldo Armelin. São Paulo: Saraiva, 2009. p. 743-744).

[271] Bem evidencia a imprescindibilidade dos alimentos a lição de Fabrício Dani de Boeckel: "Quanto aos alimentos (...) não pode haver dúvida de que a proteção jurisdicional deve ser prestada antes que se consume o dano. Conforme dito anteriormente, os alimentos consistem em prestação indispensável ao atendimento de necessidades atuais e prementes do respectivo credor, sendo imprescindíveis à sua sobrevivência. Nessa medida, o cumprimento tardio da obrigação compromete os direitos fundamentais à vida e à dignidade do alimentando, caracterizando-se como algo inconcebível diante da proteção constitucional a todos assegurada" (BOECKEL, Fabrício Dani de. *Tutela jurisdicional do direito a alimentos*. Porto Alegre: Livraria do Advogado, 2007. p. 89).

[272] BOECKEL, Fabrício Dani de. *Tutela jurisdicional do direito a alimentos*. Porto Alegre: Livraria do Advogado, 2007. p. 84.

intuitiva, portanto, a imprescindibilidade de o legislador elaborar *procedimentos* e *técnicas processuais* (*stricto sensu*) *diferenciados*, que se mostrem ajustados a tutelar o direito a alimentos urgentemente, em prol da satisfação dos anseios humanos mais elementares.[273]

E no que diz respeito ao tema "alimentos", a legislação processual é realmente pródiga em *procedimentos* e *técnicas processuais* (*stricto sensu*) diferenciados, elaborados sobretudo com vistas às necessidades do *direito material alimentar*.

A Lei nº 5.478/68, de início, criou um rito especial para se postular tutela jurisdicional a alimentos, cujas particularidades são as mais diversas. Também o Código de Processo Civil prevê um *pseudoprocedimento cautelar* para a satisfação alimentar em circunstâncias específicas (CPC, art. 852 *et seq.*),[274] além de estabelecer rito especial para a *execução de prestação alimentícia*, mais contundente e agressivo se comparado àqueles voltados à satisfação de créditos comuns. Mais recentemente, adveio Lei nº 11.804/08, a qual disciplina o *direito a alimentos gravídico*s, regulando um *procedimento* próprio para a sua salvaguarda. Não se olvide, ademais, a possibilidade de se cobrar alimentos através do rito ordinário, também disciplinado pelo CPC e hoje perfeitamente acomodado aos valores efetividade e celeridade, haja vista a instituição de dispositivo expresso no CPC prevendo a utilização generalizada da tutela antecipada (CPC, art. 273).[275]

---

[273] As *técnicas processuais* (*lato sensu*) abrangem não apenas os *procedimentos*, senão ainda as *técnicas processuais* (*stricto sensu*) que os compõem. *Técnica processual* (*lato sensu*) é gênero, do qual são espécies *procedimento* e demais *técnicas processuais* (*stricto sensu*), as quais caracterizam os contornos desse mesmo *procedimento*.

[274] Não há como se atribuir natureza cautelar ao procedimento instituído nos arts. 852 a 854 (alimentos provisionais). Afinal, antes de apenas acautelar com o propósito de assegurar futura execução, proporciona efetividade ao direito perseguido. A tutela jurisdicional que se origina de tal procedimento não é propriamente cautelar, mas, sim, satisfativo. Seu propósito é efetivamente entregar ao demandante, mesmo que em caráter provisório, a tutela jurisdicional de direito a alimentos.

[275] Hoje, o procedimento ordinário realmente se mostra adequado à tutela do direito alimentar, especialmente pela inserção do instituto da antecipação de tutela pela Lei nº 8.952/94 (CPC, art. 273), o qual permite, em todo e qualquer caso, a aceleração provisória da *tutela jurisdicional de direito*, desde que presentes alguns requisitos. É de se dizer, ademais, que, diante dos novos contornos conferidos ao rito ordinário, o *pseudoprocedimento* cautelar de alimentos provisionais, também regulado pelo CPC (art. 852 a 854), perdeu totalmente a sua utilidade. Confira-se, nesse sentido, a lição de Fabrício Dani de Boeckel: "Seguindo essa linha, percebe-se que as razões justificadoras da existência e mesmo a utilidade de tal procedimento [cautelar de alimentos provisionais] não mais se fazem presentes: nos dias atuais não mais se questiona a possibilidade de antecipação dos efeitos da tutela satisfativa; admite-se de forma pacífica que a efetividade da jurisdição, em muitos casos, só pode ser assegurada através de medidas urgentes, fundadas apenas na verossimilhança das alegações e no perigo de dano irreparável ou de difícil reparação; a própria disciplina

A Tutela Jurisdicional do Direito a Alimentos Gravídicos – Análise às Técnicas Processuais Diferenciadas... | 153

São inúmeras, ademais, as *técnicas processuais* (*stricto sensu*) inerentes a esses procedimentos, construídas tendo por base justamente as já aludidas necessidades do direito material a alimentos: a sumariedade da cognição, a concentração de atos processuais, o segredo de justiça (CPC, art. 155, II), a possibilidade de concessão liminar de alimentos (tutela antecipada), o processamento durante as férias (CPC, art. 174, II), a dispensa de caução na execução provisória (CPC, art. 475-O, §2º, I), a competência favorável ao alimentando (CPC, art. 100, II), a fixação dos alimentos com base no salário mínimo (CPC, art. 475-Q, §4º), a dispensa de produção de prova documental em alguns casos (Lei nº 5.869/68, art. 2º, §2º, I e II), o desconto em folha de pagamento (CPC, art. 734), cobrança mediante alugueres de prédios ou de quaisquer outros rendimentos do devedor (Lei nº 5.869/68, art. 17), a possibilidade de penhora (e arresto) de bens absolutamente impenhoráveis (CPC, art. 649, §2º), a possibilidade de penhora (e arresto) de bem de família do devedor, a constituição de capital (CPC, art. 475), o recebimento da apelação apenas no efeito devolutivo (CPC, art. 520, II), a ameaça de prisão.

7 A Lei nº 11.804/08 e as técnicas processuais diferenciadas à tutela de direitos a alimentos gravídicos

7.1 Considerações iniciais

Publicada e em vigor desde 06.11.2008, a Lei nº 11.804 disciplina o *direito* a alimentos gravídicos e institui *procedimento* e *técnicas processuais*

---

legal da técnica antecipatória foi objeto de significativo avanço, reduzindo bastante seus inconvenientes. Com isso, em suma, o rito destinado à fixação de 'alimentos provisionais' tornou-se despiciendo e até mesmo inadequado. Os fins a que servia podem hoje ser alcançados por caminhos menos tortuosos, privilegiando a economia processual, sem causar maior comprometimento à segurança jurídica e inclusive sem dar ensejo à desnaturação da prestação alimentar (pois 'cautelar' obviamente ela não é)". E conclui: "Registre-se, por oportuno, que o procedimento estabelecido para a fixação de 'alimentos provisionais' foi arquitetado com o objetivo de proporcionar uma célere decisão quanto ao pensionamento devido ao alimentando, tudo com base numa cognição sumária sob o prisma vertical, exercida noutro processo que não o principal ('definitivo'), uma vez que, neste último, os provimentos antecipatórios não eram aceitos por falta de expressa previsão legal e por supostamente atentarem contra a segurança jurídica. Atualmente, contudo, o processo 'cautelar de alimentos provisionais' não deveria ser visto como mero acessório do feito principal, exigindo a propositura dessa outra demanda paralela, visando a uma decisão definitiva. Afinal, a tornar como acertadas as conclusões da corrente que defende a acessoriedade dos 'alimentos provisionais', esse processo dito 'cautelar' seria completamente inócuo, por exigir a propositura de mais uma demanda sobre o mesmo objeto: para que hoje tivesse alguma utilidade, deveria ser ampliada a cognição (tornando-se exauriente), a fim de não duplicar o trabalho a ser desenvolvido pelo Judiciário" (BOECKEL, Fabrício Dani de. *Tutela jurisdicional do direito a alimentos*. Porto Alegre: Livraria do Advogado, 2007. p. 122-123).

(stricto sensu) diferenciados, tudo no propósito de conferir proteção à mulher grávida e ao nascituro.

Por meio dela, busca-se, afinal, regular o *direito material a alimentos gravídicos* e a *forma* pela qual a sua tutela deve se materializar. Apesar de sintética — é composta por apenas seis artigos —, é inegável que incita uma série respeitável de questões de ordem material e processual.[276] A seguir, apontar-se-ão algumas delas, bem assim respostas que se acredita mais acertadas a elucidá-las

7.2 O conceito e a extensão dos alimentos gravídicos

A expressão "alimentos gravídicos" indica prestações devidas à *gestante* e *àquele que é gestado*, indispensáveis à conservação de suas necessidades vitais. Sem embargo de o art. 1º da Lei nº 11.804/08 afirmar que o seu propósito é disciplinar "o direito de alimentos *da mulher gestante*", não há como negar que rege igualmente o direito de alimentos da *pessoa* concebida e cujo nascimento se espera,[277] isto é, aquele que ainda se encontra em estado de maturação no ventre materno (nascituro).

Segundo a própria Lei, esses alimentos compreendem os valores suficientes para cobrir as despesas adicionais do período de gravidez e que sejam dela decorrentes, da concepção ao parto, inclusive as referentes a alimentação especial, assistência médica e psicológica, exames complementares, internações, parto, medicamentos e demais prescrições preventivas e terapêuticas indispensáveis, a juízo do médico, além de outras que o juiz considere pertinentes (art. 2º).

---

[276] Francisco José Cahali justifica a Lei nº 11.804/08 principalmente em vista à filiação havida fora do casamento, pois, consoante afirma, em casos tais a tendência doutrinária e jurisprudencial sempre foi pela rejeição da pretensão alimentar em favor do nascituro, mais em razão da incerteza jurídica provocada pela inexistência de vínculo entre os genitores. Muitos sustentavam seus argumentos em barreiras processuais (inexistência de prova pré-constituída da obrigação alimentar), embora outros, poucos, defendiam a inexistência de previsão legal como empecilho ao deferimento da pretensão material. Conclui o festejado jurista: "Neste cenário, de pouca relevância a inovação legislativa em benefício do nascituro havido no casamento, porém, pertinente a previsão, como, aliás, se contém no art. 6º nos casos de 'mãe solteira', não no sentido pejorativo, mas no seu significado real (genitora sem núpcias com o genitor, ainda que existente união estável). Para estes casos — mães solteiras — se rompe uma barreira de preconceito lastreado em alguns julgados e doutrina que encontravam restrições processuais e materiais para garantir ao nascituro as condições saudáveis durante a gestação" (CAHALI, Francisco José. Alimentos gravídicos. *In*: DIAS, Maria Berenice (Org.). *Direito das famílias*: contributo do IBDFAM em homenagem a Rodrigo da Cunha Pereira. São Paulo: Revista dos Tribunais, 2009. p. 579-580).

[277] Adiante se verá que se optou pela teoria *concepcionista*, a qual atribui ao nascituro *capacidade de direito* e o trata, portanto, como verdadeira *pessoa*, sujeito de direitos e deveres na ordem civil.

O rol é meramente exemplificativo, sendo lícito ao juiz, a pedido da parte, considerar outras, que não aquelas descritas alhures, desde que pertinentes e de alguma forma vinculadas às necessidades da gravidez e do nascituro.

7.3 A especial situação do nascituro

Divergem, doutrina e jurisprudência, quanto à condição jurídica do nascituro.[278]

São três as correntes: a *natalista, a teoria da personalidade condicional* e a *concepcionista*. A primeira defende a tese de que o nascituro só adquire personalidade após o nascimento com vida; a segunda assegura-lhe direitos subordinados a uma condição suspensiva (o seu nascimento com vida); e a última, por fim, advoga que a personalidade do nascituro começa desde a concepção da vida no útero materno.

Os *natalistas* são ainda predominantes. Escoram-se basicamente no sentido literal do art. 2º do atual Código Civil, o qual estabelece, como marco inicial da *personalidade*, o *nascimento com vida*, não obstante o dispositivo também assegurar, já a partir da concepção, os direitos do nascituro.[279]

Acredita-se, entretanto, que a razão está com os *concepcionistas*. A *capacidade de direito*, conforme aponta a própria Lei Civil, é a aptidão de ter direitos e deveres na ordem civil (CC/02, art. 1º).[280] É capaz todo

---

[278] No presente ensaio as expressões *nascituro, pessoa embrionária, concepto* e *feto*, serão todas utilizadas como sinônimas, apesar das diferenças conceituais entre elas existentes.

[279] É interessante ressaltar a existência de um procedimento próprio para assegurar os direitos sucessórios do nascituro. Trata-se da *ação de posse em nome do nascituro*, disciplinada pelos arts. 877 e 878 do CPC. Por meio dela se busca investir a grávida, ou eventual curador, na posse dos direitos do nascituro (CPC, art. 878).

[280] Em defesa à tese concepcionista, Zoraide Sabaini dos Santos Amaro é contundente: (...) "Ao dissertar sobre a matéria parte-se da premissa de que a proteção inicia-se desde a concepção ou fecundação do embrião, e não somente após o nascimento com vida, objetivando-se uma ampla proteção do nascituro, tendo em vista que a vida precisa ser protegida, principalmente diante dos avanços científicos atuais experimentados na Biociência. Uma conciliação entre o progresso científico e um Direito que salvaguarde, em especial, a dignidade humana, é necessária que seja encontrada, vez que nem tudo que é cientificamente possível deve ser permitido". E conclui: "Tem-se, portanto, que por mais entendimentos conservadores e seus defensores queiram se esconder por detrás de algumas doutrinas bem construídas ou crenças bem enraizadas, convém não olvidar que tendo essencial direito à vida, o nascituro tem dignidade humana, que deve do mesmo modo ser reconhecida, respeitada e protegida. Além desses direitos humanos que hão de ser-lhe juridicamente reconhecidos, outros direitos podem ser-lhe outorgados e garantidos" (AMARO, Zoraide Sabaini dos Santos. *O reconhecimento da personalidade jurídica do nascituro desde a concepção no sistema jurídico nacional como forma de solidificar a exigente atuação integral do fenômeno humano nas relações jurídicas*. Disponível em: <www.conpedi.org>).

aquele, pessoa ou ente, a que a lei confere poder para ser titular de direitos e deveres. No que toca ao nascituro, a lei, ao assegurar, desde a sua concepção, os seus direitos (CC/02, art. 2º, segunda parte), está a encampar a tese *concepcionista*, afinal, direitos subjetivos só detêm aqueles qualificados como *pessoas*. Ao impor que o marco inicial da *personalidade* é o nascimento com vida (CC/02, art. 2º), o legislador apenas diferençou *personalidades física* e *jurídica*: a primeira, iniciada a partir do nascimento com vida, retroativa à data da concepção nesta mesma hipótese; a derradeira, principiada desde a concepção.[281]

Nascituro, destarte, é a *pessoa embrionária*, isto é, aquela que ainda não nasceu, pois mantém vida intrauterina. Pelo simples fato de ser *pessoa* e, portanto, sujeito de direitos e deveres na ordem civil, detém *capacidade de direito*, e, por conseguinte, *personalidade jurídica*. É, aliás, em face dessa capacidade que o nascituro tem direito a curador (CC/02, art. 462), pode ser reconhecido (CC/02, art. 1.609, parágrafo único), e receber doações (CC/02, art. 542) ou deixas testamentárias (CC/02, art. 1.798). São, pois, portadores de *direitos da personalidade*, dentre os quais se insere a própria *vida*, direito fundamental cuja efetividade, além de assegurada constitucionalmente, também o é por intermédio de legislações infraconstitucionais, a exemplo da recente Lei nº 11.804/08.[282]

---

[281] VIANNA, G. C. O nascituro como sujeito de direitos: início da personalidade civil: proteção penal e civil. *In*: BUSTAMENTE, Ricardo; SODRÉ, Paulo César (Coord.). *Ensaios jurídicos*. Rio de Janeiro: Instituto Brasileiro de Atualização Jurídica, 1996. v. 1, p. 292-295).

[282] Confiram-se as seguintes passagens doutrinárias em defesa da personalidade jurídica do nascituro: (...) "percebe-se que a doutrina vem firmado posição de reconhecimento dos direitos da personalidade jurídica no nascituro. Inúmeros são os casos em que o legislador direciona a norma jurídica para aqueles que apenas foram concebidos, não importando, ao que parece averiguar se a concepção foi intra-ulterina ou extra-ulterina. É relevante destacar que a Constituição Federal de 1988, no art. 5º, incisos V, X e XXVIII, dispõe serem invioláveis a intimidade, a vida privada, a honra e a imagem das pessoas, assegurando o direito de indenização pelo dano material decorrente de sua violação, todos direitos da personalidade compatíveis com a condição do nascituro, de pessoa por nascer" (...) (AMARO, Zoraide Sabaini dos Santos. *O reconhecimento da personalidade jurídica do nascituro desde a concepção no sistema jurídico nacional como forma de solidificar a exigente atuação integral do fenômeno humano nas relações jurídicas*. Disponível em: <www.conpedi.org>). (...) "O nascituro é pessoa porque traz em si o germe de todas as características do ser racional. A sua imaturidade não é essencialmente diversa da dos recém-nascidos, que nada sabem da vida e, também não são capazes de se conduzir. O embrião está para a criança como a criança está para o adulto. Pertencem aos vários estágios de desenvolvimento de um mesmo e único ser: o homem, a pessoa" (FRANÇA, Rubens Limongi. *Instituições de direito civil*. 3. ed. São Paulo: Saraiva, 1988. p. 50). (...) "juridicamente, entram em perplexidade total aqueles que tentam afirmar a impossibilidade de atribuir capacidade ao nascituro, 'por este não ser pessoa'. A legislação de todos os povos civilizados é a primeira a desmenti-lo. Não há nação que o preze (até a China) onde não se reconheça a necessidade de proteger os direitos do nascituro (Código Chinês, art. 1º). Ora, quem diz direito, afirma capacidade. Quem afirma capacidade, reconhece personalidade" (ALMEIDA, Silmara J. A. Chinelato e. *Tutela civil do nascituro*. São Paulo: Saraiva, 2000. p. 160).

A Tutela Jurisdicional do Direito a Alimentos Gravídicos – Análise às Técnicas Processuais Diferenciadas... | 157

A Lei nº 11.804/08, ao disciplinar o *direito material* e a *forma* de *tutela jurisdicional a alimentos gravídicos*, não só demonstrou preocupação às necessidades do direito alimentar, como também reconheceu a especial situação de fragilidade à qual se encontram gestante e *concepto*. E apesar de alguma timidez, o legislador, uma vez mais, reforçou entendimento doutrinário e jurisprudencial adotado por aqueles que conferem ao nascituro *capacidade de direito*.[283]

7.4 Visão geral do procedimento instituído pela Lei nº 11.804/08

Consoante afirmado anteriormente, a Lei nº 11.804/08, além de disciplinar o direito a alimentos gravídicos, regulou a *forma* pela qual esse mesmo direito deve ser efetivado. Instituiu, portanto, *procedimento* e *técnicas processuais* (*stricto sensu*) *diferenciados* voltados à tutela alimentar da gestante e do nascituro.

De início, afirme-se que se aplicam, supletivamente, ao procedimento em exame, as disposições das Leis nº 5.478/68 (Lei de Alimentos) e nº 5.869/73 (Código de Processo Civil) (art. 11).[284]

Tem *legitimidade* e *interesse de agir* tanto o nascituro como a própria gestante, em litisconsórcio ou não. Concluída a gravidez, desaparece a possibilidade de utilização do rito especial, cumprindo ao interessado valer-se das vias adequadas para postular a competente pensão alimentícia, ou mesmo cobrar eventuais despesas expendidas no

---

[283] A jurisprudência já reconhecia *capacidade para ser parte ao nascituro*, devidamente representado, para demandar em juízo, mesmo antes da edição da Lei nº 11.804/08. A seguinte emenda prova esse fato: "Investigação de paternidade. Nascituro. Capacidade para ser parte. Ao nascituro assiste, no plano do direito processual, capacidade para ser parte, como autor ou como réu. Representando o nascituro, pode a mãe propor a ação investigatória, e o nascimento com vida investe o infante na titularidade da pretensão de direito material, até então apenas uma expectativa resguardada. Ação personalíssima, a investigatória somente pode ser proposta pelo próprio investigante, representado ou assistido, se for o caso; mas, uma vez iniciada, falecendo o autor, seus sucessores têm direito de, habilitando-se, prosseguir na demanda. Inaplicabilidade da regra do art. 1.621 do Código Civil" (Tribunal de Justiça do Rio Grande do Sul. Apelação Cível nº 583052204, Primeira Câmara Cível, Tribunal de Justiça do RS, Relator: Athos Gusmão Carneiro, Julgado em 24.04.1984).

[284] Então, naquilo que não contrastar com a Lei nº 11.804/08, o procedimento por ela regido há de seguir especialmente as *formas* estabelecidas pela Lei nº 5.478/68, sobretudo em face das necessidades emergenciais que caracterizam o direito material perseguido. Dito de outro modo, a preferência de se aplicar supletivamente, e em primeiro lugar, a Lei de Alimentos (Lei nº 5.478/68), e não o CPC, justifica-se porque a primeira institui *procedimento* e *técnicas processuais* mais consentâneos às necessidades do direito material a alimentos, o qual, em razão do caráter emergencial que sempre o acompanha, deve estar ajustado aos valores efetividade e celeridade.

período gestacional. Não se deve olvidar que o rito especial apenas tem valia no curso da gravidez, tanto assim que o art. 6º impõe que o juiz fixará alimentos gravídicos *que perdurarão até o nascimento da criança.*[285] O Ministério Público, por sua vez, não tem legitimidade para propor, como substituto processual, "ação de alimentos" em benefício da gestante e do nascituro, apesar de necessariamente ter que acompanhar o processo na qualidade de *custos legis* (art. 9º da Lei nº 5.478/68 e art. 82, II, do CPC).

Consigne-se, ademais, que a petição inicial haverá necessariamente de vir acompanhada com prescrições ou declarações assinadas por médicos, dando ciência da indispensabilidade dos alimentos para cobrir despesas adicionais da concepção ao parto.[286] É que o art. 2º da Lei nº 11.804/08 estabelece não apenas um rol exemplificativo daquilo que se enquadra no conceito de alimentos gravídicos, mas também impõe que os alimentos que nela são tratados compreenderão os valores suficientes para cobrir as despesas adicionais do período de gravidez e que sejam dela decorrentes, da concepção ao parto, *a juízo do médico.*[287] Diante da *urgência* que qualifica o procedimento especial, é prudente que a demandante assim o faça já ao promover sua demanda, permitindo ao juiz, inclusive, munir-se de elementos probatórios mínimos que lhe possibilitem deferir pedido de tutela antecipada antes mesmo de apresentada a resposta pelo demandado.

---

[285] Há, contudo, quem pense diferentemente. Defendem a possibilidade de utilização do procedimento instituído pela Lei nº 11.804/08 para a simples cobrança de valores que cubram as despesas adicionais do período de gravidez e que sejam dela provenientes. Advogam, pois, a utilização do procedimento diferenciado com o mero objetivo de cobrar essas despesas, mesmo ausente a urgência, que é — acredita-se — essencial à utilização das *formas* dispostas pela Lei especial.

[286] Nessa linha, a lição de Douglas Phillips Freitas: "A leitura do texto legal informa claramente que os valores dos alimentos gravídicos compreendem aqueles 'adicionais do período de gravidez', 'a juízo do médico'. Ou seja, salvo se a genitora não possuir condições de autossustento, o que poderá prejudicar o desenvolvimento fetal, há que se instruir a exordial com documento médico que determine 'alimentação especial' ou 'demais prescrições preventivas e terapêuticas indispensáveis' (como nos casos de gravidez de risco, diabetes gestacional, entre outros). Já no tocante à possibilidade de despesas 'outras que o juiz' considerar pertinentes, deverão estas ser discriminadas, para que não haja julgamento extra ou ultra petita" (FREITAS, Douglas Phillips. Alimentos gravídicos e a Lei nº 11.804/08. *Revista Jurídica Consulex*, ano XIII, n. 298, p. 36-37, jun. 2009).

[287] Consoante leciona Francisco José Cahali: "Observe-se, por oportuno, ser indispensável a demonstração de serem as despesas em função da gravidez, não aquelas pessoais da gestante. À gestante, por mais que tenha necessidade, caberá buscar seus alimentos em face do genitor apenas e tão-somente se pela legislação civil for merecedora (como cônjuge ou companheira)" (CAHALI, Francisco José. Alimentos gravídicos: direito das famílias. *In*: DIAS, Maria Berenice (Org.). *Contributo do IBDFAM em homenagem a Rodrigo da Cunha Pereira*. São Paulo: Revista dos Tribunais, 2009. p. 583).

O procedimento é bastante enxuto,[288] não obstante baseado preponderantemente na técnica da *cognição exauriente*. Conquanto *sumária a técnica procedimental (procedimento sumário), não há sumariedade no que diz respeito à técnica de cognição (no plano vertical)*. Sem embargo de o juiz estar autorizado a proferir sentença exclusivamente com base em *prova indiciária* (art. 6º), não lhe é lícito resolver o mérito mediante *cognição sumária*. De regra, as decisões tomadas no curso do procedimento, em especial a sentença, resultar-se-ão de profunda análise e valoração dos fatos e fundamentos apresentados aos autos pelas partes e eventuais terceiros, sempre abalizadas num *juízo de certeza*.

A exceção diz respeito às decisões tomadas a título de *tutela antecipada*. A despeito da omissão legislativa, aplica-se supletivamente a regra geral (CPC, art. 273), admitindo-se formulação de pedido e deferimento de decisão antecipada também no bojo do procedimento instituído pela Lei nº 11.804/08, sendo suficiente, nesse caso, valer-se o juiz de mero *juízo de probabilidade (cognição sumária)*. Aliás, raciocínio diverso não seria aceitável, uma vez que a *urgência* é ínsita ao direito material em questão, seja pela sua *finalidade* especialíssima (salvaguarda do próprio direito fundamental à vida), seja pela situação de fragilidade na qual se encontram gestante e nascituro, seja porque a demora aqui, quando menos, implicará o nascimento do infante e a inutilidade do próprio direito aos alimentos gravídicos.

Havendo pedido de tutela antecipada, cumpre à demandante demonstrar os requisitos genéricos necessários ao seu deferimento (CPC, art. 273, I e II), ocasião em que o juiz, até oficiosamente, poderá designar *audiência de justificação prévia* para formar seu convencimento. Demonstrados tais requisitos, a decisão antecipada deverá ser concedida mesmo antes de apresentada a contestação.

---

[288] Justamente por se tratar de um procedimento diferenciado, compromissado com os valores constitucionais da efetividade e da celeridade, é que não se admite *cumulação de pedidos*. É essa também a visão de Francisco José Cahali: "E considerando o rito especial eleito pelo legislador aos alimentos gravídicos, restará vedada a cumulação de pedidos, o que, ademais, não se faria proveitosa, pois ensejaria inadequada confusão de fundamentos (fáticos e jurídicos) para uma e outra pretensão". Enfim, conclui, em nota de rodapé: "Caso, porém, pretendidos alimentos ao nascituro sem ser com fundamento na lei, mas seguindo a então jurisprudência e doutrina, especialmente nos casos de filiação havida no casamento, daí sim caberá a cumulação dos pedidos, em ação de alimentos pelo rito especial, ou cautelar, seguida de principal com o pedido de tutela definitiva a respeito, cumulado ou não com outras pretensões (por exemplo, separação, reconhecimento e dissolução de união estável etc.)" (CAHALI, Francisco José. Alimentos gravídicos. *In*: DIAS, Maria Berenice (Org.). *Direito das famílias*: contributo do IBDFAM em homenagem a Rodrigo da Cunha Pereira. São Paulo: Revista dos Tribunais, 2009. p. 583-584).

160 Lúcio Delfino
Direito Processual Civil – Artigos e Pareceres

Embora o art. 221, do CPC, exclua a citação pelo correio nas ações de estado, a "ação de alimentos" (gravídicos ou não) segue regramento especial, vale dizer, comunica-se o demandado mediante registro postal isento de taxas e com aviso de recebimento (Lei nº 5.478/68, art. 5º e §2º), pouco importando que resida em outra comarca (CPC, art. 222). Frustrada a citação pelo correio, far-se-á por mandado. Se frustrada também esta última, a citação deverá ser feita por edital, em consonância com o disposto no art. 5º, §4º, da Lei nº 5.478/68.

Citado o demandado, antes ou depois de concedida a liminar, terá a faculdade de apresentar defesa no prazo de 5 (cinco) dias, a contar da juntada do mandado de citação aos autos do processo. É prudente, ademais, sobretudo pelo caráter emergencial que caracteriza o direito material a alimentos gravídicos, que o juiz, valendo-se da técnica de *concentração dos atos processuais*, designe uma única audiência — audiência de conciliação e julgamento —, e isso já ao despachar a inicial, também determinando, em ato contínuo, a comunicação do dia e hora de sua realização ao demandado. Consignar-se-á no mandado de citação que a contestação haverá de ser apresentada na aludida audiência.

Revel o demandado, deve o juiz nomear-lhe curador especial (CPC, art. 9º, II). Ainda que se reconheça a revelia, a sua decretação, contudo, não importa confissão a respeito da matéria fática, pois se está a tratar de *direito indisponível* — a prova, mesmo em tal caso, não haverá de ser dispensada (CPC, art. 320, II). Acaso conteste, poderá suscitar, em primeiro plano, questões preliminares e prejudiciais, e no mérito, arguir e provar — também mediante *prova indiciária* — a ausência da paternidade que lhe é impingida, bem assim a sua impossibilidade financeira de honrar alimentos eventualmente fixados (*cognição limitada no plano horizontal*).

Em *audiência de conciliação e julgamento*, demandante e demandado devem comparecer acompanhados de, no máximo, 3 (três) testemunhas (Lei nº 5.478/68, art. 8º). Ausente a demandante, os autos serão apenas arquivados, com cessação da eficácia da decisão antecipada acaso já concedida, circunstância que possibilita o prosseguimento do feito através de simples manifestação futura da parte.[289] A falta do

---

[289] "Apelação cível. Ação de alimentos. Não comparecimento do autor à audiência de concilia-ção e julgamento. Aplicação do disposto no art. 7º da Lei 5.478/68. Arquivamento do pedido. Situação que não pode ser interpretada como desistência da ação. Impossibilidade de extin-ção do feito sem julgamento do mérito. Medida que não se confunde com o arquivamento previsto na Lei de Alimentos. Inteligência dos §§1º e 4º do art. 267 do CPC. Do próprio art. 267, §1º, do CPC extrai-se que arquivamento do pedido e extinção do processo não ocor-rem em concomitância, além de serem conceitos que não se confundem. Ou seja, ainda que

A Tutela Jurisdicional do Direito a Alimentos Gravídicos – Análise às Técnicas Processuais Diferenciadas... | 161

demandado, de outra parte, importa em revelia, mas não em confissão quanto à matéria fática (CPC, art. 320, II), de modo que a confirmação da decisão antecipada, ou mesmo a concessão de alimentos definitivos condicionam-se a produção probatória. Não é exigida a prévia apresentação do rol de testemunhas e sequer sua prévia intimação se apresenta necessária. Como não poderia ser diferente, a presença do representante do Ministério Público é indispensável.

Aberta a audiência, lida a petição inicial e a resposta, se houver, ou dispensada a leitura, o juiz ouvirá os litigantes e o representante do Ministério Público, propondo conciliação (art. 9º da Lei nº 5.478/68). Havendo acordo, lavrar-se-á o respectivo termo, que será assinado pelo juiz, escrivão, partes e representante do Ministério Público (Lei nº 5.478/68, art. 9º, §1º). Caso contrário, o juiz tomará o depoimento pessoal das partes e ouvirá as testemunhas, podendo julgar o feito sem a mencionada produção de provas, se as partes assim concordarem (Lei nº 5.478/68, art. 9º, §2º). Concluída a instrução, poderão as partes e o representante do Ministério Público aduzir alegações finais, em prazo não excedente de 10 (dez) minutos para cada um (Lei nº 5.478/68, art. 11). Em seguida, o juiz renovará a proposta de conciliação e, não sendo aceita, ditará sua sentença, contendo sucinto relatório do ocorrido na audiência (Lei nº 5.478/68, art. 12). Convencido, enfim, da existência de indícios da paternidade, bem assim da *necessidade* alimentar e do poder de contribuição do suposto pai (*possibilidade*), julgará procedente o pedido e arbitrará os alimentos gravídicos mediante sentença fundada em *cognição exauriente*, os quais perdurarão até o nascimento da criança.

É bom lembrar que o demandado haverá de ser condenado apenas à fração das despesas que deve custear, uma vez que também a mulher grávida é obrigada a contribuir financeiramente para o bem-estar do nascituro — o juiz se valerá do critério da proporcionalidade e, assim, sopesará os recursos e condições de contribuição de ambos litigantes. A sentença pode ser impugnada mediante recurso de apelação, o qual, neste caso, será recebido apenas no seu efeito devolutivo (Lei nº 5.478/68, art. 14).

---

tramite o processo sob o rito da Lei de Alimentos, não se pode conferir a seu art. 7º a interpretação observada na sentença, que extinguiu o feito sem julgamento de mérito a partir do arquivamento previsto no dispositivo acima citado. A ausência prevista na Lei de Alimentos não pode ser interpretada como desistência da ação" (Tribunal de Justiça de Minas Gerais, Apelação cível nº 1.0702.04.167320-4/001(1), Sétima Câmara Cível, Relator Desembargador Wander Marotta, julgado em 08.05.2007. Disponível em: <www.tjmg.jus.br>).

Após o nascimento com vida, os alimentos gravídicos ficam convertidos em pensão alimentícia em favor do menor, até que uma das partes solicite sua revisão.

7.5 A legitimidade ativa e passiva

Interessante questão diz respeito à legitimidade ativa para promover a "ação de alimentos gravídicos". Se o critério cingir-se a uma interpretação literal, tal titularidade caberia apenas à gestante. Afinal, o art. 1º da Lei nº 11.804/08 estabelece que ela disciplina o direito de alimentos da mulher gestante. Também a mesma impressão se colhe ao se ler o art. 6º, parágrafo único: "Após o nascimento com vida, os alimentos gravídicos ficam convertidos em pensão alimentícia em favor do menor até que uma das partes solicite a sua revisão". À gestante caberia a legitimidade de ajuizar demanda para a tutela de alimentos gravídicos; ao nascituro cumpriria o papel meramente passivo de aguardar eventual tutela jurisdicional que o beneficie.

Não é esta, todavia, a melhor interpretação. Admiti-la é ulcerar o *direito fundamental à tutela jurisdicional adequada* (CF/88, art. 5º, XXXV). Afinal, não há porque vedar ao nascituro o uso de via procedimental instituída também para protegê-lo. É bem verdade que tal raciocínio apresenta-se bastante coerente àqueles que adotam a corrente *concepcionista*, não obstante também válido aos *natalistas*. Ora, se a lei põe a salvo o direito dos nascituros (CC/02, art. 2º), parece lógico afirmar que eles detêm legitimidade para postular judicialmente a tutela dos direitos que lhe são assegurados, mesmo que alguns insistam em negar-lhes *capacidade de direito* — é o que se costuma denominar de *personalidade judiciária*.[290] Nesta linha, aliás, a melhor orientação jurisprudencial.[291]

---

[290] A jurisprudência avaliza *capacidade para ser parte* a determinados órgãos destituídos de personalidade jurídica. As hipóteses são sempre excepcionais. É o caso das *prefeituras municipais* e *câmaras de vereadores*, às quais, não obstante despersonalizadas, também possuem o *personalidade judiciária*, isto é, podem figurar em juízo em seu próprio nome, *mas apenas na defesa de suas prerrogativas institucionais*. Mesmo que algum desses entes ou órgãos não tenha, enfim, *capacidade de direito* no plano material, no que toca ao direito processual é aceitável que atuem como partes (demandante e demandado) ou mesmo intervenientes.

[291] Adota-se, aqui, a teoria *concepcionista*. Acredita-se, assim, que o nascituro detém *capacidade de direito* e, por conseguinte, *capacidade para ser parte* (pressuposto processual) e *legitimidade para agir* (condição da ação) em demandas cuja tutela jurisdicional direciona-se à satisfação de seus direitos. Sem embargo, mesmo que se adote posição contrária, não é possível negar que o Judiciário tem admitido que o próprio nascituro, devidamente representado pela mãe gestante, promova demandas judiciais. Nessa linha, a lição de William Artur Pussi: "A

O que fez a Lei n° 11.804/08 foi mesmo ampliar a legitimidade ativa para a postulação da tutela jurisdicional de alimentos gravídicos.[292] A jurisprudência já reconhecia tal legitimidade ao nascituro. Agora, também a gestante — em litisconsórcio ou não com o nascituro — a detém, de modo que é plenamente lícito que ela, sozinha, promova demanda postulando tais alimentos, de resto voltados igualmente a sua salvaguarda.[293]

No que toca a legitimidade passiva, o escopo da Lei, que é o de proteger a genitora e sua prole, sugere a aplicação do art. 1.698 do CC/02. Assim, se o suposto pai, que em primeiro lugar deve os alimentos, não estiver em condições de suportar totalmente o encargo, serão chamados a concorrer os de grau imediato. Sendo várias as pessoas obrigadas a prestar alimentos, todas devem concorrer na proporção dos respectivos recursos, e, intentada demanda em face de uma delas, poderão as demais ser chamadas a integrar a relação processual. Obviamente,

---

regra é a capacidade de ser parte acompanhar a personalidade. Entretanto, casos existem em que a capacidade de ser parte aparece, mesmo sem personalidade. (...) Assim, parte da doutrina bem como a jurisprudência reconhecem ao nascituro a capacidade de ser parte ativa. E nem poderia ser diferente, visto que, se a lei civil garante-lhe direitos, nada mais óbvio e até mesmo necessário que lhe conceda meios para a defesa destes direitos através de sua capacitação para demandar no pólo ativo. Todavia, o nascituro não pode agir por si mesmo, quer do ponto de vista jurídico (por lhe faltar capacidade de agir), quer do ponto de vista físico (por viver comprimido ao ventre materno sem possibilidade de atuação), fato que impõe a representação quer pela mãe, quer pelo pai ou até mesmo, pelo curador" (PUSSI, William Artur. *Personalidade jurídica do nascituro*. Curitiba: Juruá, 2008. p. 162).

[292] Outra, entretanto, é a posição do insigne Yussef Said Cahali: "Aqui, às expressas (a lei disciplina o direito de alimentos da mulher gestante), a titular da pretensão é a mulher, com direito próprio para exigir a coparticipação do autor de sua gravidez nas despesas que se lhe fizerem necessárias no transcorrer da gestação, exclusivamente em função do estado gravídico. O nascituro, em inteira consonância com o disposto no art. 2º do CC/02, somente terá direito a pensão alimentícia, por conversão dos alimentos gravídicos, quando nascer com vida (art. 6º, parágrafo único, da Lei 11.804/2008)". E continua: "Em outros termos, a Lei 11.804/2008 procura proporcionar à mulher grávida um autêntico auxílio-maternidade, sob a denominação lato sensu de alimentos, representado por uma contribuição proporcional a ser imposta ao suposto pai, sob forma de participação nas despesas adicionais do período de gravidez e que sejam delas decorrentes, da concepção ao parto, inclusive as referentes a alimentação especial, assistência médica e psicológica, exames complementares, internações, parto, medicamentos e demais prescrições preventivas e terapêuticas indispensáveis, a juízo do médico, além de outras que o juiz considere pertinentes" (CAHALI, Yussef Said. *Dos alimentos*. 6. ed. São Paulo: Revista dos Tribunais, 2009. p. 353).

[293] Esta também é a posição de Denis Donoso, em interessante ensaio sobre o tema: "Não me parece, contudo, sem razão a posição de um litisconsórcio (mãe e nascituro) ou o pedido feito direta e exclusivamente pelo nascituro, na medida em que a edição da nova Lei não é suficiente para afastar as conclusões a que cheguei logo acima, quando tratei dos direitos do nascituro e sua proteção judicial" (DONOSO, Denis. *Alimentos gravídicos*: aspectos materiais e processuais da Lei nº 11.804/2008. Disponível em: <www.jus.com.br>).

tal interpretação não expurga a necessidade de se provar a relação de parentesco, questão prejudicial à própria condenação e fixação dos alimentos gravídicos.

7.6 A competência

Segundo disporia o art. 3º da Lei nº 11.804/08, para a aferição do foro competente das ações judiciais voltadas à tutela de alimentos gravídicos, aplicar-se-ia o art. 94 do Código de Processo Civil. Assim, a referida ação haveria de ser proposta no foro do domicílio do demandado, segundo a regra geral do Código de Processo Civil.

Tal dispositivo foi, contudo, vetado. Sua incoerência, afinal, era abissal, se confrontada à sistemática processual em matéria de competência envolvendo demandas cujo propósito é a tutela jurisdicional de direito a alimentos.

O artigo em questão, por outro lado, destoava-se da *finalidade* do direito a alimentos, isto é, ia de encontro ao escopo protecionista da Lei nº 11.804/08. Era, enfim, contrário às necessidades do próprio direito material a alimentos gravídicos.

Ademais, até avesso aos contornos contemporâneos do *direito fundamental à tutela jurisdicional adequada* (CF/88, art. 5º) atribuir-se à demandante o ônus de ajuizar "ação de alimentos gravídicos" na sede do domicílio do demandado, e assim impingir despesas e dificuldades justamente àqueles que haveriam de ser protegidos pela situação de fragilidade em que se encontram.

Portanto, a competência para o ajuizamento de demandas em que se postulam a tutela de alimentos gravídicos é a do foro do domicílio da demandante.

7.7 A cognição

A cognição é *técnica processual* que permite a construção de procedimentos ajustados às reais necessidades de tutela dos direitos.[294] Representa atos de inteligência, consistentes em considerar, analisar e valorar as alegações e as provas deduzidas e produzidas pelas partes no processo e cujo resultado é o alicerce das decisões judiciais.[295]

---

[294] MARINONI, Luiz Guilherme. *A efetividade do processo e tutela de urgência.* Porto Alegre: S. A. Fabris, 1994. p. 15.

[295] WATANABE, Kazuo. *Da cognição no processo civil.* São Paulo: Revista dos Tribunais, 1987. p. 41.

A Tutela Jurisdicional do Direito a Alimentos Gravídicos – Análise às Técnicas Processuais Diferenciadas... | 165

Mediante interpretação apressada, poder-se-ia afirmar que a cognição realizada no procedimento instaurado pela Lei n° 11.804/08 é *sumária*.[296] Seria dizer que no *plano vertical* (profundidade ou intensidade) a cognição, voltada à emissão de decisões judiciais, é baseada em *juízo de probabilidade*. É que o art. 6° da referida Lei impõe ser suficiente para o deferimento de alimentos gravídicos que o juiz se convença dos *indícios* de paternidade.

Cognição sumária, contudo, há apenas quando o juiz examina o pedido de *antecipação de tutela* de alimentos gravídicos. Bem diferente

---

[296] Alexandre Freitas Câmara, munindo-se das lições de Kazuo Watanabe, identifica a cognição nos seus planos vertical e horizontal. Esclarece o jurista: "Assim é que, horizontalmente considerada (plano de extensão), a cognição é plena ou limitada. Será plena quando todos os elementos do trinômio que constitui o objeto da cognição estejam submetidos à atividade cognitiva do juiz. É o que se dá no processo de conhecimento. Pense-se, por exemplo, numa 'ação de alimentos', demanda de natureza condenatória (e pertencente, portanto, às 'ações de conhecimento'). O juiz ali analisará questões preliminares (como, *e.g.*, as referentes à regularidade do processo), questões prejudiciais (como a relação de parentesco entre demandante e demandado) e, por fim, a pretensão condenatória manifestada pelo autor em face do réu. De outro lado, a cognição será limitada, quando alguns destes elementos (de ordinário o mérito da causa) for subtraído da atividade cognitiva, como ocorre no processo de execução, no qual o juiz, como já afirmado, não julga o *meritum causae*'. E continua: "No plano vertical (profundidade ou intensidade), a cognição pode ser exauriente, sumária ou superficial. Tem-se cognição exauriente quando ao juiz só é lícito emitir seu provimento baseado num juízo e certeza. É o que normalmente ocorre no processo de conhecimento. A cognição é sumária quando o provimento jurisdicional deve ser prolatado com base num juízo de probabilidade (como no caso da tutela antecipatória – art. 273, CPC). Por fim, tem-se cognição superficial (ou sumaríssima) em casos — de resto não muito freqüentes — em que o juiz deve se limitar a uma análise perfunctória das alegações, sendo a atividade cognitiva ainda mais sumária do que a exercida na espécie que leva este nome. Tal espécie de cognição é exercida, *e.g.*, no momento de se verificar se deve ou não ser concedida medida liminar no processo cautelar. Se nesta espécie de processo (utilizando-se aqui da classificação tradicional dos processos quanto ao provimento jurisdicional pleiteado) a atividade cognitiva final é sumária (uma vez que o juiz não verifica se existe o direito substancial alegado pelo demandante, mas tão só a probabilidade dele existir — *fumus boni iuris*), é óbvio que para verificar se deve ou não ser antecipada a concessão de tal medida através de liminar não se pode permitir que o juiz exerça, também aqui, cognição sumária, sob pena de se obrigar o juiz a invadir de forma indevida o objeto do processo cautelar. Deverá o julgador, portanto, exercer cognição superficial. Ao invés de buscar o requisito do *fumus boni iuris*, deverá verificar o juiz a probabilidade de que tal requisito se faça presente (algo como um *fumus boni iuris* de *fumus boni iuris*)". Finalmente conclui: "Visto isso, podemos chegar à seguinte conclusão: há processos de cognição PLENA E EXAURIENTE (como os processos de conhecimento que seguem o procedimento comum — ordinário ou sumário), PLENA E SUMÁRIA (como no processo cautelar), LIMITADA E EXAURIENTE (como no processo de execução, em que o julgador não pode examinar o mérito — cognição limitada — mas profere juízo de certeza sobre as questões preliminares — cognição exauriente), LIMITADA E SUMÁRIA (como na 'ação de separação de corpos', em que a impossibilidade de se discutir a presença de alguma causa para que se dissolva o vínculo matrimonial limita a cognição, e a urgência com que se necessita do provimento implica na sumariedade da atividade cognitiva)" (CÂMARA, Alexandre Freitas. *O objeto da cognição no processo civil*: escritos de direito processual. Rio de Janeiro: Lumen Juris, 2001. p. 85-86).

é o que se dá na atividade cognitiva realizada pelo juiz ao proferir a sentença, pois, ao prolatá-la e julgar procedente ou não o pedido, cumpre-lhe basear-se num *juízo de certeza*, não obstante conduzir seu raciocínio com alicerce em *indícios* da paternidade. Trata-se, então, de *cognição exauriente*, e não *sumária*.

Não há, enfim, que se vincular "cognição realizada em indícios da paternidade" e "cognição sumária". Julgar com base em *indícios* (= *fato indiciário*) — oriundos da chamada *prova indiciária* — não quer significar *juízo de mera probabilidade*. A chamada *prova indiciária*, aliás, sempre foi admitida, em todo e qualquer processo, especialmente naquelas circunstâncias em que a demonstração de um *fato direto* se apresenta dificílima ou mesmo impossível, obrigando o juiz a deduzir a sua existência a partir de outro fato já provado.[297] Nas demandas de alimentos e de investigação de paternidade, antes da existência do popularmente conhecido "Exame de DNA", as *presunções* (= indícios + raciocínio judicial) eram sobejamente utilizadas pelas partes e juízes, naturalmente pela dificuldade de realização da prova do parentesco (*fato direto*).[298]

Sobre as presunções leciona Humberto Theodoro Júnior:

> As presunções correspondem mais a um tipo de raciocínio do que propriamente a um meio de prova. Com elas pode-se chegar a uma noção

---

[297] Deve ficar claro que a permissão de se realizar prova indiciária nada mais é do que uma exigência das próprias necessidades do direito material a alimentos gravídicos. Basta perceber que eventual exame técnico para demonstrar a paternidade, a ser empreendido na mulher grávida, além de economicamente inviável para grande parcela da população nacional, coloca em risco o próprio desenvolvimento do nascituro. Portanto, a Lei nº 11.804/08 encontra-se ajustada ao direito fundamental à tutela jurisdicional efetiva. Aliás, a respeito da correlação entre direito à prova e direito ao acesso à justiça, pertinente a lição de Luiz Guilherme Marinoni: "Se o juiz deve se convencer de algo que está no plano do direito material, obviamente não há como dele exigir uma convicção uniforme. Em alguns casos, como os de lesões pré-natais, de seguro e relativos a atividades perigosas, a redução das exigências de prova ou de convicção de certeza é mera decorrência da própria natureza do direito material. Diante deles é admitida a convicção de verossimilhança, pois tais situações têm particularidades específicas, suficientes para demonstrar que a exigência de prova plena seria contrária ao desejo do direito material". (...) (MARINONI, Luiz Guilherme. *Curso de processo civil*: teoria geral do processo. 3. ed. São Paulo: Revista dos Tribunais, 2008. v. 1, p. 328).

[298] Sobre o popular "Exame de DNA", aponte-se, apenas como registro, o teor da Súmula nº 301 do STJ: "Em ação investigatória, a recusa do suposto pai a submeter-se ao exame de DNA induz presunção *juris tantum* de paternidade". A jurisprudência, portanto, adota a *prova indiciária* como forma de se atingir conclusão sobre a *relação de paternidade*. Pauta-se o juiz em um fato conhecido e evidenciado (negativa do suposto pai de se submeter ao exame de DNA) para deduzir sobre a existência de outro fato não propriamente conhecido (a relação de paternidade). Recentemente, aliás, foi publicada a Lei nº 12.004/09, destinada justamente a estabelecer a *presunção de paternidade* no caso de recusa do suposto pai em submeter-se ao exame de código genético (DNA). Impõe a aludida legislação que a recusa do réu em se submeter ao "Exame de DNA" gerará a presunção da paternidade, a ser apreciada em conjunto com o contexto probatório.

acerca de determinado fato sem que este seja diretamente demonstrado. Usa-se na operação a denominada prova indireta (circunstancial ou indiciária). Presunção, nessa ordem de ideias, é a consequência ou ilação que se tira de um fato conhecido (provado) para deduzir a existência de outro, não conhecido, mas que se quer provar. O fato realmente provado não é o objeto da indagação, é um caminho lógico, para alcançar-se o que em verdade se deseja demonstrar. De tal sorte, as presunções são consequências que resultam dos constantes efeitos de um fato[299] (...)

De tal sorte, o procedimento instituído pela Lei nº 11.804/08 é mesmo *sumário*, mas a cognição (no plano vertical) nele realizada para se chegar à sentença é *exauriente*.[300] Não é porque o juiz julga mediante presunções que seu exame é perfunctório. Muito pelo contrário, para se chegar a uma conclusão mediante a técnica de *prova indiciária*, ainda mais *intensa* e *exauriente* haverá de ser a cognição empreendida.[301]

Infelizmente o legislador não foi feliz ao afirmar que o juiz fixará alimentos quando *convencido da existência de indícios da paternidade*. Não havia necessidade de assim se pronunciar, pois a especial condição a qual se encontram nascituro e gestante é suficiente para tornar

---

[299] THEODORO JÚNIOR, Humberto. *Curso de direito processual civil.* 47. ed. Rio de Janeiro: Forense, 2007. v. 1, p. 482. Na mesma esteira, Cassio Scarpinella Bueno leciona que as presunções não são meios de prova, mas métodos de raciocínio ou de convencimento que a lei pode assumir com maior ou menor intensidade em alguns casos para dispensar a produção da prova. Pelas presunções — continua o festejado processualista —, independentemente de sua fonte, autoriza-se que o juiz construa o seu pensamento a partir de atos e fatos auxiliares, isto é, que não guardam direta pertinência com o seu objeto de conhecimento — são os usualmente chamados indícios —, mas que permitem a formulação de uma conclusão sobre o que ocorreu ou sobre as consequências daquilo que ocorreu (BUENO, Cassio Scarpinella. *Curso sistematizado de direito processual civil*: procedimento comum ordinário e sumário. São Paulo: Saraiva, 2007. v. 2, t. I, p. 239).

[300] É importante, outrossim, não vincular *procedimento sumário* à *cognição sumária*. A lição de Fabrício Dani de Boeckel, escorada nos ensinamentos de Carlos Alberto Alvaro de Oliveira, é precisa a respeito disso, e bem serve também para as demandas voltadas à tutela de alimentos gravídicos, conquanto elaborada para ilustrar a cognição na ação de alimentos: (...) "Isso porque a 'sumarização' do procedimento não se dá às custas da redução da certeza, da segurança jurídica. Decorre, isto sim, de mera simplificação formal do rito, com a supressão de atos cuja falta não compromete a finalidade e as garantias do processo, além do encurtamento de prazos e da concentração dos atos processuais em audiência, tudo visando à aceleração do julgamento, mas sem diminuir de modo significativo o grau de certeza que o juízo pode atingir" (BOECKEL, Fabrício Dani de. *Tutela jurisdicional do direito a alimentos*. Porto Alegre: Livraria do Advogado, 2007. p. 122).

[301] "Pode haver juízo suficiente para que seja proferida uma sentença de procedência, pouco importando se a prova na qual o julgador se baseia é direta ou indiciária. O que é preciso verificar é se o indício, a prova indiciária e a presunção permitem ou não um juízo de procedência. É apenas desta forma que é possível tutelar o direito do autor, protegendo-se, igualmente, a posição de réu" (SOUZA, Anderson Elísio de *et al*. *Argumentação jurídica*: teoria e prática. 3. ed. Rio de Janeiro: Freitas Bastos, 2008. p. 159).

descabida exigência de prova *direta* acerca da paternidade. Por isso, aliás, o veto ao art. 8º da Lei, o qual condicionava a procedência do pedido de alimentos gravídicos à realização do exame pericial, sempre que houvesse oposição à paternidade por parte do demandado. Não bastassem as dificuldades econômicas que impunha, tal dispositivo colocava em risco de morte o próprio nascituro.[302] As palavras utilizadas pelo legislador, enfim, podem levar à falsa compreensão de que pretendeu instituir procedimento cuja cognição também é sumária, e, portanto, infensa à própria coisa julgada material.

No plano horizontal, por outro lado, a cognição é *limitada*. A exemplo do que ocorre na "ação de alimentos", cujo rito também é especial e sumário, por se estar diante de um procedimento destinado a atender às necessidades do direito material a alimentos gravídicos, é inviável a cumulação de pedidos de natureza diversa (CPC, art. 292, §1º, III). Logo, não sendo apropriado o procedimento às várias postulações, o litígio não pode ultrapassar os limites ínsitos à questão alimentar para que o procedimento especial se mostre adequado.[303]

Em resumo, a cognição exercitada no rito especial instituído pela Lei nº 11.804/08 é *limitada* (no plano horizontal) e *exauriente* (no plano vertical). Sofre, portanto, limitações quanto à amplitude do debate das partes, afetando, na mesma medida, o conhecimento do juiz, sem que exista, contudo, qualquer restrição quanto à profundidade do objeto cognoscível.[304]

7.8 A tutela antecipada

Nada há na Lei nº 11.804/08 que discipline o uso da tutela antecipada.

Havia, contudo, dispositivo (art. 5º) que impunha ao juiz, recebida a petição inicial, designasse audiência de justificação prévia, momento

---

[302] Confira-se a crítica contundente de Maria Berenice Dias ao disposto no art. 8º (vetado): "É concedido ao réu o prazo de resposta de 5 dias. Caso ele se oponha à paternidade a concessão dos alimentos vai depender de exame pericial. Este, às claras é o pior pecado da lei. Não há como impor a realização de exame por meio da coleta de líquido amniótico, o que pode colocar em risco a vida da criança. Isso tudo sem contar com o custo do exame, que pelo jeito terá que ser suportado pela gestante. Não há justificativa para atribuir ao Estado este ônus. E, se depender do Sistema Único de Saúde, certamente o filho nascerá antes do resultado do exame" (DIAS, Maria Berenice. *Alimentos gravídicos?*. Disponível em: <www.mariaberenicedias.com.br>. Acesso em: 20 ago. 2009).

[303] BOECKEL, Fabrício Dani de. *Tutela jurisdicional do direito a alimentos*. Porto Alegre: Livraria do Advogado, 2007. p. 122.

[304] MARCATO, Antonio Carlos. *Considerações sobre a tutela jurisdicional diferenciada*. Disponível em: <www.mundojuridico.adv.br>. Acesso em: 20 ago. 2009.

A Tutela Jurisdicional do Direito a Alimentos Gravídicos – Análise às Técnicas Processuais Diferenciadas... | 169

em que ouviria a demandante e apreciaria as provas de paternidade em *cognição sumária*, podendo tomar depoimento do demandado e de testemunhas e requisitar documentos. Tal dispositivo, embora vetado, demonstra a intenção do legislador de instituir previsão expressa acerca da tutela de urgência na Lei nº 11.804/08. O veto do qual foi alvo não poderia significar jamais obstáculo a pedidos antecipatórios, sob pena de também se vulnerar o *direito fundamental à tutela jurisdicional adequada*. Aplica-se supletivamente a regra geral, atinente à tutela antecipada, (CPC, art. 273), ao procedimento instituído pela Lei nº 11.804/08. E tal se justifica pela mera urgência que caracteriza o direito postulado, uma vez que o não deferimento imediato da tutela alimentar poderá importar o nascimento daquele a quem os alimentos deveriam servir à subsistência, quando não menos atuar em prejuízo à sua própria vida. *Por tal razão, nem de longe é exagerado assinalar que a tutela antecipada é técnica inerente ao novel procedimento, sem a qual sua utilidade, por certo, se desvanecerá.*

Então, o caráter emergencial que destaca os alimentos gravídicos leva à possibilidade de o juiz concedê-los antecipadamente, através de *cognição sumária*, mesmo antes de instaurado o contraditório, desde que presentes indícios da paternidade e da possibilidade de dano irreparável ou de difícil reparação para assim atuar (CPC, art. 273).[305] Não estando o juiz suficientemente convicto da necessidade de deferir a tutela antecipada, deverá designar audiência de justificação prévia para formar seu convencimento. A decisão que defere ou não o pedido de tutela antecipada pode ser desafiada por agravo de instrumento, o qual, como se sabe, é recebido, de regra, sem efeito suspensivo.

7.9 A coisa julgada e seus limites

7.9.1 Considerações iniciais

A coisa julgada atrela-se intimamente ao *direito fundamental à segurança jurídica*. Representa a garantia de que aquela discussão, já

---

[305] Interessante notar que em se tratando de direito a alimentos — leciona Fabrício Dani de Boeckel — sempre que a tutela for antecipada, o será com o intuito de permitir a adoção de medida com caráter preventivo em favor do alimentando. Afinal, em causas de tal natureza, o dano é essencialmente irreparável, somente sendo efetiva a tutela quando concedida previamente, vale dizer, antes que o alimentando sofra as consequências da falta de recursos para sua mantença (BOECKEL, Fabrício Dani de. *Tutela jurisdicional do direito a alimentos*. Porto Alegre: Livraria do Advogado, 2007. p. 90).

passada em julgado, não mais surgirá, pois indiscutível ou imutável o resultado da atividade jurisdicional empreendida para tal finalidade.[306]

Não há dúvidas de que o procedimento instituído pela Lei nº 11.804/08 produz decisão (sentença ou acórdão) com autoridade de coisa julgada. Afinal, a cognição nele realizada é exauriente, produzida mediante *juízo de certeza*, não obstante escorada em provas indiciárias.

É por isso que se mostra importante traçar breve análise acerca dos limites objetivos e subjetivos da coisa julgada produzida neste novo procedimento, a qual, aliás, apresenta algumas peculiaridades, de resto devidamente ajustadas às necessidades do direito material a alimentos gravídicos.

7.9.2 Os limites objetivos da coisa julgada

Objeta-se pelo estudo dos seus *limites objetivos* definir a parte da sentença que se reveste da imutabilidade. Busca-se, enfim, identificar, entre as diversas questões decididas, aquelas protegidas pelo manto da coisa julgada material.

E no direito brasileiro a coisa julgada envolve apenas a *parte dispositiva* da sentença, de modo que, nesta ordem de ideias, ficam de fora: a) *os motivos*, ainda que importantes para determinar o alcance da parte dispositiva da sentença; b) *a verdade dos fatos*, estabelecida como fundamento da sentença; e c) a apreciação da *questão prejudicial*, decidida incidentemente no processo (CPC, art. 469).

Apesar de sumário o procedimento instituído pela Lei nº 11.804/08, a cognição ali realizada pelo juiz é exauriente, embora baseada em provas indiciárias. E é justamente porque o juiz julga mediante provas indiretas (indiciárias) que se reforça a necessidade de delineamento preciso daquilo que na sentença é protegido pela coisa julgada. Afinal, julgamentos escorados em tais provas apresentam margem maior de insegurança, ainda que se esteja diante de *juízo de certeza*. É importante, enfim, definir exatamente qual a fração da sentença se

---

[306] É de Luiz Eduardo Ribeiro Mourão a seguinte definição de coisa julgada: (...) "a *res iudicata* é uma situação jurídica que se caracteriza pela proibição de repetição do exercício da mesma atividade jurisdicional, sobre o mesmo objeto, pelas mesmas partes (e, excepcionalmente, por terceiros), em processos futuros. Para alcançar esse desiderato, vale-se o legislador de duas técnicas processuais: a) veda a repetição da demanda e b) imutabiliza as decisões judiciais transitadas em julgado" (MOURÃO, Luiz Eduardo Ribeiro. *Coisa julgada*. Belo Horizonte: Fórum, 2008. p. 29).

A Tutela Jurisdicional do Direito a Alimentos Gravídicos – Análise às Técnicas Processuais Diferenciadas...

reveste de imutabilidade, bem assim até em que ponto o litigante prejudicado estará autorizado a ajuizar nova demanda para acudir eventual injustiça em face dele cometida.

Especificamente, deve-se responder se a coisa julgada, oriunda de demanda promovida e processada segundo o rito da Lei nº 11.804/08, compreende, em seus limites objetivos, a relação de paternidade. Basta pensar que o juiz, antes de proferir sentença definitiva concedendo direito a alimentos gravídicos, deverá enfrentar questão relativa à paternidade. Julgada por sentença a demanda e concedidos os alimentos gravídicos, a coisa julgada alcança a relação de paternidade, definida pelo juiz mediante cognição exauriente, mas com base, no mais das vezes, em provas indiciárias? A resposta é negativa.

É que a coisa julgada não abarca em seus limites decisão sobre *questão prejudicial*, salvo se postulada mediante "ação declaratória incidental" (CPC, art. 469, III). Segundo o rito estabelecido pela Lei nº 11.804/08, a relação de paternidade é subordinante (questão prejudicial) à obrigação alimentar, pois para que a última exista, indispensável que a primeira seja reconhecida. O direito à tutela alimentar depende da relação de parentesco. Cumpre ao juiz, então, examiná-la previamente, mas isso não significa que o dispositivo da sentença deve abrangê-la. Afinal, o art. 469, III, do CPC é clarividente ao indicar que as *questões prejudiciais* não são alcançadas pela coisa julgada quando decididas incidentalmente no processo.[307]

É de se sublinhar, por fim, que há um *pedido implícito sob condição* em toda demanda cujo rito é o estabelecido pela Lei nº 11.804/08. É que o seu art. 6º, parágrafo único, impõe que os alimentos gravídicos convertam-se em pensão alimentícia em favor do menor, até que uma das partes solicite a sua revisão. Assim, se inicialmente os alimentos prestam-se a suprir despesas adicionais do período de gravidez e dela decorrentes, num segundo momento sua finalidade automaticamente transmuda-se, e a tutela alimentar assume a finalidade de prover

---

[307] Segundo leciona Humberto Theodoro Júnior, prejudicial "é aquela questão relativa a outra relação ou estado que se apresenta como mero antecedente lógico da relação controvertida (à qual não diz diretamente respeito, mas sobre a qual vai influir), mas que poderia, por si só, ser objeto de um processo separado. São exemplos de questões prejudiciais as que se relacionam com o domínio da coisa numa ação de indenização de danos; à sanidade mental do devedor ao tempo da constituição da dívida numa ação de cobrança; à relação de paternidade numa ação de alimentos etc. Por não dizerem respeito diretamente à lide, situam-se as questões prejudiciais como antecedentes lógicos da conclusão da sentença. Não se integram, portanto, no seu dispositivo, que é a única parte do julgado que atinge a culminância de *res iudicata*" (THEODORO JÚNIOR, Humberto. *Curso de direito processual civil*. 47. ed. Rio de Janeiro: Forense, 2007. v. 1, p. 608).

necessidades exclusivas do menor. Portanto, também envolvida pela coisa julgada condenação à pensão alimentícia, destinada à subsistência exclusiva do infante, desde que nasça com vida (condição).[308] Dito de outro modo, já sabe previamente o alimentante que a condenação que eventualmente vir a sofrer não se limitará ao período correspondente à gravidez (da concepção ao parto), mas, muito ao contrário, estender-se-á para além dela, prestando-se a suprir as necessidades do alimentando também em vida. Trata-se de condenação *ex lege*, a respeito da qual o pedido expresso se mostra despiciendo.

7.9.3 Os limites subjetivos da coisa julgada

Já os limites subjetivos da coisa julgada se prestam a determinar os sujeitos a quem a decisão prejudica ou beneficia.[309] Ao examiná-los o que se pretende é justamente definir aqueles que se encontram submetidos ao comando inserido na sentença. É o que leciona Luiz Eduardo Ribeiro Mourão:

> Estudar os limites subjetivos da coisa julgada significa identificar quais os sujeitos que serão alcançados pela autoridade da coisa julgada e, portanto, estarão impedidos de rediscutir o conteúdo de uma determinada decisão judicial, em processo futuro.[310]

Segundo o CPC, a sentença faz coisa julgada às partes entre as quais é dada, de modo que não beneficia nem prejudica terceiros (art. 472). Não quer isso dizer que a sentença passada em julgado prevalece ou somente vale entre as partes, mas simplesmente que a

---

[308] Segundo o art. 293 do CPC, os pedidos são interpretados restritivamente. Porém, o mesmo dispositivo, em sua segunda parte, abre uma exceção à regra da interpretação restritiva, de sorte a admitir pedido implícito de juros legais. Tratando-se, enfim, de demanda cuja postulação traduz-se em obrigação de pagar quantia, eventual condenação do principal, independentemente de requerimento expresso, atinge também os juros legais (moratórios). Outros pedidos que sempre devem ser considerados pelo juiz, ainda que implícitos: a) correção monetária (Lei nº 6.899/81; b) despesas processuais; c) honorários advocatícios (CPC, art. 20); d) pedido de prestações periódicas vincendas (CPC, art. 290). O que fez a Lei nº 11.840/08 foi criar nova hipótese de *pedido implícito*, condicionando sua *eficácia* ao nascimento com vida do nascituro. Mesmo ausente requerimento expresso, já se sabe de antemão que o julgamento de procedência importa também conversão da condenação de alimentos gravídicos em pensão alimentícia ao infante, a parir do seu nascimento com vida.

[309] COUTURE, Eduardo J. *Fundamentos del derecho procesal civil*. 3. ed. Buenos Aires: Depalma, 1985. p. 422.

[310] MOURÃO, Luiz Eduardo Ribeiro. *Coisa julgada*. Belo Horizonte: Fórum, 2008. p. 229.

sua imutabilidade e indiscutibilidade não podem prejudicar, nem beneficiar, estranhos ao processo em que foi proferida.[311]

O tema ganha especial relevo diante da Lei nº 11.804/08, também em face do que dispõe o seu art. 6º, parágrafo único: "Após o nascimento com vida, os alimentos gravídicos ficam convertidos em pensão alimentícia em favor do menor até que uma das partes solicite a sua revisão".

Constata-se pela redação do dispositivo aludido que, mesmo a demanda sendo promovida exclusivamente pela gestante, a autoridade da coisa julgada atuará sobre o infante, não só ainda quando nascituro, mas também depois do seu nascimento com vida. Afinal, a partir de então, os alimentos, cujo propósito inicial era o de apenas cobrir as despesas adicionais do período de gravidez e dela decorrentes, converter-se-ão em pensão alimentícia em seu exclusivo favor.

O que se vê é a criação de um novo regime de eficácia subjetiva da coisa julgada, diversamente do que se passa nas ações individuais reguladas pelo CPC. A legislação especial, enfim, instituiu que, em ações judiciais cujo rito é o estabelecido pela Lei nº 11.804/08, a sentença faz coisa julgada também em relação ao infante, mesmo que inicialmente não integre a relação jurídica processual. Certamente o legislador se apegou aqui aos valores constitucionais efetividade e celeridade, de resto norteadores de grande parte das reformas pontuais que se assiste hodiernamente no cenário jurídico processual. É mais um exemplo vivo de definição e compreensão dos contornos de um instituto processual segundo as necessidades do direito material perseguido.

7.10 Apontamentos finais

Algumas observações finais merecem breve transcrição.

A primeira delas diz respeito à controvérsia acerca do termo inicial dos alimentos gravídicos. Ressalte-se que o projeto fazia referência à citação como marco a partir da qual os alimentos seriam devidos, a exemplo do que reza a Lei nº 5.478/68 (art. 13, §2º). Mas tal dispositivo (art. 9º) foi vetado, o que, a rigor, não afasta idêntica conclusão. Melhor, contudo, é adotar interpretação sistemática para admitir o reembolso das despesas realizadas também antes da citação, sem descurar, por óbvio, do necessário respeito ao critério da

---

[311] THEODORO JÚNIOR, Humberto. *Curso de direito processual civil*. 47. ed. Rio de Janeiro: Forense, 2007. v. 1, p. 616.

proporcionalidade no tocante à disponibilidade financeira de cada uma das partes, além da fixação de um valor mensal até o fim da gestação que, após o nascimento com vida, será convertido em pensão alimentícia ao menor. É essa a solução conferida por Douglas Phillips Freitas, valendo-se do art. 398 do CC/02, o qual estabelece que, nas obrigações provenientes de ato ilícito, considera-se o devedor em mora desde a sua prática. Na ótica acertada do jurista, não é despropositado enquadrar o desamparo alimentar pelo pai em relação à mãe e o nascituro como *ato ilícito* e, assim, aplicar analogicamente o dispositivo (CC/02, art. 398) para a solução de questões que também envolvam a Lei nº 11.804/08.[312]

Outro aspecto interessante diz respeito ao ônus probatório. Excetuados os casos de presunção de paternidade, tal ônus pertence à demandante, que deverá provar a presença de indícios da relação de paternidade entre o nascituro e o demandado, bem assim a necessidade e a possibilidade de se conceder a tutela a alimentos gravídicos.[313] Por ser a *cognição limitada* no plano horizontal — a discussão encontra-se limitada à *relação de paternidade* e ao *binômio necessidade/possibilidade* —, e ausente a possibilidade de o demandado postular "Exame de DNA", poderá defender-se provando, por exemplo, a realização de vasectomia, que sofre de impotência sexual, que a genitora contraiu novas núpcias, entre outros previstos nos arts. 1.597 a 1.602 do CC/02.[314]

A Lei nº 11.804/08, ademais, refere-se à revisão apenas depois de nascido o infante e convertidos os alimentos em pensão alimentícia. Todavia, é plenamente possível a postulação judicial de tal revisão alimentar ainda no período da gravidez, obviamente em demanda própria voltada a essa finalidade, conquanto pouco provável que tal hipótese ocorra na praxe.

É absolutamente majoritário, em doutrina e jurisprudência, o entendimento de que não há se falar em ressarcimento dos valores pagos a título de alimentos gravídicos, dada a sua natureza peculiar. Portanto, ainda que demonstrada a ausência de vínculo de paternidade, não seria lícito ao demandado, em demanda diversa, postular ressarcimento do prejuízo sofrido. A primeira versão deste artigo, aliás, seguiu este rumo, com a ressalva de que, demonstrada a má-fé da gestante, a

---

[312] FREITAS, Douglas Phillips. Alimentos gravídicos e a Lei nº 11.804/08. *Revista Jurídica Consulex*, ano XIII, n. 298, p. 36-37, 15 jun. 2009.

[313] FREITAS, Douglas Phillips. Alimentos gravídicos e a Lei nº 11.804/08. *Revista Jurídica Consulex*, ano XIII, n. 298, p. 36-37, 15 jun. 2009.

[314] FREITAS, Douglas Phillips. Alimentos gravídicos e a Lei nº 11.804/08. *Revista Jurídica Consulex*, ano XIII, n. 298, p. 36-37, 15 jun. 2009.

A Tutela Jurisdicional do Direito a Alimentos Gravídicos – Análise às Técnicas Processuais Diferenciadas...

responsabilização civil haveria de ser admitida.[315] Mas o argumento de Francisco José Cahali, situado em ensaio que apenas tomamos conhecimento posteriormente, obrigou-nos, até por honestidade intelectual, a alterar a posição antes firmada. Crê-se, enfim, mais ajustada a uma visão constitucional defender-se a responsabilidade civil da gestante pelo prejuízo causado ao demandado, a ser postulada em demanda própria, e desde que provada a ausência de paternidade. E assim haverá de ser, ainda que ausente dolo ou mesmo má-fé por parte da gestante. Trata-se de entendimento mais consentâneo ao *direito fundamental à tutela jurisdicional adequada* (CF/88, art. 5º, XXXV).[316]

Superada a gravidez em decorrência de aborto, perde a ação alimentar o seu objeto, devendo ser extinta sem resolução de mérito,

---

[315] Refere-se a versão publicada na *Revista Brasileira de Direito Processual*, n. 68, publicada pela Fórum em dezembro/2009. Este o trecho que se encontra registrado no aludido periódico: "Não há se falar, por outro lado, em ressarcimento dos valores pagos a título de alimentos gravídicos, dada a sua natureza peculiar. É bem verdade que o projeto previa originariamente a responsabilidade objetiva da demandante, pelos danos materiais e morais causados ao demandado, em caso de resultado negativo do exame pericial de paternidade. Tal dispositivo acabou, todavia, sendo alvo de veto. Portanto, apenas se restar provado que a demandante valeu-se do procedimento para lograr auxílio financeiro de terceiro que sabia não se tratar do suposto pai, é que eventual indenização poderá ser concedida, mas em demanda ajuizada para este propósito específico" (FREITAS, Douglas Phillips. Alimentos gravídicos e a Lei nº 11.804/08. *Revista Jurídica Consulex*, ano XIII, n. 298, p. 36-37, 15 jun. 2009).

[316] Confira-se a lição de Francisco José Cahali: "O reconhecimento da paternidade nesta ação de alimentos gravídicos se faz *incidenter tantum*, como requisito à imposição da obrigação ao réu. Pode, porém, acontecer que a paternidade venha a ser afastada, após a instrução do feito. Para esta hipótese, a lei, em sua versão aprovada pelo Congresso, estabelecia a responsabilidade objetiva do autor, por danos morais e materiais, a ser liquidada nos próprios autos. Tal artigo, como outros, foi vetado, veto este prestigiado por alguns comentaristas do Projeto de Lei (...). Diversamente, porém, entendemos que o veto não retira a responsabilidade civil decorrente da iniciativa impropriamente direcionada a quem não é pai. Mesmo sem previsão na lei (que aliás é mesmo desnecessária, salvo para prever a apuração nos próprios autos como então proposto) a responsabilidade existe, pelo direito comum (direito civil), e sendo a autora a gestante, em face dela deverá ser direcionada a ação (não contra o menor), pelo prejuízo causado, ainda que ausente dolo, ou mesmo má-fé. Lembre-se, ainda, ser da mãe a responsabilidade civil perante terceiros quando ainda menor o filho (CC, arts. 932, I, e 933) e assim, mesmo que até o final do processo tenha havido a substituição processual, ainda é da genitora a responsabilidade. E esta obrigação de indenizar, antes de ferir o direito de acesso à justiça, em nosso sentir, confere a este maior seriedade e responsabilidade. Aliás, o próprio princípio da sucumbência consagrado em nossa e diversas legislações, representa, em certa medida, exatamente impor ao vencido uma responsabilidade em indenizar o vencedor em um dano com valor presumido, e jamais se cogitou em considerar a sucumbência como ofensiva ao acesso à justiça. Por outro lado, seria totalmente despropositado, e aí sim agressivo ao direito de acesso à justiça, impor-se ao réu, e sem lei para tanto, um prejuízo do qual não se deu causa, sem garantir a ele o direito de pretender no Judiciário a respectiva recomposição diante de lesão sofrida" (CAHALI, Francisco José. Alimentos gravídicos: direito das famílias. *In*: DIAS, Maria Berenice (Org.). *Contributo do IBDFAM em homenagem a Rodrigo da Cunha Pereira*. São Paulo: Revista dos Tribunais, 2009. p. 587-588).

ante a falta de *interesse de agir*. Trata-se de hipótese em que a carência da ação surge no curso do procedimento, justamente em face da ocorrência de causa superveniente — o aborto, sem dúvida um *fato processual*. Por outro lado, já encerrado o processo, com sentença condenatória passada em julgado, mas sobrevindo um aborto, a melhor orientação sugere a necessidade de ajuizamento de nova ação judicial ("ação de exoneração de alimentos") por parte do alimentante, cujo propósito, agora, norteia-se à obtenção de tutela jurisdicional que o exonere do pagamento de alimentos gravídicos arbitrados na demanda anterior, sendo insuficiente, portanto, a mera comunicação no feito já extinto — é, pois, vedada a exoneração automática do alimentante ao pagamento de pensão alimentícia. Trata-se, neste último caso, de interpretação consentânea à súmula nº 358 do Superior Tribunal de Justiça.

É interessante também indagar se ao juiz seria permitido proferir sentença condenatória cujas prestações fossem definidas em valores diferentes, considerando o período da gravidez (da concepção ao parto) e aquele após o nascimento com vida do nascituro (prestações em valor "X" da concepção ao parto; prestações em valor "Y" devidos a título de pensão alimentar ao infante). Por outras palavras, seria lícito ao juiz arbitrar alimentos em valores diversos, devidos em períodos temporais também diversos e conforme as particularidades de cada qual das fases (período de gravidez e período pós-parto) pelas quais passa gestante e nascituro? Não parece, entretanto, ser possível a adoção de tal caminho. É clara a lei ao impor que, após o nascimento com vida, os alimentos gravídicos converter-se-ão em pensão alimentícia em favor do menor, até que uma das partes solicite a sua revisão. Admitir-se ao juiz condenações em valores diversos poderia levar à ampliação da cognição (limitada, no plano horizontal), em prejuízo à própria celeridade que caracteriza o procedimento diferenciado.

No que diz respeito à prescrição, é certo que o direito de alimentos é imprescritível. E assim é também com o direito a alimentos gravídicos. Unicamente os alimentos devidos prescrevem no prazo de dois anos, que inicia no vencimento de cada prestação.[317] Essa prescrição de dois anos refere-se tão somente à prestação periódica que está fixada em sentença ou convencionada em acordo, de maneira que incide em cada prestação que se encontra vencida, mantendo-se, entretanto, o direito de exigir as demais.[318]

---

[317] RIZZARDO, Arnaldo. *Direito de família*: lei nº 10.406, de 10.01.2002. 2. ed. Rio de Janeiro: Forense, 2004. p. 733.

[318] RIZZARDO, Arnaldo. *Direito de família*: lei nº 10.406, de 10.01.2002. 2. ed. Rio de Janeiro: Forense, 2004. p. 733.

A Tutela Jurisdicional do Direito a Alimentos Gravídicos – Análise às Técnicas Processuais Diferenciadas... | 177

Por fim, na execução do direito a alimentos gravídicos (concedidos através da técnica da tutela antecipada ou definitivos) é possível a utilização de todos os meios executivos e técnicas diferenciados instituídos pelo legislador para conferir efetividade à cobrança do crédito alimentar (desconto em folha de pagamento, penhora de bens absolutamente impenhoráveis e de família, constituição de capital, ameaça de prisão, dentre outros). O Superior Tribunal de Justiça vem entendendo ser cabível a prisão civil, por certo a mais grave das medidas executivas, quer se trate de execução de alimentos definitivos, quer de alimentos provisórios ou provisionais.[319] Não há porque afastar esse entendimento às questões atinentes ao procedimento instituído pela Lei nº 11.804/08.

8 Conclusão

Há primado constitucional a impor que se dispense tratamento diferenciado aos desiguais em prol da igualdade. E o legislador infra-constitucional tem sido fiel ao cumprir esse comando, na medida em que institui regularmente legislações protecionistas a determinadas categorias de pessoas, conferindo-lhes prerrogativas materiais e processuais.

Assim ocorre com as crianças e adolescentes e também com os idosos. Os deficientes igualmente encontram proteção na legislação pátria. Categorias vulneráveis como os consumidores também dispõem de legislação própria que lhes assegurem proteção e igualdade.

Já era tempo de o legislador estender esse raciocínio especifica-mente à *pessoa embrionária*, a qual, segundo a doutrina *concepcionista*, também é sujeito de direitos e deveres na ordem civil.[320] Se a especial

---

[319] "Habeas Corpus. Alimentos. Pressupostos ensejadores da prisão civil não configurados. 1. A aplicação da penalidade contida no art. 733, §1º, do CPC se dá quando, em sede de execução de sentença ou de decisão que fixa os alimentos provisionais, o executado não efetua o integral pagamento das três últimas parcelas anteriores ao ajuizamento da execução, acrescidas das vincendas, nem apresenta escusas legítimas para não fazê-lo. Súmula 309/STJ. 2. Na espécie, ausentes os pressupostos ensejadores do decreto prisional. 3. Ordem concedida" (Superior Tribunal de Justiça, HC nº 114.327/PI, Quarta Turma, Relator Ministro Fernando Gonçalves, julgado em 11.11.2008. Disponível em: <www.stj.jus.br>).

[320] Evidenciando a proteção ao nascituro conferida pela Constituição Federal, Zoraide Sabaini dos Santos Amaro leciona: "A legislação brasileira garante os direitos do nascituro desde a concepção, principiando pela Constituição Federal, art. 5º, através da qual estabelece a inviolabilidade do direito à vida. Nesse contexto, a não observância dos direitos de personalidade do nascituro feriria esse princípio e, por via reflexa, todo o mundo jurídico. De importância também nesse contexto, ainda na Lei Maior, é o inciso XXXVIII do mesmo art. 5º, que reconhece a instituição do júri com competência para julgamento dos crimes dolosos contra a vida, entre os quais se inclui o aborto. Assegura, ainda, a proteção à

condição da criança e do adolescente instigou a edição de legislação que lhes é protecionista, por que não esperar que se torne igualmente alvo de proteção estatal, compatível à sua natureza humana, também o nascituro, de modo que se reconheça a dignidade que lhe é inerente e o respeito aos seus direitos fundamentais?[321] Afinal, não se deve olvidar ser impossível falar em dignidade quando a pessoa é rebaixada a mero *objeto*, tratada como coisa e, por assim dizer, descaracterizada como sujeito de direitos.[322]

É bem-vinda, portanto, a Lei nº 11.804/08. Mas não apenas porque reforça a possibilidade de se deferir judicialmente alimentos ao nascituro e à mulher grávida, além de instituir *técnicas processuais* (*lato sensu*) ajustadas às particularidades desse mesmo direito material. De maneira especial, sua importância está em incutir na mente social a necessidade premente de se dedicar esforços estatais (administrativos, legislativos e judiciais) protecionistas àqueles cujas vozes sequer podem ser ouvidas, tamanha é a vulnerabilidade que particulariza a sua própria essência.

---

maternidade, especialmente à gestante (art. 201, II e art. 203, I)" (...) (AMARO, Zoraide Sabaini dos Santos. *O reconhecimento da personalidade jurídica do nascituro desde a concepção no sistema jurídico nacional como forma de solidificar a exigente atuação integral do fenômeno humano nas relações jurídicas*. Disponível em: <www.conpedi.org>).

[321] GODINHO, Adriano Marteleto. O estatuto jurídico do nascituro no direito brasileiro. *Revista Juristas*, João Pessoa, ano III, n. 92, 19 set. 2006. Disponível em: <www.juristas.com.br>.

[322] SARLET, Ingo Wolfgang. *A eficácia dos direitos fundamentais*. 4. ed. Porto Alegre: Livraria do Advogado, 2004. p. 177.

5

FLEXIBILIZAÇÃO PROCEDIMENTAL NO NOVO CPC[323]

O trato do tema "Flexibilização Procedimental" conduz necessariamente ao exame dos princípios da *adequação* e da *adaptabilidade do procedimento*, ambos responsáveis pela disciplina dos procedimentos e também de suas eventuais variações.

O primeiro deles — o *princípio da adequação* — é, nas palavras do insigne processualista baiano, Professor Fredie Didier Jr., pré-jurídico, legislativo.[324] Endereça-se ao legislador e, assim, impele-o a construir, de maneira prévia, procedimentos que viabilizem (legitimem e controlem) a atividade jurisdicional.

Verdade que o legislador, ao edificar procedimentos, o faz, de regra, conferindo-lhes contornos rijos, armando-os com fases e atos bem definidos, minuciosamente regulamentados, porquanto o sistema processual brasileiro é adepto do *princípio da legalidade das formas*. Não obstante, o próprio legislador, vez ou outra, procura flexibilizar toda essa rigidez, isso mediante a disciplina de exceções ou de vias alternativas para o caso de a atividade jurisdicional encontrar algum óbice que comprometa a sua higidez. Antevendo possibilidades que escapam do contexto geral, positivam-se opções às partes e ao juiz

---

[323] Este texto retrata a palestra proferida pelo autor, intitulada "Flexibilização procedimental no novo CPC", na 4ª edição do Congresso de Uberaba de Direito Processual, ocorrido nos dias 07 e 08 de outubro de 2010, na cidade de Uberaba, MG.

[324] Esclarece Fredie Didier Jr. que o princípio da adequação é pré-jurídico, legislativo, atuando como informador da produção legislativa do procedimento em abstrato. Em suas próprias palavras, a "construção do procedimento deve ser feita tendo-se em vista a natureza e as idiossincrasias do objeto do processo a que servirá; o legislador deve atentar para estas circunstâncias, pois um procedimento inadequado ao direito material pode importar verdadeira negação da tutela jurisdicional. O princípio da adequação não se refere apenas ao procedimento. A tutela jurisdicional há de ser adequada; o procedimento é apenas uma forma de se encarar este fenômeno" (DIDIER JR., Fredie. *Curso de direito processual civil*: teoria geral do processo e processo de conhecimento. Salvador: JusPodivm, 2006. v. 1, p. 64).

que lhes permitam, deste modo, ajustar o procedimento. Trata-se, por conseguinte, de uma acomodação procedimental *previamente* prevista em lei, isto é, de normas positivadas no ordenamento jurídico processual que conferem, em hipóteses específicas e especiais, uma maleabilidade aos procedimentos.

Tudo até aqui se insere mesmo no âmbito do *princípio da adequação*, seja a positivação de procedimentos rígidos, encadeados em sequências lógicas e predefinidas, seja ainda a própria disciplina legal de exceções que autorizem a flexibilização deles em circunstâncias extravagantes, a fim de os ajustar a algumas idiossincrasias percebidas e/ou vaticinadas pelo legislador. Até óbvia a correspondência com as ideias de legalidade e de segurança jurídica. E a exemplo das inúmeras hipóteses específicas de flexibilização procedimental prenunciadas no Código de Processo Civil, também pela mesma rota segue o Projeto nº 166/10, assinalando a presença do *princípio da adequação* como um de seus pilares de sustentação. Confiram-se, neste turno, algumas ilustrações, todas colhidas do texto do anteprojeto do novo CPC: i) autorização para que o juiz profira decisão de natureza emergencial contra uma das partes sem ouvi-la previamente, até para se evitar perecimento do direito (Projeto nº 166/10, art. 9º); ii) autorização para que o juízo incompetente conceda medidas urgentes com o propósito de evitar o perecimento do direito (Projeto nº 166/10, art. 28, parágrafo único); iii) exigência de instauração de um incidente processual próprio para a desconsideração de personalidade jurídica (Projeto nº 166/10, arts. 62 a 65); iv) autorização para que o juiz limite o litisconsórcio facultativo quanto ao número de litigantes, quando esse comprometer a rápida solução do litígio ou dificultar a defesa (Projeto nº 166/10, art. 101, parágrafo único); v) permissão para que o juiz escolha livremente o perito nas localidades onde não houver profissionais qualificados (Projeto nº 166/10, art. 125, §3º, parágrafo único); vi) autorização para que os atos processuais se realizem depois das 20h quando iniciados antes, nos casos em que o adiamento prejudicar a diligência ou causar grave dano (Projeto nº 166/10, art. 167, §1º); vii) consentimento para que o juiz determine a realização de atos processuais em outro lugar que não a sede do juízo, em razão de deferência, de interesse da justiça ou de obstáculo arguido pelo interessado; viii) autorização para que o juiz prorrogue quaisquer prazos (ainda que peremptórios) nas comarcas e nas seções judiciárias onde for difícil o transporte (Projeto nº 166/10, art. 178, segunda parte); ix) frente às circunstâncias da causa e às peculiaridades do fato a ser provado, mediante decisão fundamentada e respeitado o contraditório, permite-se ao juiz distribuir, de modo diverso, o ônus da prova, impondo-o à parte que estiver em melhores condições de produzi-la (dinamização do ônus da prova) (Projeto nº 166/10, art. 262).

O Projeto nº 166/10, entretanto, não se limitou a conferir legitimação às flexibilizações de procedimentos exclusivamente por intermédio da aplicação estrita da lei, naquelas hipóteses, pontuais, específicas e predeterminadas, antevistas pelo legislador. Não permaneceu na *zona de conforto*, caracterizada pelo regime da *legalidade das formas* atenuado pelo da *liberdade das formas*. A novidade encontra-se numa opção expressa e inequívoca também pelo *princípio da adaptabilidade do procedimento*,[325] este pós-legislativo,[326] endereçado não ao legislador, mas ao próprio juiz, que o habilita a adaptar, diante do caso concreto, o procedimento a fim de melhor afeiçoá-lo ao seu objetivo de prestar a tutela jurisdicional. Logo, estaria o magistrado legitimado a conformar o procedimento (considerado como um todo, ou apenas fases dele ou uma técnica ou ato procedimental específico) para harmonizá-lo às particularidades da causa, para ajustá-lo ao direito material perseguido ou, ainda, para assegurar-lhe ajustamento com os valores constitucionais.[327]

---

[325] No sistema atual, a doutrina não é unânime em admitir a sua aplicação. Há, contudo, aqueles que o aceitam já hoje, entre eles Fredie Didier Jr., Cassio Scarpinella Bueno, Luiz Guilherme Marinoni e Carlos Alberto Alvaro de Oliveira. Melhor é aceitar a presença do "princípio da adaptabilidade do procedimento" já na contemporaneidade, não obstante a ausência de positivação legal nesse sentido. Trata-se de um princípio implícito, de cariz constitucional por ser extraído do *direito fundamental à tutela jurisdicional adequada* (CF/88, art. 5º, XXXV). Quando o constituinte afirmou que "a lei não excluirá da apreciação do Judiciário lesão ou ameaça a direito", quis, com isso, estabelecer possibilidades, endereçadas tanto ao legislador como também ao próprio juiz e às partes. Numa visão atual, enfim, o "princípio da inafastabilidade" — ou "direito fundamental à tutela jurisdicional adequada" — apresenta, entre outros significados, *o direito a técnicas procedimentais adequadas às tutelas pretendidas no plano do direito material, às particularidades do caso concreto e aos valores constitucionais*. E, se assim realmente é, caso ausente técnica processual idônea à tutela de direito material, seja por carência de previsão legal, seja ainda por existir previsão de técnica inidônea a essa tutela, certamente o juiz está autorizado, observado o "modelo constitucional do processo", a identificar a técnica processual mais adequada ao caso.

[326] Fredie Didier Jr., ao tratar do *princípio da adaptabilidade*, leciona: "Nada impede, entretanto, antes aconselha, que se possa previamente conferir ao magistrado, como diretor do processo, poderes para conformar o procedimento às particularidades do caso concreto, tudo como meio de mais bem tutelar o direito material. Também se deve permitir ao magistrado que corrija o procedimento que se revele inconstitucional, por ferir um direito fundamental processual, como o contraditório (se um procedimento não previr o contraditório, deve o magistrado determiná-lo, até mesmo *ex officio*, como forma de efetivação desse direito fundamental). Eis que aparece o princípio da adaptabilidade" (DIDIER JR., Fredie. *Curso de direito processual civil*: teoria geral do processo e processo de conhecimento. Salvador: JusPodivm, 2006. v. 1, p. 66).

[327] Sobre a possibilidade de o juiz alterar, independentemente de previsão legal expressa, os procedimentos, leciona, com acuidade e citando consagrados processualistas, Fernando da Fonseca Gajardoni: "O juiz, investido por critérios estabelecidos na Constituição

Lúcio Delfino
Direito Processual Civil – Artigos e Pareceres

A afirmação de que o Projeto nº 166/10 fez opção expressa pelo *princípio da adaptabilidade do procedimento* encontra respaldo em dois dispositivos ali expressos:

> Art. 107. O juiz dirigirá o processo conforme as disposições deste Código, incumbindo-lhe:
> (...)
> V – adequar as fases e os atos processuais às especificações do conflito, de modo a conferir maior efetividade à tutela do bem jurídico, respeitando sempre o contraditório e a ampla defesa;
> Art. 151. Os atos e os termos processuais não dependem de forma determinada, senão quando a lei expressamente a exigir, considerando-se válidos os que, realizados de outro modo, lhe preencham a finalidade essencial.
> §1º Quando o procedimento ou os atos a serem realizados se revelarem inadequados às peculiaridades da causa, deverá o juiz, ouvidas as partes e observados o contraditório e a ampla defesa, promover o necessário ajuste.

Visível, de tal sorte, que a intenção verificada no Projeto 166/10 é a de realmente municiar o órgão julgador com um poder que lhe permita amoldar o procedimento às especificidades do litígio. Os dispositivos indicados (ambos de textura aberta) dirigem-se precipuamente ao juiz, autorizando-o a encarar os procedimentos em geral como passíveis de sofrer alguma adaptação, como se dotados de certa fluidez ou debilidade que lhe permita ajustá-los às particularidades da causa em concreto, independente de previsão legal específica.

Evidente que o órgão julgador não poderá agir abruptamente, sem ouvir as partes. É até possível que atue de ofício, ele mesmo tomando a iniciativa destinada a imprimir nova conformação ao procedimento, às fases ou aos atos procedimentais. Mas tal, entretanto,

---

Federal, é também agente político do Estado, portador de seu poder, inexistindo, portanto, 'razão para enclausurá-lo em cubículos formais dos procedimentos, sem liberdade de movimentos e com pouquíssima liberdade criativa' (Dinamarco). É preciso, pois, conforme bem aponta José Roberto dos Santos Bedaque, 'reconhecer no julgador a capacidade para, com sensibilidade e bom senso, adequar o mecanismo às especificidades da situação, que não é sempre a mesma.' Ademais, as variações procedimentais implementadas por determinação judicial poderão ser controladas pela finalidade e pelo já citado contraditório obrigatório, bem como pela possibilidade de reexame da decisão em sede recursal, até porque as alterações do *iter* padrão ordinário, sumário ou especial — que como tal devem continuar a reger os processos em que não haja necessidade de variação ritual — deverão ser precedidas de convincente motivação pelo órgão condutor do procedimento" (GAJARDONI, Fernando da Fonseca. *Flexibilização procedimental*: um novo enfoque para o estudo do procedimento em matéria processual. São Paulo: Atlas, 2008. p. 86-87).

Flexibilização Procedimental no Novo CPC | 183

não significa desrespeito ao *due process*. Ainda que a iniciativa seja sua, é seu dever ouvir as partes e, por conseguinte, assegurar-lhes o adequado exercício do contraditório, condição essa, aliás, inserta expressamente no Projeto nº 166/10 (art. 107, V) e a cujo respeito está obrigado o juiz, insista-se na ideia, sempre que atuar com a finalidade de flexibilizar o procedimento.[328]

Também se exige do órgão julgador, como requisito para implementar variações rituais, a necessária fundamentação[329] da decisão que altera o *iter* legal, de resto um *dever estatal* que não diverge, até por força de expresso dispositivo constitucional (CF/88, art. 93, IX), da sistemática adotada para todo e qualquer provimento jurisdicional.[330] Motivar significa fundamentar *devidamente*.[331] É revelar, de modo

---

[328] Sobre o atrelamento do *princípio da adaptabilidade* ao *contraditório*, e, considerando que o primeiro é norma principiológica já presente, ainda que implicitamente, no sistema processual, Fredie Didier Jr., bem antes da elaboração do anteprojeto do novo CPC, alertava: "Como se trata de um desvio (previsível e permitido) da rota originariamente traçada, o magistrado sempre deve alertar as partes de sua intenção, de modo a garantir a higidez do contraditório; somente com o prévio anúncio podem os litigantes comportar-se processualmente de acordo com as novas regras. Pensar o contrário seria permitir surpresas processuais, em afronta direta aos princípios do contraditório e da cooperação" (DIDIER JR., Fredie. *Curso de direito processual civil*: teoria geral do processo e processo de conhecimento. Salvador: JusPodivm, 2006. v. 1, p. 67).

[329] Numa concepção filosófica, "fundamento" é palavra que vem do latim e significa "uma base sólida ou o alicerce sobre o qual se pode construir com segurança. Do ponto de vista do conhecimento, significa 'a base ou o princípio racional que sustenta uma demonstração verdadeira'. Sob esta perspectiva, fundamental significa encontrar, definir e estabelecer racionalmente os princípios, as causas e condições que determinam a existência, a forma e os comportamentos de alguma coisa, bem como as leis ou regras de suas mudanças" (CHAUÍ, Marilena. *Convite à filosofia*. 13. ed. São Paulo: Ática, 2009. p. 23).

[330] GAJARDONI, Fernando da Fonseca. *Flexibilização procedimental*: um novo enfoque para o estudo do procedimento em matéria processual. São Paulo: Atlas, 2008. p. 94.

[331] Segundo a abalizada lição de Ronaldo Brêtas de Carvalho Dias, o princípio da fundamentação "impõe aos órgãos jurisdicionais do Estado o dever jurídico da fundamentação de seus pronunciamentos decisórios, com o objetivo principal de afastar o arbítrio e as intromissões anômalas ou patológicas das ideologias, das subjetividades e das convicções pessoais dos agentes públicos julgadores (juízes), ao motivarem as decisões proferidas nos processos, quando decidem as questões neles discutidas, permitindo que as partes exerçam um controle de constitucionalidade da função jurisdicional e de qualidade sobre tais decisões, afastando-lhes os erros judiciários (erros de fato e de direito) por meio da interposição de recursos". O processualista destaca, como conclusões de seu estudo, que o princípio tem assento em quatro razões lógica e juridicamente relevantes: "a) controle de constitucionalidade da função jurisdicional, permitindo verificar se o pronunciamento estatal decisório está fundado no ordenamento jurídico vigente (princípio constitucional da legalidade ou da reserva legal); b) tolhimento da interferência de ideologias, de subjetivismos e de convicções pessoais do agente público julgador em ato estatal de julgar; c) verificação da racionalidade da decisão, ao apreciar os argumentos desenvolvidos pelas partes em contraditório e ao resolver analiticamente as questões discutidas no processo, a fim de afastar os erros de fato e de direito (erros judiciários) cometidos pelos órgãos jurisdicionais, causadores de prejuízos aos litigantes; e d) possibilidade de melhor estruturação

Lúcio Delfino
Direito Processual Civil – Artigos e Pareceres

adequado e lógico, que razões, fáticas e jurídicas, levaram o juiz ao seu convencimento, que o conduziram a optar por determinado caminho ao proferir sua decisão.[332] Trata-se de garantia que envolve todos os atos de conteúdo decisório (decisões interlocutórias, sentenças, acórdãos e decisões monocráticas), de modo que, ao deliberar, o órgão julgador deve, sempre e ainda que de forma concisa, esclarecer com argumentos sólidos e racionais os motivos pelos quais foi levado a proferir o provimento jurisdicional segundo determinados parâmetros.[333] E, em sintonia com o tema abordado, sendo a decisão sobre a adaptabilidade ritual considerada interlocutória — e não ato meramente ordinatório (CPC, art. 162, §4º) —, é indispensável que haja justificativa das razões da flexibilização procedimental, até para permitir que as partes possam

---

dos recursos eventualmente interpostos, proporcionando às partes precisa impugnação técnica e jurídica dos vícios e erros que maculam as decisões jurisdicionais" (DIAS, Ronaldo Brêtas de Carvalho. A garantia da fundamentação das decisões jurisdicionais no Estado democrático de direito. *Revista do Instituto dos Advogados de Minas Gerais*, Belo Horizonte, n. 12, p. 25-44, 2006).

[332] Não se pode negar, de outro lado, a íntima conexão entre *contraditório* e *motivação*. Hoje, há de se ter do processo uma visão dialógica, inerente ao regime democrático, que envolve a participação conjunta das partes e do juiz (ativismo das partes e do juiz) na *construção* dialética e argumentativa do provimento jurisdicional. É o contraditório em sua acepção dinâmica, ajustado à realidade atual e capaz de afiançar *legitimidade democrática* à jurisdição: segundo essa ótica, garante-se aos cidadãos participação *direta* e efetiva no exercício do poder estatal e no resultado dele emanado. E a motivação destaca-se também nesse aspecto, pois é ela que assegura a possibilidade de as partes *controlarem* a atividade jurisdicional e, desse modo, vencerem eventuais abusos e equívocos. É através da motivação, portanto, que as partes terão condições de examinar se efetivamente a sua participação no debate processual foi considerada na construção da decisão judicial e se tudo que ali se encontra, a envolver matérias fáticas e jurídicas, foi mesmo objeto de discussão no ambiente processual, evitando-se, com isso, decisionismos oriundos da atividade isolada do magistrado. Portanto, a motivação é garantia que *atesta* o respeito ao contraditório e permite o controle da legitimidade democrática das decisões judiciais. E mais: também por intermédio dessa garantia constitucional que as partes poderão insistir em suas teses e, assim, apontar eventuais equívocos interpretativos que acreditam desvirtuar a decisão, submetendo-a, *quando possível*, a um reexame em sintonia com o princípio (processual não constitucional) do *duplo grau de jurisdição*. Pela motivação não se controla apenas a efetivação do contraditório (em sua faceta dinâmica, repita-se), senão ainda a própria *justiça* da decisão. Sem que os fundamentos sejam extravasados, não há como averiguar a própria racionalidade do ato judicial, isto é, se o caminho realmente foi o mais adequado, segundo os parâmetros legais e constitucionais.

[333] É o *direito fundamental à motivação* importante mecanismo que também contribui para a legitimação da atividade jurisdicional e do seu resultado (*legitimação pelo procedimento*). Afinal, é quase intuitiva a arbitrariedade de um provimento jurisdicional que se apresente alheio a justificações, *como se o mero fato de ter sido proferido por uma autoridade estatal fosse suficiente para legitimá-lo*. Num Estado Democrático de Direito, em que todo poder emana e é exercido direta ou indiretamente pelo povo, não há como se legitimarem atos estatais infundados, porquanto inábeis ao convencimento das partes e também da própria opinião pública. Em um regime democrático, afinal, os fundamentos que alicerçam o poder estatal hão de ser, indispensavelmente, transparentes.

efetivamente controlar, por intermédio de recursos, os fins justificadores e a proporcionalidade do ato decisório.[334] De outro lado, não se constata, nos citados arts. 107 e 151, a imposição de limites ao agir do órgão jurisdicional. Por óbvio, entretanto, que eles existem. Não há dúvida, por exemplo, de que o juiz deve respeito aos demais direitos fundamentais processuais (ao juiz natural, à igualdade, à publicidade dos atos processuais, entre outros), sendo seu papel densificá-los sempre, além de mantê-los incólumes quando proceder ao ajuste procedimental. Também parece certo advogar que não lhe é lícito torcer o procedimento e atentar contra normas disciplinadoras de matérias de ordem pública, como aquelas atinentes às condições da ação e aos pressupostos processuais.

Importante, de mais a mais, ter em mente que o poder de flexibilizar os procedimentos, atribuído ao juiz pelo Projeto nº 166/10, há de ser encarado como medida excepcional,[335] cuja prática só se justifica naquelas circunstâncias em que o procedimento se apresentar inidôneo à tutela adequada do direito, considerando o esvaziamento em efetividade que as particularidades de um determinado caso concreto lhe imprimirem. E reafirme-se: esse poder de adaptação procedimental condicionar-se-á, sempre e inafastavelmente, a uma atuação do órgão julgador afinada com o ideal de processo justo, isto é, que respeite o devido processo legal, sobretudo os princípios do contraditório e da motivação.

---

[334] GAJARDONI, Fernando da Fonseca. *Flexibilização procedimental*: um novo enfoque para o estudo do procedimento em matéria processual. São Paulo: Atlas, 2008. p. 94.

[335] Sobre a excepcionalidade da flexibilização de procedimentos, é importante atentar à lição de Fernando da Fonseca Gajardoni, extraída da obra mais completa sobre o assunto no Brasil: (...) "os atos processuais que compõem o rito processual, de acordo com a maior parte da doutrina, devem estar previstos expressamente em lei, pois a previsibilidade e a anterioridade do procedimento é que conferem à decisão judicial os penhores de legalidade e legitimidade, sendo dele requisitos inafastáveis. O Superior Tribunal de Justiça, ressaltando a importância procedimental, já pontuou que tem ela por objetivo gerar segurança e previsibilidade. Apontou, ainda, que 'a liberdade absoluta impossibilitaria a sequência natural do processo. Sem regras estabelecidas para o tempo, o lugar e o modo de sua prática, o procedimento jamais chegaria ao fim. A garantia da correta outorga da tutela jurisdicional está, precisamente, no conhecimento prévio do caminho a ser percorrido por aquele que busca a solução para uma situação conflituosa. Esta é a razão pela qual o sistema processual civil brasileiro foi desenhado originariamente para que não houvesse disponibilidade das partes quanto aos seus procedimentos (como vimos no item precedente), como também para que não fosse possível a eleição dos atos processuais a serem praticados ao longo do *iter* moldado com rigidez a fim de sustentar a adoção de um rígido sistema de prazos e preclusões" (GAJARDONI, Fernando da Fonseca. *Flexibilização procedimental*: um novo enfoque para o estudo do procedimento em matéria processual. São Paulo: Atlas, 2008. p. 83-84).

Também aqui é possível prenunciar hipóteses de flexibilização procedimental, agora como um *poder geral* conferido ao juiz, algumas delas, inclusive, já praticadas na rotina forense ainda que instintivamente, algo a demonstrar que, mesmo no Brasil, a ideia não é bem uma novidade. Assim, o juiz, em nome do *princípio da adaptabilidade*, poderá: i) alterar a ordem de produção probatória, designando audiência de instrução e julgamento a fim de colher a prova oral, e, só num momento posterior, se for o caso, determinar a produção da prova pericial; ii) suspender o curso da audiência de instrução e julgamento para realizar inspeção judicial que se lhe afigure indispensável para a convicção sobre uma determinada questão fática; iii) autorizar procedimento de liquidação diverso daquele anunciado na sentença (ou no acórdão) — hipótese, aliás, já admitida na atualidade, consoante previsão expressa na Súmula nº 344 do STJ; iv) ampliar o direito de defesa em procedimentos cuja cognição se apresenta limitada no plano horizontal.

O Projeto do novo CPC, portanto, é audacioso no que tange à temática "flexibilização procedimental". Não se restringe a ampliar a disciplina legal de hipóteses extravagantes que permitem a acomodação de fases e de atos procedimentais. A exemplo daquilo que se vê em países europeus, optou-se por instituir, *de maneira expressa*, normas que autorizam o próprio juiz, frente às particularidades do caso concreto, a realizar o amoldamento procedimental como meio de mais adequadamente tutelar o direito material.

Oportuno, teoricamente, fomentar-se o ativismo (contido) do juiz, devidamente controlado pelo ativismo também das partes e, em especial, pelos direitos processuais constitucionais. Mas teoria dissonante da prática nada significa. Daí a necessidade de se indagar: será que o Judiciário brasileiro está preparado para tanto poder? Vive-se em uma realidade na qual grande parte das estruturas físicas jurisdicionais se apresenta ainda desconfortável e precária; a quantidade de juízes no País é desproporcional ao número de habitantes, caso se considere a média internacional; servidores, que atuam a serviço da Justiça, muitas vezes não são devidamente remunerados; há manifesta carência de tecnologia. Enfim, são muitos os problemas estruturais que, apesar da dedicação de juristas e cientistas do direito, não serão solucionados por intermédio da simples produção legislativa. Problemas de ordem estrutural apenas podem ser suplantados se houver uma apropriada gestão política.

Mas aquilo que mais importa, até para concluir esta breve explanação, é que, no Brasil, mostra-se quase utópico falar em "flexibilidade procedimental" como um poder geral confiado ao juiz, simplesmente porque esse cenário estrutural tão acinzentado que hoje reflete a realidade viva do País leva a distorções rotineiras no sistema. Não são raras as oportunidades nas quais, por exemplo, juízes, em plena audiência de instrução e julgamento, evidenciam não ter lido uma lauda sequer do caderno processual[336] —; alguns, desolados, confessam isso aos advogados e às partes ali presentes, justificando que o excesso de trabalho apenas lhes permite tomar ciência do conteúdo dos autos quando chega o momento de proferir a sentença. Há, verdadeiramente, um poço abissal entre o que se prega em teoria e aquilo que se exercita no foro. A aplicação prática do *princípio da adaptabilidade procedimental* exige um Judiciário de ponta, devidamente aparelhado e estruturado, juízes ainda mais compromissados com as diretrizes democráticas constitucionalmente previstas e que apresentem, sobretudo, grande senso de responsabilidade. Infelizmente, porém, esse patamar ideal não foi ainda atingido.[337]

---

[336] Não se nega que o *princípio da adaptabilidade procedimental* já se encontra hoje inserto no sistema processual, ainda que implicitamente, como corolário do *direito fundamental à tutela jurisdicional adequada* (CF/88, art. 5º, XXXV). O que se tenta evidenciar, todavia, é a inaptidão estrutural do Judiciário na contemporaneidade para efetivar, sem riscos de abuso, flexibilizações em procedimentos mediante uma canetada do juiz. Ainda que tomado como exceção, um poder tal exige uma estrutura judiciária de ponta e, principalmente, juízes conscientes de seu papel na sociedade e que se mostrem plenamente compromissados com as diretrizes democráticas. Não raro o que se prega em doutrina se traduz puramente em teses. Ao que tudo indica, o *princípio da adaptabilidade procedimental* é algo ainda fantasioso na prática forense (talvez com infrequentes exceções), que deve ser fomentado em sede doutrinária, porém cuja prática exige, indispensavelmente, mais adequadas consciência, estrutura e gestão do Judiciário.

[337] Caso aprovado o Projeto nº 166/10, a tendência é mesmo a não positivação legal *expressa* da flexibilidade procedimental como *poder geral* conferido aos juízes. É que, segundo o *Relatório da Comissão Temporária da Reforma do Código de Processo Civil sobre o Projeto de Lei do Senado nº 166/10*, as redações dos artigos 107, V, e 151, §1º, foram sensivelmente alteradas, não mais delas sendo possível extrair o *princípio da adaptabilidade procedimental*. Vale dizer, aprovou-se, em sua integralidade, a Emenda nº 21, de autoria do Senador Adelmir Santana, a qual advogava a exclusão dos aludidos dispositivos por conferirem enorme poder aos magistrados, possibilitando-lhes alterar quaisquer fases do procedimento, circunstância que geraria, segundo a opinião dos senadores, visível insegurança jurídica.

6

A Tutela Antecipada nas Ações de Responsabilidade Civil por Acidentes de Consumo – A Facilitação do seu Deferimento em Prol do Consumidor[338]

Sumário: 1 Introdução – **2** O consumidor como parte vulnerável das relações de consumo – A vulnerabilidade como consectário do princípio da igualdade – **3** A responsabilidade civil nas relações de consumo – Generalidades – **3.1** Os pressupostos da responsabilidade civil por acidentes de consumo – **3.2** Excludentes de responsabilidade do fornecedor de produtos e serviços – **3.2.1** A não colocação do produto no mercado – **3.2.2** A prova da inexistência do defeito – **3.2.3** A culpa exclusiva do consumidor ou de terceiro – **3.2.4** A força maior – **4** A tutela antecipada a serviço do consumidor – **5** Situações facilitadoras da concessão de tutela antecipada em demandas que envolvem relações de consumo – **6** Conclusões

1 Introdução

Não representa novidade que a Lei nº 8.078/90 é assumidamente uma legislação protecionista. O legislador infraconstitucional, conferindo efetividade a uma norma fundamental (CF/88, art. 5º, XXXII), estabeleceu benesses materiais e processuais em favor do consumidor, com o propósito manifesto de equilibrar a desigual relação que mantém com o fornecedor no mercado de consumo.

E é curioso perceber que uma dessas vantagens processuais refere-se à facilitação no deferimento de tutela antecipada em sede

---

[338] Artigo escrito em coautoria com Fernando Rossi.

de *ações fundadas em responsabilidade civil por acidentes de consumo*. Sem positivação expressa, a verdade é que uma interpretação sistemática leva à conclusão de que, em ações judiciais dessa natureza, ao consumidor foi realmente concedida maior simplificação em matéria de prova para, assim, obter, em seu favor, a concessão de uma tutela antecipada.

Com este despretensioso ensaio, que ora se apresenta à comunidade jurídica, pretende-se justamente evidenciar essa realidade.

2 O consumidor como parte vulnerável das relações de consumo – A vulnerabilidade como consectário do princípio da igualdade

Por vezes se percebem tentativas de obstaculizar a utilização da Lei nº 8.078/90 com fundamento no *princípio da vulnerabilidade*. Argumenta-se, assim, que esse ou aquele consumidor não é vulnerável e, por tal razão, o CDC não seria aplicável ao caso concreto.

Mas esse raciocínio não se apresenta adequado. Ou melhor, é equívoco imaginar ser possível esquivar-se do CDC mediante argumentos estruturados em uma suposta não vulnerabilidade de alguns. E isso porque quando o CDC *afirma* que o consumidor é a parte vulnerável na relação de consumo não está condicionando sua aplicação à prova dessa mesma vulnerabilidade. Simplesmente *adota* uma premissa fundada na constatação fática de que o consumidor *realmente* se apresenta como vulnerável no mercado de consumo.

Ao reconhecer categoricamente a vulnerabilidade do consumidor no mercado de consumo (CDC, art. 4º, I), o CDC apenas se atrela ao princípio constitucional da igualdade. *Reconhece* a vulnerabilidade do consumidor para *justificar* o tratamento protecionista a ele conferido. É como se o legislador sentisse a necessidade de *motivar* o tratamento desigual que atribui àqueles atores também desiguais da relação de consumo. A vulnerabilidade do consumidor é, assim, consectário lógico do princípio da igualdade, uma de suas concretizações infraconstitucionais e base sólida filosófico-jurídica que sustenta o CDC.

A compreensão adequada dos princípios sempre facilita a captação da realidade normativa por eles fundada. O entendimento adequado da vulnerabilidade do consumidor permite apreender o mecanismo de que se vale o CDC para assegurar equilíbrio nas relações de consumo. Facilita a compreensão do porquê das benesses (materiais e processuais) positivadas em benefício daquele que se situa no polo mais frágil da relação. Não por outra razão, as conclusões adiante extraídas também encontram fundamento direto na ideia de vulnerabilidade do consumidor, especialmente no imperativo de tratamento legal diferenciado e protetivo, decorrência da aplicação concreta e real do princípio da igualdade.

3 A responsabilidade civil nas relações de consumo – Generalidades

Nem de longe exagera Sérgio Cavalieri Filho quando afirma que, atualmente, a responsabilidade civil pode ser dividida em duas partes: a responsabilidade tradicional e a responsabilidade nas relações de consumo.[339]

O atual diploma constitucional incluiu a *defesa do consumidor* no plano da política constitucional. Esta aparece no texto constitucional entre os direitos e deveres individuais e coletivos (art. 5, XXXII), estando também elevada à categoria de princípio geral da atividade econômica (art. 170, V),[340] e justaposta aos princípios basilares do modelo político/econômico brasileiro, como o da soberania nacional, da propriedade privada e da livre concorrência.[341] Esse valioso embrião, retratado no preceito que ordena a *defesa do consumidor*, deu origem à Lei nº 8.078/90, principiada por um artigo que, expressamente, dispõe que as normas lá entabuladas são de *ordem pública* e *interesse social* — preceito este que, se bem compreendido, confere ao intérprete noção ampla da robustez do CDC, conforme já abordado em trabalho anteriormente publicado.[342]

Bem se vê que, com o advento da Lei *consumerista*, os fornecedores se viram obrigados a assumir o *risco de sua atividade* — teoria do risco do empreendimento[343] —, risco este que, numa época pretérita não

---

[339] CAVALIERI FILHO, Sérgio. *Programa de responsabilidade civil*. 2. ed. São Paulo: Malheiros, 2002. p. 39.

[340] Cláudia Lima Marques assevera que, a partir de 1988, a defesa do consumidor incluiu-se na chamada *ordem pública econômica* que legitima e instrumentaliza a crescente intervenção do Estado na atividade econômica dos particulares (MARQUES, Cláudia Lima. *Contratos no Código de Defesa do Consumidor*. 2. São Paulo: Revista dos Tribunais, 1993. p. 164).

[341] MARINS, James. *Responsabilidade da empresa pelo fato do produto*. São Paulo: Revista dos Tribunais, 1993. p. 29.

[342] DELFINO, Lúcio. *Responsabilidade civil e tabagismo*. 2. tiragem. Curitiba: Juruá: 2009.

[343] Conforme leciona o insigne Sérgio Cavalieri Filho, todo aquele que se disponha a exercer alguma atividade no mercado de consumo tem o dever de responder pelos eventuais vícios ou defeitos dos bens e serviços fornecidos, independentemente de culpa. Este dever é imanente ao dever de obediência às normas técnicas de segurança, bem como aos critérios de lealdade, quer perante os bens e serviços ofertados, quer perante os destinatários dessas ofertas. A responsabilidade decorre do simples fato de dispor-se alguém a realizar

muito distante, era, quase sempre, suportado exclusivamente pelo consumidor. Chegava-se a falar em *aventura de consumo*; afinal, se o consumidor fosse lesado por algum produto ou serviço, dificilmente conseguiria demonstrar a culpa do fornecedor, tendo, por conseguinte, que arcar com os danos sofridos. Com a situação invertida, cabe aos fornecedores garantir a *segurança* de seus produtos e serviços, mormente porque, hodiernamente, nenhum consumidor que buscar amparo no Judiciário deixará de ser indenizado por lesões sofridas em acidentes de consumo, bem assim nenhum fornecedor se esquivará da responsabilidade de indenizar aqueles danos causados por produtos ou serviços imperfeitos de sua responsabilidade.[344]

Destarte, a Lei nº 8.078/90 estabeleceu uma responsabilidade civil objetiva para quase a totalidade das relações de consumo, prescindindo-se do elemento culpa para a configuração do dever de indenizar o agente. Em verdade, a edificação da responsabilidade civil, no CDC, tomou por base o *dever de segurança do fornecedor*, em relação aos produtos e serviços[345] que disponibiliza no mercado de consumo, tendo-se por

---

atividade de produzir, estocar, distribuir e comercializar produtos ou executar determinados serviços. O fornecedor passa a ser o garante dos produtos e serviços que oferece no mercado de consumo, respondendo pela qualidade e segurança deles (CAVALIERI FILHO, Sérgio. *Programa de responsabilidade civil*. 2. ed. São Paulo: Malheiros, 2002. p. 366).

[344] O já citado Sérgio Cavalieri Filho, lecionando sobre a nova ordem da responsabilidade civil surgida com o advento do Código de Defesa do Consumidor, esclarece: "O consumidor não pode assumir os riscos das relações de consumo, não pode arcar sozinho com os prejuízos decorrentes dos acidentes de consumo, ou ficar sem indenização. Tal como ocorre na responsabilidade do Estado, os riscos devem ser socializados, repartidos entre todos, já que os benefícios são também para todos. E cabe ao fornecedor, através dos mecanismos de preço, proceder a essa repartição de custos sociais dos danos. É a justiça distributiva, que reparte equitativamente os riscos inerentes à sociedade de consumo entre todos, através dos mecanismos de preços, repita-se, e dos seguros sociais, evitando, assim, despejar esses enormes riscos nos ombros do consumidor individual" (CAVALIERI FILHO, Sérgio. *Programa de responsabilidade civil*. 2. ed. São Paulo: Malheiros, 2002. p. 475).

[345] Em interessante acórdão, o Superior Tribunal de Justiça evidenciou esse *dever de segurança* ínsito ao fornecedor, ao condenar um hipermercado pelo assalto e tentativa de estupro de uma cliente dentro de estacionamento de sua responsabilidade; a vítima acabou morta fora do estacionamento. Essa a ementa: "Responsabilidade civil. Ação de conhecimento sob o rito ordinário. Assalto à mão armada iniciado dentro de estacionamento coberto de hipermercado. Tentativa de estupro. Morte da vítima ocorrida fora do estabelecimento, em ato contínuo. Relação de consumo. Fato do serviço. Força maior. Hipermercado e *shopping center*. Prestação de segurança aos bens e à integridade física do consumidor. Atividade inerente ao negócio. Excludente afastada. Danos materiais. Julgamento além do pedido. Danos morais. Valor razoável. Fixação em salários-mínimos. Inadmissibilidade. Morte da genitora. Filhos. Termo final da pensão por danos materiais. Vinte e quatro anos. A prestação de segurança aos bens e à integridade física do consumidor é inerente à atividade comercial desenvolvida pelo hipermercado e pelo *shopping center*, porquanto a principal diferença existente entre estes estabelecimentos e os centros comerciais tradicionais reside justamente na criação de um ambiente seguro para a realização de compras e afins, capaz

A Tutela Antecipada nas Ações de Responsabilidade Civil por Acidentes de Consumo... | 193

parâmetro a verdade incontestável de que a culpa, se mantida como elemento necessário à configuração do dever de indenizar, atuaria — como a experiência efetivamente demonstrou — como uma blindagem quase intransponível, que protegeria o fornecedor, tornando-o praticamente irresponsável pelos danos causados ao consumidor.

Logo, em se tratando de relação de consumo, a responsabilidade civil terá por pressuposto não a culpa do fornecedor, senão o descumprimento de um *dever jurídico primário de segurança*. A ilegalidade ou descumprimento de um dever jurídico de segurança — é sempre importante sublinhar esse ponto — não diz respeito à licitude ou à ilicitude da atividade exercida pelo fornecedor, mas, sim, à presença de vícios ou defeitos nos produtos e serviços oferecidos.

3.1 Os pressupostos da responsabilidade civil por acidentes de consumo

Em função da novel realidade imposta à sociedade pelo advento da Revolução Industrial e da explosão do irrefreável desenvolvimento tecnológico e científico, o legislador estabeleceu um novo sistema de responsabilidade civil para as relações de consumo, com fundamentos e princípios novos, haja vista que a responsabilidade civil tradicional revelara-se insuficiente para a tutela eficaz do consumidor.[346]

Conquanto a Lei *consumerista* estabeleça espécies diversas de responsabilidade civil — a responsabilidade pelo *fato do produto e do serviço* (por acidentes de consumo) e a responsabilidade pelo *vício do produto e do serviço* —, em razão da limitação do tema abordado neste trabalho, tratar-se-á, aqui, apenas dos pressupostos necessários à configuração

---

de induzir e conduzir o consumidor a tais praças privilegiadas, de forma a incrementar o volume de vendas. Por ser a prestação de segurança e o risco ínsitos à atividade dos hipermercados e *shopping centers*, a responsabilidade civil desses, por danos causados aos bens ou à integridade física do consumidor, não admite a excludente de força maior derivada de assalto à mão armada ou qualquer outro meio irresistível de violência. A condenação por danos materiais e morais deve estar adstrita aos limites do pedido, sendo vedada a fixação dos valores em salários-mínimos. O termo final da pensão devida aos filhos por danos materiais advindos de morte do genitor deve ser a data em que aqueles venham a completar 24 anos. Primeiro e segundo recursos especiais parcialmente providos e terceiro recurso especial não conhecido" (Superior Tribunal de Justiça, REsp nº 419.059-SP, Terceira Turma, Relatora Ministra Nancy Andrighi, julgamento em 19 de outubro de 2004. Disponível em: <www.stj.gov.br>).

[346] CAVALIERI FILHO, Sérgio. *Programa de responsabilidade civil*. 2. ed. São Paulo: Malheiros, 2002. p. 473.

da primeira (responsabilidade civil por *acidentes de consumo*)[347] — com ênfase na responsabilidade pelo fato do *produto*.

Vozes da doutrina nacional, numa onda quase que unânime, vêm proclamando a necessidade de três pressupostos para a configuração da responsabilidade civil do fornecedor: a) o(s) defeito(s); b) o(s) dano(s), e c) o nexo de causalidade entre a utilização do produto (ou serviço) e os danos suportados pelo consumidor.

Sobre os *danos* e o *nexo de causalidade* assevere-se, apenas, que esses pressupostos deverão ser necessariamente demonstrados para a caracterização do dever de o fornecedor ressarcir os prejuízos causados — o que, aliás, não revela nenhuma novidade em comparação com o sistema tradicional. Todavia, não se deve olvidar a possibilidade de o juiz *inverter o ônus da prova* em benefício do consumidor, circunstância que acarretará a transposição do encargo probatório ao fornecedor. Neste caso, deverá ele, o fornecedor, para se eximir da responsabilidade, provar a inexistência de configuração dos danos e/ou do nexo causal; o consumidor, ainda diante dessa hipótese, se libertará do ônus de provar, parcial ou integralmente, os fatos constitutivos de seu direito (danos e liame causal).

O *defeito*, por sua vez, representa o fato gerador da responsabilidade civil por acidentes de consumo. E esse requisito traduz-se numa deficiência apresentada no produto ou serviço prestado, indo contra aquele *ideal de segurança* naturalmente esperado pelo consumidor. E o interessante é que, por manifesta opção legislativa, o *defeito* vem carregado de uma *presunção* em favor do consumidor, competindo exclusivamente ao fornecedor a demonstração de sua *inexistência*, acaso deseje elidir-se da responsabilidade de indenizar. Daí se vê que a distribuição do ônus probatório nas ações que envolvem relações de consumo caminha de mãos dadas com o *princípio da facilitação da defesa dos direitos do consumidor* (CDC, art. 6º, VIII), representando, assim, fórmula inteligente de socialização dos riscos.

---

[347] *Fato do produto* e *acidente de consumo* correspondem à mesma ideia básica, a saber, acontecimento externo no mundo fenomênico, alavancador de danos materiais e/ou morais ao consumidor, decorrentes de *imperfeições* de um produto. O *fato gerador* da responsabilidade civil por acidentes de consumo vincula-se justamente a essas *imperfeições*, sejam elas intrínsecas ou extrínsecas ao próprio produto, mas que o contaminam e, por resultado, são capazes de engendrar lesões à esfera material e/ou psíquica do consumidor. Não há como se falar, aqui, em *culpa* — por isso, a lei refere-se a tal responsabilidade civil como sendo decorrente de *fato* do produto. Logo, trata-se de espécie de responsabilidade civil a ser analisada com desprendimento do sistema tradicional, na medida em que pouco importa a conduta — se culposa ou não — adotada pelo agente. Importa, sim, que o produto seja *imperfeito* sob a ótica jurídica, *não oferecendo a segurança que dele legitimamente espera o consumidor*.

3.2 Excludentes de responsabilidade do fornecedor de produtos e serviços

Não há como se confundir a *teoria do risco da atividade* (responsabilidade objetiva), um dos institutos que alicerçam a Lei *consumerista*, com a responsabilidade fundada no *risco integral*. Não é escopo do CDC a imposição desmedida de indenizações a todos os consumidores lesados por produtos e serviços ofertados no mercado, sagrando-se como legislação nascida em benefício exclusivo da vítima e, por tabela, destruidora do próprio mercado de consumo. Afinal, a destruição do fornecedor elimina, obviamente, o próprio mercado. Portanto, não soa lógica tal conclusão.

Viu-se que a base legal para a responsabilização de fornecedores envolvidos em acidentes de consumo é justamente o atentado à legítima expectativa de segurança que o consumidor espera do produto ou serviço disponibilizado no mercado, resultando em imperfeições (defeitos) geradoras de danos a sua incolumidade física e/ou psíquica. Muito embora o legislador tenha positivado uma *inversão legal do ônus da prova* quanto à demonstração do defeito, de modo que o ônus de se provar a inexistência dele pertence exclusivamente ao fornecedor, tal situação não permite concluir que será ele sempre responsabilizado. Afinal, mesmo que não lhe seja exigida a demonstração da inexistência do defeito, há, em regra, ônus por parte do consumidor, de demonstrar os danos e o próprio liame causal que os ligam ao produto ou ao serviço defeituoso.

De mais a mais, a mera necessidade do nexo de causalidade, em casos tais, já impõe a possibilidade de situações excludentes dele — e demonstra não ser aqui caso de responsabilidade de *risco integral* —, que verdadeiramente elide a responsabilidade do fornecedor. São as chamadas *excludentes de responsabilidade do fornecedor*.

O CDC, expressamente, prescreve que o fabricante, o construtor, o produtor ou importador e o fornecedor de serviços só não serão responsabilizados quando provarem: a) *a não colocação do produto no mercado* (CDC, art. 12, §3º, I); b) *a inexistência do defeito no produto ou serviço* (CDC, art. 12, §3º, II, e art. 14, §3º, I); e c) *a culpa exclusiva do consumidor ou de terceiro* (CDC, art. 12, §3º, III, e art. 14, §3º, II).

Talvez, por desnecessidade, o legislador tenha preferido não incluir nesse rol a *força maior* (ou *caso fortuito externo*), elemento que, devidamente demonstrado, indubitavelmente também elide a responsabilidade civil, em casos concretos em que a Lei nº 8.078/90 é aplicável. Tendo-se em vista a tendência positivista, muitas vezes exagerada, do operador do direito nacional, melhor seria que o CDC retratasse, também, essa hipótese; assim se evitariam discussões, não raras atualmente, sobre a admissão ou não dessa excludente nas lides de consumo.

3.2.1 A não colocação do produto no mercado

A demonstração de que *o produto não foi colocado no mercado*, de modo óbvio, elidirá a responsabilidade do fornecedor, pela singela razão de que, em tais hipóteses, restará provada a não configuração do nexo causal. Trata-se de prova a ser efetivada pelo fornecedor, por expressa opção política do legislador — lembre-se do *princípio da facilitação da defesa dos direitos do consumidor* (CDC, art. 6º, VIII). Há, aqui, uma *presunção*, fortalecedora da posição do consumidor, na relação jurídica processual, de que o produto causador do acidente de consumo foi efetivamente inserido no mercado. A falsificação e o furto de produtos são bons exemplos dessa excludente.

Sérgio Cavalieri Filho ressalta que, embora a Lei *consumerista*, ao tratar dessa excludente, se refira apenas ao produto, nada impede, no seu entender, que o fornecedor de serviço prove, para efeito de afastar a sua responsabilidade, que efetivamente não o prestou.[348] Parece certa a posição advogada pelo mestre, principalmente porque tal excludente encontra-se, muitas vezes, associada ao *fato exclusivo de terceiro*, esta última prevista expressamente como hipótese também responsável pela eliminação da responsabilidade civil do fornecedor, tanto para os casos que envolvem produtos, como para aqueles outros relacionados à prestação de serviços.[349]

Ponto divergente na doutrina é o de se saber em que momento o produto (ou serviço) será considerado introduzido no mercado de consumo, haja vista que a Lei *consumerista* mostra-se silente a esse respeito. A jurisprudência, por não ser abastada em julgados sobre o assunto, não autoriza esclarecimentos precisos acerca do caminho que vem perseguindo desde a publicação do CDC. A tendência, porém, parece seguir o rumo de admitir esse momento como sendo aquele em que o produto é encaminhado "ao distribuidor, ainda que a título

---

[348] CAVALIERI FILHO, Sérgio. *Programa de responsabilidade civil.* 2. ed. São Paulo: Malheiros, 2002. p. 484.

[349] Nesse sentido, bem colocada é a observação de Paulo de Tarso Vieira Sanseverino, no sentido de que *"a não-colocação do produto no mercado aparece, freqüentemente, associada ao fato de terceiro (furto, roubo)"* (SANSEVERINO, Paulo de Tarso Vieira. *Responsabilidade civil no Código do Consumidor e a defesa do fornecedor.* São Paulo: Saraiva, 2002. p. 264).

experimental, de propaganda ou de teste, como se costumava fazer com certos medicamentos".[350]

3.2.2 A prova da inexistência do defeito

O CDC, ao positivar essa excludente, abarca expressamente tanto os produtos como os serviços.

Também aqui, como na hipótese tratada no tópico anterior, há uma *presunção legal* (*juris tantum*) que beneficia o consumidor. Ou seja, o consumidor, ao ajuizar determinada ação indenizatória relacionada a acidentes de consumo, detém em seu favor não apenas o fato presumido de que o produto ou serviço foi efetivamente colocado no mercado, mas, também, a presunção de que o produto realmente é defeituoso. Afinal, a indicação de que o fabricante, o construtor, o produtor, o importador ou o prestador de serviços só não será responsabilizado se provar, dentre outras hipóteses legais, que o defeito inexiste, origina-se da própria legislação (CDC, §3º do art. 12 e §3º do art. 14).

A hipótese legal não suscita maiores dúvidas. Sendo o defeito fato gerador da responsabilidade civil por acidentes de consumo, se acaso demonstrada a inexistência dele, a pretensão indenizatória do consumidor cai por terra. Essa prova evidencia que, muito embora possa o dano ter sido causado pelo produto ou serviço, não houve ilicitude por parte do fornecedor — lesão à *legítima expectativa de segurança* que o consumidor espera do produto ou serviço (defeito). Provada a inexistência do defeito quebra-se, pois, o próprio nexo de causalidade.

É exemplo dessa excludente a prova de que o dano decorreu de um desgaste natural do produto, advindo dos efeitos do tempo.

3.2.3 A culpa exclusiva do consumidor ou de terceiro

O que se disse alhures sobre a culpa da vítima ou do terceiro, como sendo excludentes de responsabilidade civil, vale também para as ações que envolvem supostos acidentes de consumo. Isto é, diante de tais excludentes, encerra-se a responsabilidade pela prova da inexistência de "relação de causalidade entre o defeito do produto e o evento danoso, dissolvendo-se a própria relação de responsabilidade".[351]

---

[350] CAVALIERI FILHO, Sérgio. *Programa de responsabilidade civil*. 2. ed. São Paulo: Malheiros, 2002. p. 484.

[351] GRINOVER, Ada Pellegrini *et al*. *Código Brasileiro de Defesa do Consumidor comentado pelos autores do anteprojeto*. 6. ed. São Paulo e Rio de Janeiro: Forense Universitária, 1999. p. 166.

Complemente-se com a lamúria de Sérgio Cavalieri Filho, lecionando que o CDC, que tão técnico foi ao falar em *fato do produto* e *fato do serviço*, tenha falado em *culpa* exclusiva do consumidor ou de terceiro, em lugar de *fato* exclusivo deles. Esclarece o jurista que, em sede de responsabilidade objetiva, é injustificável o equívoco terminológico ocorrido. Afinal, não há que se falar, aqui, em culpa. Na responsabilidade objetiva, tudo se resolve no plano do nexo de causalidade, sendo irrelevante a culpa.[352]

Observe-se, ainda, que a Lei *consumerista* é expressa quando se refere à *exclusividade* da culpa — leia-se *fato* — do consumidor ou de terceiro como excludente da responsabilidade civil pelo fato do produto ou serviço. O termo utilizado na letra da lei — *exclusiva* — não foi adotado por mero capricho do acaso. Ao contrário, pretendeu o legislador pátrio extirpar do âmbito das relações de consumo a excludente da responsabilidade do fornecedor em função de *concorrência de culpas*, seja por parte do consumidor, seja por parte de terceiro. Além disso, vale frisar, essa orientação condiz, inarredavelmente, com o direito básico do consumidor à *efetiva* reparação de danos patrimoniais e morais, individuais, coletivos e difusos (art. 6º, VI, da Lei nº 8.078/90).

Noutro norte, não se pode olvidar que o *terceiro* a que a lei se refere é pessoa absolutamente desconectada do fornecedor, alheia à cadeia de fornecimento de produtos ou serviços, de modo que é manifestamente equívoco incluírem nessa seara os comerciantes, os prepostos, os empregados e os representantes.

3.2.4 A força maior

Consoante já apontado anteriormente, o CDC silenciou-se sobre as excludentes de responsabilidade *força maior* e *caso fortuito* (*interno*). Tal postura, muito embora racional e objetiva, deu margem a perigosas controvérsias doutrinárias e jurisprudenciais, quiçá em razão do exagerado apego do operador do direito à interpretação literal da lei.

O *fortuito interno*, como fato imprevisível, ocorrido no momento da fabricação do produto ou realização do serviço, não tem o condão de excluir a responsabilidade do fornecedor, na medida em que integra sua atividade, ligando-se aos riscos do empreendimento, submetendo-se à noção geral de defeito de concepção do produto ou de formulação do

---

[352] CAVALIERI FILHO, Sérgio. *Programa de responsabilidade civil*. 2. ed. São Paulo: Malheiros, 2002. p. 485.

serviço; se o defeito surge antes da introdução do produto no mercado ou durante a prestação do serviço, é irrelevante considerar o motivo que o determinou, porquanto o fornecedor será sempre responsável pelas suas consequências, ainda que decorrente de fato inevitável.[353] Por implicar um *impedimento relacionado com a pessoa do agente*, não elide a responsabilidade, integrando o próprio risco assumido pela exploração da atividade no mercado de consumo.

Ao revés, *a força maior*, por não guardar relação alguma com a atividade do fornecedor, denotando-se um fato absolutamente estranho ao produto ou serviço, de regra ocorrido posteriormente ao da sua fabricação ou formulação, elide a responsabilidade do fornecedor, pela inequívoca constatação de que o defeito alegado era verdadeiramente inexistente.[354]

Sintetizando: *o imprevisível insere-se no risco; o inevitável não.*

4 A tutela antecipada a serviço do consumidor

A tutela antecipada constitui-se numa técnica processual destinada, num juízo de *cognição sumária*, a acelerar os efeitos práticos da tutela jurisdicional final, desde que presentes determinados requisitos autorizadores. Tem ela eminente caráter satisfativo; satisfaz *provisoriamente* a pretensão de direito material pretendida no processo. Trata-se de verdadeira "execução para segurança".

Destarte, pela utilização dessa técnica de prestação provisória da tutela jurisdicional, o juiz, normalmente[355] antes de completar a instrução e o debate da causa, antecipa uma decisão de mérito (e seus efeitos), dando provisório atendimento ao pedido, no todo ou em parte. Efetivamente, há antecipação de tutela, porque o juiz se adianta para, antes do momento reservado ao normal julgamento do mérito, conceder à parte os efeitos de um provimento que, de ordinário, somente deveria ocorrer depois de exaurida a apreciação de toda a controvérsia (cognição exauriente), e prolatada a sentença definitiva.

---

[353] CAVALIERI FILHO, Sérgio. *Programa de responsabilidade civil*. 2. ed. São Paulo: Malheiros, 2002. p. 489.

[354] CAVALIERI FILHO, Sérgio. *Programa de responsabilidade civil*. 2. ed. São Paulo: Malheiros, 2002. p. 489.

[355] A expressão *normalmente* foi utilizada na frase porque o magistrado não se encontra impossibilitado de conceder tutelas antecipadas em outros momentos, que não no *limiar do processo*. Consoante se verá adiante, ao juiz é lícito, inclusive, conceder a tutela antecipada na própria sentença, garantindo ao interessado o usufruto dos efeitos, parciais ou integrais, da tutela de mérito perseguida, independentemente da interposição de recurso de apelação contra a sentença de procedência proferida.

Aponte-se que a ideia sugerida pelo art. 273 do CPC, no sentido de estar o ato de deferimento da tutela antecipada vinculado a um poder discricionário do juiz ("o juiz *poderá* [...]"), é absolutamente falsa. A tutela antecipada constitui-se num *direito subjetivo* do próprio interessado, cujo deferimento obviamente dependerá — como afirmado — da prova dos requisitos delineados pela lei processual, de modo que, estando esses presentes, o deferimento é inegavelmente obrigatório.

Em ações de responsabilidade civil por acidentes de consumo, a tutela antecipada, como não poderia deixar de ser, tem sua serventia — afinal, a dignidade, a saúde e a própria vida são os *bens da vida* em risco.

5 Situações facilitadoras da concessão de tutela antecipada em demandas que envolvem relações de consumo

É inquestionável que a abertura legislativa, autorizando o deferimento de tutelas antecipadas de forma genérica, a todas e quaisquer situações concretas submetidas ao Judiciário — sendo desimportante a natureza do direito material em discussão —, representa uma das mais glorificadas conquistas hodiernas do processo civil.

Atente-se, de início, que a tutela antecipada vulgarizada encontra fundamento nos arts. 273, I e II, 461, §3º (também aplicável ao art. 461-A), todos do CPC, e art. 84, §3º, do CDC. Todavia, é certo que, em sendo a demanda proveniente de uma crise material pautada em *relação de consumo*, donde se discute a responsabilidade civil do fornecedor, por suposto *acidente de consumo*, algumas peculiaridades devem ser levadas em consideração, quando chegado o momento de o juiz examinar o pedido de antecipação de tutela.

Rememore-se de que o consumidor, em ações de responsabilidade civil oriundas de acidentes de consumo, *inicia-se, no processo, já munido de algumas vantagens processuais.* Tais vantagens lhe são conferidas justamente com o intuito de garantir-lhe a *paridade de armas* no processo, na medida em que, naturalmente, é ele, o consumidor, a parte vulnerável da relação de consumo.

Não há exigência legal de o consumidor demonstrar a *imperfeição* que deu origem ao acidente de consumo, nem mesmo precisará evidenciar a *ligação causal entre tal imperfeição e os danos por ele suportados.* Não são esses fatos constitutivos de seu direito. A Lei nº 8.078/90, ao impor que o fabricante não será responsabilizado se demonstrar que, muito embora haja colocado o produto no mercado, o defeito inexiste

A Tutela Antecipada nas Ações de Responsabilidade Civil por Acidentes de Consumo... | 201

(art. 12, §3º, II), efetivamente inverteu o *onus probandi* em favor do consumidor, conferindo-lhe vantagem processual expressa. Noutras palavras, a citada legislação criou, em prol do consumidor, presunções *juris tantum*, impondo ao seu adversário judicial o ônus de desfazer tais presunções, através de provas em contrário.

Talvez soe estranha a ideia de que o consumidor não necessite demonstrar a imperfeição do produto e nem o nexo causal entre ela e os danos que suportou. Todavia, essa estranheza logo esmorece, ao se recordar que o objetivo-mor da Lei nº 8.078/90 foi o de garantir certa estabilidade nas relações de consumo. Por óbvio que essa estabilidade idealizada pelo legislador também emana efeitos na relação processual, donde se encontram inseridas as figuras *consumidor* e *fornecedor*. Não é em decorrência do acaso que o consumidor tem a seu favor algumas prerrogativas, cuja aplicação é direcionada, quase que tão somente, ao processo jurisdicional — exemplos: direito de ver modificadas "cláusulas contratuais que estabeleçam prestações desproporcionais ou sua revisão em razão de fatos supervenientes que as tornem excessivamente onerosas"; direito à "efetiva prevenção e reparação de danos patrimoniais e morais, individuais, coletivos e difusos"; direito à "facilitação da defesa de seus direitos, inclusive com a inversão do ônus da prova, a seu favor, no processo civil, quando, a critério do juiz, for verossímil a alegação ou quando for ele hipossuficiente, segundo as regras ordinárias de experiências"; possibilidade de obter decisão desconsiderando a personalidade jurídica, etc.

Decerto, não seria justo atribuir ao consumidor a demonstração de prova absolutamente técnica, dispendiosa, pois é ele a parte vulnerável na relação de consumo (CDC, art. 4º, I). De igual forma, não soaria justo impor-lhe o ônus de provar o nexo causal entre essa imperfeição e os danos que suportou.[356] Assim é que, ao consumidor bastará demonstrar que efetivamente utilizou o produto, os danos suportados e, por fim, o nexo causal entre tal utilização e os referidos danos. Consoante afirmado, essa conclusão resta evidente na análise do art. 12, §3º, II, do CDC, norma que impõe ao fabricante a demonstração da *inexistência de defeito no produto colocado no mercado*.

É importante ter em mente que *defeito* e *acidente de consumo* são expressões sinônimas. Somente há que se falar em *defeitos* quando a

---

[356] É importante se atentar ao seguinte aspecto: ao consumidor cumpre demonstrar o nexo de causalidade entre a *utilização do produto* e os danos. Não lhe cabe, contudo, provar o liame causal entre a *imperfeição* (vício) desse mesmo produto e os danos. As situações são diversas e devem ser devidamente compreendidas.

hipótese analisada açambarcar situações alheias àquelas vinculadas, tão somente, à mera inadequação de uso do produto, de modo que a utilização mesma do produto acabe por atingir a própria incolumidade patrimonial, física e/ou moral do consumidor. Logo, quando o legislador impõe ao fabricante o ônus de provar a inexistência do *defeito* no produto, isso para se ver livre da responsabilidade de indenizar, não está se referindo apenas à própria imperfeição contida em tal produto, *mas também ao nexo causal entre a utilização dele e os danos acarretados* — afinal, a conceituação de *defeito* inclui a de *vício*, os *danos*, e o *nexo de causalidade entre o vício e os danos.*[357] Para se eximir da responsabilidade, poderá o fabricante demonstrar, por exemplo, que, muito embora o produto seja realmente portador de uma imperfeição (vício), não foi ela a responsável pelo resultado danoso.

E a constatação de que ao consumidor são conferidas algumas *presunções*, em demandas de responsabilidade civil, possui importância toda especial, a ser levada em consideração no momento de se examinar uma pretensão de tutela antecipada. Elas, as tais *presunções*, enfim, certamente servirão a auxiliar o consumidor a obter uma decisão favorável que antecipe, parcial ou integralmente, a tutela jurisdicional perseguida. Afinal, não se pode olvidar que o CPC, expressamente, entabula que não dependem de prova os fatos *"em cujo favor milita presunção legal de existência ou de veracidade"* (CPC, art. 334, IV). As presunções, ficções jurídicas ou verdades estabelecidas pela lei, independem de qualquer prova, muito embora permitam demonstração em contrário, plenamente capaz de romper a vantagem processual que acoberta o consumidor.

Assim, e consoante o já afirmado, não terá o consumidor que demonstrar a *imperfeição* do produto, bastando *alegá-la*. E se essa presunção mostra-se assaz forte para proporcionar uma sentença de mérito favorável ao consumidor, numa ação de responsabilidade civil, obviamente que também terá importante serventia na formação da convicção do juiz para o deferimento de uma tutela antecipada. Ora, se a

---

[357] Poder-se-ia indagar o porquê dos danos também não se presumirem. A verdade é que não há que se falar em responsabilidade civil sem a *real* ocorrência de danos. Afinal, são justamente eles, os danos, que serão reparados; se nada houver para se reparar, não há, logicamente, responsabilidade de ressarcimento. Presunções relacionadas aos danos apenas são aceitáveis, *em face de uma construção jurisprudencial*, quando eles forem de natureza *moral*. São presunções que se extraem das particularidades do caso concreto, estas devidamente demonstradas nos autos. Mas em se tratando de *danos materiais*, não há realmente como se aceitar presunções, sob pena de se descredenciar a própria essência do instituto da responsabilidade civil.

tal presunção possui vigor capaz de alicerçar uma sentença fundada em cognição exauriente, por que razão não teria vitalidade suficiente para estear uma decisão interlocutória, fundada em cognição sumária?[358]

Se basta ao consumidor *alegar* a imperfeição possivelmente existente no produto, de igual forma não terá que demonstrar, *em sede de cognição sumária*[359] *e visando ao deferimento de uma tutela antecipatória,* o nexo causal entre tal imperfeição e os danos suportados por ele.

---

[358] O professor Kazuo Watanabe ensina que "a cognição é prevalentemente um ato de inteligência, consistente em considerar, analisar e valorar as alegações e as provas produzidas pelas partes, vale dizer, as questões de fato e as de direito que são deduzidas no processo e cujo resultado é o alicerce, o fundamento do *judicium*, do julgamento do objeto litigioso do processo" (WATANABE, Kazuo. *Da cognição no processo civil*. São Paulo: Revista dos Tribunais, 1987. p. 41).

[359] Alexandre Freitas Câmara, munindo-se das lições de Kazuo Watanabe, identifica a cognição nos seus aspectos vertical e horizontal. Esclarece o jurista: "Assim é que, horizontalmente considerada (plano de extensão), a cognição é plena ou limitada. Será plena quando todos os elementos do trinômio que constitui o objeto da cognição estejam submetidos à atividade cognitiva do juiz. É o que se dá no processo de conhecimento. Pense-se, por exemplo, numa 'ação de alimentos', demanda de natureza condenatória (e pertencente, portanto, às 'ações de conhecimento'). O juiz ali analisará questões prejudiciais (como a relação de parentesco entre demandante e demandado) e, por fim, a pretensão condenatória manifestada pelo autor em face do réu. De outro lado, a cognição será limitada, quando alguns destes elementos (de ordinário o mérito da causa) for subtraído da atividade cognitiva, como ocorre no processo de execução, no qual o juiz, como já afirmado, não julga o *meritum causae*". E continua: "No plano vertical (profundidade ou intensidade), a cognição pode ser exauriente, sumária ou superficial. Tem-se cognição exauriente quando ao juiz só é lícito emitir seu provimento baseado num juízo de certeza. É o que normalmente ocorre no processo de conhecimento. A cognição é sumária quando o provimento jurisdicional deve ser prolatado com base num juízo de probabilidade (como no caso da tutela antecipatória – art. 273, CPC). Por fim, tem-se cognição superficial (ou sumaríssima) em casos — de resto não muito freqüentes — em que o juiz deve se limitar a uma análise perfunctória das alegações, sendo a atividade cognitiva ainda mais sumária do que a exercida na espécie que leva este nome. Tal espécie de cognição é exercida, *e.g.*, no momento de se verificar se deve ou não ser concedida medida liminar no processo cautelar. Se nesta espécie de processo (utilizando-se aqui da classificação tradicional dos processos quanto ao provimento jurisdicional pleiteado) a atividade cognitiva final é sumária (uma vez que o juiz não verifica se existe o direito substancial alegado pelo demandante, mas tão só a probabilidade dele existir — *fumus boni iuris*), é óbvio que para verificar se deve ou não ser antecipada a concessão de tal medida através de liminar não se pode permitir que o juiz exerça, também aqui, cognição sumária, sob pena de se obrigar o juiz a invadir de forma indevida o objeto do processo cautelar. Deverá o julgador, portanto, exercer cognição superficial. Ao invés de buscar o requisito do *fumus boni iuris*, deverá verificar o juiz a probabilidade de que tal requisito se faça presente (algo como um *fumus boni iuris* de *fumus boni iuris*)". Finalmente conclui: "Visto isso, podemos chegar à seguinte conclusão: há processos de cognição PLENA E EXAURIENTE (como os processos de conhecimento que seguem o procedimento comum — ordinário ou sumário), PLENA E SUMÁRIA (como no processo cautelar), LIMITADA E EXAURIENTE (como no processo de execução, em que o julgador não pode examinar o mérito — cognição limitada — mas profere juízo de certeza sobre as questões preliminares — cognição exauriente), LIMITADA E SUMÁRIA (como na 'ação de separação de corpos', em que a impossibilidade de se discutir a presença de alguma causa para que se dissolva o vínculo matrimonial limita a cognição, e a urgência com que se necessita do provimento implica na sumariedade da atividade cognitiva)" (CÂMARA, Alexandre Freitas. *O objeto da cognição no processo civil*: escritos de direito processual. Rio de Janeiro: Lumen Juris, 2001. p. 85-86).

Destarte, encontra-se o consumidor numa situação privilegiada, também quando requerer a tutela antecipada, isso porque, de antemão, já no limiar do processo, o juiz irá raciocinar, aceitando a existência de uma imperfeição jurídica no produto em questão, admitindo, também, que os danos advieram em função de tal imperfeição. Isso significa que parte substancial do primeiro requisito, indispensável ao deferimento da tutela antecipada, estará efetivamente demonstrada — prova inequívoca que convença o juiz da verossimilhança da obrigação (CPC, art. 273), ou relevância do fundamento da demanda (CDC, art. 84, §3º).

Logo, ao consumidor caberá demonstrar — ainda no que toca ao primeiro requisito (CPC, art. 273, I; CDC, art. 84, §3º) — apenas que utilizou o produto e que, por decorrência desse uso, suportou alguns danos — prova essa que não exige os rigores necessários para fundar uma sentença de mérito. Noutras palavras, deverá provar a utilização do produto, os danos suportados (ou apenas um ou alguns deles, dependendo do objeto postulado a título de antecipação de tutela), e o nexo causal entre tal utilização e os danos. *A presunção da existência de um defeito funciona em seu favor também em sede de tutela antecipada.* Não se olvide, de outro lado, da necessidade de demonstrar o *periculum in mora*, elemento cuja presença se mostra sempre necessária à concessão das denominadas *tutelas de urgência.*

Lembre-se, porém, que o consumidor não necessita comprovar, de maneira cabal e induvidosa, os fatos necessários ao cumprimento dos requisitos preestabelecidos na legislação processual, para obter o deferimento de uma tutela antecipada. Para a formação de seu convencimento, o juiz, em sede de tutelas de urgência, utiliza-se de *matérias-primas* todas especiais: as *probabilidades* e *verossimilhanças.* Decide por meio de *cognição sumária,* justamente porque a situação é emergencial, de urgência extrema, pois, muitas vezes, afeta a própria vida e saúde de uma das partes, o que apenas vem a justificar o abrandamento da segurança, em prol da efetividade da tutela jurisdicional.

Assim, visando ao deferimento de uma tutela antecipada, poderá o consumidor valer-se de declarações escritas por terceiros, pontificando que o produto defeituoso efetivamente foi utilizado por ele e lhe causou danos. Laudos e relatórios médicos também possuem serventia probatória em sede de cognição sumária, notadamente na demonstração dos danos (enfermidades, tratamentos médicos) e o nexo causal entre eles e o uso do produto.

6 Conclusões

É de se sintetizar as principais conclusões deste ensaio nas seguintes assertivas:

a) ao reconhecer a *vulnerabilidade* do consumidor no mercado de consumo (CDC, art. 4º, I), o CDC se atrela ao princípio constitucional da igualdade. Reconhece a vulnerabilidade do consumidor para *justificar* o tratamento protecionista a ele conferido. Logo, *a vulnerabilidade do consumidor é consectário lógico do princípio da igualdade,* uma de suas concretizações infraconstitucionais e base sólida filosófico-jurídica que sustenta o CDC;

b) a adoção do princípio da vulnerabilidade do consumidor esclarece o porquê das benesses (materiais e processuais) positivadas em favor daquele que se situa no polo mais frágil da relação;

c) de regra, em se tratando de relação de consumo, a responsabilidade civil terá por pressuposto não a culpa do fornecedor, senão o descumprimento de um *dever jurídico primário de segurança.* E esse descumprimento de um dever jurídico de segurança (ilícito) não diz respeito à licitude ou à ilicitude da atividade exercida pelo fornecedor, mas, sim, à presença de vícios ou defeitos nos produtos e serviços oferecidos;

d) são três pressupostos para a configuração da responsabilidade civil do fornecedor por acidentes de consumo: a) o(s) defeito(s); b) o(s) dano(s), e c) o nexo de causalidade entre a utilização do produto (ou serviço) e os danos suportados pelo consumidor. Os *danos* e o *nexo de causalidade* deverão ser necessariamente demonstrados para a caracterização do dever de o fornecedor ressarcir os prejuízos causados, ressalvada a possibilidade de inversão do ônus da prova. Já o *defeito,* fato gerador da responsabilidade civil por acidentes de consumo, por manifesta opção legislativa, vem carregado de uma *presunção* em favor do consumidor, competindo exclusivamente ao fornecedor a demonstração de sua *inexistência,* acaso deseje elidir-se da responsabilidade de indenizar;

e) a tutela antecipada constitui-se numa técnica processual destinada, num juízo de *cognição sumária,* a acelerar os efeitos práticos da tutela jurisdicional final, desde que presentes determinados requisitos autorizadores. Pela utilização dessa técnica diferenciada de prestação *provisória* da tutela jurisdicional, o juiz, normalmente antes de completar a instrução e o debate da causa, antecipa uma decisão de mérito (ou seus efeitos), dando provisório atendimento ao pedido, no todo ou em parte;

f) o consumidor, em ações de responsabilidade civil oriundas de acidentes de consumo, *inicia-se, no processo, já munido de algumas vantagens processuais.* Tais vantagens lhe são conferidas justamente com o intuito de garantir-lhe a *paridade de armas* no processo, na medida em que, naturalmente, é ele, o consumidor, a parte vulnerável da relação de consumo. Não há, conforme afirmado, exigência legal de o consumidor demonstrar a *imperfeição* (defeito) que deu origem ao acidente de consumo, nem mesmo precisará evidenciar a *ligação causal entre tal imperfeição e os danos por ele suportados.* Não são esses fatos constitutivos de seu direito. A Lei nº 8.078/90, ao impor que o fabricante não será responsabilizado se demonstrar que, muito embora haja colocado o produto no mercado, o defeito inexiste (art. 12, §3º, II), efetivamente inverteu o *onus probandi* em favor do consumidor, conferindo-lhe vantagem processual expressa. Noutras palavras, a citada legislação criou, em prol do consumidor, presunções *juris tantum*, impondo ao seu adversário o ônus de desfazer tais presunções através de provas em contrário;

g) é de se ter em mente as *presunções* alhures apontadas, certamente servirão a auxiliar o consumidor a obter uma decisão favorável que antecipe, parcial ou integralmente, a tutela jurisdicional perseguida. Afinal, não se pode olvidar que o CPC, expressamente, entabula que não dependem de prova os fatos "em cujo favor milita presunção legal de existência ou de veracidade" (CPC, art. 334, IV). As presunções, ficções jurídicas ou verdades estabelecidas pela lei, independem de qualquer prova, muito embora permitam demonstração em contrário, plenamente capaz de romper a vantagem processual que acoberta o consumidor. Assim, e consoante o já afirmado, não terá o consumidor que demonstrar a *imperfeição* do produto, bastando *alegá-la.* E se essa presunção mostra-se assaz forte para proporcionar uma sentença de mérito (cognição exauriente) favorável ao consumidor, numa ação de responsabilidade civil, obviamente que também terá importante serventia na formação da convicção do juiz para o deferimento de uma tutela antecipada (cognição sumária). Se basta ao consumidor *alegar* a imperfeição possivelmente existente no produto, de igual forma não terá que demonstrar, *em sede de cognição sumária e visando ao deferimento de uma tutela antecipatória*, o nexo causal entre tal imperfeição e os danos suportados por ele;

h) Encontra-se, pois, o consumidor numa situação privilegiada, também quando requerer a tutela antecipada, já que, de antemão, no limiar do processo, o juiz irá raciocinar, aceitando a existência de uma imperfeição jurídica no produto em questão, admitindo, também, que os danos advieram em função de tal imperfeição. Isso significa que parte substancial do primeiro requisito, indispensável ao deferimento da tutela antecipada, estará efetivamente demonstrada — a prova inequívoca que convença o juiz da verossimilhança da obrigação (CPC, art. 273), ou a relevância do fundamento da demanda (CDC, art. 84, §3º). Ao consumidor caberá demonstrar, além do *periculum in mora*, apenas que utilizou o produto e que, por decorrência desse uso, suportou alguns danos — prova esta que não exige os rigores necessários para fundar uma sentença de mérito.

7

ANOTAÇÕES PROCEDIMENTAIS E MATERIAIS SOBRE A EXECUÇÃO DE TUTELA ANTECIPADA PARA O PAGAMENTO DE SOMA EM DINHEIRO

Sumário: 1 Introdução – **2** A desnecessidade de se estabelecer nova relação processual destinada à execução de decisão que concede tutela antecipada de soma em dinheiro – **3** Incoerência do procedimento da execução provisória para a execução de tutela antecipada de soma em dinheiro – **4** Alguns meios executórios destinados a garantir a efetividade da execução de tutelas antecipadas de pagamento de soma em dinheiro – **4.1** As astreintes – **4.2** A penhora *on line* – **4.3** Restrição de direitos – **4.4** A prisão – **5** Conclusões

1 Introdução

Esclarece Teori A. Zavascki que o cumprimento imediato da medida antecipada, mediante ordens ou mandados expedidos na própria ação de conhecimento, não se apresenta incompatível com o sistema processual brasileiro, sendo, aliás, bem apropriado, em se tratando de medida que antecipe prestações de fazer ou não fazer ou, ainda, de entregar coisa. Descumprindo o demandado a ordem, poderá o juiz impor-lhe, imediatamente e de ofício, o seu cumprimento, utilizando-se, se necessário, das providências coercitivas e sub-rogatórias previstas no §5º do art. 461 do Código de Processo Civil (ou art. 84, §3º, do Código de Defesa do Consumidor). Tais providências, a rigor, em nada diferem, quanto ao conteúdo, das que seriam desenvolvidas para dar cumprimento à sentença definitiva, *cujo objeto da condenação seja uma*

210 | Lúcio Delfino
Direito Processual Civil – Artigos e Pareceres

tutela específica, essa que, também, *não mais está sujeita à ação de execução autônoma* (CPC, arts. 461 e 461-A).[360]

Por outro lado, complexidades várias surgem quando a postulação da tutela antecipada dirige-se ao *adiantamento de obrigação de soma em dinheiro*,[361] cuja satisfação, no domínio da sistemática processual, depende, em regra, de atos expropriatórios demasiadamente burocratizados e nem sempre compatíveis com a situação de urgência que envolve o caso concreto.[362]

Neste espaço, o que se pretende é analisar o mecanismo de execução (ou efetivação)[363] da tutela antecipada de soma pecuniária, tomando partido, entre as diversas correntes de entendimento, por aquela que se afigura mais coerente com a natureza mesma do instituto.

2 A desnecessidade de se estabelecer nova relação processual destinada à execução de decisão que concede tutela antecipada de soma em dinheiro

É notória a constatação de que os cinco *Livros* responsáveis pela estruturação do Código de Processo Civil não foram elaborados sob uma ótica voltada à tutela antecipada vulgarizada,[364] instituto este que,

---

[360] ZAVASCKI, Teori Albino. *Antecipação da tutela*. 4. ed. São Paulo: Saraiva, 2004. p. 97.

[361] Esta dificuldade hermenêutica é também sentida por Flávio Luiz Yarshell: "Se a 'efetivação' da tutela antecipada parece não apresentar maiores problemas no que diz com as obrigações de fazer e não fazer e, ainda, nas obrigações de entrega de coisa, o tema parece ganhar contornos especiais quando se trata de obrigações de pagamento de quantia. O tema é fértil e parece, salvo engano, ainda pouco explorado pela doutrina pátria, comportando trabalho mais alentado" (YARSHELL, Flávio Luiz. Efetivação da tutela antecipada: uma nova execução civil?. *In*: FUX, Luiz; NERY JUNIOR, Nelson; WAMBIER, Tereza Arruda Alvim (Coord.). *Processo e Constituição*: estudos em homenagem ao professor José Carlos Barbosa Moreira. São Paulo: Revista dos Tribunais, 2006. p. 330-339).

[362] ZAVASCKI, *op. cit.*, p. 97.

[363] Costumeiramente, a doutrina distingue "execução" de "efetivação". Um dos pioneiros a atentar para esta distinção foi, sem dúvida, o grande processualista J. E. Carreira Alvim. Nessa linha, leciona o mestre: "Sempre distingui, em sede doutrinária, entre 'efetivação', que é o ato pelo qual se cumprem decisões interlocutórias, e 'execução', que é o ato pelo qual se cumprem sentenças (provisória ou definitivamente), razão pela qual sempre evitei falar em execução de tutela antecipada". E continua: "A reforma anterior orientou-se nessa mesma linha, preferindo dizer que a 'efetivação da tutela antecipada' observará, no que couber e conforme sua natureza, as normas previstas nos arts. 588 (atual art. 475-O), 461, §§4º e 5º, e 461-A, do CPC, evitando a expressão 'execução da tutela antecipada'" (ALVIM, J. E. Carreira. *Alterações do Código de Processo Civil*. 3. ed. Rio de Janeiro: Impetus, 2006. p. 55). Entretanto, nesse trabalho, as expressões "execução" e "efetivação" foram utilizadas indistintamente, querendo se referir a qualquer atividade capaz de, efetivamente, alterar o mundo dos fatos, conformando a realidade à decisão ou ao título executivo.

[364] Sabe-se que o tema "tutela antecipada" não configura propriamente uma novidade no sistema processual brasileiro. Afinal, já se conheciam formas típicas de antecipação, a

a propósito, apenas foi inserido no seu bojo décadas depois de sua publicação. Consciente da necessidade de conferir maior efetividade à tutela jurisdicional, o legislador optou pela realização de reformas pontuais no Código de Processo Civil, de modo que mantivesse sua estruturação originária, mas eliminando certos gargalos que emperravam a máquina judiciária.

Sem dúvida que a tutela antecipada genérica, passível de ser postulada e deferida nos diversos procedimentos de cognição — mesmo nos especiais —, representa uma conquista. Todavia, há de se ter sempre em mente a lição de Teori Albino Zavascki, no sentido de que a "universalização do instituto da tutela antecipada importa necessidade de adaptação, pela via da hermenêutica, do regime do processo executivo à nova realidade, tarefa que demanda permanente engenho e criatividade da doutrina e da jurisprudência".[365]

Ao término do ano de 2000, o mestre Ovídio A. Baptista da Silva, em brilhante parecer, produzido em defesa da empresa Souza Cruz S.A., e juntado aos autos de uma ação coletiva ajuizada pela Associação de Defesa da Saúde do Fumante (ADESF), advogou a tese de que a execução de tutelas antecipadas — mesmo aquelas cujo conteúdo é a soma em dinheiro — deve se dar na própria relação processual do processo de conhecimento, independentemente do ajuizamento de uma nova ação, agora de natureza executiva. Naquela oportunidade, o jurista ainda defendeu que as regras contidas no art. 588, II e III, do Código de Processo Civil — hoje revogadas pela Lei nº 11.232/05 — haveriam de ser respeitadas, sendo a *execução provisória* o modo adequado de se dar efetividade às decisões concedidas a título de tutela antecipada.

Ovídio A. Baptista da Silva, apesar de entender que o mais adequado para conjurar o risco de dano iminente ao direito seria a introdução das injunções utilizadas na *common law* — autorizando o juiz a emitir decisão que não simplesmente *condenasse*, mas, ao contrário, *ordenasse* ao devedor o cumprimento da obrigação —, deixou claro, em seu parecer, que não foi esse o caminho escolhido pelo legislador brasileiro.

---

saber, as liminares em processo possessório, no mandado de segurança, na ação popular, na ação civil pública, entre outras. Em verdade, a novidade foi o legislador promover verdadeira *vulgarização* da tutela antecipada — por essa razão, Cândido Rangel Dinamarco já se referiu a ela como "poder geral de antecipação" —, permitindo o adiantamento dos efeitos da tutela jurisdicional pretendida sempre que se configurarem os requisitos previstos em lei. Assim, a grande inovação, trazida numa das etapas da Reforma, foi, portanto, a possibilidade de se utilizar a tutela antecipada de maneira generalizada.

[365] ZAVASCKI, *op. cit.*, p. 71.

Em parte, reputa-se correto o entendimento acima exposto, notadamente no tocante à *desnecessidade de se estabelecer nova relação processual destinada à execução de decisão que concede a tutela antecipada.* Aliás, encontra-se superada a tradicional sistemática processual, caracterizada pelo ideal científico de se alocar, em compartimentos quase completamente estanques, as atividades cognitivas e executivas. Hodiernamente, o *cumprimento da sentença* concretiza-se mediante a instauração de medidas executivas no mesmo processo que a originou (o de conhecimento), numa atividade continuativa mais informal e desburocratizada (execução sincrética ou imediata). Essa ideia acabou por contagiar, também, as sentenças, cujas obrigações nelas registradas correspondem à soma em dinheiro, isso em razão de uma recente reforma advinda da Lei nº 11.232, de 22 de dezembro de 2005.

De qualquer modo, até pouco tempo atrás, a execução da sentença que condenava em pecúnia, ainda era conduzida por meio daquele sistema tradicional, *ex intervallo,* numa ação autônoma. Tal circunstância, não poucas vezes, animava o entendimento segundo o qual a execução de decisão interlocutória, cujo objeto era a antecipação provisória de soma em dinheiro, também deveria ocorrer numa nova relação processual, por meio de ação executiva própria. Contudo, olvidava-se que a execução da tutela antecipada, fundada no art. 273, I, do Código de Processo Civil, guardasse sensíveis distinções de uma execução fundada em sentença judicial, transitada ou não em julgado (execução definitiva e provisória).

A decisão que defere tutela antecipada visa ordinariamente satisfazer uma *situação emergencial,* cujo cumprimento não poderia, por óbvio, respaldar-se, detalhadamente, no custoso e burocrático procedimento de execução de quantia certa contra devedor solvente (Livro II), especialmente porque, se assim fosse, feneceria qualquer sentido lógico-jurídico no próprio ato de deferimento da tutela de urgência, já que, muito provavelmente, o direito material perseguido, conexo ao direito de crédito, pereceria. Na execução de sentença judicial (seja ela definitiva ou não) o ingrediente *periculum in mora* é inexistente, evidenciando a ausência de *urgência* que possa motivar o juiz a priorizar a *efetividade,* em desfavor da *segurança jurídica.*

Logo, a melhor interpretação, mesmo antes da publicação da já citada Lei nº 11.232/05, é aquela fincada na própria *finalidade da tutela de urgência,* donde se obtém a conclusão de que, devido à relevância emergencial da questão posta ao arbítrio do juiz, a tutela antecipada, que concede adiantamento de pecúnia, também deve ser executada

Anotações Procedimentais e Materiais sobre a Execução de Tutela Antecipada para o Pagamento... | 213

no bojo do próprio processo de conhecimento em que foi deferida, independentemente de ajuizamento de ação executiva própria.[366]

3 Incoerência do procedimento da execução provisória para a execução de tutela antecipada de soma em dinheiro

Sob outro foco, e também diante da natureza peculiar da tutela antecipada, é de se objetar a última conclusão suscitada pelo mestre Ovídio A. Baptista da Silva. Ou seja, acredita-se não ser adequada a tese — salvo melhor juízo, nascida de uma interpretação meramente literal — de que a execução da tutela antecipada devesse seguir obrigatoriamente o procedimento da execução provisória.

Estar-se-á diante de questão vinculada à confusão existente entre *execução de tutela antecipada de soma em dinheiro* e *execução provisória*, como bem ensina Luiz Guilherme Marinoni. Esclarece o jurista que a execução provisória, da forma como foi tradicionalmente concebida, não supõe a imperiosidade de realização imediata do direito de crédito, *mas apenas a necessidade de aceleração da atividade executiva para a segurança do juízo*. Tanto isso é verdade que ela — tal como instituída originariamente pelo Código de Processo Civil — permite a penhora de bem de propriedade do devedor, mas não a sua expropriação. A execução provisória pode ser suspensa — e, em regra, o é — porque a espera não mais produz prejuízos. Seu objetivo não é, pois, satisfazer o autor, cuja necessidade de soma em dinheiro é imediata, senão apenas permitir a segurança do juízo ou a garantia da viabilidade de futura e eventual realização do crédito. Por sua vez, a antecipação dos efeitos da tutela de soma em dinheiro não visa à segurança do juízo ou

---

[366] Idêntica é a visão de Flávio Luiz Yarshell sobre o tema: "Para finalizar esse tópico, em que se procura determinar o alcance da alteração legislativa — de 'execução' para 'efetivação' —, restaria observar que, sem embargo das considerações precedentes, o fato de a atuação prática do comando antecipatório dar-se mediante sub-rogação ('execução forçada') ou por técnicas de pressão sobre a vontade do devedor não afasta uma certeza: tudo isso se dá sem a instauração de um novo processo de execução, isto é, sem que nasça uma nova relação jurídica processual" (YARSHELL, *op. cit.*, p. 330-339). Essa, porém, não é a posição defendida pelo grande mestre gaúcho Araken de Assis: "A incompatibilidade da prática dos atos coercitivos, inerentes à execução digna da sua essência, e a simultânea tramitação da demanda de rito comum, ordinário e sumário, ou especial, se mostra flagrante e inarredável. Aliás, o art. 273, §3º, exorta o prosseguimento dessa última demanda até o julgamento final, convindo evitar tumulto procedimental. A execução do provimento antecipatório terá seus próprios autos" (ASSIS, Araken de. *Execução da tutela antecipada*. Disponível em: <www.abdpc.org.br>. Acesso em: 02 mar. 2006).

do direito de crédito, porquanto o autor não pode esperar, sem dano grave, a realização do direito de crédito. Contrariamente ao que ocorre na execução provisória, na antecipação de tutela "parte-se da premissa certa de que a espera produzirá prejuízos, não sendo suficiente a mera cautela do direito de crédito".[367]

Mesmo na perspectiva da *nova execução provisória*[368] — ainda forte nas lições de Marinoni —, o direito material perseguido não necessita, portanto, ser realizado tão rapidamente quanto na tutela antecipada. Afinal, o elemento urgência encontra-se perceptível essencialmente no pedido de antecipação de tutela, por se tratar de medida idônea para "impedir prejuízo irreparável a um direito conexo ao direito de crédito".[369]

Diante das particulares características da tutela antecipada, especialmente aquela vinculada ao seu caráter emergencial, é imperioso um esforço hermenêutico destinado à adequada adaptação e uso da tutela antecipada de soma em dinheiro, mormente porque o legislador foi silente ao não estatuir caminhos legais capazes de guiar seguramente o operador do direito.

E, salvo melhor juízo, o critério mais adequado é aquele apontado por Teori Albino Zavascki, partindo da premissa de que *antecipar a tutela nada mais significa que antecipar providências executórias que podem decorrer da futura sentença de procedência*. A antecipação efetiva-se mediante atos tipicamente executivos, atos que impliquem modificações no *status quo*, provocando ou impedindo alterações no mundo dos fatos.[370] Atente-se às suas lições:

> É possível, com base nos princípios da adequação das formas e da fina-
> lidade, o seguinte critério definidor do procedimento para a execução
> da medida antecipatória para pagamento de quantia: será cumprida
> imediatamente, na própria ação de conhecimento, a medida antecipatória
> deferida com fundamento no inciso I do art. 273, expedindo-se as ordens
> e mandados que se fizerem necessários; porém, em se tratando de ante-
> cipação deferida com base no inciso II ou no §6º ou, quando concedida
> com fundamento no inciso I, for incompatível ou frustrada a efetivação
> da medida antecipatória por simples mandado, na própria ação de

---

[367] MARINONI, Luiz Guilherme. *A antecipação da tutela*. 8. ed. São Paulo: Malheiros, 2004. p. 264-266.

[368] Na (nova) *execução provisória* constata-se a possibilidade de obtenção *plena* da realização do direito certificado na sentença objeto de recurso ainda não julgado (art. 475-O, III, e seu §2º, I e II, todos do CPC). A exemplo da decisão que concede a tutela antecipada, a execução provisória também realiza (satisfaz) o direito material perseguido, e não apenas o acautela.

[369] MARINONI, *op. cit.*, p. 265-266.

[370] ZAVASCKI, *op. cit.*, p. 71.

conhecimento, caberá ao demandante promover ação autônoma de execução provisória, com fundamento no art. 588 do Código de Processo Civil, antecedida, se for o caso, por ação de liquidação se sentença.[371]

Esse entendimento, *o qual efetivamente abona a possibilidade de transformação de uma obrigação de pagamento em obrigação de fazer*, tem ao seu lado a capacidade de proporcionar efetividade, impedindo prejuízo irreparável a um direito conexo ao direito de crédito. Todavia, acredita-se, ao contrário do entendimento advogado por Teori Albino Zavascki, que, frustrada a efetivação da medida antecipada por simples *mandado*, não haveria obrigatoriedade de se ajuizar ação própria, com fundamento nas normas que regem a execução provisória.

Devido ao caráter emergencial da tutela antecipada, pouco sentido prático irradia-se da posição doutrinária, cuja ideia mestra é a de que sua execução deve pautar-se pelo respeito às normas que regem a execução provisória. Afinal esta é comumente limitada, possuindo serventia mais ajustada ao acautelamento do direito perseguido do que à sua satisfação propriamente dita. Conquanto a tutela antecipada abra oportunidade para uma execução fundada em cognição sumária, é certo que pode efetivamente realizar, parcial ou integralmente, o direito pretendido pelo autor, mediante uma execução completa. E essa execução completa há de se realizar sem a necessidade de instauração de nova relação processual, com o emprego de técnicas mandamentais e/ou executivas plenamente adequadas para garantir alteração no mundo sensível, a ponto de conceder o resultado pretendido ao postulante.[372] Aliás, essa ideia ficou ainda mais palatável depois da publicação da Lei nº 11.232, já que o sincretismo processual atingiu a integralidade do processo de conhecimento, de forma que a sentença, atualmente, é satisfeita por uma *atividade complementar* — uma nova fase, não um novo processo — a ocorrer no próprio processo de conhecimento. Se, outrora, mostrava-se dificultosa uma interpretação que admitisse a antecipação de efeitos executivos, os quais poderiam vir a ocorrer apenas no âmbito

---

[371] *Ibid.*, p. 98-99.

[372] Este, aliás, parece também ser o entendimento de Márcio Louzada Carpena: "Autoriza-se, destarte, para as decisões provisórias das obrigações de pagar quantia, a forma diferenciada de execução, por meio de emissão de ordem de cumprimento da decisão cumulada com medidas coercitivas, sempre que a situação assim requerer, isto é, sempre que não for razoável sujeitar o credor ao mero procedimento normal de cumprimento, qual seja, o expropriatório cumulado com a multa limitada a 10% do valor do débito (art. 475-J)" (CARPENA, Márcio Louzada. Da execução das decisões de pagar quantia pela técnica diferenciada. *Revista de Processo*, São Paulo, n. 140, p. 121, 2006).

de um outro processo (o de execução), sequer ajuizado, agora esse empecilho desaparece, porque os atos, de cognição e execução, serão concretizados num só *veículo*.

De tal sorte, na execução de tutela antecipada de obrigação pecuniária, o juiz não apenas *condena*, senão *determina*, *ordena*, podendo, ainda, valer-se de medidas executivas diversas daquelas previstas e comumente utilizadas no procedimento de execução por expropriação, isso para garantir a plena satisfação do "bem da vida" perseguido.[373] O próprio Código de Processo Civil abaliza tal entendimento, ao indicar, num de seus dispositivos legais, que *a efetivação da tutela antecipada observará, no que couber e conforme sua natureza, as normas previstas no art. 461, §§4º e 5º* (art. 273, §3º, do CPC).[374]

---

[373] Entendimento similar é o do insigne Luiz Fux: "Até mesmo quando, excepcionalmente, compreenderem imposições de pagamento de somas de dinheiro (como, *v.g.*, nos alimentos provisionais, outros pensionamentos similares, participações em rendas comuns, etc.), as medidas antecipatórias, se possível, dispensarão o rito das execuções por quantia certa, e, conforme o caso, poderão ser efetivadas por meio de averbação em folha de pagamento, retenção de receitas, ou bloqueio de somas junto a devedores do responsável pela prestação envolvida na medida antecipatória" (FUX, Luiz. *Tutela de segurança e tutela de evidência*. São Paulo: Saraiva, 1996. p. 129).

[374] Outra é a conclusão de Flávio Luiz Yarshell: "Indo adiante e considerando particularmente as obrigações de pagar quantia, parece lícito afirmar que, no direito brasileiro, não há respaldo legal para que os provimentos antecipatórios de tal espécie de prestação sejam 'efetivados' na forma dos provimentos ditos 'mandamentais'. Vale dizer: se o juiz defere a antecipação e determina que se pague, caso o requerido não cumpra a determinação, a atuação jurisdicional há que prosseguir, e assim será mediante a prática de atos materiais de invasão do patrimônio do devedor, consistentes em penhora, avaliação (se necessária) e expropriação (com entrega do produto ao credor)" (YARSHELL, *op. cit.*, p. 330-339). Ousamos divergir do talentoso autor. Parece-nos equivocado afirmar não haver respaldo legal para que os provimentos antecipatórios de soma em dinheiro sejam "efetivados" mediante provimentos mandamentais. Ora, o direito fundamental à tutela jurisdicional efetiva (CF, art. 5º, XXXV) é fundamento mais que suficiente para autorizar esse caminho hermenêutico. Hodiernamente, é absolutamente imprópria uma interpretação restrita à literalidade da lei. Deve o intérprete — e, em especial, o juiz (intérprete autêntico) — conformar essa lei aos princípios constitucionais e direitos fundamentais, garantindo justiça à sua decisão. Nessa linha, nos parece certeiro afirmar que o juiz deve, sempre, analisar os preceitos processuais com os olhos voltados ao princípio da tutela jurisdicional efetiva, de modo que garanta uma prestação jurisdicional adequada. E prestação jurisdicional adequada não é aquela que simplesmente respeita os caminhos formais do processo. Materialmente falando, ao juiz é permitido, se assim o caso concreto reclamar, suprir uma omissão legislativa que obstaculiza o direito fundamental à tutela jurisdicional efetiva para estabelecer um procedimento mais crível e adequado àquela situação (nessa linha, o trabalho de Luiz Guilherme Marinoni, intitulado *A legitimidade da atuação do juiz a partir do direito fundamental à tutela jurisdicional efetiva*. Disponível em: <www.professormarinoni.com.br>). Enfim, há vínculo íntimo entre o princípio da efetividade da tutela jurisdicional e a interpretação jurídica da lei processual. Esse genuíno direito fundamental — arremata Marinoni — impõe aos interessados e ao próprio juiz que pensem a lei processual segundo as necessidades de direito material particularizadas no caso concreto. Não se há que pensar a jurisdição isoladamente da realidade da vida. A sua efetividade depende justamente

Anotações Procedimentais e Materiais sobre a Execução de Tutela Antecipada para o Pagamento...

O raciocínio permanece, mesmo diante da reforma processual advinda da já aludida Lei nº 11.232/05. Tal legislação albergou a possibilidade de, no procedimento da execução provisória, o exequente ter por dispensada a necessidade de ofertar caução, *até o limite de sessenta vezes o valor do salário-mínimo* e desde que demonstrada sua situação de necessidade, não só nos casos de créditos alimentares, mas também naqueles afetos *a créditos decorrentes de ato ilícito* (art. 475-O, §2º, I, do CPC). Essa inovação, embora louvável, não reforça a doutrina que prega o imperativo de a tutela antecipada ser executada por meio do procedimento de execução provisória. E isso porque é *qualificada* a urgência que alavanca o deferimento e a própria execução de uma tutela antecipada.[375] Por tal razão, não haveria sentido prático-jurídico em se limitar a atividade executiva, destinada a satisfazer decisão que concede uma tutela antecipada, aos meios executivos sub-rogatórios, característicos das execuções por expropriação (definitiva ou provisória).[376]

---

de uma interpretação da lei processual compromissada com as necessidades de direito material e realidade social das partes envolvidas.

[375] Também a esse respeito o jurista Flávio Luiz Yarshell aponta posição divergente: "Nem mesmo a urgência do provimento antecipatório convence quanto à conveniência de adotar o modelo do provimento 'mandamental', como regra geral, nas obrigações de pagamento de quantia. Primeiro, porque a urgência não é necessariamente pressuposto da antecipação, cabível em outras situações. Segundo, porque 'urgente' pode ser também a satisfação do credor após anos de processo, tomados para que se formasse uma decisão 'final', quiçá até transitada em julgado" (YARSHELL, *op. cit.*, p. 330-339). Para nós, a jurisdição serve à realidade da vida. Daí por que insistir numa interpretação da lei compromissada com as necessidades de direito material e com a própria realidade social das partes envolvidas (Marinoni). Nessa linha de raciocínio, é óbvio que a urgência do provimento antecipatório convence quanto à conveniência de se adotar o modelo "mandamental", como regra geral, nas obrigações de pagamento de quantia. E isso porque esse "modelo" tende a ter maior eficácia. E se há efetivamente essa tendência ele deve ser experimentado (evidente que apenas naqueles casos em que essa possibilidade de efetivação por mandamento existir). Em tais casos emergenciais, a efetividade é nota preponderante e se não for alcançada quase que de imediato, pode colocar em derrocada o próprio direito (muitas vezes de natureza fundamental) conexo ao direito de crédito que se pretende "efetivar". Desprezar a urgência do provimento antecipatório como condição apta a autorizar a utilização da técnica mandamental é, simplesmente, desprezar a função social do processo, criando entre ele e o direito material um abismo profundo. É conferir ao processo excessivo caráter procedimental, olvidando-se que seu fim esteja conectado ao direito material que se busca satisfazer.

[376] Se o pedido antecipatório satisfativo envolver alimentos, poderá o postulante se valer, outrossim, dos meios executórios da execução da prestação pecuniária alimentar. Esse, aliás, o posicionamento preciso de Araken de Assis: "A execução da prestação pecuniária alimentar dispõe de três meios executórios diferentes: em primeiro lugar, o desconto em folha (art. 16 da Lei 5.478/68 c/c art. 734 do Cód. De Proc. Civil); depois, a expropriação de rendas e de aluguéis, a teor do art. 17 da Lei 5.468/68, porque a penhora de dinheiro permite seu levantamento (art. 732, parágrafo único); e, finalmente, à escolha do credor, a coerção pessoal (art. 733) ou a expropriação (arts 732 e 735). Qualquer desses meios é

De igual forma, numa análise puramente constitucional, soaria ilógico pensar que a *satisfação provisória*, postulada por intermédio de uma tutela antecipada, encontrar-se-ia restrita à concessão de valores módicos (sessenta vezes o salário-mínimo), como se o legislador pudesse prever qual o montante suficiente, isso em todas as peculiares crises de interesses que porventura possam vir a surgir no seio social, a imunizar o direito perseguido do *periculum in mora* que o assombra — direito este, muitas vezes, vinculado à própria saúde e/ou vida do postulante. Ora, se a própria Constituição Federal reza que a "lei não excluirá da apreciação do Poder Judiciário lesão ou ameaça a direito" (art. 5º, XXXV), careceria de qualquer coerência hermenêutica o argumento de que a tutela antecipada de obrigação de soma em dinheiro estaria restrita à importância de sessenta vezes o salário-mínimo. Ameaçado o direito e presentes os requisitos necessários ao deferimento da tutela antecipada, o juiz é obrigado a deferi-la e executá-la sem limitações, *mesmo que não tenha o postulante condições de oferecer caução.*[377] Afinal, a antecipação de apenas parte, ou percentagem, da importância pecuniária perseguida por meio da tutela antecipada, pode significar a derrocada de todo o direito a ela conexo (saúde, vida, intimidade, etc.), cujo encalço se depreende por meio do processo judicial.

Porém, acaso insubsistentes a ordem de adimplemento e as medidas executivas destinadas a forçar o cumprimento da obrigação (art. 461, §5º, do CPC), o procedimento a ser seguido pelo exequente, na execução de uma tutela antecipada cuja obrigação é de soma em dinheiro, será aquele criado para o *cumprimento da sentença* (arts. 475, I, *et seq.*, do CPC), *e não o da execução provisória ou o previsto no Livro II do Código de Processo Civil.*[378]

---

idôneo para executar alimentos indenizativos, aplicando-se eles, outrossim, à execução do provimento antecipatório. Emitida tal decisão, a vítima poderá pleitear a 'atuação' do provimento, mediante o singelo expediente do desconto (art. 734, parágrafo único). Todavia, nem sempre o autor do ilícito manterá relação de emprego ou estatutária, ensejando o desconto, que é o mais presto daqueles mecanismos. Na falta de rendas ou aluguéis penhoráveis (art. 17 da Lei 5.478/68), admite-se o emprego da coerção pessoal (art. 733); mas, o réu poderá alegar e provar impossibilidade temporária de cumprimento (p. ex., falta de dinheiro), ou, simplesmente, deixar-se prender (art. 733, §2º), acontecimentos que remetem o ofendido à expropriação (art. 735: 'Se o devedor não pagar os alimentos provisionais a que for condenado [...])'" (ASSIS, Araken de. *Execução da tutela antecipada*. Disponível em: <www.abdpc. org.br>. Acesso em: 02 mar. 2006).

[377] Esse, contudo, não é o entendimento do mestre Humberto Theodoro Júnior, para quem a "exigência de caução idônea (...) é condicionamento legal ao deferimento de qualquer medida antecipatória que importe levantamento de dinheiro pela parte (CPC, art. 273, §3º)" (THEODORO JÚNIOR, Humberto. O cumprimento das medidas cautelares e antecipatórias. *Revista de Processo*, São Paulo, n. 139, p. 24, 2006).

[378] O rito da execução provisória é inadequado para se efetivar tutelas antecipadas fundadas na urgência. *Necessidade urgente* e *execução provisória* se repelem. Por outro lado, se a tutela

4 Alguns meios executórios destinados a garantir a efetividade da execução de tutelas antecipadas de pagamento de soma em dinheiro

Adiante, apontar-se-ão alguns meios executivos — as *astreintes*, a penhora *on line*, a restrição de direitos e a prisão — que, na mais atual visão doutrinária e jurisprudencial, mostram-se procedimentalmente coerentes com a necessidade material de se executar uma tutela antecipada de soma em dinheiro.

Aliás, estando o intérprete consciente da natureza emergencial da tutela antecipatória — aqui, em especial, aquela que visa à antecipação de pecúnia —, o uso desses meios executivos será mais facilmente assimilável, suplantando-se visões excessivamente formalistas, as quais desconsideram a relação de complementaridade existente entre os direitos material e processual.

4.1 As astreintes

Sempre partindo da premissa de que a tutela antecipada de soma em dinheiro, se executada nos moldes normais da via expropriatória, não terá a efetividade necessária para evitar *o perigo de dano irreparável ou de difícil reparação*, de pronto já se constata a necessidade de utilização de meios executivos mais agressivos e eficientes, visando ao alcance do objetivo pretendido.

Insista-se na ideia de que a execução dessa espécie de tutela antecipada *não seguirá as regras do processo de execução por quantia certa* — e nem *necessariamente* deverá abraçar as novas regras que tratam do cumprimento da sentença (CPC, art. 475, I, *et seq.*) —, especialmente em razão do caráter eminentemente emergencial da medida. Acredita-se inexistir sentido em se atravancar a busca da efetividade e a própria satisfação do direito material, conexo ao crédito pretendido, escorando-se no argumento de que o procedimento de execução por quantia certa (ou aquele que regula o cumprimento da sentença) deve ser obrigatoriamente respeitado também nas execuções de decisões

---

antecipatória *não* tiver caráter emergencial, alicerçando-se no *abuso do direito de defesa*, no *manifesto proposto protelatório do réu* ou em *pedido incontroverso* (CPC, art. 273, II, §6º), certamente que a sua efetivação deverá seguir os ditames formais da execução provisória. Essa conclusão serve-se também a demonstrar a incompletude do conceito legal constante no art. 475, I, §1º do CPC, sobretudo por levar à compreensão de que não apenas sentenças são passíveis de serem executadas provisoriamente, mas também genuínas decisões interlocutórias.

que antecipam tutelas, já que o Código de Processo Civil não previu rito diverso para executar pecúnia.[379] De igual maneira, é equivocada a tese que vê absoluta similitude da *execução provisória* com a *execução de tutela antecipada de soma em dinheiro* — e isso notadamente porque a primeira encontra limitações que não se ajustam à natureza da última, sobretudo pela condição emergencial caracterizadora das tutelas de urgência e pela sua premente necessidade de efetividade.

Para Luiz Guilherme Marinoni, escorado nas lições de Luigi Paolo Comoglio, se "o princípio da efetividade, albergado no art. 5º, XXXV, da Constituição Federal, garante o direito à tempestividade da tutela jurisdicional, ele também garante [...] o direito às modalidades executivas adequadas a cada situação conflitiva concreta. Assim, se a execução da tutela antecipatória baseada em fundado receio de dano não tem efetividade mediante a via expropriatória, deve ser admitida, inclusive para que seja observada a Constituição Federal, a tutela antecipatória de soma por meio da imposição de multa".[380]

É bem verdade que o legislador não atribuiu, de maneira *expressa*, a possibilidade de utilização da multa nas execuções de tutela antecipada de soma em dinheiro, apenas decretando que a efetivação da tutela antecipada observará, no que couber, e conforme sua natureza, as normas previstas nos arts. 588 (revogado), 461, §§4º e 5º, e 461-A, todos do Código de Processo Civil (art. 273, §3º, do CPC). Entretanto, *a ausência de previsão legal expressa não anuncia um veto direcionado ao juiz,* proibindo-o

---

[379] Mais uma vez, importante a transcrição das lições do mestre Luiz Guilherme Marinoni: "Esse último modelo executivo (execução por expropriação) não serve para dar efetividade à tutela urgente. Aliás, é completamente inadequado à necessidade de obtenção de soma em dinheiro de modo urgente. A Constituição Federal, ao garantir o direito à tempestividade da tutela jurisdicional, também garante o direito às modalidades executivas adequadas a cada situação conflitiva concreta. Assim, se a execução da tutela antecipatória baseada em fundado receio de dano através da via expropriatória é inefetiva, não há como não admitir a sua execução mediante a imposição de multa, inclusive para que a própria Constituição seja observada". E finaliza seu entendimento: "A efetividade da tutela antecipatória pressupõe que ao juiz tenha sido outorgada uma ampla latitude de poderes destinados à determinação das modalidades executivas adequadas. Não é preciso que o legislador tenha deferido ao juiz, expressamente, a possibilidade de usar a multa para efetivar a tutela antecipatória. A possibilidade do seu uso decorre do fato de que a outorga de poder (poder de conceder tutela antecipatória) implica a outorga de meios para que esse poder possa ser concretizado. Não há procedência em pensar que a multa só pode ser utilizada se prevista, uma vez que o direito fundamental à tutela jurisdicional efetiva (no caso à tutela antecipatória) não pode ser desconsiderado quando, diante de determinado caso concreto, a efetivação da tutela jurisdicional depender de sua utilização" (MARINONI, Luiz Guilherme. *A efetividade da multa na execução de sentença que condena a pagar dinheiro.* Disponível em: <www.professormarinoni>. Acesso em: 08 mar. 2006).

[380] MARINONI, *op. cit.*, p. 268-269.

de se valer da multa como forma de motivar o devedor a cumprir uma obrigação pecuniária, deferida em sede de tutela antecipada.

O Estado, ao desautorizar a autotutela, assumindo o monopólio da jurisdição, além de constituir para si um dever, edificou para os integrantes da sociedade o direito de obterem a tutela jurisdicional de forma adequada e tempestiva, direito este inserido na Constituição Federal, notadamente nas linhas mestras que dão contorno ao princípio da inafastabilidade do Judiciário. Obviamente que esta obrigação de prestar a tutela jurisdicional de maneira adequada, tornando efetivo o direito material perseguido, implica a necessidade de se construir procedimentos diferenciados, sintonizados com a variabilidade dos direitos materiais.

Contudo, é incoerente — consoante vem pontuando a doutrina encabeçada por Luiz Guilherme Marinoni — com os ditames constitucionais a ideia de que, em não havendo procedimento positivado na legislação processual que se ajuste às necessidades do direito material perseguido, deve o Estado simplesmente negar a devida prestação jurisdicional. Dito de maneira direta e específica ao campo de análise: soa verdadeiramente inconstitucional o argumento de que, em não havendo procedimento positivado, devidamente ajustado à efetivação da tutela antecipada de soma em dinheiro, ao Estado caberia unicamente negar a efetividade pretendida, maniatando-se no procedimento próprio regulado pelo Livro II do Código de Processo Civil — ou nas regras que regem a execução provisória, ou, ainda, no novo procedimento criado para o *cumprimento da sentença*, pela Lei nº 11.232, de 22 de dezembro de 2005 (art. 475-I *et seq.*, do CPC).

Em sede de tutela antecipada, tutela jurisdicional efetiva é aquela concedida de maneira quase instantânea, plenamente capaz de acelerar, parcial ou integralmente, os efeitos executivos da sentença de mérito. E, por óbvio, o procedimento de execução por quantia certa contra devedor solvente — ou, aquele, que regula a execução provisória — não será capaz de garantir um resultado de tal natureza e vigor.

A multa,[381] desde que direcionada a devedor com condição patrimonial suficiente ao pagamento do crédito, desponta como

---

[381] Decisões judiciais de vanguarda já acompanham esse entendimento. Exemplo interessante ocorreu em Uberaba, MG, onde uma missionária italiana faleceu após consumir um patê de fígado fabricado pela empresa Sadia S.A. No dia 17 de fevereiro do ano de 2005, a referida mulher teria ingerido o tal alimento, cuja data de validade vencera dois dias antes do consumo (15.02.2005). Naquele mesmo dia, sentiu forte indisposição, ingressando num processo de vômitos; deu entrada no Pronto-Socorro do Hospital São Domingos, localizado naquela mesma cidade. Em 22 de fevereiro, a missionária veio a óbito em decorrência de *botulismo tipo "A"*, conforme indicaram os resultados dos exames realizados no patê e no

meio coercitivo de eficácia comprovada na praxe forense, já que age sobre o seu espírito, compelindo-o a cumprir a determinação judicial — afinal, revela-se bem mais interessante pagar o principal sem nenhum acréscimo oriundo da incidência de multa. Acredita-se que sua utilização ajusta-se perfeitamente à execução de tutela antecipada de soma em dinheiro. Porém, deve o juiz atentar-se, ao arbitrar a multa — por requerimento ou de ofício —, sempre mediante decisão fundamentada, para a necessidade de dar ao réu a oportunidade de adimplir a obrigação ou justificar o não cumprimento.[382]

4.2 A penhora *on line*

A chamada penhora *on line* também se apresenta como um valioso meio executório destinado à efetivação da tutela antecipada de soma em dinheiro. E é, mais uma vez, Luiz Guilherme Marinoni quem atenta para essa situação, indicando ser ela uma alternativa bastante importante para garantir a necessidade de imediata efetivação da tutela antecipada de importância pecuniária.[383]

O sistema BACENJUD, popularmente conhecido como penhora *on line*, é disponibilizado pelo Banco Central a todos os órgãos do

---

[382] material orgânico da vítima, pelo Instituto Adolfo Lutz. O filho da missionária, cuja idade alcançava apenas nove anos, ajuizou ação indenizatória contra a referida indústria de alimentos. Postulou tutela antecipatória, requerendo o adiantamento de soma pecuniária mensal para lhe garantir a subsistência. O pedido a título de tutela antecipatória foi acolhido de pronto pelo Juiz da 5ª Vara Cível da Comarca de Uberaba, Dr. Wagner Guerreiro. Para garantir o cumprimento da determinação judicial, foi estabelecida uma multa diária de igual valor para o caso de descumprimento. A decisão se baseou nas provas de que a morte ocorrera por botulismo e fora provocada pelo consumo do patê. O juiz esclareceu, ainda, que o menor estava desamparado, sem pai, órfão de mãe, contando apenas com o apoio de sua guardiã judicial, pessoa de parcos rendimentos. Com a perda da mãe, passou também a necessitar de acompanhamento psicológico. A Sadia S.A. recorreu ao Tribunal de Justiça de Minas Gerais, alegando que "a morte da missionária se deu por sua própria culpa, ao consumir, imprudentemente, produto vencido". Contudo, suas argumentações não surtiram efeito. Os Desembargadores Antônio Sérvulo (Relator), José Flávio de Almeida e Nilo Lacerda negaram provimento ao agravo de instrumento, mantendo a liminar deferida em primeiro grau de jurisdição, e isso em consideração ao vasto conjunto de provas em favor do menor e o risco de que lhe seja causada lesão grave e de difícil reparação, já que se encontra com quadro de saúde agravado e dificuldades financeiras (Tribunal de Justiça do Estado de Minas Gerais, Agravo de Instrumento nº 1.071.05.122115-1/001, Relator Desembargador Antônio Sérvulo, julgado em 30.11.2005. Disponível em: <www. espacovital.com.br>. Acesso em: 21.02.2006).

[382] Não há que se pensar que a utilização da multa tem por condão eliminar a possibilidade de se executar por expropriação. Nada disso. A multa é mais um meio à disposição da efetividade de tutela jurisdicional. Atua conjuntamente, somando-se aos demais meios executórios, sempre focando a satisfação do credor.

[383] MARINONI, *op. cit.*, p. 271.

Poder Judiciário que com ele firmem convênio. Trata-se de um sistema desenvolvido pelo próprio Banco Central e que lhe possibilita um melhor aproveitamento de seus quadros de pessoal, já que um expressivo número de servidores era disponibilizado para a leitura e encaminhamento das determinações judiciais provenientes de todo o País. A par disso, ganhou maior agilidade e eficiência no procedimento constritivo, minimizando o insucesso das diligências.[384]

O bloqueio de créditos disponíveis em contas bancárias tem evidente amparo na legislação nacional, tanto que sempre foi realizado, embora demandasse recursos mais morosos, consistentes na expedição de ofícios ao Banco Central, para identificação da existência de contas bancárias dos devedores e de disponibilidade de créditos, seguindo-se a diligência de constrição por intermédio de oficial de justiça. Quando a conta se situava em comarca diversa da área de competência geográfica do magistrado, fazia-se necessária a expedição de carta precatória para que outro juízo implementasse a constrição. Toda demora inerente ao procedimento tradicional, no mais das vezes, acabava por permitir que o devedor frustrasse a penhora, efetuando o saque de seus depósitos.[385]

Agora, o juiz pode encaminhar ofícios, via internet, às instituições financeiras, solicitando informações sobre a existência de contas bancárias ou aplicações financeiras em nome do devedor, determinando o bloqueio e/ou o desbloqueio de contas, ou requisitando outras informações que vierem a ser definidas pelas partes.[386]

Esse meio executivo, a exemplo do que ocorre com a imposição de multa, apenas surtirá efeito positivo caso o réu possua patrimônio, notadamente dinheiro, aplicado ou depositado em contas bancárias. Entretanto, tal constatação não desabona a importância desse mecanismo, pois, pelo princípio da responsabilidade patrimonial, o devedor, efetivamente, sempre responderá por suas dívidas com o patrimônio que possui. Sendo assim, havendo ausência de patrimônio, a execução tornar-se-á frustrada, ao menos temporariamente, não em função da ineficácia do sistema BACENJUD, mas pela existência de obstáculos inerentes ao próprio ordenamento jurídico.

Atente-se, ainda, não ser coerente exigir-se do credor o esgotamento de todas as diligências e alternativas necessárias à localização de

---

[384] COUTINHO, Grijalbo Fernandes. *Anamatra divulga nota em defesa da penhora on line.* Disponível em: <http://www.espcovital.com.br/asmaisnovas06082004x.htm>. Acesso em: 15 dez. 2005.

[385] *Ibid.*

[386] MARINONI, *op. cit.*, p. 272.

bens penhoráveis no patrimônio do devedor, antes de requisitar — e obter o deferimento de seu pedido — a penhora *on line*. Salvo melhor juízo, essa imposição, mesmo na ação de execução, mostra-se desprovida de fundamento jurídico,[387] apesar de muitos juízes entenderem de maneira contrária. Em se tratando de execução de tutela antecipada de soma pecuniária, mais razão ainda há para afastar essa ideia infundada, justamente em função da *urgência* que impregna os casos concretos em que ela é postulada. Ora, apenas haverá efetividade na execução de tutela de soma em dinheiro, quando esta soma for prontamente entregue ou disponibilizada ao autor. Por assim ser, absolutamente correta a decisão que ordena, de imediato, bloqueios de contas correntes, ou aplicações financeiras, em nome daquele que se encontra obrigado a cumprir uma tutela antecipada de soma em dinheiro, e que, mesmo depois de intimado, recusa-se a adimplir a determinação judicial, cuja efetividade se mostra imprescindível para garantir um direito relacionado ao direito de crédito — direito este, muitas vezes, *fundamental*, a exemplo daquele vinculado à própria vida.

Em se tratando de execução de tutela antecipada de soma em dinheiro, logo depois de bloqueada a conta bancária ou aplicação financeira por meio do sistema BACENJUD, deverá o magistrado, de imediato, ordenar a expedição de alvará autorizando o levantamento, parcial ou integral, do numerário, nos exatos parâmetros da decisão. Afinal, o simples bloqueio não serve para satisfazer a pretensão urgente, tendo força meramente acautelatória. Logo, apenas haverá efetividade depois que o dinheiro for levantado, entregue e utilizado por aquele que obteve a concessão da tutela de urgência.

Finalmente, não se poderia deixar de registrar que a recentíssima Lei nº 11.382, de 06 de dezembro de 2006, responsável por mais uma etapa de reformas do Código de Processo Civil, regulamentou a penhora *on line*, e isso com a criação do novo art. 655-A. Destarte, o juiz, para viabilizar a penhora em dinheiro, encontra-se legalmente autorizado, sempre mediante requerimento do credor, a requisitar à autoridade supervisora do sistema bancário, *preferencialmente por meio eletrônico*, informações sobre a existência de ativos em nome do executado, podendo, no mesmo ato, determinar sua indisponibilidade, até o valor indicado na execução. As informações limitar-se-ão à existência ou não de depósito ou aplicação até o valor indicado na execução. E mais: competirá ao executado, caso assim queira, demonstrar que as

---

[387] MARINONI, *op. cit.*, p. 272.

Anotações Procedimentais e Materiais sobre a Execução de Tutela Antecipada para o Pagamento...

quantias depositadas em conta-corrente estão revestidas de alguma forma de impenhorabilidade. Embora tal dispositivo esteja inserido no Livro II do Código de Processo Civil, sua utilização para fundamentar a penhora *on line*, como meio executivo que propicie efetividade à tutela antecipada, é perfeitamente aceitável.

4.3 Restrição de direitos

A utilização de medida coercitiva destinada à suspensão de direitos também se apresenta como um interessante instrumento para atuar no espírito do inadimplente, de forma que o motive a cumprir uma ordem contra ele imposta. Na lição de Márcio Louzada Carpena a restrição a um direito apresenta grande força para os casos em que o devedor ostenta condições de adimplir a dívida principal, mas não possui condições de fazê-lo com eventual multa coercitiva, a qual, destarte, apresentar-se-ia inócua.[388]

A exemplo da multa, aqui não há que se falar em expropriação. Não há invasão patrimonial a ser empreendida contra o faltoso. Essa medida de apoio não atuará diretamente na esfera patrimonial do devedor, mas se voltará, sim, contra aspectos inerentes do seu viver, tornando mais árdua e complexa a sua existência.

Por óbvio, limites hão de existir. De regra, direitos fundamentais, ou outros a eles conexos, devem ser respeitados. Mas, se a execução da tutela antecipada tiver por fim a consecução de um direito fundamental distinto a ela conexa, o qual, naquela circunstância específica mostra-se de maior relevo, a regra poderá ser suplantada e a restrição ao direito fundamental do inadimplente — de menor peso naquele caso concreto — admitida. A análise será feita casuisticamente.

A título de ilustração — e segundo aponta o já citado Márcio Louzada Carpena —, tome-se a medida coercitiva destinada a suspender o direito de dirigir veículos automotores, até que a ordem seja devidamente cumprida. Também a restrição de uso do telefone celular pelo devedor poderá acarretar dissabores em sua vida, desestimulando-o a prosseguir no desatendimento da decisão.[389] Igualmente é de se admitir decisão direcionada a registrar apontamento negativo em nome do devedor em cadastros de inadimplentes, restringindo seu crédito até que a tutela antecipada seja devidamente cumprida.

---

[388] CARPENA, *op. cit.*, p. 130.
[389] CARPENA, *op. cit.*, p. 130.

4.4 A prisão

Os alimentos têm por finalidade o fornecimento, ao alimentado, daquilo que for preciso para a manutenção de sua subsistência, assegurando-lhe condições mínimas de sobrevivência e dignidade. Essa manutenção se concretiza ou pelo fornecimento mesmo de alimentos (*in natura* ou obrigação alimentar própria), ou mediante a prestação de meios destinados a obtê-los (obrigação alimentar imprópria).[390]

No elenco dos direitos e garantias fundamentais, encontra-se norma expressa impondo que "não haverá prisão civil por dívida, salvo a do responsável pelo inadimplemento voluntário e inescusável de obrigação alimentícia e a do depositário infiel" (art. 5º, LXVII, da CF/88).

De igual modo, é a própria Constituição que apresenta conceito de *débitos de natureza alimentícia*:

> Os débitos de natureza alimentícia compreendem aqueles decorrentes de salários, vencimentos, proventos, pensões e suas complementações, benefícios previdenciários e indenizações por morte ou invalidez, fundadas na responsabilidade civil, em virtude de sentença transitada em julgado (art. 100, §1º-A, da CF/88).

A mera leitura de tais dispositivos conduz à conclusão de que *débitos de natureza alimentar* não são apenas aqueles oriundos de *vínculo familiar* entre credor e devedor, mas, também, os decorrentes de salários, vencimentos, proventos, pensões e suas complementações, benefícios previdenciários e indenizações por morte ou invalidez fundadas na responsabilidade civil. Ou seja, uma interpretação constitucional da expressão *alimentos* evidencia toda a sua amplitude, alheia às limitações de cunho eminentemente parental.

Aliás, é nesse rumo o entendimento do jurista italiano Roberto de Ruggiero, lição perfeitamente ajustada ao Direito pátrio, quando afirma que a "obrigação alimentar pode nascer entre estranhos, por virtude de convenção ou de disposição testamentária ou por efeito de um delito, ou por virtude da lei entre pessoas ligadas por um determinado vínculo de parentesco ou de afinidade".[391]

Há, sim, uma tendência doutrinária e jurisprudencial restritiva às obrigações de cunho eminentemente alimentar, para alguns maniatadas

---

[390] RUGGIERO, Roberto de. *Instituições de direito civil*. Atualizado por Paulo Roberto Benasse. Campinas: Bookseller, 1999. v. 2, p. 74.

[391] RUGGIERO, *op. cit.*, p. 73.

tão somente a circunstâncias judiciais envolvendo partes adversárias que possuem algum vínculo familiar. E isso evidentemente ocorre com o intuito de limitar, ao máximo, a prisão civil por dívidas.[392] De todo modo, a doutrina e a própria jurisprudência de vanguarda já vêm apresentando inclinações de revolta contra este entendimento restritivo, contrário à própria Constituição Federal.

Repita-se: os alimentos não se limitam apenas ao que seja necessário à alimentação humana, relacionando-se diretamente à própria subsistência do alimentado, de modo que albergue o vestuário, a educação, o tratamento de saúde, enfim, todas aquelas despesas que a pessoa, como integrante da sociedade, necessita para viver com um mínimo de dignidade.

Sendo assim, é quase óbvia a constatação de que a indenização, postulada em ação fundada em ato ilícito, *poderá* ter caráter alimentar. Imagine-se, por exemplo, situação em que um homem é levado à morte, em razão de um acidente de consumo, deixando esposa e filhos que dele dependiam integralmente. Aqui não há nenhuma diferença ontológica entre a indenização eventualmente postulada por familiares do morto em desfavor do responsável pelo sinistro e a condenação de soma em

---

[392] Luiz Guilherme Marinoni é enfático ao afirmar que os meios executivos indicados nos arts. 733 e 734 do CPC são também utilizáveis como maneira de dar efetividade aos alimentos fundados em ato ilícito. Esclarece o jurista: "A importância de pensar em direito fundamental à tutela jurisdicional, ao se abordar a necessidade de meio executivo adequado, reside em que a interpretação da lei deve sempre privilegiar o direito fundamental. Se o intérprete é obrigado a extrair da norma processual a sua máxima efetividade — desde que, obviamente, não sejam postos em risco outros direitos dignos de proteção —, é seu dever buscar o meio executivo capaz de dar efetividade aos alimentos indenizativos". E continua: "No CPC, especificamente entre os arts. 732 e 735, é prevista a chamada 'execução de prestação alimentícia'. Sustenta-se que esse procedimento não é aplicável aos alimentos indenizativos, mas apenas aos alimentos de direito de família. Assim não seria possível, para se dar efetividade aos indenizativos, o uso da prisão (art. 733, §1º, CPC) ou o desconto em folha (art. 734, CPC). Essa última posição entende que a diversidade da fonte dos alimentos pode justificar a diferenciação dos meios de execução. Mas a conclusão é extraída de premissa falsa, pois a fonte dos alimentos não importa quando aponta para o mesmo grau de necessidade. Ora, como é absolutamente lógico, o que deve levar à discriminação dos meios executivos é a necessidade da soma em dinheiro, e não a fonte dos alimentos. Se a necessidade do credor de alimentos de direito de família é a mesma da do credor de alimentos indenizativos, e se esse último possui direito fundamental à efetividade da tutela jurisdicional, é obrigatória a conclusão de que os meios executivos que estão nos arts. 733 e 734 do CPC são aplicáveis aos alimentos fundados em ato ilícito. Frise-se, aliás, que a Constituição Federal, ao afirmar que a prisão é possível em caso de dívida alimentar (art. 5º, LXVII, CF), teve a intenção de deixar evidenciada a possibilidade de se usar a prisão, como meio de coerção, em relação a qualquer espécie de obrigação alimentar. Tanto é que não fez qualquer alusão à fonte dos alimentos que por ela poderiam ser beneficiados" (MARINONI, Luiz Guilherme. *A efetividade da multa na execução de sentença que condena a pagar dinheiro*. Disponível em: <www.professormarinoni>. Acesso em: 08 mar. 2006).

dinheiro, que um parente requer a outro para garantir sua subsistência, numa ação de alimentos. Incontestavelmente, em ambos os casos os pedidos referem-se a *alimentos*.

Contudo, é de se saber se a prisão civil poderia ser utilizada como medida executiva para motivar o cumprimento de tutela antecipada de pagamento de soma em dinheiro, em ações indenizatórias por ato ilícito. Na intenção de elucidar esse problema, é curioso observar que o legislador constitucional estabeleceu que a indenização por morte ou invalidez, assentada em responsabilidade civil, apenas teria caráter alimentar *quando fundada em sentença transitada em julgado* (art. 100, §1º, da CF/88). Ora, se a indenização postulada em sede de tutela antecipada é naturalmente deferida por meio de uma decisão interlocutória, numa interpretação voltada exclusivamente à literalidade da lei, não seria ela verba de natureza alimentar, *mormente porque a norma constitucional fala em sentença transitada em julgado, e não em decisão interlocutória.*

Decerto o constituinte não se atentou para a importância da tutela antecipada como instrumento concretizador dos alimentos, não a levando em consideração ao positivar o art. 100, §1º-A, da Constituição Federal. Entretanto, a norma constitucional existe e é bem clara. De qualquer sorte, não se há que descartar, de plano, a possibilidade de utilização desse meio coercitivo, próprio à execução de alimentos, na execução de tutela antecipada de soma em dinheiro, requerida em ação de indenização, sem antes estar-se defronte ao caso concreto.

É a análise caso a caso que irá permitir ao julgador decidir sobre a possibilidade de se valer desse vigoroso meio executivo, próprio à obrigação alimentar, visando à execução de tutela antecipada de soma em dinheiro. Ser-lhe-á lícito superar a limitação constitucional (art. 100, §1º-A, da CF/88) se um direito fundamental, de maior relevância naquele caso concreto, encontrar-se na iminência de ser afetado. O princípio da proporcionalidade certamente conduzirá, de maneira ajustada, a decisão judicial.

Consoante leciona o aplaudido mestre Luiz Guilherme Marinoni, o problema da prisão civil deve ser pensado sob uma perspectiva voltada aos direitos fundamentais. Se realmente se mostra necessário vedar a prisão do devedor que não possui patrimônio — e assim considerar um direito fundamental —, é absolutamente indispensável aceitar seu uso para garantir a efetividade da tutela de outros direitos fundamentais. Em não sendo efetivamente tutelado, o direito perde sua qualidade. Por óbvio que a "proibição de fazer justiça-de-mão-própria não tem muito sentido se ao réu for dada a liberdade de descumprir a decisão que concedeu razão ao autor, pois nesse caso ela estará fazendo

Anotações Procedimentais e Materiais sobre a Execução de Tutela Antecipada para o Pagamento...

prevalecer sua vontade, como se o Estado não houvesse assumido o monopólio da jurisdição, cuja atuação efetiva é imprescindível para a existência do próprio ordenamento jurídico".[393]

Ao cabo dessas considerações, na execução de tutela antecipada de soma em dinheiro, cuja natureza é alimentar, será lícito ao juiz, depois de deferir a tal medida antecipatória, ordenar que o réu efetue o pagamento ou justifique a impossibilidade de efetuá-lo, em conformidade com o disposto no art. 733 do Código de Processo Civil. Desatendida a ordem, ou não se escusando o devedor, o juiz deverá determinar — se o caso concreto comportar — o desconto em folha de pagamento da importância postulada a título de alimentos, sendo igualmente possível que determine sejam as prestações cobradas de alugueres de prédios ou de quaisquer outros rendimentos do devedor, que serão recebidos diretamente pelo alimentado ou por depositário nomeado pelo juiz. De igual forma, a multa e a penhora *on line* são meios executivos que poderão ser utilizados em tais casos. A prisão é alternativa última,[394] cabível caso o réu não atenda à ordem, ou não sendo possível, no caso concreto, o desconto em folha ou o desconto de alugueres e rendimentos.[395]

Repita-se: são os contornos do caso concreto que orientarão o juiz em sua decisão.[396] Caberá ao juiz decidir se o meio executório pretendido pelo autor mostra-se adequado a garantir a efetividade da tutela antecipada, sendo-lhe autorizado optar por meio outro, que não aquele postulado pelo interessado. Conquanto não haja na lei um catálogo impondo a ordem a ser seguida no momento de se determinar

---

[393] MARINONI, *op. cit.*, p. 257.

[394] Nesse ponto, Márcio Louzada Carpena apresenta opinião diversa: "A pena de prisão, ainda que meramente coercitiva, não se afigurará possível, porquanto no nosso sistema é absolutamente proibida a prisão civil fora dos casos autorizados pela própria Constituição Federal de 1988, a qual limita a permissão às hipóteses de alimentante inadimplente e depositário infiel" (CARPENA, *op. cit.*, p. 130).

[395] MARINONI, *op. cit.*, p. 279.

[396] Aqui se defende a utilização da prisão como meio executivo plenamente apto a realizar o direito material pretendido a título de tutela antecipatória. A prisão, como consequência da desobediência injustificada à ordem judicial, também tem cabimento, embora, nesse caso, perderá ela o caráter de meio executivo, considerando que o seu objetivo passa a ser repreensivo. Segundo a lição de Jorge de Oliveira Vargas, "é possível, excepcionalmente, o juiz civil considerar em flagrante delito, por crime de desobediência, de prevaricação ou do Decreto 201, art. 1º, XIV, a pessoa que, sem justificativa plausível, descumpre a sua ordem, pois acima do direito individual daquele que abusa de seu direito de autonomia da vontade, está o interesse coletivo em fazer com que a jurisdição seja eficiente, e que bens ou valores relevantes sejam efetivamente protegidos, ainda que com o sacrifício da liberdade do renitente" (VARGAS, Jorge de Oliveira. *As consequências da desobediência à ordem do juiz cível*: sanções: pecuniária e privativa de liberdade. Curitiba: Juruá, 2003. p. 184).

um meio executivo, a melhor exegese certamente implantará, na mente do julgador, a ideia de que a prisão, por ser medida extrema, deve ser colocada como alternativa derradeira.

5 Conclusões

Hoje se tem consciência de que o direito processual civil não deve ser estudado e praticado isoladamente, alheio às necessidades inerentes ao próprio direito material. Se, outrora, essa concepção foi importante para o próprio desenvolvimento dessa vertente da Ciência do Direito, hodiernamente ela se mostra superada, sobretudo numa interpretação alinhada aos ideais constitucionais, preocupada com a efetividade dos princípios constitucionais e direitos fundamentais.

Nessa linha, os direitos material e processual não são estanques. Ao revés, eles se complementam. Um rege condutas às quais todos estão vinculados e devem respeito. O outro estabelece formas e caminhos a serem seguidos para a satisfação de pretensões vinculadas ao direito material não voluntariamente satisfeitas. O direito material sem o processo corre sério risco de inutilidade. O processo sem o direito material é inimaginável, não possuindo nenhuma serventia.

Logo, estando o intérprete imbuído desses valores, certamente se aperceberá da coerência das ideias aqui delineadas, defendidas por parte considerável da doutrina de vanguarda nacional. Irá compreender que, se concedido um pedido de tutela antecipada, *cuja verossimilhança é condição para decisão de tal estirpe,* concluindo o juiz pender fortemente o julgamento final em prol do autor, *e havendo necessidade emergencial que justifique a aceleração da tutela,* sob pena de a prestação jurisdicional tornar-se infrutífera ao final, a melhor interpretação é realmente aquela que admite a execução dessa decisão no mesmo processo em que foi ela concedida, e mediante técnica que aproxime o procedimento de *execução de obrigação de fazer* ao de *execução de obrigação pecuniária.*

Para o jurisdicionado, cujas necessidades são emergenciais e imediatas, o que realmente interessa é a obtenção de uma efetividade quase instantânea. Manter o raciocínio em modelos procedimentais devidamente prescritos na lei, mas alheios à natureza da tutela antecipada e à necessidade material do jurisdicionado, é negar vigência ao direito fundamental da tutela jurisdicional efetiva, tornando a decisão nada mais do que mera ficção jurídica.

8

A TUTELA JURISDICIONAL NA RESPONSABILIDADE CIVIL DAS INDÚSTRIAS DO TABACO – QUESTÕES ATINENTES À MATÉRIA PROBATÓRIA

Sumário: **1** Introdução – **2** A importância da prova e do mecanismo de distribuição do ônus probatório – **3** O elenco de requisitos a serem provados com o intento de assegurar a responsabilidade civil das indústrias do tabaco – **4** A prova de que o fumante consome/consumia cigarros fabricados pela indústria do fumo inserida no polo passivo da ação – **4.1** Fumantes cujo consumo englobou duas ou mais marcas de cigarros, fabricadas por diversas indústrias de cigarros – **5** A prova dos danos (morte, enfermidades diversas, danos morais) – **6** A prova do nexo de causalidade entre o consumo de cigarros e a(s) enfermidade(s) – **6.1** A teoria da equivalência dos antecedentes causais – **6.2** A teoria da causalidade adequada – **6.3** A teoria do dano causal direto e imediato – **6.4** Teorias sobre o nexo causal e sua aplicação no tema sob análise – **7** A manutenção da presunção do(s) defeito(s) – **8** Há necessidade de se provar o nexo entre a(s) imperfeição(ões) do cigarro e a enfermidade acarretada ao fumante? – **9** A inversão do ônus da prova – **10** A publicidade enganosa e abusiva e a sua prova – **11** Conclusões

1 Introdução

Já se tornaram realidade no País ações judiciais ajuizadas por fumantes (ou seus familiares, em caso de morte) em face de fabricantes do tabaco, nas quais se postula ressarcimento pelos danos oriundos do tabagismo. Ecoam — não se pode deixar de constatar — vozes autorizadas na doutrina defendendo posicionamento contrário à procedência de tais pretensões indenizatórias.[397] Aliás, formou-se no território brasileiro sedutora corrente jurisprudencial contrária aos interesses dos tabagistas.

---

[397] A título de exemplo, confira-se a bem trabalhada doutrina de Arnaldo Rizzardo (*Responsabilidade civil*. Rio de Janeiro: Forense, 2005. p. 865-874. Cite-se também a obra de Tereza Ancona Lopes (*Nexo causal e produtos potencialmente nocivos*: a experiência brasileira do tabaco. São Paulo: Quartier Latin, 2007).

Mas há também forte construção doutrinária abalizando os direitos das vítimas do fumo.[398] Ainda mais importante, constata-se a construção paulatina de uma jurisprudência voltada a abalizar a tese da *responsabilidade civil das indústrias do tabaco*, cujos fundamentos mais fortes cingem-se na defeituosidade dos produtos fumígenos e na prática do abuso de direito por parte de suas fabricantes[399] — jurisprudência

---

[398] Citem-se alguns trabalhos: MARINONI, Luiz Guilherme. A tutela do consumidor diante das noções de produto e serviço "defeituosos": a questão do tabaco. *Revista Brasileira de Direito Processual*, Belo Horizonte, n. 63, 2008; MARQUES, Cláudia Lima. Violação do dever de boa-fé de informar, corretamente, atos negociais omissivos afetando o direito/liberdade de escolha. Nexo causal entre a falha/defeito de informação e defeito de qualidade nos produtos de tabaco e o dano final morte. Responsabilidade do fabricante do produto, direito a ressarcimento dos danos materiais e morais, sejam preventivos, reparatórios ou satisfatórios. *Revista dos Tribunais*, São Paulo, n. 835, p. 74-133, 2005; LIMA, Adriana do Couto Pedreira. *Responsabilidade civil das empresas fabricantes de fumo*. Rio de Janeiro: Forense, 2002; DELFINO, Lúcio. *Responsabilidade civil e tabagismo no Código de Defesa do Consumidor*. Belo Horizonte: Del Rey, 2002; DELFINO, Lúcio. *Responsabilidade civil e tabagismo*. Curitiba: Juruá, 2008; DELFINO, Lúcio. O fumante e o livre-arbítrio: um polêmico tema envolvendo a responsabilidade civil das indústrias do tabaco. *Revista Jurídica*, Porto Alegue, v. 361, p. 35-65, 2007; DELFINO, Lúcio. O direito intertemporal e a aplicação do Código de Defesa do Consumidor nas ações indenizatórias ajuizadas por fumantes contra a indústria do fumo. *Revista de Direito do Consumidor*, São Paulo, v. 62, p. 124-138, 2007; DELFINO, Lúcio. A indenização pelo consumo de cigarros e a responsabilidade pelo fato do produto. *Revista Jurídica UNIJUS*, v. 10, p. 101-110, 2007. DELFINO, Lúcio. *Consciência pública, maleficios de cigarro e os documentos secretos da indústria do fumo*. Disponível em: <www.tex.pro.com.br>; DELFINO, Lúcio. Responsabilidade civil das indústrias fumígeras sob a ótica do Código de Defesa do Consumidor. *Revista de Direito do Consumidor*, São Paulo, v. 51, p. 172-197, 2004.

[399] Defendemos a tese de que o cigarro é um produto *imperfeito juridicamente*, e isso por albergar alguns vícios. Um deles se refere à informação. Ainda hoje, mesmo diante das louváveis medidas antitabagistas implementadas pelo Governo Federal, a informação sobre a natureza e riscos do cigarro não atingiu a qualidade exigida pelo Código de Defesa do Consumidor. O legislador *consumerista* conferiu à informação importância notória, referindo-se a ela em diversas oportunidades. Ora, a informação não só integra o rol de princípios da Política Nacional de Relações de Consumo (CDC, art. 4º, IV), como também representa verdadeiro *direito básico do consumidor* (CDC, art. 6º, III). A Lei nº 8.078/90 também estabelece importantes referências sobre ela nos arts. 8º, parágrafo único; 9º; 12; 14; 19 e 31. A proposta formulada, em recente trabalho científico de autoria de um dos autores deste artigo (Lúcio Delfino), exigido para a conclusão de curso de doutorado pela Pontifícia Universidade Católica de São Paulo, para que se possa efetivamente superar essa defeituosidade dos cigarros, parte da premissa de que os informes a serem ofertados ao consumidor brasileiro devem abordar as características, qualidades, quantidade, composição, preço, garantia, prazos de validade, origem e outros dados, em uma linguagem correta, clara, precisa, ostensiva e em língua portuguesa (CDC, art. 31). Isto é, acreditamos que o cigarro, um produto cuja fumaça dele emanada possui mais de 4.700 substâncias tóxicas, *deve vir acompanhado de prospectos, verdadeiras "bulas", a exemplo do que ocorre com os remédios, mas em linguagem menos técnica e acessível ao homem médio. Como complementação a essa ideia, pensamos que a indústria do tabaco e o Governo Federal devem investir, ainda mais, em campanhas antitabagistas, em especial utilizando-se do poder de difusão da televisão, o que garantiria o acesso às informações por aqueles menos abastados economicamente, muitos dos quais sequer sabem ler ou escrever.* Essas medidas podem parecer exageradas para alguns, mas certamente não o são, principalmente quando se tem consciência da sofisticada estratégia adotada pelos fabricantes do tabaco para promover os seus produtos — parte dessa estratégia pode ser compreendida mediante o exame dos intitulados "documentos secretos" da indústria do fumo, hoje públicos e disponibilizados pela internet. Apenas

essa que teve como nascedouro a intelectualidade dos membros do Tribunal de Justiça do Rio Grande do Sul.[400]

Enfim, a tese favorável aos fumantes vem logrando êxito, ganha força e amadurece dia a dia. E se assim é, também ganha importância o exame dos aspectos processuais atinentes a tais ações judiciais. Afinal, a evolução dos direitos material e processual deve, necessariamente, caminhar conjuntamente, sempre que se quiser assegurar a justa e efetiva tutela jurisdicional.

Este breve ensaio volta-se à análise dos aspectos mais polêmicos atinentes à matéria probatória em ações cujo mérito envolve as relações de consumo firmadas entre fumantes e indústrias do tabaco.

2 A importância da prova e do mecanismo de distribuição do ônus probatório

Certamente que a prova, no momento de se proferir decisões judiciais, caracteriza-se elemento indispensável à formação da convicção do magistrado daí Carnelutti rotulá-la de o *coração do processo*.[401] E não

---

para se ter uma ideia do conteúdo de tais documentos, restou demonstrado por meio deles que, já na década de 50, ou antes disso, algumas indústrias do tabaco já conheciam as características psicotrópicas da nicotina. Sabiam também que o consumo de cigarros causava câncer pulmonar. Mas ao invés de informarem a sociedade acerca daquilo que descobriram, preferiram se omitir. Pior que isso, assumiram uma postura ativa voltada a difundir publicidades insidiosas, que faziam apologia sobre o produto danoso, já que o vinculava a situações alheias a suas verdadeiras características. Assim, o cigarro era ligado ao bem-estar, ao sucesso profissional, à saúde, à sexualidade, ao prazer, ao requinte, aos esportes, etc. Mas a estratégia destas indústrias não ficou nisso: a) elas contrataram atores e diretores de cinema para que os seus produtos fossem retratados, nas telas dos cinemas, sempre de forma positiva; b) financiaram esportistas diversos, também com a intenção de garantir uma imagem socialmente aceitável acerca do tabagismo; c) contrataram cientistas e empresas de relações públicas para que combatessem aquelas pesquisas que surgiam, cada vez com mais intensidade, e, assim, criarem um ambiente de ceticismo e dúvida sobre os malefícios que se imputavam advir do tabagismo; d) direcionaram suas campanhas publicitárias aos jovens, crianças e adolescentes, porquanto são eles mais suscetíveis a experimentarem o cigarro e deles se tornarem dependentes. Enfim, essas empresas do tabaco despenderam, durante décadas, grande energia e fortuna para estabelecer uma aura positiva em torno do tabagismo, garantindo, assim, vultosos lucros. E realmente tiveram sucesso, afinal, hoje, o lucro anual estimado das empresas de tabaco em todo o mundo chega a 300 bilhões de dólares. Por óbvio que mais dinheiro, tempo e energia deverão ser também despendidos para que essa pseudoatmosfera seja definitivamente expurgada do seio social, e uma imagem real, afinada à verdadeira natureza dos cigarros, possa, de uma vez por todas, finalmente imperar.

[400] Para exemplificar, cite-se substancioso acórdão da lavra do Tribunal de Justiça do Rio Grande do Sul, cujos votos couberam aos ilustres Desembargadores Odone Sanguiné (Relator), Marilene Bonzanini Bernardi e Tasso Caubi Soares Delabary (Apelação cível nº 70016845349, disponível integralmente no site: <www.tj.rs.gov.br>).

[401] CARNELUTTI *apud* DUARTE, Bento Herculano. *Elementos de teoria geral da prova*: processo civil: aspectos relevantes. São Paulo: Método, 2005. p. 14.

só a prova, mas todo o *mecanismo de distribuição do ônus probatório* auxilia o julgador em sua laboriosa atividade.

E esse *mecanismo* não se apresenta mediante características rijas. É, aliás, bem flexível, maleável, justamente para garantir o tratamento igualitário das partes no processo, oscilando o ponteiro do *onus probandi* em consonância com a relação jurídica ou com a natureza do direito material objeto do caso concreto (os direitos do consumidor, administrativo e civil apresentam, cada qual, peculiaridades específicas na distribuição do *onus probandi*, especialmente no que toca ao tema responsabilidade civil).[402]

Não há, ainda, de se descartar a influência das normas processuais no âmbito da prova. É que a importância da prova poderá variar segundo circunstâncias processuais, mormente em face da *petição inicial* e da *defesa do réu*. Por exemplo, havendo ausência de contestação, ou situação análoga (revelia; reconhecimento da procedência do pedido; confissão; silêncio puro; matéria puramente de direito), logicamente que o instituto da prova, numa perspectiva processual, e em princípio, terá o seu relevo diminuído.[403]

---

[402] Ganha corpo no Brasil *a teoria da distribuição dinâmica do ônus da prova*. Sabe-se — consoante leciona Fredie Didier Jr. — que o CPC brasileiro adotou a *teoria estática do ônus da prova*, distribuindo prévia e abstratamente o encargo probatório: ao autor incumbe provar os fatos constitutivos de seu direito, e ao réu provar os fatos impeditivos, modificativos e extintivos. Sucede que nem sempre autor e réu possuem condições de atender a esse ônus probatório que lhes foi imposto previamente. E, não havendo provas suficientes nos autos para evidenciar os fatos, o juiz terminará por proferir decisão desfavorável àquele que não se desincumbiu de seu encargo de provar (DIDIER JR., Fredie. *Curso de direito processual civil*. 6. ed. Salvador: JusPodivm, 2006. v. 1, p. 519). A *teoria da distribuição dinâmica do ônus da prova* é mais lúcida. Surgida na Argentina, sua tônica é a repartição dinâmica do ônus da prova. Baseando-se nos princípios da veracidade, boa-fé, lealdade e solidariedade (com atuação do juiz), defende-se que é necessário levar em conta as circunstâncias do caso concreto, para atribuir-se o ônus da prova àquele que tem condições de satisfazê-lo; impõe-se uma atuação probatória da parte que tem mais possibilidades de produzi-la. E o juiz, verificando que houve uma violação ao dever das partes de cooperação e solidariedade na apresentação das provas, deve proferir decisão contrária ao infrator. Tudo isso, no intuito de que o processo alcance seus fins, oferecendo prestação jurisdicional justa (SOUZA, Wilson Alves *apud* DIDIER JR., Fredie. *Curso de direito processual civil*. 6. ed. Salvador: JusPodivm, 2006. v. 1, p. 520). Enfim, e segundo ensina Fredie Didier Jr., de acordo com essa teoria: a) o encargo não deve ser repartido prévia e abstratamente, mas, sim, casuisticamente; b) sua distribuição não pode ser estática e inflexível, mas, sim, dinâmica; c) pouco importa, na sua subdivisão, a posição assumida pela parte na causa (se autor ou réu); não é relevante a natureza do fato probando — se constitutivo, modificativo, impeditivo ou extintivo do direito —, mas, sim, quem tem mais possibilidades de prová-lo (DIDIER JR., Fredie. *Curso de direito processual civil*. 6. ed. Salvador: JusPodivm, 2006. v. 1, p. 520).

[403] CARNELUTTI *apud* DUARTE, Bento Herculano. *Elementos de teoria geral da prova*: processo civil: aspectos relevantes. São Paulo: Método, 2005. p. 14.

Mas, neste espaço, há de se restringir o assunto: o objetivo deste ensaio é pensar-se na distribuição do ônus da prova, tendo por foco exclusivo a *responsabilidade civil pelo fato do produto* e as normas constitucionais e infraconstitucionais que tutelam os direitos do consumidor — *afinal, a relação travada entre fumantes e indústrias de tabaco é de consumo.*

3 O elenco de requisitos a serem provados com o intento de assegurar a responsabilidade civil das indústrias do tabaco

Num exame focado no CDC, o *ato ilícito*, motivador da responsabilidade civil das indústrias do fumo, reside nas imperfeições, intrínsecas e extrínsecas, do cigarro. Esses *vícios* evidenciam o descumprimento, por parte delas, de um *dever jurídico de segurança* que lhe cumpre respeitar.[404]

Sumariamente, os requisitos que ensejam a responsabilidade civil das indústrias do fumo, sob um enfoque exclusivamente voltado à Lei nº 8.078/90, são:

a) a prova de que o autor (ou o falecido, em sendo a família desse quem ajuizou a ação) consome/consumia cigarros fabricados pela indústria do fumo, ré na ação;

b) a prova dos *danos* (morte, enfermidades diversas, despesas, danos morais, etc.);

c) a prova do *nexo de causalidade* entre o consumo de cigarros e a(s) enfermidade(s) (ou morte do consumidor); e

d) a manutenção da presunção do(s) *defeito*(s) (presunção esta que milita em favor do consumidor).

Ressalte-se que pertence ao(s) autor(es) o ônus de provar os requisitos *a, b* e *c* acima delimitados, excetuando-se a hipótese de o juiz deferir a inversão do ônus probatório. O consumidor, em função de peculiaridade própria da Lei nº 8.078/90, encontra-se dispensado de demonstrar a existência de *defeito*(s) — item *d* — no produto disponibilizado no mercado, *obrando em seu favor a presunção de que ele efetivamente concretizou-se.*

---

[404] Mais esclarecimento acerca deste aspecto do tema podem ser obtidos na obra *Responsabilidade civil e tabagismo*, publicada pela Editora Juruá, no ano de 2008, de autoria de Lúcio Delfino.

Obviamente que outras questões poderão surgir em razão das singularidades de cada caso concreto. De qualquer modo, estas, enumeradas acima, são as essenciais, ou seja, as que, efetivamente, hão de ser trabalhadas em basicamente todas as demandas relacionadas ao tema. Adiante, cada uma delas será devidamente examinada.

4 A prova de que o fumante consome/consumia cigarros fabricados pela indústria do fumo inserida no polo passivo da ação

O autor-consumidor deverá demonstrar sua condição de tabagista (ou que já esteve em tal condição); em sendo os familiares os autores da ação, deles será o ônus de se provar que o *de cujus* era efetivamente um fumante.

A prova da utilização do produto é deveras essencial. No caso, esse uso, por ser alavancado pela nicotina, normalmente é contínuo, ininterrupto. A essencialidade dessa prova está justamente na ideia de que apenas poder-se-á pensar em uma condenação, tendo por alicerce a *responsabilidade pelo fato do produto*, se, obviamente, tal produto tiver sido utilizado pelo consumidor e, por conseguinte, acarretar-lhe danos (a ele ou, por reflexo, a sua família).

Todavia, há um caso hipotético — pelo menos no Brasil, onde ainda não há precedentes — em que a demonstração do *consumo direto* de tabaco é dispensada ao(s) autor(es) da demanda. Tratando-se o enfermo (ou morto) de um *tabagista passivo*,[405] não haveria como se

---

[405] Consumidor não é só aquele que adquire e/ou utiliza produtos e serviços. Esse rótulo não é conferido apenas aos participantes diretos das relações de consumo. Naquilo que diz respeito à responsabilidade civil, a Lei nº 8.078/90 avançou, equiparando aos consumidores aqueles que, embora não tenham consumido produtos ou contratado serviços, acabaram vítimas de eventos. Parafraseando Eduardo Gabriel Saad, o art. 17 impõe que o manto protetor estendido pelo CDC sobre o consumidor alcance também aquele que, sem ter participado da relação de consumo, acaba suportando danos, sejam eles quais forem, causados por imperfeições em produtos e serviços (SAAD, Eduardo Gabriel. *Comentários ao Código de Defesa do Consumidor*. 5. ed. São Paulo: LTr, 2002. p. 285). Logo, torna-se irrelevante o fato de a vítima não ter adquirido produtos ou contratado serviços para que seja equiparada ao consumidor; é imprescindível, apenas, que tenha existido uma relação de consumo anterior, mesmo que a vítima a desconheça, gerando-se dela danos à sua incolumidade física ou psíquica. Imagine-se, a título de ilustração, um pai de família tabagista. A esposa e a filha, por outro lado, nunca fumaram. Entretanto, sempre estiveram em contato direto com a fumaça tóxica do produto, em razão da convivência. Passados vários anos, o fumante, apresentando problemas em sua saúde, resolve procurar um médico que, após a realização de alguns exames, diagnostica câncer pulmonar provocado pelo tabagismo. Esse tabagista enquadra-se perfeitamente no conceito entabulado no

defender a exigência de tal prova; afinal, não é (ou era) um viciado, não consumia cigarros ininterruptamente, para garantir o suprimento de níveis momentâneos de nicotina. Em casos tais, a prova a ser produzida seria a de que a vítima, de fato, é (ou foi) um *fumante passivo*, já que vive (ou vivia) em ambientes onde é (ou era) comum a prática do tabagismo.

Igualmente essencial se mostra a demonstração da(s) marca(s) de cigarros consumidos diariamente pelo fumante. Na medida em que são muitas as empresas que exploram a atividade de produção e fabricação de produtos do tabaco, a prova da marca consumida tem por fito a comprovação de que a ação foi corretamente direcionada. Ou seja, essa prova encontra-se intimamente associada à própria legitimidade passiva, de modo que, não sendo ela produzida, restarão insubsistentes quaisquer outras discussões respeitantes à matéria de fundo da demanda.

E tal prova não se mostra, de modo algum, impraticável. Aliás, no mais das vezes, é bastante simples e será produzida por meio de testemunhas, pessoas que, por anos a fio, conviveram com o fumante e, por tal razão, têm condições de afirmar, categoricamente, a preferência dele com relação a uma ou outra marca de cigarros.

Prevalece, aqui, a regra geral de distribuição do ônus probatório, inserta no art. 333 do CPC. Destarte, competirá ao(s) autor(es) a prova do fato constitutivo de seu direito, e isso especificamente no que tange à demonstração de que a vítima é (ou era) praticante do tabagismo, consumindo determinada(s) marca(s) de cigarros.

---

art. 2º, *caput*, do CDC; é, pois, um consumidor padrão. Mas e se a malfadada doença acometesse a mulher do indivíduo ou a sua filha, estas que são inequivocamente *fumantes passivas*? Tais pessoas poderiam utilizar-se do CDC para alicerçar eventuais pretensões indenizatórias? Seriam elas também consumidoras? A resposta é positiva para ambas as questões, mormente porque, segundo o art. 17 do CDC, elas são consumidoras por equiparação legal. Afinal, foram vítimas de um evento, mesmo não tendo participado diretamente das relações de consumo firmadas entre o tabagista ativo e a(s) empresa(s) de fumo. Os fumantes passivos são aqueles que, embora não possuam o vício de fumar, convivem diretamente com fumantes, inalando, dia a dia, a fumaça tóxica do cigarro. É certo que tais pessoas não se encaixam no conceito de *consumidor padrão*. Não adquirem ou usam (por vontade própria) o cigarro como destinatário final. No entanto, muitas vezes, acabam por se tornar vítimas de uma relação de consumo na qual não tiveram participação. Embora nunca tenham comprado um cigarro na vida, foram vítimas do produto mortal, por inalarem sua fumaça tóxica, fato que, evidentemente, as equipara (fumantes passivos) aos consumidores. Mais esclarecimentos a respeito deste assunto podem ser obtidos na obra: DELFINO, Lúcio. *Responsabilidade civil e tabagismo*. Curitiba: Juruá, 2008.

4.1 Fumantes cujo consumo englobou duas ou mais marcas de cigarros, fabricadas por diversas indústrias de cigarros

Certamente que situações nem um pouco atípicas surgirão. Imagine-se um fumante que, no decorrer de toda a sua existência, consumiu quatro ou cinco marcas diferentes de cigarros, estes produzidos por diversas fabricantes. De igual modo, tenha-se em mente a hipótese que envolve um fumante passivo, o qual convive diariamente com diversos tabagistas, estes que fumam, cada um, marcas distintas de cigarros, também fabricados por distintas fabricantes.

Se acaso um desses indivíduos (o fumante ativo e o passivo) desenvolverem uma doença tabaco-relacionada, a primeira questão a ser enfrentada, antes de se ajuizar uma ação de indenização, é a de se desvendar em face de qual(is) fabricante(s) de tabaco a ação deverá ser endereçada.

E a resposta para esse problema está na ideia de *obrigação solidária*. Se todas as marcas de cigarros contribuíram para o desenvolvimento da enfermidade que atingiu a vítima, salta à vista que a solução coerente será a de se responsabilizar qualquer uma das empresas (ou mesmo todas elas) detentoras dos direitos de fabricar as tais marcas. Solução esta não só afeta a lógica, como também alicerçada em sólida base jurídica.

Não se pode olvidar que, dentro do microssistema *consumerista*, a *solidariedade* surge como um verdadeiro princípio, juntamente com outros tantos existentes e voltados à proteção efetiva do consumidor brasileiro.

Trata-se de *solidariedade legal*, positivada não apenas no parágrafo único do art. 7º, mas também robustecida pelos arts. 18; 19; §§1º e 2º do art. 25; §3º do art. 28 e art. 34, todos do CDC. Vê-se, dessa insistente repetição, evidente preocupação do legislador com a eficaz compensação de danos suportados pelo consumidor, não se podendo calcar tal comportamento de inexato, senão de técnica preventiva intentada a limitar discussões jurídicas que possam vir a surgir a respeito do tema. Essa opção legislativa — aquela de se repisar, em vários artigos da lei, a ideia instituída pelo parágrafo único do art. 7º do CDC —, garante à *solidariedade* seu lugar como princípio na Lei *consumerista*, reforçando sua importância, sempre que se estiver diante de situações concretas envolvendo o polo naturalmente mais vulnerável das relações de consumo.

A Lei nº 8.078/90, expressamente, prevê, como direito básico dos consumidores, a *efetiva* reparação de danos por eles sofridos — patrimoniais, morais, individuais, coletivos e difusos. A *solidariedade* surge, então, como decorrência natural desse direito, facilitando, sobremaneira,

A Tutela Jurisdicional na Responsabilidade Civil das Indústrias do Tabaco...

a defesa dos interesses do consumidor lesado, vez que poderá ele optar contra qual ou quais integrantes da cadeia de fornecedores provocará o exercício da jurisdição. Tal poder de escolha representa instrumento importante e eficaz, mormente numa sociedade de consumo em manifesto desenvolvimento e na qual, muitas vezes, se encontram fornecedores sem lastro patrimonial suficiente a garantir prejuízos causados em decorrência de imperfeições de produtos e serviços.[406]

5 A prova dos danos (morte, enfermidades diversas, danos morais)

Por óbvio, é o dano elemento essencial para que se caracterize a responsabilidade civil do agente. Afinal, nada havendo a ser reparado, ilógica será qualquer argumentação pautada no dever indenizatório.

Constituem danos patrimoniais a privação do uso da coisa, os estragos nela causados, a incapacitação do lesado para o trabalho, a ofensa à sua reputação, quando tiver repercussão na sua vida profissional ou nos negócios.[407] Enquadram-se, aí, tanto os *danos emergentes* como os chamados *lucros cessantes* (art. 402 do novo CC).

No caso de ofensa à saúde, o ofensor indenizará o ofendido das despesas do tratamento e dos lucros cessantes até o fim da convalescença, além de algum outro prejuízo que o ofendido prove haver sofrido[408] (art. 949 do atual CC). Se, por outro lado, a ofensa à saúde resultar em lesão pela qual o ofendido não possa exercer o seu ofício ou profissão, ou mesmo lhe diminuir a capacidade do trabalho, a indenização, além das despesas do tratamento e dos lucros cessantes até o fim da convalescença, incluirá uma pensão correspondente à importância do trabalho, para o qual se inabilitou, ou da depreciação que ele sofreu — nesse caso, poderá o ofendido, se quiser, exigir que a indenização seja arbitrada e paga de uma só vez (art. 950, parágrafo único, do atual CC).

---

[406] A norma, contudo, comporta exceções ou, ao menos, mitigações, a exemplo do que ocorre na hipótese prevista no art. 13 do CDC.

[407] DINIZ, Maria Helena. *Curso de direito civil brasileiro*: responsabilidade civil. São Paulo: Saraiva, 1992. p. 50.

[408] O Código Civil e outras legislações ordinárias, tratados ou convenções internacionais poderão ser aplicados nas relações de consumo, desde que não limitem os direitos dos consumidores previstos na Lei nº 8.078/90. É o que prescreve o art. 7º do Código de Defesa do Consumidor: "Os direitos previstos neste Código não excluem outros decorrentes de tratados ou convenções internacionais de que o Brasil seja signatário, da legislação interna ordinária, de regulamentos expedidos pelas autoridades administrativas competentes, bem como dos que derivem dos princípios gerais do direito, analogia, costumes e equidade".

Se o tabagismo, entretanto, acarretar a morte do consumidor, a indenização consistirá no pagamento das despesas com o tratamento da vítima, seu funeral, luto da família, como também na prestação de alimentos a quem o falecido os devia, por todo o período de sobrevida presumido e fixado na sentença[409] (art. 948 do atual CC).

Noutro rumo, muitos danos, além de atingirem a integridade física e/ou patrimonial da vítima, afetam igualmente sua incolumidade psíquica, acarretando-lhe dissabores dos mais diversos como, por exemplo, angústia, desgosto, humilhação e aflição espiritual — estes são os chamados *danos morais*. A morte, por exemplo, motiva, inegavelmente, danos morais àquelas pessoas próximas ao *de cujos*. De tal sorte, os chamados danos morais, acaso devidos, poderão ser cumulados com os danos materiais (Súmula nº 37 do Superior Tribunal de Justiça).

É conceito praticamente unânime o de que tais espécies de lesões psíquicas são presumidas, não reclamando nenhuma modalidade de prova — são os intitulados danos morais *puros* ou *subjetivos*. Ademais, a complexidade da natureza humana, tanto quanto a subjetividade da personalidade de cada indivíduo, torna inviável e dispensável a prova da dor sofrida. Cada pessoa sofre, moral ou psiquicamente, de maneira diversa, conforme o grau de sensibilidade que possui. A recompensa material a ser paga para a vítima (ou aos seus familiares, em caso de falecimento) não tem natureza reparatória. A rigor, a reparação com assento na mensuração da dor, advinda de sentimentos como tristeza, perda ou desfalque de ente querido, é impossível.[410] A indenização auferida funciona como uma forma de entretenimento, uma compensação, dando à vítima (ou a seus familiares em caso de falecimento) maiores possibilidades de lazer, descanso, distração e conforto, ajudando-a, consequentemente, a esquecer ou amenizar o trauma sofrido.

Naquilo que se refere ao arbitramento do dano moral, as questões são ainda tormentosas. Um dos problemas cujo trato se revelava quase insolúvel, principalmente pela diversidade de entendimentos doutrinários e jurisprudenciais, era aquele vinculado a um aspecto formal: o pedido formulado pelo autor deveria ser certo e determinado ou, ao contrário, ser construído de forma genérica?

---

[409] Conforme assevera o estudioso jurista Jurandir Sebastião, atualmente a "expectativa de sobrevida tem sido fixada na sentença. Hoje a expectativa de sobrevida tem sido fixada pelos Tribunais em 65 anos de idade. Mas como as perspectivas de longevidade estão paulatinamente aumentando — graças aos avanços da Geriatria —, nada impede que o juiz a fixe em 68 ou 70 anos, com base nos novos dados estatísticos" (SEBASTIÃO, Jurandir. *Responsabilidade médica civil, criminal e ética*. Belo Horizonte: Del Rey, 2001. p. 45).

[410] SEBASTIÃO, Jurandir. *Responsabilidade médica civil, criminal e ética*. Belo Horizonte: Del Rey, 2001. p. 47.

Eram três as principais correntes de entendimento: a) a primeira defendia ser obrigação do autor a fixação do *quantum* a título de danos morais, fundamentando que o pedido deverá ser, em regra, certo e determinado, e que somente o autor teria condições de arbitrar o valor pretendido, uma vez que foi ele o ofendido pelo dano; b) a segunda, por sua vez, adotava o entendimento de que o pedido deverá ser genérico, cabendo ao magistrado o arbitramento do *quantum* devido, em conformidade com as condições específicas de cada caso; c) e a última entendia ser necessária a fixação do *quantum* pelo autor sem, entretanto, esse pedido ter natureza certa e determinada, mas, sim, servindo-se unicamente de parâmetro (pedido hipotético) para o juiz, quando do arbitramento do valor devido.

Não se tratava de discussão meramente acadêmica, pois tinha forte repercussão prática. Se o autor formulasse o pedido genericamente, o juiz, acaso tivesse entendimento diverso, poderia ordenar a emenda da inicial para que um valor certo e determinado fosse apontado. Emendando a inicial, ou, já de início, formulando um pedido certo e determinado, o autor corria o risco de não ter toda a sua pretensão deferida e obter uma condenação inferior àquela postulada, o que lhe geraria uma sucumbência recíproca, cujo valor poderia ultrapassar a própria condenação principal. Deveras, a situação do autor era demasiadamente fragilizada.

Entretanto, esse transtorno, salvo melhor juízo, acabou resolvido pelo Superior Tribunal de Justiça, com a edição da Súmula nº 326, que reza: "Na ação de indenização por dano moral, a condenação em montante inferior ao postulado na inicial não implica sucumbência recíproca".

Logo, a conclusão que se infere é a de que o autor poderá optar entre formular pedidos *genéricos* ou *certos e determinados*, sendo que a última opção não lhe acarretará prejuízos, uma vez que tal pedido será tido pelo Judiciário como *meramente estimativo*, não lhe carreando sucumbência recíproca acaso o juiz condene o réu em valor inferior àquele postulado na inicial.

É de se dizer, ainda: ao juiz — e isso é indiscutível — cabe o arbitramento, em casos de procedência do pedido, do dano moral, segundo seu prudente critério judicante (como se legislador fosse, caso a caso),[411] levando-se em conta a natureza da ofensa, a repercussão social do dano, grau de culpa, a posição econômica do ofensor, a capacidade

---

[411] SEBASTIÃO, Jurandir. *Responsabilidade médica civil, criminal e ética*. Belo Horizonte: Del Rey, 2001. p. 47.

de o ofensor incidir no mesmo erro e, finalmente, as práticas de fato realizadas pelo agente para aplacar a dor da vítima.[412]

Quanto ao chamado *dano estético* algumas considerações merecem ser trabalhadas.

Dano estético é aquele que implica quaisquer espécies de alterações morfológicas, acarretando para a vítima, mesmo que em patamares ínfimos, um afeamento em sua estética humana. Tal dano consiste em aleijões, cicatrizes, marcas, defeitos e lesões, motivadores de desconforto, desgosto, complexo de inferioridade, exercendo ou não influência na capacidade laborativa dos lesados.

Não há de se falar em *cumulação* de danos morais e estéticos. Aliás, aqui, a expressão *cumulação* é imprópria, na medida em que, quando utilizada, dá a impressão de se referir a duas espécies diferentes de danos. E, verdadeiramente, o dano estético nada mais é do que *espécie* de dano moral. Melhor seria dizer que, ao arbitrar o dano moral, o magistrado deverá *acrescer-lhe* um adicional pecuniário, nas hipóteses em que se configurarem também lesões de natureza estética.

Realmente, o dano estético está enquadrado no conceito de dano moral, porquanto sempre acarretará consequências de ordem psíquica à vítima. Não se pode negar ser o homem um ser social, o que se traduz na necessidade de contato permanente com seus semelhantes. Nesse ponto, delineia-se a importância social da estética do ser humano, ou seja, na vida e no trato diário com seus pares.

Deveras, ao valorar o dano moral suportado pela vítima, deverá o magistrado acrescer-lhe uma importância — também a ser valorada — correspondente aos danos estéticos por ela suportados — danos estes que também são de natureza moral e que, por sua gravidade, deverão ser, necessariamente, levados em conta pelo órgão julgador, no momento de se arbitrar o valor devido à vítima.

6 A prova do nexo de causalidade entre o consumo de cigarros e a(s) enfermidade(s)

O liame existente entre o fato danoso e os prejuízos sofridos e devidamente comprovados é o que se denomina de *nexo de causalidade*.

---

[412] Acredita-se que os tribunais não têm arbitrado, de maneira coerente, os pedidos judiciais referentes ao dano moral. O aspecto punitivo da indenização, na maioria das vezes, não tem sido levado em conta; em consequência disso, o *quantum* fixado não castiga os ofensores mas, de certa forma, até os incentiva a persistir no ilícito.

O CDC adotou o regime da responsabilidade objetiva, atribuindo ao fornecedor o ônus de demonstrar a inexistência do(s) defeito(s), caso queira eximir-se do encargo de indenizar. Diante disso, cabe ao consumidor simplesmente *alegar* a existência de defeito no produto (ou serviço); o fornecedor, por outro lado, buscará *demonstrar* que tal defeito é insubsistente.

Apesar de o defeito ser presumido, o mesmo não se dá com o *nexo de causalidade* entre a utilização do produto (ou serviço) e os *danos*.

É certo que algumas vozes da doutrina adotam uma posição mais radical. Afirmam que a Lei nº 8.078/90 evidenciou, também quanto ao nexo causal, a inversão obrigatória do ônus da prova em favor do consumidor, quando se tratar de relações que envolvam responsabilidade pelo fato do produto ou do serviço (art. 12 e 14).

Tal posição é comprovada — segundo aludida corrente doutrinária — pela análise do §3º do art. 12 do CDC ao impor que o "fabricante, o construtor, o produtor ou importador *só* não será responsabilizado quando provar: I – que não colocou o produto no mercado; II – que, embora haja colocado o produto no mercado, *o defeito inexiste*; III – *a culpa exclusiva* do consumidor ou de terceiro". Essas excludentes seriam, ainda de acordo com o entendimento ressaltado acima, as únicas possibilidades de os fornecedores se livrarem da responsabilidade decorrente de fato do produto ou do serviço.[413] Seria, sim, uma segunda hipótese de inversão legal do *onus probandi*.[414]

Apesar de inteligente o raciocínio, o nexo causal entre o fato danoso e os danos efetivos não é presumido. Tal posicionamento, além de pautado numa interpretação exclusivamente literal, levaria a uma situação extrema: o nexo causal seria consequência obrigatória da Lei, sem possibilidade de prova em contrário. Ora, se o §3º do art. 12 nada

---

[413] Adotando tal posicionamento, Raimundo Gomes de Barros defende que: *todos os doutrinadores são acordes em que se trata de mera faculdade do juiz, excepcionando-se apenas a hipótese contemplada no art. 38 do Código de Defesa do Consumidor, pois que ali há uma situação em que a prova da veracidade e correção da informação publicitária é sempre de quem a patrocina. Única hipótese de inversão obrigatória do ônus da prova? Não. Embora os manuais jurisprudenciais e doutrinários disso não cuidem, o certo é que na responsabilidade pelo fato do produto e do serviço (arts. 12 e 14 do CDC) também está evidente uma hipótese de inversão obrigatória do ônus da prova em favor do consumidor. Tal se afirma porque o §3º, do artigo 12 é claríssimo quando impõe que o fornecedor só não será responsabilizado quando provar: que não colocou o produto no mercado; que o defeito inexiste; que a culpa é exclusiva do consumidor ou de terceiro. De observar, pois, que o ônus da prova é obrigatoriamente do fornecedor, a quem cabe demonstrar a inexistência do nexo causal* (BARROS, Raimundo Gomes de. Relação de causalidade e o dever de indenizar. *Revista de Direito do Consumidor*, São Paulo, n. 34, p. 137, 2000).

[414] A primeira delas, conforme se verá adiante, ocorre em função do prescrito no art. 38 do Código de Defesa do Consumidor.

especificou em relação ao nexo causal, seria igualmente correto afirmar que a demonstração de sua inexistência em nada auxiliaria o fornecedor, o que, *data venia*, é inadmissível.[415]

Com efeito, em princípio cabe ao consumidor (ou seus familiares, em caso de morte desse) o ônus de provar o nexo de causalidade entre o fato danoso (utilização do produto) e os danos por ele suportados. Especificamente com relação ao tema em análise, isso significa que a prova da enfermidade adquirida pelo tabagista (ou sua morte), bem como o vínculo entre ela e o *ato de fumar*, ou entre ela e a *exposição ao cigarro* (fato danoso), são de importância elementar, e pertencem ao(s) autor(es) da demanda.

Apesar de não se tratar de prova impossível, a dificuldade na demonstração do nexo de causalidade entre o *tabagismo* e *determinadas enfermidades* (ou morte), vem sendo um dos maiores embaraços encontrados pelos consumidores (ou familiares, em caso de morte destes) nos processos judiciais referentes ao tema em estudo.

Talvez um dos problemas responsáveis por essa dificuldade situe-se na própria variedade de teorias criadas para explicar a figura do nexo de causalidade. Tal circunstância provoca perceptíveis confusões interpretativas, donde, não raro, misturam-se, em julgados, bases teóricas de duas ou mais teorias, renunciando-se, assim, à precisão científica que deveria conduzir o intérprete.

Essa conclusão foi obtida por Gisela Sampaio da Cruz, em obra de peso, denominada *O problema do nexo causal na responsabilidade civil*. Lá, a jurista aponta a existência de, ao menos, oito teorias, a saber: teoria da equivalência dos antecedentes causais, teoria da causa próxima, teoria da causa eficiente, teoria da causa preponderante, teoria da causalidade adequada, teoria do escopo da norma jurídica violada, teoria da ação humana, teoria do dano causal direto e imediato, e causalidade e imputação objetiva. Depois de magistralmente apontar os contornos essenciais de cada uma dessas teorias, enfrenta tortuosa pesquisa jurisprudencial, conduzindo sua análise perante todos os tribunais do País para, finalmente, concluir pela predominância de uma visível confusão de teorias na jurisprudência nacional, de sorte que a

---

[415] Na verdade, as hipóteses enumeradas no §3º do art. 12 da Lei nº 8.078/90, correspondem às causas excludentes do nexo de causalidade. Tais causas, quando provadas, rompem com o nexo causal existente entre o fato e o dano, elidindo, assim, a responsabilidade dos fornecedores de indenizar.

verificação do nexo causal é feita de forma intuitiva e atécnica, ora sob a influência de uma escola, ora de outra.[416]

Em voo raso, examinem-se as teorias, de uma forma ou de outra, mais invocadas para a solução de problemas envolvendo o nexo causal em demandas alicerçadas no instituto da responsabilidade civil. São três: a) teoria da equivalência dos antecedentes causais; b) teoria da causalidade adequada; e c) teoria do dano causal direto e imediato.

6.1 A teoria da equivalência dos antecedentes causais

Quanto à *teoria da equivalência dos antecedentes causais* — também denominada teoria da equivalência das condições, teoria objetiva de causalidade ou da *conditio sine qua non* —, sua autoria é atribuída ao penalista alemão *Maximiliano von Buri*, autor da obra *Über kausalität und derem veranwortung*. Sua origem remonta aos estudos de *John Stuart Mill*, especialmente de sua obra *A system of logic*, na qual afirmava que "todas as condições eram igualmente indispensáveis para a produção do conseqüente e o estabelecimento da causa é incompleto se não introduzirmos, de uma ou outra forma, todas elas".[417]

Ela não distingue entre *causas* e *condições*.[418] Todo antecedente para a realização do evento é imprescindível a sua verificação, sendo dele causa, por ser *conditio sine qua non* do resultado. De sorte a reconhecer se uma condição é causa do resultado, o processo utilizado é o da eliminação hipotética (*von Thyrén*), segundo o qual a mente humana julga que um fenômeno é condição de outro toda vez que, ao suprimi-lo mentalmente, torna-se impossível conceber o segundo fenômeno.[419] Nas palavras de Gisela Sampaio da Cruz, "todo efeito tem uma multiplicidade de condições causais e cada uma delas é necessária para a produção do resultado".[420]

---

[416] CRUZ, Gisela Sampaio da. *O problema do nexo causal na responsabilidade civil*. São Paulo: Renovar, 2005. p. 122.

[417] CRUZ, 2005, p. 36.

[418] Fernando Noronha aponta a diferença entre condições e causas: "Condições, assim, são todos os fatores que estão na origem de um dano, são todos os elementos sem os quais ele não teria sido produzido, são todas as circunstâncias de que não se pode abstrair, sem mudar o resultado danoso. Causas do dano são apenas aquelas condições consideradas efetivamente determinantes desse resultado" (NORONHA, Fernando. *Direito das obrigações*. São Paulo: Saraiva, 2003. v. 1, p. 588).

[419] SILVA, Danielle Souza de Andrade e. *Causalidade e direito penal*. Disponível em: <http://www.luta. pelajustica.nom.br/Textos/Artigo13.pdf>. Acesso em: 30 nov. 2005.

[420] CRUZ, 2005, p. 37.

Mas a ideia de que *um fenômeno é condição de outro, quando o primeiro não puder ser suprimido mentalmente, sem que o resultado desapareça em sua forma particular,*[421] se utilizada como fórmula para remediar situações concretas, alicerçadas no instituto da responsabilidade civil, acaba por gerar situações estranhíssimas e injustas, sobretudo em razão de sua amplitude. E essa amplitude advém, principalmente, em função de a teoria da equivalência dos antecedentes causais dar especial relevância a todas as possíveis condições que deram origem ao evento danoso, não possuindo qualquer relevância o fato de essa relação de *causa e efeito* vincular-se apenas às ciências naturais (causalidade natural), e não propriamente ao Direito, como fundamento jurídico suficiente para a imputação de consequências jurídicas.

De tal sorte, seria crível responsabilizar-se civilmente fabricantes de automóveis de uma determinada marca, apenas porque um dos proprietários dos veículos por ela produzidos acidentou-se, seja em que circunstância for. A fabricante de automóveis seria responsável civilmente simplesmente porque fabricou e comercializou o veículo à vítima, contribuindo para o sinistro; afinal, se o veículo não existisse, tal sinistro também não teria se concretizado. Igualmente, se o marido agride sua esposa, esta poderia responsabilizar civilmente uma instituição financeira qualquer, isso se a desavença desencadeada tiver por origem dívidas onerosas lá mantidas pelo casal. De igual maneira, o pai seria responsável civilmente pela morte de um filho, envolvido em um sinistro qualquer, simplesmente porque teve participação imprescindível na concepção da criança.

6.2 A teoria da causalidade adequada

Das reiteradas tentativas de evitar os exageros da teoria da equivalência dos antecedentes causais, derivou-se a distinção entre as diversas concausas, para não mais se reconhecer como causa toda *conditio sine qua non* do dano, senão apenas uma determinada, a ser individualizada conforme o critério particular que se adote.[422]

A teoria da causalidade adequada nasceu justamente com o escopo de limitar a causalidade natural, mediante a utilização de princípios juridicamente aceitáveis. Tal teoria foi formulada em 1871, também na Alemanha, por *Ludwig von Bar*, e mais detidamente desenvolvida pelo fisiólogo alemão *Johannes von Kries*, por volta de 1888.

---

[421] CRUZ, 2005, p. 39.
[422] CRUZ, 2005, p. 52.

Considera-se causa a condição idônea, tipicamente adequada à determinação do fenômeno, de sorte que se estabelece verdadeiramente uma especialização dos antecedentes causais, não mais se incluindo na cadeia causal condições demasiado remotas e naturais. Algumas condições são objetivamente adequadas a produzir resultados juridicamente proibidos e tendem a produzi-los, segundo "a experiência da vida".[423]

Isso significa dizer — parafraseando Gisela Sampaio da Cruz — "que a ação tem que ser idônea para produzir o resultado", e, para que se verifique a adequação da causa, necessário é a realização de um juízo retrospectivo de probabilidade que, no âmbito doutrinário, é denominado "prognose póstuma", cuja fórmula resume-se na seguinte indagação: *a ação ou omissão que se julga era, per se, apta ou adequada para produzir normalmente essa consequência?*[424]

Assim, havendo multiplicidade de concausas, bastaria, em tese, indagar-se qual delas poderia ser considerada apta a causar o resultado; afinal, para essa teoria, quanto maior a probabilidade com que determinada causa se apresente para gerar um dano, tanto mais adequada será em relação a esse dano. Respondida essa pergunta, outro questionamento necessariamente deveria ser solucionado, isso para saber se essa causa, capaz de causar o dano, é também hábil segundo as leis naturais. Em síntese, não basta que um fato seja condição de um evento, sendo absolutamente necessário que se trate de uma condição tal que, normal ou regularmente, provoque o mesmo resultado — é o chamado *juízo de probabilidade*, realizado em abstrato, cujo objetivo é responder se a ação ou omissão do sujeito era, por si só, capaz de provocar normalmente o dano.[425]

Consoante leciona Gisela Sampaio da Cruz, "ao contrário da teoria da equivalência dos antecedentes causais, na teoria da causalidade adequada a 'causa' deve ser estabelecida em abstrato, segundo a ordem natural das coisas e a experiência da vida, e não em concreto, a considerar os fatos tal como se deram, já que, em tais circunstâncias, as condições são mesmo equivalentes".[426]

---

[423] SILVA, Danielle, *op. cit.*, 2005.
[424] CRUZ, 2005, p. 64.
[425] CRUZ, 2005, p. 65.
[426] CRUZ, 2005, p. 67. A jurista aponta, ainda, que, conquanto esta "teoria tenha o mérito de estabelecer uma limitação à infinita série dos antecedentes causais, é criticada por ser muito filosófica, o que dificulta sua aplicação prática. O conceito de causa adequada é algo fluídico e que admite distinções várias, de acordo com esse ou aquele autor. Decerto, se, por um lado, a Teoria da Equivalência dos Antecedentes Causais não dá margem para que o juiz aprecie bem os fatos; por outro, a Teoria da Causalidade Adequada depende muito do

6.3 A teoria do dano causal direto e imediato

Finalmente, é importante apontar alguns traços da *teoria do dano causal direto e imediato*.

A essência dessa teoria encontra-se no sentido e alcance da expressão "direto e imediato", aliás, prevista no art. 1.060 do CC de 1916, e repetida no art. 403 do CC de 2002. Dentre as várias teorias e subteorias que tentaram explicar o significado da expressão "direto e imediato", desponta a da *necessariedade da causa*, criada por *Dumoulin* e *Pothier*, contando com o apoio de *Colin et Capitant, Huc, Giorgi, Polacco, Chironi* e *Gabba*. Esclareça-se: a escola da necessariedade afirma que o dever de reparação advém apenas quando o evento danoso revela-se como um efeito necessário de determinada causa.[427]

Para a subteoria da necessariedade, a expressão "direto e imediato" sempre deverá ser interpretada conjuntamente com o significado de "necessário". Assim, ainda que a inexecução resulte de dolo do agente, este apenas responderá pelos danos que efetivamente se mostrarem como sendo consequência necessária do inadimplemento, mas não pelos originados de outras consequências não necessárias, de mera ocasião.[428] Nesse rumo, a lição de Agostinho Alvim:

> A expressão direto e imediato significa o nexo causal necessário. Esta é a interpretação do criador desta teoria (Dumoulin), do seu apologista e divulgador (Pothier), dos expositores do Código de Napoleão (o primeiro diploma que a acolheu) e de Códigos posteriores, alguns dos quais adotaram a expressão necessário ou necessariamente, para substituir a locução direto e imediato.[429]

Com efeito, embora possam ser vários os fatores que contribuíram para a produção do dano, nem por isso todos eles podem ser denominados *causas*, mas, tão somente, aqueles que forem capazes de ligarem-se ao dano, numa relação de necessariedade, a romper o equilíbrio existente entre as outras condições. Ademais, nem sempre

---

arbítrio do julgador para ser aplicada em concreto. Mas o fato é que quase todas as teorias dependem, por assim dizer, de um certo arbítrio do magistrado. Seja como for, apesar das críticas, a Teoria da Causalidade Adequada tem prevalecido em vários ordenamentos e é, também, uma das teorias mais invocadas no Brasil, onde doutrina e jurisprudência se dividem entre ministra essa e a Teoria do Dano Direto e Imediato" [...] (*Ibid.*, p. 82-85).

[427] *Ibid.*, p. 100.

[428] CRUZ, 2005, p. 100-101.

[429] ALVIM, Agostinho. *Da inexecução das obrigações e suas conseqüências*. 2. ed. São Paulo: Saraiva, 1955. p. 384.

a causa direta e imediata será aquela mais próxima do dano, senão a que necessariamente o ensejou. É condição necessária aquela que, se acaso ausente, o dano não teria se concretizado.

É de se salientar — novamente alicerçado em Gisela Sampaio da Cruz —, a causa necessária não precisa ser aquela que "sozinha" era idônea para produzir o resultado danoso, por não existir outra que explique o mesmo fenômeno com exclusividade. Importante é ter a convicção de que a causa que produz o dano é realmente necessária, independentemente das condições que cercam o evento danoso, sendo evidente que duas causas necessárias podem, efetivamente, concorrer para a produção do dano (fenômeno da concorrência de causas). E isso tanto em se tratando de causas necessárias concorrentes,[430] como também de causas necessárias complementares[431] — afinal, em se descaracterizando a fórmula da necessariedade em situações que envolvem causas complementares, certamente que haveria uma restrição exacerbada do dever de reparação do prejuízo.[432]

6.4 Teorias sobre o nexo causal e sua aplicação no tema sob análise

No que se refere, especificamente, à demonstração de causa e efeito entre a enfermidade (ou morte) e o consumo de cigarros (ou exposição a sua fumaça tóxica), as indústrias do tabaco têm argumentado tratar-se de prova impossível. Valem-se de tal discurso notadamente naquelas situações em que a *inversão do ônus probatório* é objeto de requerimento; advogam a tese de que, inverter o encargo probatório em tais casos, seria fadá-la ao insucesso, uma vez que essa prova seria diabólica.[433]

---

[430] Verifica-se a configuração de causas concorrentes (ou cumulativas) quando uma das causas teria, isoladamente, produzido o resultado.

[431] Verifica-se a configuração de causas complementares naqueles casos em que, duas ou mais causas, concorrem para a produção do evento danoso, evento este que só se verificou pela pluralidade de causas. São também denominadas de *concausas*.

[432] CRUZ, 2005, p. 109-110.

[433] Prova diabólica seria aquela relacionada a fatos indefinidos e indeterminados que, consequentemente, não poderão ser demonstrados. No entanto, conforme esclarece Humberto Theodoro Júnior "sempre que for possível transformar a proposição negativa em uma afirmativa contrária ter-se-á superado a dificuldade da prova negativa. Demonstra-se, então, o fato positivo do qual se extrai a verdade do fato negativo" (THEODORO JÚNIOR, Humberto. *Direitos do consumidor*: a busca de um ponto de equilíbrio entre as garantias do Código de Defesa do Consumidor e os princípios gerais do direito civil e do direito processual civil. Rio de Janeiro: Forense, 2000. p. 135).

Ocorre, *data venia*, que não se trata de prova diabólica, mas, sim, de questão eminentemente de ordem técnica. Ademais, mesmo admitindo que, em alguns casos, não se possa aferir, com *absoluta* certeza, que o cigarro foi o causador, ou teve participação preponderante no desenvolvimento da enfermidade ou na morte de um consumidor, é perfeitamente possível chegar-se, mediante a análise de todo o conjunto probatório, a um *juízo de presunção*[434] sobre a responsabilidade que o tabagismo (ou exposição ao cigarro) teve num determinado acidente de consumo.

Vale lembrar, antes de tudo, que o direito civil brasileiro acolheu a *teoria do dano causal direto e imediato*, não obstante a constatação de que a jurisprudência vacila a tal respeito. Consoante visto linhas atrás, apenas será(ão) considerada(s) causa(s) do evento danoso aquela(s) capaz(es) de se ligar(em) a ele *numa relação de necessariedade*, mesmo que não seja(m) essa(s) causa(s) a(s) mais próxima(s) do dano, ou a(s) única(s) que o ensejou.

Certamente, nem sempre será tarefa fácil demonstrar que o tabagismo (ou a exposição à fumaça tóxica) é, efetivamente, a *causa necessária* à qual se pode imputar o evento danoso (enfermidade ou morte). E este estorvo reside essencialmente no fato de que muitas das enfermidades associadas ao tabagismo apresentam mais de um fator de risco, a exemplo da doença coronariana — adiante se constatará que a multiplicidade de etiologias de uma enfermidade nem sempre será justificativa plausível para elidir a responsabilidade das indústrias do fumo.[435]

A teoria do dano direto e imediato não se apresenta como um obstáculo à demonstração do nexo causal entre o consumo de cigarros (ou exposição a eles) e as moléstias (ou mortes) que assaltaram a

---

[434] As presunções símplices, conforme esclarece Francisco Augusto das Neves e Castro, são aquelas que o julgador deduz de um fato conhecido, para firmar um desconhecido, ou que se acham estabelecidas na lei. A nossa legislação concede ao juiz um maior arbítrio, dando-lhe a faculdade de contentar-se com um número tal de presunções, e de tal força, que possa tranquilizar sua consciência. Muitas vezes, uma só presunção pode valer mais que outras muitas reunidas; deve-se, porém, escolher as graves, precisas e concordantes (CASTRO, Francisco Augusto das Neves e. *Teoria das provas e suas aplicações aos atos civis*. Campinas: Servanda, 2000).

[435] Há três fatores de risco previsíveis para esta moléstia: tabagismo, hipertensão arterial (pressão alta) e colesterol alterado (elevação do colesterol-LDL e redução do colesterol-HDL). O tabagismo, isolado, dobra a possibilidade de doença cardíaca. Quando associado à alteração do colesterol ou à hipertensão, multiplica esse risco por quatro. O risco torna-se oito vezes maior quando os três fatores estão juntos. Além disso, o cigarro, por si só, por meio da nicotina, aumenta a pressão arterial e leva a um maior depósito de colesterol nos vasos sanguíneos.

A Tutela Jurisdicional na Responsabilidade Civil das Indústrias do Tabaco... | 251

saúde do consumidor. Inarredavelmente, uma perícia bem trabalhada, aliada às demais provas e elementos contidos nos autos, permitirão ao julgador, se não a conclusão evidente acerca do vínculo causal entre a enfermidade (ou morte) e o tabagismo, ao menos alcançar um forte *juízo de presunção*, suficientemente capaz de permitir-lhe decidir em prol da pretensão do fumante (ou de seus familiares). É perfeitamente plausível ao magistrado, através de uma análise de todo o conjunto probatório constante dos autos, determinar, mediante tal *juízo de presunção*, qual a causa necessária, ou decisivamente responsável (mesmo que concorrente ou complementar), pelo desenvolvimento de uma enfermidade no consumidor (ou de sua morte).

Advirta-se: nada há nada de errado em permitir ao juiz decidir por meio de um critério pautado em presunções, sobretudo diante de casos complexos envolvendo pluralidade de causas e condições, em que a relação envolvida é eminentemente de consumo. Obviamente que o bom senso e razoabilidade irão servir de farol ao juiz. Todavia, deve o intérprete estar atento ao *princípio constitucional da defesa do consumidor* (art. 5º, XXXII, CF/88) e aos princípios da *facilitação da defesa dos direitos do consumidor* (art. 6º, VIII, Lei nº 8.078/90) e da *efetiva reparação de danos suportados pelo consumidor* (art. 6º, VI, Lei nº 8.078/90), todos importantes pilares que alicerçam a Lei *consumerista*.

Não seria crível aceitar a cômoda posição jurisprudencial, apegada, exclusivamente, numa prova pericial que indicasse não ser possível afirmar-se, de maneira concreta e absoluta, se, efetivamente, foi o tabagismo o responsável pela doença (ou morte) que agrediu o consumidor, tendo-se em vista a presença de outros fatores de risco capazes de favorecer o desenvolvimento da tal doença. O fato de doenças tabaco-relacionadas terem outras etiologias plenamente hábeis de concorrerem para o dano não tem por consequência, necessariamente, a prolação de uma sentença de improcedência. Em tais casos, ao magistrado, imbuído da ideia de que a *defesa do consumidor* é um direito fundamental, não bastará firmar sua convicção com base numa prova pericial inconcludente, devendo, se necessário, diligenciar, mesmo que de ofício, a produção de outras provas, para garantir que seu convencimento se forme de maneira firme, satisfatória e racional.

É louvável, por exemplo, que médicos, especialistas na área de conhecimento referente à enfermidade que atingiu o fumante, sejam arrolados como testemunhas, ampliando-se, assim, as informações que orientarão a formação do convencimento do juiz.

Outra ferramenta importante a serviço do juiz é a *doutrina médica*. É ela capaz de orientar a sua decisão, em conformidade com as especificidades de cada enfermidade. Aliás, é importante frisar: algumas enfermidades têm como principal fator de risco o tabagismo, o que facilitará, sobremaneira, a conclusão do magistrado — daí já se verifica a importância de se examinar a doutrina médica. Já se constatou, por exemplo, que 90% dos cânceres de pulmão são causados pelo tabagismo.[436] A tromboangeíte obliterante é uma outra doença que, segundo a literatura médica, manifesta-se apenas em fumantes, de modo que se pode concluir ser o tabagismo *causa necessária* ao seu desenvolvimento.[437] Em casos tais, em razão das constatações científicas, não é audaz a afirmação de que ao consumidor é conferida verdadeira presunção do liame causal entre o uso do cigarro (ou exposição à sua fumaça) e a enfermidade que o atingiu. *Haveria, aí, inversão do ônus probatório acarretada pela própria experiência da vida, comprovada por estudos e dados científicos de origem inquestionável.*

Em verdade, a atividade do magistrado encontra-se traçada pelos princípios alhures citados; isso apenas evidencia o imperativo de o juiz arraigar esforços significativos para tentar cumprir os ideais impostos pela Carta Magna e pelo CDC. Deve intentar obter fundamentos que abalizem uma possível decisão de procedência, sempre pautado nos critérios do bom senso e da razoabilidade, mas intencionado a seguir o caminho traçado pelos princípios anteriormente aludidos, pois, somente assim, conseguirá obter o equilíbrio da relação processual, naturalmente desequilibrada pela concentração técnica e econômica apenas num dos polos do processo. Não se trata de tornar inoperante a atuação do fornecedor em juízo, mas, sim, de permitir ao consumidor uma desenvoltura judicial apta a lhe propiciar boas chances de êxito na sua pretensão, escopo que outrora, antes da publicação do CDC, mostrava-se bastante penoso.

---

[436] SILVA, Vera Luiza da Costa e *et al. Falando sobre tabagismo*. 3. ed. [S.l.]: Instituto Nacional do Câncer, 1998. p. 19.

[437] Veja-se lição colhida no Manual Merck: "A doença de Buerger (tromboangeíte obliterante) é a obstrução de artérias e veias de pequeno e médio calibre, por uma inflamação causada pelo tabagismo. Esta doença afeta predominantemente os indivíduos do sexo masculino, tabagistas e com idade entre 20 e 40 anos. Apenas 5% dos indivíduos afetados são do sexo feminino. Embora não se conheça exatamente a causa dessa doença, apenas os tabagistas são afetados e a persistência no vício agrava o quadro. O fato de apenas um pequeno número de tabagistas apresentar a doença de Buerger sugere que algumas pessoas são mais suscetíveis. No entanto, não se sabe a razão pela qual nem como o tabagismo causa esse problema" (Disponível em: <http://www.msd-brazil.com>. Acesso em: 1º dez. 2005). É de se apontar que esta doutrina médica foi utilizada pela Desembargadora Marilene Bonzanini Bernardi, do Tribunal de Justiça do Rio Grande do Sul, como um dos fundamentos que alicerçaram a condução de seu voto na Apelação Civil n. 70012335311, julgamento este que acabou por condenar a empresa Souza Cruz S.A. ao pagamento de indenização a um ex-tabagista portador da enfermidade tromboangeíte obliterante (Acórdão disponível em: <www.tj.rs.gov.br>. Acesso em: 1º dez. 2005).

A Tutela Jurisdicional na Responsabilidade Civil das Indústrias do Tabaco... | 253

Ressalte-se o que já se afirmou alhures: a causa necessária não precisa ser aquela que isoladamente era idônea para produzir o resultado danoso. A causa não há, sempre, de ser exclusiva. Nada há, pois, que impeça o juiz de proferir um julgamento de procedência, se concluir que, além do tabagismo, outras causas concorreram para o dano. *Essencial, realmente, é que a causa seja necessária à produção do dano, independentemente das demais condições que o cercam, de sorte que duas ou mais causas podem efetivamente contribuir para o desencadeamento do resultado danoso, seja de maneira complementar ou concorrente.*

Ademais, essa técnica interpretativa, em certa medida inclinada à obtenção de um resultado jurisdicional favorável ao consumidor, mostra-se conveniente, não só por se estar trabalhando em terreno próprio às relações de consumo, senão pelo fato de que o próprio labor jurisprudencial e doutrinário já concluiu que a questão vinculada ao nexo causal é insolúvel à base teórica, e que ninguém, sejam juristas nacionais ou alienígenas, jamais conseguiu esboçar uma teoria, em termos juridicamente satisfatórios, aplicável a todos os casos concretos, capaz de explicar o problema do nexo causal. Sobre a difícil questão de até onde chega o nexo causal, já lecionava Enneccerus que não se pode resolver "nunca de una manera plenamente satisfactoria mediante reglas abstractas, sino que en los casos de duda ha de resolverse por el juez según su libre convicción, ponderando todas las circunstancias".[438]

7 A manutenção da presunção do(s) defeito(s)

Em se tratando de relação de consumo, a responsabilidade civil terá por pressuposto não a culpa do fornecedor, senão o descumprimento de um *dever jurídico primário de segurança*. E o descumprimento desse dever jurídico de segurança não diz respeito à licitude ou à ilicitude da atividade exercida pelo fornecedor, mas, sim, à presença de imperfeições (vício/defeito) nos produtos e serviços oferecidos no mercado de consumo.

Não é novidade que o CDC adotou o regime da responsabilidade objetiva, *atribuindo ao fornecedor o ônus de demonstrar a inexistência do(s) defeito(s)*, caso queira eximir-se do encargo de indenizar. Deveras, o legislador, em sede de relações de consumo, filiou-se, como não poderia

---

[438] ENNECCERUS, Ludwig; KIPP, Theodor; WOLF, Martin. *Tratado de derecho civil*: derecho de obligaciones. 2. ed. Barcelona: Casa Editorial Bosch, 1954. t. II, p. 67. (Tradução de Blas Pérez Gonzalez e José Alguer da 35. ed. Alemã).

deixar de ser, à ideia de que os fornecedores devem assumir o *risco de sua atividade* (teoria do risco do empreendimento).

Interessante notar que o legislador, ao impor que caberá ao fornecedor, para eximir-se da responsabilidade indenizatória, demonstrar que o defeito inexiste, expressamente inverteu o ônus probatório, favorecendo a atuação do consumidor em juízo. Trata-se de *uma inversão legal do ônus da prova.*

De tal sorte, ao consumidor caberá simplesmente *arguir* sobre a existência de defeito no produto (ou serviço); o fornecedor, por outro lado, sempre buscará *demonstrar* a ausência de tal defeito. O insucesso do fornecedor em provar que o defeito inexiste poderá carrear-lhe uma condenação, isso se, efetivamente, também não lograr êxito em demonstrar as outras excludentes de responsabilidade, e o consumidor, por sua vez, obtiver sucesso na prova dos fatos que efetivamente lhe couber.

Portanto, para o consumidor, a situação em juízo é mais cômoda, pois não precisará se preocupar em comprovar as imperfeições do produto ou serviço responsáveis pelo evento danoso. Sequer necessitará apontar especificamente essa imperfeição, bastando suscitá-la de modo genérico.

Especificamente com relação ao tema em estudo, deverá o consumidor apenas indicar, afirmar a presença de imperfeições (vícios/defeitos) nos cigarros consumidos. À indústria do tabaco responsável pela fabricação da marca consumida caberá a tentativa de provar a insubsistência de tais imperfeições. Esclareça-se, contudo, que, no mais das vezes, não haverá, em ações indenizatórias alicerçadas na responsabilidade pelo fato do produto, provas a serem produzidas por parte da indústria de fumo, visando ao desabono dos argumentos do fumante. O ofício do magistrado, quase sempre e a esse respeito especificamente, se limitará à análise de alegações das partes e de doutrinas científicas; tratar-se-á de questões de direito verdadeiramente, não de questões de fato.

Soaria estranha, por exemplo, a tentativa, empreendida por parte de uma empresa tabaqueira qualquer, de demonstrar que a nicotina não é um produto psicotrópico, com alta capacidade viciante. E isso porque, atualmente, é notória a compreensão científica das características dessa substância, especialmente sobre o meio através do qual ela age no organismo humano; estudos diversos, cuja seriedade é inquestionável, já evidenciaram o poder que possui de tornar o consumidor um escravo do cigarro. Aliás, o próprio Ministério da Saúde, e algumas fabricantes, admitem essa realidade, afirmando que a nicotina é, sim, uma droga. Diante disso, por ser notório esse fato, ele independe de prova (art. 334, I, do CPC).

Assim, ao magistrado seria aconselhável indeferir pretensões probatórias direcionadas a comprovar que a nicotina não é uma droga, sustentando-se, justamente, no argumento de que esse fato é notório. Com isso, ganharia o processo em celeridade, economia processual e efetividade. A atividade cognitiva se basearia nas argumentações das partes — e na ideia de que a nicotina, efetivamente, é um psicotrópico —, cada qual tencionando fazer prevalecer seus interesses, cabendo ao juiz a conclusão sobre a presença, ou não, de um defeito de concepção no cigarro.

Já quanto àquela imperfeição do cigarro relacionada à informação, é certo que a matéria comporta alguma margem probatória. Poderá a indústria do tabaco, por exemplo, intentar demonstrar que o fumante, ao principiar a fumar, detinha todo o conhecimento necessário acerca dos malefícios que o produto poderia acarretar-lhe, conhecendo, inclusive, a capacidade psicotrópica da nicotina. Em caso de êxito, a indústria demonstraria que a enfermidade (ou morte) do fumante deu-se exclusivamente *por fato da própria vítima*, essa que assumiu conscientemente o risco de consumir produtos fumígenos. De qualquer modo, a formação do juízo do magistrado dependerá, também com relação à existência de uma imperfeição jurídica no cigarro relacionada à informação, de uma cognição amplamente voltada aos argumentos técnicos das partes, mormente por se tratar de questão de alta complexidade.

8 Há necessidade de se provar o nexo entre a(s) imperfeição(ões) do cigarro e a enfermidade acarretada ao fumante?

Não raro, observa-se certa confusão doutrinária quanto à prova do nexo causal em ações indenizatórias envolvendo acidentes de consumo. Em alguns momentos, se aponta a necessidade de se demonstrar o liame causal entre o *defeito* do produto (ou serviço) e o resultado danoso; noutros, doutrinadores indicam a necessidade de se provar o liame causal entre a *utilização* do produto (ou serviço) e o resultado danoso.

O *defeito* corresponde à ideia de resultado ou consequência, sempre proveniente de um *vício*. Equivale à ideia de acidente de consumo; ocorre sempre que o consumidor for lesado em sua incolumidade física, psíquica e/ou, conforme o caso, patrimonial. Noutras palavras, encontra-se embutido no conceito de *defeito* o *vínculo de causa e efeito* entre um *vício* e os *danos suportados pela vítima*. Por tal razão, os *defeitos* carregam consigo uma bagagem extra, sendo "capazes de causar danos à saúde ou segurança do consumidor".[439]

Deveras, o *defeito* traz em si a ideia de *resultado gravoso*, sempre proveniente de um *vício*, mas com consequências mais avassaladoras, por não se limitar à própria inadequação de uso do produto ou serviço. Daí porque, sempre que o consumidor for lesado em sua incolumidade física, psíquica e/ou em sua esfera patrimonial, danos esses não jungidos apenas à mera inutilidade ou inadequação de produtos e serviços, o fato gerador responsável pelo ocorrido será sempre um defeito.

Nesse rumo, o fornecedor interessado em se exonerar da responsabilidade de indenizar deverá demonstrar a inexistência de defeitos no produto que fabrica. Isso implica dizer que caberá também a ele eventual demonstração de que, mesmo existindo vícios no produto, os danos ocorreram por causa alheia a eles, seja por fato exclusivo da vítima ou de terceiro, seja em decorrência de força maior.

Justamente pela hipossuficiência técnica, que caracteriza a grande maioria de consumidores, não seria crível impingir a eles o ônus de demonstrarem, especificamente, qual a imperfeição que atinge aquele produto (ou serviço), bem assim de provarem o próprio nexo causal entre essa mesma imperfeição e o resultado danoso.

Repita-se: ao consumidor caberá apenas *afirmar* a existência do defeito — ou seja, em prol do consumidor vigem as presunções de que o produto (ou serviço) é imperfeito e, em função de tal imperfeição, danos atingiram sua incolumidade material e/ou moral. O fornecedor, buscando exonerar-se da responsabilidade indenizatória, intentará evidenciar que tal defeito é imaginário, falso.

9 A inversão do ônus da prova

O CDC possibilitou a quebra da regra do art. 333, I, do CPC. Embora a inversão do ônus da prova não seja nenhuma novidade, pois já era prevista no próprio CPC (art. 331, parágrafo único), a Lei nº 8.078/90 a incluiu no rol dos direitos básicos do consumidor, mais especificamente, no inciso VIII do art. 6º do citado Diploma Legal.

Vale dizer que a regra da inversão do *onus probandi* não é compulsória,[440] ou seja, não é porque uma pessoa figura como

---

[439] MARINS, James. *Responsabilidade da empresa pelo fato do produto*. São Paulo: Revista dos Tribunais, 1993. p. 110.

[440] Como dito, a inversão do ônus probatório não é compulsória, mas sim *quase compulsória*. É impossível analisar o critério da hipossuficiência somente pelo aspecto *econômico*. Deve-se

A Tutela Jurisdicional na Responsabilidade Civil das Indústrias do Tabaco... | 257

consumidora em determinada relação que ela, consequentemente, deverá ter por invertido seu ônus probatório.

O próprio legislador estabeleceu critérios para sua admissão.

Isto é, apenas será lícito ao juiz manejar a inversão do ônus da prova, se fundado no critério da verossimilhança das alegações, ou no da hipossuficiência do consumidor, sob pena de configurar-se ato abusivo, com quebra do devido processo legal.[441]

Diante disso, a inversão do ônus probatório subordina-se aos pressupostos inseridos na Lei, e sua adoção somente pode ocorrer mediante decisão interlocutória fundamentada, em que o magistrado assente sua deliberação.[442]

O insigne jurista, Humberto Theodoro Júnior, esclarece que a "verossimilhança é juízo de probabilidade extraída de material probatório de feitio indiciário, do qual se consegue formar a opinião de ser provavelmente verdadeira a versão do consumidor". Diz o CDC que esse juízo de verossimilhança haverá de ser feito "segundo as regras ordinárias da experiência (art. 6º, VIII). Deve o raciocínio, portanto, partir de dados concretos que, como indícios, autorizem ser muito provável a veracidade da versão do consumidor. Quanto à hipossuficiência, trata-se de impotência do consumidor, seja de origem econômica, seja de outra natureza, para apurar e demonstrar a causa do dano cuja responsabilidade é imputada ao fornecedor. Pressupõe uma situação em que concretamente se estabeleça uma dificuldade muito grande para o consumidor de desincumbir-se de seu natural *onus probandi*, estando o fornecedor em melhores condições para dilucidar o evento danoso".[443]

Vislumbra-se, no presente estudo, a possibilidade de inversão do *onus probandi*, em duas situações específicas: a) na demonstração da enfermidade manifestada no consumidor (dano); b) na prova de que esta enfermidade (ou morte) relaciona-se ao tabagismo (nexo causal).

---

analisá-la, principalmente, sob o aspecto *técnico*. E, não é presunçoso afirmar, a maioria esmagadora de consumidores, seja de que produto ou serviço for, é tecnicamente hipossuficiente. Conforme leciona o mestre Luiz Antonio Rizzatto Nunes, "o consumidor não participa do ciclo de produção, e na medida em que não participa, não tem acesso aos meios de produção, não tendo, portanto, como controlar aquilo que ele compra de produtos e serviços; não tem como fazê-lo, daí precisar de proteção" (NUNES, Luiz Antonio Rizzatto. Aplicação do CDC nos contratos de leasing. *Revista Meio Jurídico*, n. 46, p. 18-26, 2001).

[441] THEODORO JÚNIOR, Humberto. *Direitos do consumidor*: a busca de um ponto de equilíbrio entre as garantias do Código de Defesa do Consumidor e os princípios gerais do direito civil e do direito processual civil. Rio de Janeiro: Forense, 2000. p. 134.

[442] *Ibid.*, p. 135.

[443] *Ibid.*, 2000.

Entendendo o juiz, no caso concreto, estar presente um dos pressupostos transcritos na Lei (verossimilhança ou hipossuficiência), deverá, obrigatoriamente, e mediante fundamentação clara e expressa, inverter o ônus da prova, isso sempre no saneador, em respeito ao princípio da ampla defesa e do contraditório.

Diante da ocorrência da inversão do *onus probandi*, a fabricante de cigarros deverá, pois: a) comprovar inexistir a enfermidade adquirida e alegada pelo consumidor na demanda; e b) provar que não foi o consumo de cigarros o responsável pela enfermidade (ou morte) do tabagista.

10 A publicidade enganosa e abusiva e a sua prova

Nesse ponto, não há que se falar em inversão do ônus da prova. A Lei, expressamente, declara que o *onus probandi* respeitante à demonstração da veracidade e correção da informação ou comunicação publicitária cabe a quem as patrocina. Como assevera o professor Luiz Antônio Rizzatto Nunes, em qualquer "disputa na qual se ponha em dúvida ou se alegue enganosidade ou abusividade do anúncio, caberá ao anunciante o ônus de provar o inverso, sob pena de dar validade ao outro argumento".[444]

Em trabalho anterior,[445] defendeu-se o entendimento segundo o qual caberia aos autores-consumidores a indicação precisa de quais peças publicitárias considerariam como enganosas ou abusivas. Naquela oportunidade acreditou-se que, quando as arguições permanecem no plano das afirmações genéricas, isso implicaria uma desvantagem processual manifesta ao adversário, impedindo-o de fazer prova que lhe favorecesse. O aprofundamento do estudo demonstrou o equívoco dessa tese.

Em verdade, a ideia de se sujeitar o consumidor à precisa indicação de quais peças publicitárias foram as responsáveis por incentivá-lo à prática do tabagismo, é entendimento ilegítimo, notadamente porque, também nessa seara, o fumante possui uma vulnerabilidade qualificada — é hipossuficiente e não será capaz de levar aos autos um tal rol de peças publicitárias que o influenciaram.

---

[444] NUNES, Luiz Antonio Rizzatto. *Comentários ao Código de Defesa do Consumidor*. São Paulo: Saraiva, 2000. p. 475.

[445] A referência diz respeito à nossa obra *Responsabilidade civil e tabagismo no Código de Defesa do Consumidor*, escrito e publicado pela Editora Del Rey, no ano de 2002.

Não haveria como o fumante (ou seus familiares, em caso de morte) apontar, uma a uma, as ofertas publicitárias responsáveis, ou coadjuvantes, pelo seu vício. E isso, sobretudo, porque a estratégia adotada pelas indústrias do fumo é de alta complexidade e refinamento. Não se trata apenas de inúmeras *publicidades diretas*, ofertadas insistentemente ao consumidor no curso do seu dia a dia, décadas atrás. As indústrias do fumo, não só no Brasil, como na maioria dos países em que os seus produtos encontram-se disponíveis no mercado, é responsável exclusiva pela criação de uma atmosfera artificial de sedução, dúvidas e ceticismo acerca da natureza do cigarro e dos riscos à saúde advindos de seu consumo. Essa deslealdade visível na relação de consumo foi capitaneada, não só pela divulgação de publicidade insidiosa e ilegítima, mas também: a) pela omissão intencional de informações necessárias ao esclarecimento da sociedade acerca dos possíveis malefícios gerados pela prática do tabagismo e da própria natureza do cigarro; b) utilização do cinema para divulgação de seus produtos, por meio da técnica do *merchandising*; c) contratação de atletas, também visando à divulgação de seus produtos; d) contratação de empresas de relações públicas e especialistas diversos para se contraporem à ideia de que o cigarro é um produto danoso à saúde; e e) estratégias direcionadas ao aliciamento de crianças e adolescentes.[446]

Repita-se: não se trata apenas de várias publicidades insidiosas ofertadas insistentemente com a intenção de seduzir o consumidor. O complexo estratagema adotado pelas indústrias do fumo possui vários flancos, todos voltados ao estabelecimento de uma aura artificial e sedutora em torno do cigarro, cuja *matéria-prima* mestra é a mentira, o desrespeito à lealdade negocial e o desprezo à própria vida do consumidor, seu patrimônio mais valoroso.

Portanto, não haveria sentido em imputar ao consumidor a demonstração dessa estratégia de *marketing*, pois ela já se mostra evidente, mormente depois do surgimento e publicação dos documentos secretos das indústrias do fumo. *À indústria envolvida na demanda, caberá apenas a tentativa de demonstrar sua possível não participação nesse engodo publicitário, responsável pela fraude da saúde pública mundial.*

---

[446] Mais esclarecimento acerca deste aspecto do tema podem ser obtidos na obra *Responsabilidade civil e tabagismo*, publicada pela Editora Juruá, no ano de 2008, cuja autoria coube a Lúcio Delfino.

11 Conclusões

Como síntese, grifem-se os seguintes pontos trabalhados no presente artigo:

a) deve-se pensar a *prova* e o *mecanismo de distribuição do ônus probatório*, nas ações indenizatórias envolvendo fumantes e as empresas de tabaco, num contexto relacionado às *relações de consumo*, notadamente tendo-se por foco a responsabilidade civil pelo fato do produto;

b) o *ato ilícito*, motivador da responsabilidade civil das indústrias do fumo, reside nas imperfeições, intrínsecas e extrínsecas, do cigarro. Esses *vícios* evidenciam o descumprimento, por parte delas, de um *dever jurídico de segurança* que lhes cumpre respeitar. Portanto, pouco importa o fato de a atividade por elas empreendida ser lícita;

c) sumariamente, os requisitos que ensejam a responsabilidade civil das indústrias do fumo, sob um enfoque exclusivamente voltado à Lei nº 8.078/90, são: i) a prova de que o autor (ou o falecido, em sendo a família deste quem ajuizou a ação) consome/consumia cigarros fabricados pela indústria do fumo, ré na ação; ii) a prova dos *danos* (morte, enfermidades diversas, despesas, danos morais, etc.); iii) a prova do *nexo de causalidade* entre o consumo de cigarros e a(s) enfermidade(s) (ou morte do consumidor); e iv) a manutenção da presunção do(s) *defeito*(s) (presunção esta que milita em favor do consumidor). Pertence ao(s) autor(es) o ônus de provar os requisitos *i*, *ii* e *iii* acima delimitados, excetuando-se a hipótese de o juiz deferir a inversão do ônus probatório. O consumidor, em função de peculiaridade própria da Lei nº 8.078/90, encontra-se dispensado de demonstrar a existência de *defeito*(s) — item *iv* — no produto disponibilizado no mercado, *obrando em seu favor a presunção de que ele efetivamente concretizou-se*;

d) em razão do *princípio da solidariedade*, nos casos em que tabagistas consumiram marcas distintas de cigarros, fabricadas por diversas fornecedoras de tabaco, as ações indenizatórias poderão ser ajuizadas em face de quaisquer uma delas — ou em face de todas elas. Se conjuntamente essas marcas contribuíram para o desenvolvimento da enfermidade que atingiu a vítima, a solução mais coerente será a de se responsabilizar quaisquer das empresas (ou todas elas) detentoras dos direitos de fabricar tais marcas;

e) os danos materiais suportados pela vítima (ou pelos familiares) deverão ser cabalmente demonstrados. Dividem-se em: i) danos emergentes; ii) lucros cessantes;

f) Já os danos morais não necessitam de prova, pois são considerados presumidos;

g) em princípio, cabe ao consumidor (ou aos seus familiares, em caso de morte deste) o ônus de provar o nexo de causalidade entre o fato danoso (utilização do produto) e os danos por ele suportados. Enfim, a prova da enfermidade adquirida pelo tabagista (ou a sua morte), bem como o vínculo entre ela e o ato de fumar — ou entre ela e a exposição ao cigarro (tabagista passivo) — são de importância elementar e pertencem ao(s) autor(es) da ação. Há, contudo, a possibilidade de o juiz inverter o ônus da prova, se presentes os requisitos necessários a tal inversão;

h) o legislador, ao impor que caberá ao fornecedor, para eximir-se da responsabilidade indenizatória, demonstrar que o defeito inexiste, expressamente inverteu o ônus probatório, favorecendo a atuação do consumidor em juízo. Trata-se de *uma inversão legal do ônus da prova*. De tal sorte, ao consumidor caberá simplesmente *arguir* sobre a existência de defeito no produto (ou serviço); o fornecedor, por outro lado, sempre buscará *demonstrar* a ausência de tal defeito. O insucesso do fornecedor em provar que o defeito inexiste poderá carrear-lhe uma condenação, isso se, efetivamente, também não lograr êxito em demonstrar as outras excludentes de responsabilidade, e o consumidor obtiver sucesso na prova dos fatos que efetivamente lhe couber;

i) quanto ao nexo causal, o direito civil brasileiro acolheu a *teoria do dano causal direto e imediato*, não obstante a constatação de que a jurisprudência vacila a tal respeito. Apenas será(ão) considerada(s) causa(s) do evento danoso aquela(s) capaz(es) de se ligar(em) a ele *numa relação de necessariedade*, mesmo que não seja(m) essa(s) causa(s) a(s) mais próxima(s) do dano, ou a(s) única(s) que o ensejou. E a teoria do dano direto e imediato não se apresenta como um obstáculo à demonstração do nexo causal entre o consumo de cigarros (ou exposição a eles) e as moléstias (ou mortes) que assaltaram a saúde do consumidor. Inarredavelmente, uma perícia bem trabalhada, aliada às demais provas e elementos contidos nos autos, permitirão ao julgador, se não a conclusão evidente acerca do vínculo causal entre a enfermidade (ou morte) e o tabagismo, ao menos alcançar um forte *juízo de presunção*, suficientemente capaz de permitir-lhe decidir em prol da pretensão do fumante (ou de seus familiares). É perfeitamente plausível ao magistrado, através de uma análise de todo o conjunto probatório constante dos autos, determinar, mediante tal *juízo de presunção*, qual a causa necessária, ou decisivamente responsável (mesmo que concorrente ou complementar), pelo desenvolvimento de uma enfermidade no consumidor (ou de sua morte);

j) entendendo o juiz, no caso concreto, estar presente um dos pressupostos transcritos na Lei (verossimilhança ou hipossu-ficiência), deverá, obrigatoriamente, e mediante fundamen-tação clara e expressa, inverter o ônus da prova, isso sempre no saneador, em respeito ao princípio da ampla defesa e do contraditório. Diante da ocorrência da inversão do *onus probandi*, a fabricante de cigarros deverá, pois: i) comprovar inexistir a enfermidade adquirida e alegada pelo consumidor na demanda; e ii) provar que não foi o consumo de cigarros o responsável pela enfermidade (ou morte) do tabagista;

k) a Lei, expressamente, declara que o *onus probandi* respeitante à demonstração da veracidade e correção da informação ou comunicação publicitária cabe a quem as patrocina. Trata-se de genuína *inversão legal do ônus da prova*.

9

A Natureza Jurídica da Multa Prevista no Art. 196 do Código de Processo Civil

Ao que me consta, o art. 196 do CPC[447] não apresentaria, ao menos originariamente, um parágrafo único. A intenção do legislador era a de realmente conferir um poder punitivo ao juiz, voltado também em desfavor do próprio advogado. A "correção", decerto, veio depois, no curso do próprio processo legislativo, sobrevindo, então, o tal *parágrafo único*, verdadeiro "salva-vidas" da manutenção dessa norma no ordenamento positivado. Aliás, àquele mais atento, tal conclusão vem de imediato, mesmo sem conhecer os bastidores do aludido processo legislativo, haja vista a inadequação técnica que a mera leitura do dispositivo legal insinua.[448]

Se, acaso, ausente o aludido parágrafo único, seria até adequado sustentar a não recepção do art. 196 do CPC pela atual Constituição

---

[447] Essa a redação do dispositivo legal sob análise: "Art. 196. É lícito a qualquer interessado cobrar os autos ao advogado que exceder o prazo legal. Se, intimado, não os devolver dentro em 24 (vinte e quatro) horas, perderá o direito à vista fora de cartório e incorrerá em multa, correspondente à metade do salário mínimo vigente na sede do juízo. Parágrafo único. Apurada a falta, o juiz comunicará o fato à seção local da Ordem dos Advogados do Brasil, para o procedimento disciplinar e imposição da multa".

[448] A respeito da originária intenção legislativa ao conceber o art. 196, a lúcida lição de Edson Prata: "No texto codificado do Poder Executivo não constava o parágrafo único. Impediu-se, com sua inclusão, um mal maior, pois a aplicação da multa estaria a cargo do juiz" (PRATA, Edson. *Comentários ao Código de Processo Civil*. Rio de Janeiro: Forense, 1987. t. I, p. 580). Também fornece essa informação, Antônio Daal'Agnol: "A multa, conforme claramente exposto no parágrafo único, será imposta pela seção da Ordem dos Advogados do Brasil, que do fato terá ciência através de comunicação do juiz. A esse não incumbe, pois, como já se defendeu, a imposição da multa. Não é o juiz órgão disciplinar da classe dos advogados. Órgão de disciplina da classe é a Ordem dos Advogados do Brasil, conforme reza o art. 44, II, da Lei 8.906, de 1994. Foi justamente para evitar o entendimento de que ao juiz competiria a imposição da multa que a Comissão Especial do Senado Federal entendeu de acrescentar o parágrafo único. Esta é a justificativa apresentada: 'Os juízes não têm hierarquia sobre os advogados, e o Código de Processo Civil muito regrediria, se permitisse o contrário'" (DALL'AGNOL, Antônio. *Comentários ao Código de Processo Civil*. São Paulo: Revista dos Tribunais, 2000. v. 2, p. 412-413).

Federal. E afirmo isso com a firme convicção de que essa norma, *se desprovida do parágrafo único que a acompanha*, não se ajustaria ao *modelo constitucional do processo*. Basta, para assim concluir, perceber que o brevíssimo procedimento ali descrito ulcera gravemente os princípios fundamentais do *contraditório* e da *ampla defesa*.

Porém, não só isso. Mesmo através de uma interpretação fincada unicamente no arcabouço processual, *e ainda admitindo-se a orientação originária do art. 196 (ausência de um parágrafo único)*, não haveria, mesmo assim, como salvar a norma. É problemático, por exemplo, imaginar-se como um juiz poderia impor punições a alguém que não integra a *relação processual*. Mesmo que se pronuncie — e com muita propriedade — que os atos processuais são praticados pelo advogado e não propriamente por seu constituinte, não seria menos correto o argumento, amparado em lei material, de que ele, o advogado, atua no processo como mandatário, procurador. Não é parte (e nem terceiro), tecnicamente falando. E, por decorrência lógica, o Judiciário não lhe pode impor penalidades pessoais.

Mas a verdade é que ao intérprete cabe trabalhar exegeses que assegurem a adequação constitucional da norma. Deve primar-se pela sua *presunção de constitucionalidade* e, assim, tentar, às vezes mediante exercícios quase acrobáticos, mantê-la no ordenamento normativo.

E, salvo engano, a única maneira de se assegurar a constitucionalidade do art. 196, é defender a sua *natureza administrativa, disciplinar*. É sustentar, por conseguinte, a impossibilidade de o juiz aplicar multas pessoais ao advogado, ou mesmo outras punições semelhantes e de igual gravidade. Atividade hermenêutica nem tão dificultosa aqui, sobretudo pela positivação de uma norma complementar a esse art. 196: o seu parágrafo único.

Irei admitir, *apenas por argumento*, a legitimidade de uma multa aplicada ao advogado pelo Judiciário — afinal, é essa uma das possibilidades interpretativas que se extrai da norma.[449] Diria eu,

---

[449] Tanto o *caput*, como o *parágrafo único* do art. 196, mereciam uma redação mais bem trabalhada. Suas grafias poderiam ser mais simples, menos tumultuadas. O "recado" seria mais eficaz e, assim, se evitariam interpretações perniciosas ao sistema e à própria jurisdição. Mas conforme já afirmado, a intenção inicial do legislador era, sim, atribuir ao juiz poderes punitivos contra o advogado. No trâmite do processo legislativo, porém, o disparate foi identificado e, para corrigi-lo, simplesmente se inseriu no art. 196 um parágrafo único. Da forma que o art. 196 se encontra redigido, a impressão que se tem ao lê-lo é a de que faz referência a duas espécies de multa: a) uma processual, aplicável pelo juiz contra o advogado; e b) outra administrativa, também aplicável ao advogado, mas cuja legitimidade pertence à OAB.

A Natureza Jurídica da Multa Prevista no Art. 196 do Código de Processo Civil | 265

então: é possível realmente nutrir uma *natureza processual* a essa multa prevista no art. 196. Ora, ao juiz cumpre *dirigir o processo* e, portanto, *prevenir e reprimir atos contrários à dignidade da justiça* (CPC, art. 125, III). Cumpre-lhe, por igual, *velar pela rápida solução do litígio* (CPC, art. 125, II). Esses compromissos, por certo, acabam também prejudicados diante da abusiva retenção dos autos pelo advogado. E aí o arremate: diante de tal contexto, por que não se admitir ao juiz punir o advogado que proceda em descordo a tais ideais normativos?

A negativa não encontra justificativa única.

De início, mesmo que se aceite a possibilidade de o juiz aplicar uma multa ao advogado, o procedimento instituído pelo *caput* do art. 196 é simplesmente absurdo, considerada a ideologia que move o nosso Estado Democrático de Direito. Não bastasse o advogado sequer ser parte no processo (e nem terceiro), sujeitar-se-ia a uma punição pela retenção dos autos, e tal sem que lhe fosse confiada a mínima oportunidade para se defender. *A norma simplesmente não admite o contraditório.* Ampla defesa então, nem pensar! Confere ao advogado tão só o prazo de vinte e quatro horas, depois de intimado, para que devolva os autos. Não o fazendo, a punição seria inevitável...

Mas por que não adaptar esse inadequado procedimento ao *modelo constitucional do processo?* Numa *interpretação criativa*, bastaria ao juiz determinar a ouvida do próprio advogado e, por conseguinte, inaugurar verdadeiro *incidente processual*, ajustado às garantias do contraditório e da ampla defesa. Assim, poderia o causídico esclarecer, mediante justificativa plausível, o motivo pelo qual manteve os autos em seu poder além do prazo legal. Quem sabe até convença o magistrado e se livre da punição...

Essa solução, porém, apresenta incontornáveis óbices.

É o bastante, para os limites deste ensaio, perceber que o advogado deve exercer com liberdade a sua profissão, sem receios de retaliações ou punições por parte de autoridades estatais. Não há realmente hierarquia nem mesmo subordinação entre advogados e magistrados, e a lei faz questão de assim se pronunciar (Lei nº 8.906/94, art. 6º). A independência é condição irrespondível para o adequado exercício da advocacia. E não é preciso dizer que essas ideias são seguramente revelações de um comando maior, previsto na Constituição, o qual coloca o advogado como figura indispensável à administração da justiça, inviolável em seus atos e manifestações no exercício da profissão, sempre nos limites da lei (CF/88, art. 133).

É por isso que não é permitido ao juiz punir pessoalmente o advogado, mesmo aquele de cujos atos exalam a má-fé. Por certo, é seu dever agir com o propósito de velar pela dignidade da justiça, atuando com o rigor devido sempre que necessário, afinal é ele, o juiz, quem dirige o processo. Não por outra razão, algum poder de comando lhe é conferido, até mesmo contra advogados, e isso, repita-se, até por dever legal, tanto que lhe é dado adverti-los, cassar-lhes a palavra, riscar expressões injuriosas apresentadas por eles nos autos, valer-se do *poder de polícia* em audiências, etc. Mas diante da especial relação travada entre juiz e advogado, frente ao nobre e indispensável ideal que alicerça a existência dessa mesma relação — a pacificação e a transformação social segundo os *moldes constitucionais* —, tal poder, certamente, possui alguns limites absolutamente necessários.

Um desses limites está positivado no próprio art. 196, especificamente em seu parágrafo único, um complemento normativo que, se bem compreendido, afiança a constitucionalidade da norma. Por tabela, norteia o intérprete à única interpretação realmente ajustada ao nosso sistema normativo: o art. 196 não faz menção a duas espécies de multas, mas a apenas uma, de natureza indiscutivelmente administrativa.

Ou seja, é falsa a impressão de que o art. 196 — e seu parágrafo único — refere-se a duas multas de naturezas diversas, uma processual e outra administrativa; uma, cuja aplicação atribui-se ao juiz, e outra, atribuída à OAB. Não mesmo. A multa a que alude a referida norma é de uma única espécie, de natureza meramente administrativa (disciplinar), e apenas aplicável através da instauração do competente procedimento administrativo pela seção competente da Ordem dos Advogados do Brasil.

A melhor *interpretação sistemática* também corrobora com essa ideia. A torna ainda mais evidente. É que o art. 14, parágrafo único, do CPC, ao tratar "dos deveres das partes e dos seus procuradores", impõe genuína *obrigação de não fazer* ao juiz, isso quando afirma que os advogados se sujeitam exclusivamente aos estatutos da OAB. A verdade é que o advogado, mesmo atuando em manifesta má-fé e contrariamente aos ditames que alicerçam a dignidade da justiça, não pode ser penalizado pessoalmente pelo juiz.

De tal sorte, mantida a retenção além do prazo legal, mesmo depois de intimado o advogado, cumpre ao juiz valer-se de medidas voltadas à manutenção da dignidade da justiça. Não há dúvidas quanto a isso! A *busca e apreensão dos autos*, por exemplo, é uma opção viável. A OAB deverá também ser oficiada, para que instaure o competente procedimento administrativo, e assim decida sobre a possível aplicação de punição ao advogado — procedimento administrativo a respeitar o contraditório e a ampla defesa, como condição irreplicável de sua

A Natureza Jurídica da Multa Prevista no Art. 196 do Código de Processo Civil | 267

própria legitimidade (CPC, art. 196, parágrafo único). Acaso alguma das partes tenha se prejudicado em razão da postura inadequada do causídico, o Judiciário é sempre o caminho apropriado para se buscar a satisfação de interesses lesados — afinal, o advogado *não* está isento de responsabilidades, seja na esfera civil, criminal ou administrativa. Em conclusão, é mesmo *disciplinar* a natureza da multa instituída pelo art. 196 do CPC. Por igual, eventual decisão judicial que aplique essa mesma multa em face do advogado, mostra-se absolutamente arbitrária, descompassada às prerrogativas e aos direitos que lhe são assegurados legalmente, bem assim alheia ao *modelo constitucional do processo.*

10

A Aplicação do Art. 733 do Código de Processo Civil à Execução de Alimentos Firmados em Escritura Pública

Segundo dispõe o art. 733 do Código de Processo Civil, na execução de *sentença* ou de *decisão*, que fixa os alimentos provisionais, o juiz mandará citar o devedor para, em 3 (três) dias, efetuar o pagamento, provar que o fez ou justificar a impossibilidade de efetuá-lo. Se acaso o devedor não pagar, nem se escusar, o juiz decretar-lhe-á a *prisão* pelo prazo de 1 (um) a 3 (três) meses.

A jurisprudência vem se escorando no entendimento de que o rito estabelecido pelo aludido art. 733 apenas há de ser utilizado nas execuções alicerçadas em *decisão judicial* (decisão interlocutória ou sentença).[450] O apego à literalidade da norma, assim, obstaculiza compreensão mais alargada, impedindo a utilização do procedimento especial também quando os alimentos se encontrem fixados em *título executivo extrajudicial*.

Melhor é distanciar-se da *interpretação gramatical*. Mesmo porque se compreendida a norma mediante a necessária *filtragem constitucional*,[451]

---

[450] Confira-se, nesse sentido, acórdão da lavra do Superior Tribunal de Justiça: "Habeas corpus. Título executivo extrajudicial. Escritura pública. Alimentos. Art. 733 do Código de Processo Civil. Prisão civil. 1. O descumprimento de escritura pública celebrada entre os interessados, sem a intervenção do Poder Judiciário, fixando alimentos, não pode ensejar a prisão civil do devedor com base no art. 733 do Código de Processo Civil, restrito à 'execução de sentença ou de decisão, que fixa os alimentos provisionais'. 2. Habeas corpus concedido" (Superior Tribunal de Justiça, HC nº 22.401/SP, Terceira Turma, Relator Ministro Carlos Alberto Menezes Direito, julgado em 20.08.2002. Disponível em: <www.stj.gov.br>).

[451] Ao se referir à filtragem constitucional quer-se afirmar que a normatividade constitucional impõe-se de maneira positiva, exigindo que se faça uma leitura (ou releitura) da ordem infraconstitucional através daquela. Os valores constitucionais primeiramente devem

seu significado, por certo, ganha contornos outros, mais abrangentes que aqueles adotados atualmente pela grande maioria dos tribunais.

Não há justificativa — *e este é basicamente o principal argumento para se advogar a posição aqui defendida* — para se diferenciar alimentos assentados em sentença (ou decisão) daqueles porventura registrados em títulos executivos *extrajudiciais*, dentre os quais se situa a própria *escritura pública* (CPC, art. 585, II).[452] Aqui, diferenciar ritos com base no título executivo é dar primazia à forma em detrimento da própria *natureza privilegiada* do crédito. Enfim, embasados judicial ou extrajudicialmente, os alimentos mantêm a mesmíssima essência e, por isso, merecem idêntico e especial tratamento procedimental, sobretudo por se tratar de genuíno *direito fundamental.*

Desnecessário, aliás, demonstrar a intimidade entre o direito aos alimentos e os valores fundamentais vida, saúde, igualdade, liberdade, cultura, lazer, segurança, educação. O primeiro engloba necessariamente os demais e neles não se esgota. Inquestionável também sua interconexão com a *dignidade da pessoa humana*, fundamento estruturante do Estado Democrático de Direito (CF/88, art. 1º III). É instituto amplo e, talvez por isso, de difícil definição, mas cuja incorporação no rol de direitos fundamentais não apresenta maiores dificuldades.[453] E se os alimentos são mesmo um direito fundamental detêm, por consequência, *aplicação imediata*, como bem reza o art. 5º, §1º, da Constituição.

E é ao legislador que se dirige, principalmente, a norma constitucional que ordena conferir *aplicação imediata* aos direitos fundamentais. Sua omissão ou atuação falha, contudo, não é justificativa para se nutrir uma situação de inércia legiferante ou de afronta aos valores balizados constitucionalmente. Se lacunoso ou falho o ordenamento infraconstitucional, ao juiz cumpre o papel ativo de, mediante o exercício da interpretação, suprir déficits e faltas legislativas e, assim, assegurar efetividade aos direitos tidos pelo constituinte como fundamentais.[454]

---

buscar realização, impondo-se mediante a ordem infraconstitucional (SCHIER, Paulo Ricardo. *Filtragem constitucional.* Porto Alegre: Fabris, 1999. p. 103).

[452] Com o advento da Lei nº 11.441/07 tornou-se possível levar a efeito separações e divórcios mediante escritura pública, da qual constará, inclusive, disposição relativa à pensão alimentícia (CPC, art. 1.124-A).

[453] Maria Berenice Dias — citando Silmara Juny Chinelato — adota este entendimento, referindo-se aos alimentos como sendo direitos da personalidade. Esta a sua irretocável lição: "Todos têm direito de viver, e viver com dignidade. Surge, desse modo, o direito a alimentos como princípio da preservação da dignidade humana (CF, 1º, III). Por isso os alimentos têm a natureza de direito de personalidade, pois asseguram a inviolabilidade do direito à vida, à integridade física" (DIAS, Maria Berenice. *Manual de direito das famílias.* 4. ed. São Paulo: Revista dos Tribunais, 2007. p. 450).

[454] Do Estado Liberal apático atingiu-se o Estado Democrático de Direito diligente e intervencionista, direcionado a realização das promessas constitucionais devidamente registradas

Nas palavras de Luiz Guilherme Marinoni, a ausência de técnica processual idônea à tutela de direito material, seja por carência de previsão legal, seja ainda por existir previsão de técnica inidônea a essa tutela, obriga o juiz a identificar a técnica processual adequada a partir do direito fundamental à tutela jurisdicional efetiva.[455]

Perceba-se que o art. 733 do Código de Processo Civil, ao se referir *unicamente* às decisões judiciais, simplesmente relegou ao procedimento comum das execuções civis (CPC, arts. 646 a 724) a satisfação dos alimentos alicerçados em títulos executivos *extrajudiciais*. E se assim é, há de se constatar que essa técnica procedimental (procedimento comum das execuções civis) é inidônea à tutela do direito material constitucional aos alimentos.

Insistir numa exegese — reafirme-se esse ponto — que se sustenta nesta injustificável diferenciação procedimental é desconsiderar a importância conferida aos alimentos pela Constituição, cujo inadimplemento representa a *única* provável hipótese de prisão civil por dívida assentida no País (CF/88, art. 5º, LXVII).[456] Aliás, a própria Carta não

---

nos direitos fundamentais e princípios constitucionais. Por resultado, numa ideologia tão diversa daquela de cunho eminentemente liberal, o *direito à ação* acabou por sofrer mutações deveras consideráveis. Não denota apenas um *direito de proteção*, mera garantia constitucional conferida a todos que se sentirem espoliados em seus direitos. Mais do que isso, o *direito à ação*, ou o *direito à tutela jurisdicional efetiva*, adquire, no Estado Democrático de Direito, feição de genuíno *direito à prestação*, obrigando o legislador — e também o próprio juiz em caso de omissão ou falha legislativa — a considerar as diversas características e disparidades das tutelas jurisdicionais pretendidas no plano do direito material, no afã de desenvolver técnicas processuais adequadas à solução dos conflitos intersubjetivos nascidos no seio social.

[455] MARINONI, Luiz Guilherme. *Teoria geral do processo*. São Paulo: Revista dos Tribunais, 2006. p. 427.

[456] A tendência do Supremo Tribunal Federal é realmente a de considerar como única hipótese de prisão civil a decorrente de dívida alimentar. É que a Corte vem examinando, em alguns recursos extraordinários, a constitucionalidade — ou não — da prisão civil do depositário infiel nos casos de alienação fiduciária em garantia. Mas além de dizer que a prisão na hipótese de dívida em alienação fiduciária é inconstitucional, a maioria dos Ministros também já derrubou a prisão para o depositário infiel. Os tratados internacionais de direitos humanos são o fundamento. Ao analisar um desses recursos, o Ministro Celso de Mello leu, por quase duas horas, seu voto-vista (RE nº 466.343). Esclareceu sobre a necessidade de diferenciar os tratados internacionais sobre direitos humanos dos outros. Para ele, os tratados internacionais sobre assuntos em geral têm o mesmo valor da legislação ordinária. Já os que tratam de direitos humanos merecem uma atenção especial. Entende o Ministro que todos os acordos dos quais o Brasil é signatário e que tratam da proteção aos direitos humanos têm valor constitucional, desde que não contrariem a Constituição Federal. Na prática, é o mesmo que dizer que eles têm os mesmos efeitos de emendas constitucionais: podem modificar dispositivos da Constituição desde que não violem as garantias fundamentais. Esse efeito constitucional atinge os tratados de direitos humanos de diferentes maneiras, de acordo com a época em que foram aprovados, explicou Celso de Mello. Aqueles assinados pelo Brasil antes da promulgação da Constituição Federal de 1988 têm índole constitucional, pois foram formalmente recebidas pelo parágrafo 2º do art. 5º

afiança discriminação de tal jaez, sendo descabido ao intérprete distinguir onde a Constituição Federal não distingue, conforme enuncia consagrado princípio hermenêutico.[457] Distinguir "alimentos extrajudiciais" de "alimentos judiciais" é desigualar situações ontologicamente iguais, tudo em prol de um formalismo que não mais se justifica nos dias atuais, mormente quando o que está em jogo é a efetividade de um direito fundamental. Não é, pois, mediante esse raciocínio que se encontrará a mais justa solução à questão. Na verdade, o que se constata aqui é apenas mais uma prova de que a *interpretação gramatical* merece sempre acurada atenção face às injustiças que pode perpetrar.[458]

Portanto, melhor é compreender o art. 733 do Diploma processual de maneira *sistemática*, com os olhos atrelados à Constituição, especialmente ao destaque por ela conferido aos alimentos. E se assim é, inegável, neste caso, admitir que a execução fundada em escritura pública — e também em outros títulos executivos extrajudiciais — tenha por base o rito prescrito no art. 733 do Código de Processo Civil, sempre que o débito alimentar compreender as três prestações anteriores ao ajuizamento da ação e as que vencerem no curso do processo (Súmula nº 309 do STJ). Esta a melhor exegese por conferir procedimentalidade mais consentânea à aplicação imediata ao *direito fundamental material aos alimentos*.

---

da Constituição. O dispositivo diz: "Os direitos e garantias expressos nesta Constituição não excluem outros decorrentes do regime e dos princípios por ela adotados, ou dos tratados internacionais em que a República Federativa do Brasil seja parte". O Ministro observou, também, que o mesmo dispositivo se aplica para os tratados assinados a partir da promulgação da Constituição até a inclusão da Emenda Constitucional nº 45/04. Depois da inclusão da emenda, os tratados precisam ser votados de acordo com as regras das propostas de emendas constitucionais para fazerem parte da Constituição. Com esse entendimento, o Pacto de São José da Costa Rica, ao qual o Brasil aderiu em 25 de setembro de 1992, passou automaticamente a ter os mesmos efeitos de emenda constitucional. Ele proíbe a prisão civil, exceto para o devedor voluntário de pensão alimentícia. Por isso, observou o ministro Celso de Mello, "não é mais constitucional a prisão do depositário infiel" (PINHEIRO, Aline. *Supremo redesenha hierarquia de tratado internacional.* Disponível em: <http://www.conjur.com.br>).

[457] O exame do tema conduz, outrossim, e quase instantaneamente, à lembrança do adágio "onde existe a mesma razão fundamental, prevalece a mesma regra de direito" (*ubi eadem ratio, ibi eadem legis dispositio*).

[458] Não se pode deixar de imaginar o caso em que um cidadão, por exemplo, por puro altruísmo, assuma, mediante escritura pública, uma obrigação de prestar alimentos (obrigação, aliás, natural, em se tratando de família), sem perceber que poderia estar dispensado dessa obrigação por absoluta impossibilidade. Mas tal circunstância não autoriza a manutenção de uma interpretação literal, cujo propósito é evitar execuções fundadas em títulos executivos extrajudicias com base no procedimento previsto no art. 733 do CPC. Afinal, é claro que qualquer que seja o título, judicial ou extrajudicial, o devedor terá oportunidade de justificar sua eventual impossibilidade de satisfazer a obrigação assumida, não tendo, assim, prejuízo no que toca a sua defesa.

11

A NÃO CRIAÇÃO DE UMA NOVA MODALIDADE DE FRAUDE À EXECUÇÃO PELO ART. 615-A, §3º, DO CÓDIGO DE PROCESSO CIVIL

Não parece adequado advogar a ideia de que a Lei nº 11.382/06 instituiu uma nova *modalidade* de fraude à execução. A hipótese, agora devidamente esmiuçada e incrementada pelo recente §3º, art. 615, do CPC, já se mostrava uma realidade, não obstante a forte influência do Superior Tribunal de Justiça ao firmar entendimento de que a citação seria um complemento à litispendência,[459] requisito indispensável à configuração desta modalidade de fraude do devedor.

Ao se refletir acerca do assunto, logo vem à mente o art. 593 do CPC, cujo corpo normativo estabelece considerar-se em fraude à execução a alienação (ou oneração) de bens: a) quando sobre eles *pender* ação fundada em direito real; (b) quando, ao tempo da alienação ou oneração, *corria* contra o devedor demanda capaz de reduzi-lo à insolvência; (c) nos demais casos expressos em lei.

Perceba-se, de início, que hora alguma o dispositivo faz menção à *citação*. Para enaltecer a necessidade de um *processo pendente* como requisito caracterizador da fraude à execução, o legislador faz uso das

---

[459] Na linha dos ensinamentos de Dinamarco, "litispendência é a existência de um processo vivo, ou seja, processo que já existe e ainda existe (*schon und noch*, na expressiva linguagem alemã); mesmo o processo em estado de suspensão é processo pendente (processo vivo, embora em estado latente)" (DINAMARCO, Cândido Rangel. *Instituições de direito processual civil*. São Paulo: Malheiros, 2004. v. 4, p. 391).

expressões "...*pender* ação..." e "...*corria* contra o devedor demanda..."[460] Repise-se: nada há ali fazendo alusão à *citação*.

Entretanto, por certo que a mera *pendência* de uma ação promovida contra o demandado não se mostra suficiente à configuração da fraude à execução. Aqui, o cego apego à literalidade é postura demasiado arriscada. Afinal, não seria legítimo rotular de fraudulenta a conduta daquele que sequer possui conhecimento de uma demanda contra si ajuizada — *isso, ao menos, quando se está a tratar da fraude à execução.*

Quer-se afirmar que o intérprete deve avançar à frieza da lei para atingir uma compreensão global do instituto. Doutrina e jurisprudência são pacíficas em pugnar pela insuficiência da litispendência para a caracterização da fraude à execução, sendo absolutamente imprescindível que o próprio demandado possua a ciência de que contra ele pende uma ação. Enfim, é pouco um *processo pendente; a consciência dessa litispendência é, do mesmo modo, elemento essencial.*

Por isso se afirmar correntemente que a citação é o apêndice dessa litispendência, requisito indispensável à configuração da fraude à execução — repita-se. Se é a citação o ato processual que se presta a noticiar ao demandado que em face dele corre uma ação judicial, nada mais legítimo do que afirmar, *como regra*, que realmente o demandado conhecerá a pendência do processo a partir da citação. A comodidade do raciocínio facilita a própria aplicação da lei.

Contudo, não se pode blindar esse entendimento de eventual exceção. Ora, não se deve compreender o direito processual matematicamente. *Não se há de descartar a hipótese de o demandado tomar conhecimento da pendência do processo antes mesmo de sua citação.* Provada tal

---

[460] Estas expressões, "correr ação" e "pender demanda" querem significar pendência de processo. Segundo o art. 263 do CPC, considera-se proposta a ação logo que distribuída ou despachada a petição inicial. Por outro lado, esclarece a doutrina que somente se pode admitir que uma ação corre, isto é, que está pendente, depois que se efetivar a citação válida, em consonância com o disposto no art. 219 do CPC (NERY JUNIOR, Nelson; NERY, Rosa Maria de Andrade. *Código de Processo Civil comentado e legislação extravagante.* 9. ed. São Paulo: Revista dos Tribunais, 2006. p. 850). Daí o entendimento quase generalizado de que se o ato de alienação (ou de oneração) ocorrer depois do ajuizamento da ação, mas antes da citação, terá havido fraude contra credores, somente declarável por meio de ação pauliana; se, ao revés, o ato de oneração se deu depois da citação válida, terá havido fraude à execução, que pode ser reconhecida na execução ou nos embargos, de devedor ou de terceiro (*Ibid.*, p. 850). Certamente que essa é a regra. Mas exceção pode haver. Isto é, mesmo na ausência de citação válida, mostra-se suficiente, para a caracterização da fraude à execução, a prova de que o demandado tinha ciência de que contra ele pende ação capaz de reduzi-lo à insolvência.

circunstância, certamente que a fraude à execução estará igualmente configurada. É questão de fato, a ser considerada casuisticamente.[461]

Destarte, para a configuração da fraude à execução fundamental é que o demandado tenha tomado conhecimento de que contra ele corre um processo, não importando a forma pela qual foi ele cientificado desse fato — se através da citação ou por outro meio qualquer. Teleologicamente, esta é a melhor exegese a se conferir ao art. 593 do CPC.

E esta hipótese excepcional já existia antes da aludida Lei nº 11.382/06 instituir o §3º, art. 615, do CPC. Não se criou, pois, nova *modalidade* de fraude à execução. O que fez o legislador foi *facilitar* a caracterização da fraude à execução antes mesmo de efetivada a citação, presumindo-a — *presunção absoluta*, ressalte-se — quando a alienação (ou oneração) de bens efetuar-se após a averbação da certidão comprobatória do ajuizamento da execução no registro de imóveis, de veículos ou de outros bens sujeitos à penhora ou arresto. Enfim, não se estabeleceu nova *modalidade* de fraude à execução. Em prol do valor efetividade, instituíram-se mecanismos destinados a afiançar que a fraude à execução se configure, e isso *previamente* à própria ocorrência

---

[461] A esse respeito, cite-se novamente Dinamarco: "Em princípio, reputa-se momento inicial do processo, para o fim de caracterização da fraude executiva, aquele em que é feita a citação do demandado e não aquele em que o processo tem início (propositura da demanda); é então que ele fica ciente da demanda proposta, não sendo razoável nem legítimo afirmar uma fraude da parte de quem ainda não tiver conhecimento da litispendência instaurada (poderá, sim, ocorrer a fraude contra credores). Mas essa razão cessa quando por algum modo o demandado já tiver conhecimento da pendência do processo, antes de ser citado; essa é uma questão de fato a ser apreciada caso a caso, sendo legítimo considerar até mais maliciosa a conduta daquele que se furta à citação com o objetivo de desfazer-se de bens, ou onerá-los, antes que esta se consume" (DINAMARCO, Cândido Rangel. *Instituições de direito processual civil*. São Paulo: Malheiros, 2004. v. 4, p. 392). Advogando igual posição, leciona Alexandre Freitas Câmara: "Requisito para que se considere o ato como tendo sido praticado em fraude de execução é que ele se dê quando pendente um processo capaz de reduzir o devedor à insolvência. O requisito, pois, é a existência de processo pendente, ou seja, a litispendência. Há que se lembrar, aqui, que a litispendência é efeito do ajuizamento da demanda, mas só se pode opô-la ao demandado depois que este for validamente citado (art. 263 c/c art. 219, ambos do Código de Processo Civil). Assim, em linha de princípio, só se pode considerar em fraude de execução a alienação realizada depois da citação do demandado. Dizemos que é assim em linha de princípio por ser inegável que a intenção do sistema ao exigir a citação do demandado para que se considere o ato como fraude de execução é que o devedor tenha ciência da existência do processo, para que se possa a ele impingir as sanções mais graves decorrentes desta modalidade de fraude. Assim, poderá o credor demonstrar que, embora não tivesse sido ainda citado, o devedor já tinha, ao tempo da alienação ou oneração do bem, conhecimento da existência do processo. Feita esta demonstração, não se pode deixar de considerar que o ato foi praticado em fraude de execução, e não em fraude pauliana" (CÂMARA, Alexandre Freitas. *Lições de direito processual civil*. 14. ed. Rio de Janeiro: Lumen Juris, 2007. v. 2, p. 232).

da citação — *circunstância plenamente possível já antes da publicação da Lei nº 11.382/06, mas cuja prova nem sempre se mostrava facilmente realizável.*[462]

---

[462] Defendendo posição contrária, o entendimento lúcido de Araken de Assis: "Inaugura-se a litispendência, segundo os arts. 263, 2ª. parte, e 219 do CPC, mediante citação válida. Este efeito, que se destina a produzir a pendência da lide perante o réu, não se relaciona, absolutamente, com a constituição da relação processual, que já existe, mas entre o autor e o Estado, desde a distribuição (art. 263, 1ª parte). Mas, o art. 593, II, não alude à litispendência, empregando uma fórmula ambígua: 'quando, ao tempo da alienação ou oneração, corria contra o devedor demanda'. Por isso, a interpretação de que basta o ajuizamento, pois não interessa ao terceiro se ocorreu a citação, exibe seus méritos. Acontece que, uniformizando a interpretação do dispositivo, a jurisprudência do STJ estima imprescindível a citação". E continua o mestre: "Por conseguinte, a fraude contra a execução somente se cogitará a partir da data da citação. Neste sentido, proclamou a 4ª Turma do STJ: 'Para que se configure a fraude de execução, não basta o ajuizamento da demanda, mas a citação válida'". Por fim, conclui: "Ademais, o art. 219, §1º, prevê a retroação ao momento do ajuizamento somente do efeito interruptivo da prescrição, não da litispendência. Em relação àquele efeito interruptivo, a solução legislativa, originária do art. 166, §2º, do CPC de 1939, se justifica, porque o implemento do prazo prescricional exige a inércia do credor, eliminada pelo fato do ajuizamento. Esta circunstância não se verifica quanto aos demais efeitos. De resto, o ponto receberá desenvolvimento amplo no contexto dos efeitos da propositura da demanda executória (...), neste particular idênticos aos de qualquer ação, e, portanto, aplicável ao exame ali efetivado ao caso sob exame. É errônea, assim, a percepção generalizada de que todos os efeitos retroagem à data do ajuizamento. E impende enfatizar que o ato praticado pelo devedor antes da citação e depois do ajuizamento não constitui fraude contra a execução. Nesta hipótese, somente se configurará fraude contra credores, vedado ao credor penhorar o bem alienado independentemente do desfazimento da transmissão através da pauliana" (ASSIS, Araken de. *Manual da execução*. 9. ed. São Paulo: Revista dos Tribunais, 2004. p. 230-231).

12

A Atuação dos Poderes Instrutórios do Juiz e a sua Imparcialidade

Sobretudo no exterior, é intenso o debate entre aqueles que nutrem afeição pelo ativismo judicial (*ativistas*) e outros que o repudiam em absoluto (*garantistas*).[463] Aí, nesse imbróglio, inclui-se uma diversidade de temas, trabalhada basicamente segundo o enfoque de ser apropriado ou não conferir ao juiz maiores poderes de participação na produção (e efetivação) dos pronunciamentos jurisdicionais. É saber se *ativismo do juiz* sobrepõe-se ao *ativismo das partes* ou vice-versa.

E no centro da querela certamente situa-se a temática *instrução probatória*. Para uns soa ideal concentrar a iniciativa probatória também nas mãos do juiz e, assim, permitir-lhe o agir oficioso em busca da *pesquisa* mais ampla e profícua da *verdade real*. Na outra ponta há os que sustentam verdadeira aversão ao *ativismo judicial* e até identificam sintoma de *autoritarismo* na assunção de poderes instrutórios *ex officio* pelo juiz.[464]

Não se pode negar, entretanto, a opção do legislador brasileiro pela primeira corrente. Suficiente, para assim concluir, a leitura do art. 130, primeira parte, do Código de Processo Civil: "Caberá ao juiz, de ofício ou a requerimento da parte, determinar as provas necessárias à instrução do processo". Reforça a assertiva a conclusão de que não se trata de dispositivo isolado, mas de comando genérico, intensificado por outros mais específicos e com igual propósito (CPC, arts. 342; 355; 382; 399; 416, *caput*; 418; 426, II; 437; 440). Neste particular, portanto, o

---

[463] Sobre o assunto, indispensável a leitura do artigo de Glauco Gumerato Ramos, intitulado "Ativismo e *garantismo* no processo civil: apresentação do debate", publicado na *Revista MPMG Jurídico*, n. 18, p. 8-15, out-dez. 2009, publicação oficial do Centro de Estudos do Ministério Público de Minas Gerais. Conferir, também, a posição de Liebman, em obra escrita por Cândido Rangel Dinamarco: *Fundamentos do processo civil moderno*. 6. ed. São Paulo: Malheiros, 2010. v. 1, p. 60-61.

[464] Entre outros, é o que pensa Montero Aroca, conforme denuncia José Carlos Barbosa Moreira em artigo que aborda, com profundidade, o tema (BARBOSA MOREIRA, José Carlos. O processo civil contemporâneo: um enfoque comparativo. In: BARBOSA MOREIRA, José Carlos. *Temas de direito processual*: nona série. São Paulo: Saraiva, 2007. p. 48).

278 | Lúcio Delfino
Direito Processual Civil – Artigos e Pareceres

ativismo judicial é sistemático e não excepcional: o legislador atribui não só às partes, mas efetivamente também ao juiz papel destacado na produção probatória.[465]

Poder-se-ia conjecturar, todavia, que tal agir oficioso do órgão julgador desestabilizaria a sua imparcialidade, comprometendo característica essencial à própria jurisdição. Seria, porém, o mesmo que afirmar a existência de uma curiosa contradição no Código de Processo Civil: de um lado atribui-se ao juiz papel ativo na instrução da prova que servirá de alicerce ao provimento judicial, enquanto que de outro se proíbe esse mesmo juiz de julgar o feito sempre que se utilizar oficiosamente de seus poderes e participar da produção probatória. Até possível, é verdade, superar a antinomia e rotulá-la de aparente. Bastaria defender que ao agir deste modo, determinando de ofício a produção de provas, cumpre ao juiz, ato contínuo, declarar-se suspeito e afastar-se imediatamente do processo.[466] Um raciocínio assim decerto se mostra necessário quando o propósito é evidenciar a imparcialidade do juiz e, portanto, a incoerência em admitir que julgue aqueles litígios nos quais teve participação na formação do material probatório registrado nos autos.

Não parece, contudo, ser esse o melhor entendimento. Vale dizer, não é acertado rotular de imparcial o juiz somente porque atuou no propósito de suprir lacunas probatórias e determinou a realização de provas (perícia, por exemplo), ou mesmo porque participou diretamente de sua formação (interrogatórios, inspeção judicial).[467] Assim é logicamente

---

[465] Consoante acentua José Roberto dos Santos Bedaque, "no que se refere à participação do juiz na formação do conjunto probatório, o CPC brasileiro adotou, sem qualquer sombra de dúvida, o modelo europeu-continental do *inquisitorial system*, repelindo o *adversarial system* do sistema anglo-saxão" (BEDAQUE, José Roberto dos Santos; MARCATO, Antonio Carlos (Coord.). *Código de Processo Civil interpretado*. São Paulo: Atlas, 2004. p. 362).

[466] Esta é a posição defendida, sempre com brilho e coerência, pelo notável processualista Glauco Gumerato Ramos, em ocasiões em que é incitado a expor sobre o tema tratado nesses escritos. Poder-se-ia, contudo, apontar-se outra contradição, também decorrente da adoção de uma concepção excessivamente *garantista* em matéria probatória, da qual a esquiva se mostra mais dificultosa. Rotineiro (além de expressamente disciplinado no Código de Processo Civil), em *audiências de instrução e julgamento*, que o juiz formule perguntas às partes e testemunhas inicialmente; só depois transfere a palavra aos advogados para que apresentem seus questionamentos. Ao se entender que o juiz que assim tenha agido — participando diretamente da produção probatória — tornar-se-ia imparcial, a solução não poderia ser outra: haveria de afastar-se da audiência, logo que concluísse suas indagações, cedendo lugar a outro magistrado, a quem cumpriria julgar o feito. Mas tal postura, salvo engano, feriria de morte o *princípio da identidade física do juiz* (CPC, art. 132), outro indício de que, em matéria probatória, cumpre mesmo ao juiz distanciar-se da ignorância e do comodismo.

[467] Posição diversa sempre foi defendida por Liebman, segundo se constata no excerto adiante transcrito, de autoria do conceituado processualista Cândido Rangel Dinamarco: "Mas

porque o resultado da prova é uma *incógnita*. O juiz determina a *produção* da prova, não o seu *resultado*. Ainda quando participa ativamente da construção dela, interrogando as partes e/ou testemunhas, inspecionando coisas e pessoas, ou ainda formulando quesitos em perícia técnica, não sabe de antemão o saldo que dali resultará. É fundamental que se tenha presente, em face dos poderes instituídos pelo art. 130, que o juiz nunca age em favor de uma das partes, determinando realização de prova que só a uma delas interessa, mas, bem ao contrário, o faz ante a sua indispensabilidade em função da sentença que deve necessariamente proferir, ou desde que o material probatório esteja confuso ou insuficiente, não obstante o que já se obteve pela atividade probatória desenvolvida pelos próprios litigantes.[468]

No ambiente processual não se trava um *jogo de tabuleiro*. O embate que ali se experimenta envolve pessoas e os sentimentos que alimentam, suas idiossincrasias, carências, angústias, e até boa dose de nobreza. Em um contexto tal, absolutamente ilegítimos julgamentos assentados na indiferença (e comodidade) de inflexíveis regras de distribuição do ônus probatório, como se a resposta excessivamente formal (e fria) que sugerem se apresentasse como *fórmula mágica* na solução justa de todos os vieses processuais, plenamente capaz de superar as desigualdades evidenciadas entre as partes, as versões inautênticas e excessivamente retóricas dos fatos apresentadas em juízo, as provas construídas artificialmente e a astúcia de competentes advogados[469]

---

não prepondera entre nós a opção pela dispositividade tão acentuada quanto sustentava Liebman com fundamento no princípio constitucional da imparcialidade: segundo ele, o juiz perderia condições de manter-se imparcial quando devesse decidir em face do material probatório colhido por sua própria iniciativa" (LIEBMAN, Enrico Tullio. *Fondamento del principio dispositivo*). Os autores brasileiros da atualidade, com respaldo na praxe dos juízos e na jurisprudência dos tribunais, preferem mitigar os rigores da dispositividade, a ponto de, em alguma medida e em certas circunstâncias, defenderem o poder judicial de iniciativa probatória (especialmente em causas regidas pelo interesse público ou naquelas em que seja necessário restabelecer a *parità melle armi*) (DINAMARCO, Cândido Rangel. *Fundamentos do processo civil moderno*. 6. ed. São Paulo: Malheiros, 2010. v. 1, p. 60-61).

[468] ALVIM, Arruda. *Manual de direito processual civil*. São Paulo: Revista dos Tribunais, 2010. p. 940.

[469] Esclarecem Luiz Guilherme Marinoni e Daniel Mitidiero que "a necessidade de imparcialidade judicial não é obstáculo para que o juiz possa determinar prova de ofício. Será parcial o juiz que, sabendo da necessidade de uma prova, julga como se o fato que deve ser por ela provado não tivesse sido provado. A existência de normas sobre o ônus da prova, entendidas como regras de julgamento, tampouco impedem o juiz de instruir de ofício o processo, isso porque só se legitima o julgamento pelo art. 333, CPC, se, exauridas todas as possibilidades probatórias, o órgão jurisdicional ainda não se convence a respeito das alegações de fato das partes. Os arts. 130 e 333 do CPC, pois, atuam em momentos diferentes" (MARINONI, Luiz Guilherme; MITIDIERO, Daniel. *Código de Processo Civil comentado artigo por artigo*. São Paulo: Revista dos Tribunais, 2008. p. 177).

— um remédio que de tão *milagroso* é conveniente até para assegurar tranquilidade à consciência do magistrado, eliminando inconvenientes vestígios de uma judicatura mal exercida.

Não há, enfim, imparcialidade no agir de um juiz diligente na produção probatória, preocupado com os rumos da atividade jurisdicional e que se predispõe, inclusive, a determinar provas ou a participar ativa e motivadamente[470] de sua construção. Atua, bem diferentemente, segundo impõe-lhe o *modelo constitucional do processo*, isto é, em consonância com os direitos e garantias fundamentais que legitimam e controlam a atividade do órgão julgador no exercício da jurisdição; comporta-se especialmente de acordo com as diretrizes estabelecidas pelos princípios da igualdade (CF/88, art. 5º *caput* e I) e da tutela jurisdicional adequada (CF/88, art. 5º, XXXV).

Afora a imparcialidade, a questão central envolvida aqui é bem situada pelo maior dos processualistas, vale dizer: é saber se o juiz há de limitar-se a aguardar, passivamente, a contribuição das partes no que tange ao material probatório (que, por razões óbvias, virá aos autos sobretudo por suas mãos), e dar-se por satisfeito com ela, ainda quando a repute insuficientemente esclarecedora e sinta desconforto em ter de lançar mão das regras sobre distribuição do ônus da prova para julgar sem saber ao certo o que sucedeu. E é o próprio mestre quem a responde, com igual precisão:

> (...) para quem não simpatize (...) com a ideia de reduzir o papel do juiz ao de um "convidado de pedra", o que se impõe é estimular o exercício dos mencionados poderes, proporcionando ao magistrado condições de trabalho capazes de permitir-lhe atuar com maior intensidade no particular, e acima de tudo promovendo um câmbio de mentalidade: o juiz tem de convencer-se de que podemos e devemos, sempre que necessário, cobrar-lhe maior contribuição na averiguação dos fatos.[471]

---

[470] Sem dúvida que a utilização de poderes instrutórios pelo juiz há de ser precedida por decisão devidamente motivada, que esclareça as razões pelas quais aquela postura está sendo adotada. Afinal, abusos dali podem advir e até evidenciarem eventual imparcialidade do órgão julgador. Se assim for, presente então algum arbítrio mal disfarçado naquele agir supostamente diligente e voltado à busca da *verdade real*, à parte interessada cumpre decerto controlar aquela decisão, e quem sabe eliminá-la do cenário processual, mediante o emprego de medidas processuais adequadas para tanto.

[471] MOREIRA, José Carlos Barbosa. *Temas de direito processual*: nona série. São Paulo: Saraiva, 2007. p. 54.

Parte II

Pareceres

1

Partilha de Bens Pertencentes à Sociedade Empresária – Incompatibilidade Procedimental e Incompetência do Juízo Especializado

EMENTA: Cumulação de pedidos. Pretensões de direitos materiais diversas, que exigem procedimentos antagônicos. Incompatibilidade absoluta do Juízo Especializado para o processamento e julgamento de uma das pretensões. Inteligência do art. 292, §§1º e 2º do Código de Processo Civil.

Sumário: 1 A consulta – **2** O parecer – **2.1** A inadequação procedimental – **2.2** A incompetência absoluta do Juízo de Família – **3** Resposta ao quesito

1 A consulta

Consulta-me YYY sobre questão de seu particular interesse. Integra o consulente o polo passivo de um processo judicial instaurado por sua ex-companheira — doravante designada demandante — no Juízo Especial de Família. Segundo a cópia da petição inicial que me foi apresentada, a demandante valeu-se de múltiplos pedidos: i) liminarmente, postula a expedição de mandado de arrolamento de bens adquiridos na constância da união estável (tutela de natureza cautelar); ii) solicita a concessão de pensão mensal a título de alimentos provisórios; iii) requer o reconhecimento e a dissolução da união estável que manteve com o consulente; iv) postula a partilha dos bens adquiridos ao longo da união estável; v) pretende, ainda, a "partilha de

284 Lúcio Delfino
Direito Processual Civil – Artigos e Pareceres

empresa comercial", no equivalente a 50% dos bens a esta pertencentes, para cada litigante; vi) e, finalmente, pede a condenação do consulente às despesas processuais e aos honorários sucumbenciais.

O seguinte quesito foi-me formulado:

1. É adequada, na espécie, a cumulação de pedidos da maneira formulada na petição inicial?

Bem examinado o teor da petição inicial, assim como o próprio quesito, sinto-me apto a apresentar solução ao problema, e o faço mediante o parecer que se segue.

2 O parecer

Advirta-se, de imediato: não cabe aqui, até pelos limites do presente parecer, desenvolver raciocínio, sem dúvida possível e bastante razoável, acerca da *impossibilidade jurídica* de um dos pedidos (ou sobre a sua improcedência, para aqueles que não veem aí possibilidade de julgamento sem resolução de mérito) formulados pela demandante, vale dizer, àquele relativo à "partilha de bens da empresa".

De toda sorte, há de se dizer, ainda que por compromisso intelectual, que não é lícito ao sócio, simplesmente por pertencer ao quadro societário, postular, diretamente, e em demanda respeitante exclusivamente a questões familiares (estranhas à pessoa jurídica, portanto), a partilha dos bens de uma dada sociedade empresária. Se o seu objetivo é desligar-se da sociedade e apurar o que dela lhe pertence — e parece ser este o caso — deve instaurar processo com tal e específica finalidade (apuração de haveres). Ainda pior, contudo, é constatar (situação particular também presente), implicitamente ao pedido de "partilha de bens de empresa", a pretensão de dissolução e liquidação (afinal, não há como "partilhar bens de empresa" sem antes dissolvê-la e liquidá-la), não obstante a ausência de *causa jurídica*, legal ou contratual, que a alicerce (CC/02, arts. 1.033, 1.034 e 1.035).

Mas a verdade é que essas questões não são objeto da consulta. Por isso, neste parecer, parte-se da premissa de que há causa jurídica que viabilize demanda judicial, promovida por um sócio, destinada à dissolução da sociedade empresária, à sua liquidação e à consequente partilha de bens.[472]

---

[472] Pretendendo o sócio, por alguma razão, retirar-se da sociedade, há de fazê-lo mediante a ação judicial destinada a tal finalidade em particular, além de também direcioná-la à apuração dos seus haveres, jamais, contudo, formalizar pedido de dissolução de sociedade

Resta saber, por esta ótica, se os pedidos formulados pela demandante ajustam-se, com perfeição, ao que dispõe o art. 292, §§1º e 2º, do Código de Processo Civil. E adiante-se, desde já, a conclusão deste parecer: é inviável a cumulação de pedidos da maneira desenhada na petição inicial, seja porque há incompatibilidade de procedimentos, seja ainda pela absoluta incompetência do Juízo de Família para apreciar uma das pretensões formuladas na peça preambular.

O Código de Processo Civil, alicerçado no princípio da economia processual, admite, num único procedimento e em face do mesmo demandado, a cumulação de vários pedidos, desde que respeitados os seguintes requisitos: i) compatibilidade de pedidos; ii) competência do mesmo juízo para deles conhecer; iii) adequação de todos os pedidos ao mesmo tipo de procedimento (CPC, art. 292, §§1º e 2º).

A cumulação de pedidos que anseia a demandante abarca as pretensões de reconhecimento e dissolução de união estável, de arrolamento de bens, de alimentos provisórios, de partilha de bens e de "partilha de empresa comercial". Consoante se procurará demonstrar, o Juízo de Família é incompetente para conhecer e julgar o pedido rotulado pela demandante de "partilha de empresa comercial" — acredita-se que o pretendido, em verdade, seja a dissolução e a liquidação da sociedade empresária, que têm ambos os litigantes como sócios. Há, ademais, incompatibilidade entre o procedimento (comum) eleito pela demandante para a solução dos conflitos de ordem

---

empresária. Destarte, o dissidente retira-se da sociedade com os seus haveres devidamente apurados, ficando, entretanto, garantida a sobrevivência da pessoa jurídica e a manutenção dos sócios que nessa situação pretendam permanecer. Assim deve ser até pela função social da sociedade empresária, que implica sua conservação sempre que possível. Não há que se confundir, enfim, a despedida do sócio e a dissolução de sociedade: a primeira limita-se à retirada do sócio do quadro societário e à apuração de seus haveres; a segunda, mais drástica, presta-se à extinção da pessoa jurídica. Aliás, neste rumo, Hernani Estrela já advertia, com a sua clareza peculiar, da necessidade de se guardar rigor terminológico, notadamente em assunto de tal relevância. Estas as suas lições: "Ademais disso, da imprecisão com que tem sido encarado o instituto da despedida do sócio, havido frequentemente como uma sub-espécie da dissolução de sociedade, têm advindo conseqüências deploráveis. É que, confundidas ou, pelo menos, assemelhadas, situações jurídicas que se distinguem substancialmente, acabam recebendo idêntico tratamento. Força-se, destarte, a essência das coisas, tentando reconduzi-las a uma uniformidade que só poderia explicar-se pela filiação histórica ao ponto de partida comum. Mas, em face da sucessiva evolução, operada no decurso de séculos, já há muito a dissolução de sociedade e a simples ruptura do vínculo societário, limitadamente a um sócio, passaram a constituir categorias jurídicas perfeitamente diferenciadas. Orientando-se uma e outra por princípios peculiares e tendo, outrossim, fim e objeto diferentes, muito importa dar a cada uma o tratamento correspondente, evitando tôda a sorte de confusão" (ESTRELA, Hernani. *Apuração dos haveres de sócios*. Rio de Janeiro: José Konfino, 1960. p. 213-214).

familiar e aquele outro, de natureza diferenciada, exigido para se obter a dissolução e a liquidação de sociedades empresárias.

2.1 A inadequação procedimental

Conquanto refira-se a demandante à "partilha de empresa", quer-se crer — reitere-se este ponto — que a pretensão exarada em sua peça preambular é a de *dissolução e liquidação de sociedade empresária e, por conseguinte, a partilha de seus bens (na verdade a partilha está embutida na própria liquidação)*;[473] afinal, não se apresenta possível partilhar bens de sociedade empresária sem antes dissolvê-la e liquidá-la. Acredita-se ser mesmo esta a única conclusão viável, pois é facilmente perceptível a intenção de partilha de bens da sociedade empresária nutrida pela demandante, sobretudo por arrolar, em sua petição inicial, vários bens que supostamente pertencem à pessoa jurídica e não propriamente aos litigantes.[474]

Segundo este ângulo de visão é que se afirma, categoricamente, a incompatibilidade de ritos, em atentado ao disposto no art. 292, §§1º e 2º, do Código de Processo Civil. Não é adequado, destarte, cumular pedidos sujeitos ao *procedimento comum* (ordinário), e que se refiram exclusivamente a questões familiares (reconhecimento e dissolução de união estável, partilha de bens), a pedido de natureza empresarial (dissolução e liquidação de sociedade empresária), cuja tutela exige indispensavelmente um *procedimento diferenciado*.

É comum (ordinário) o rito destinado ao processamento e julgamento dos pedidos de ordem familiar formulados pela demandante, excepcionados aqueles referentes aos alimentos provisórios e ao arrolamento de bens, que, em rigor, exigiriam procedimentos próprios. Os alimentos provisórios são postulados mediante o procedimento diferenciado disciplinado pela Lei nº 5.478/68; o arrolamento de bens,

---

[473] Segundo Hernani Estrela, a expressão "liquidação da pessoa jurídica" significa "concluir as operações societárias, verificando-se o valor exato de seu ativo, transformando-o em dinheiro, de modo que seu patrimônio se torne inteiramente em capital em espécie, a fim de serem pagos os credores, para final partilha do restante entre os sócios. Liquidar, em última análise, portanto, é converter o ativo social em dinheiro de contado, para os atos de solução conseqüentes" (ESTRELA, Hernani. *Apuração dos haveres de sócios*. Rio de Janeiro: José Konfino, 1960. p. 215).

[474] É por isso que se descarta a hipótese de que a demandante pretende partilhar as quotas sociais da pessoa jurídica, e não a partilha dos bens dela. Se quisesse partilhar apenas as quotas sociais, por que teria então indicado, um a um, os bens supostamente pertencentes à sociedade empresária?

por sua vez, segue o rito cautelar, consoante regramento disposto nos arts. 855 a 860 do Código de Processo Civil.

Mas a verdade é que a jurisprudência apresenta-se tolerante e admite a cumulação de pedidos segundo o molde adotado pela demandante em sua petição inicial, mormente pelo fato de que o procedimento ordinário bem absorve esses dois pedidos, sem prejuízo à jurisdição e às partes (CPC, art. 292, §2º). O mesmo não se dá, porém, com relação ao pedido de "partilha de bens da sociedade empresarial". É que a consecução de tal pretensão exige, até como pressuposto lógico, seja a sociedade empresária dissolvida e liquidada antes de se partilharem os seus bens (e dívidas) com aqueles que integram seu quadro social.[475] Acontece que o rito (diferenciado) a ser utilizado para tanto não admite substituição pelo procedimento comum, sobretudo pelas necessidades dos direitos materiais que procura tutelar.

Os procedimentos desenhados pelo legislador para a dissolução, liquidação e consequente partilha de bens de sociedade comercial são

---

[475] Confira-se, a tal respeito, a lição de Pontes de Miranda, retirada da obra de José Waldecy Lucena: (...) "quando se promove a liquidação judicial é preciso que exista a cognição do juiz. Daí, se se prefere a liquidação judicial, ou se a lei a impõe, tem de precedê-la à cognição do juiz, com o elemento de declaração ou de constitutividade negativa necessário a que se ingresse no processo liquidatório" (PONTES DE MIRANDA *apud* LUCENA, José Waldecy. *Das sociedades limitadas*. 5. ed. São Paulo: Renovar, 2003. p. 838). Segundo Lucena, a lição de Pontes de Miranda quer significar "que não se ingressa diretamente em Juízo com ação de liquidação e partilha, que, como dito, é ação de execução. Esta é necessariamente precedida do processo de conhecimento. A cognição se faz necessária, para que possa ser promovida a liquidação judicial, mesmo que o seja tão somente para declarar a dissolução. (...) Duas são as ações de dissolução de sociedade. Se a dissolução opera de pleno direito, *ope legis*, a ação será a de declaração de dissolução de sociedade; se depende de sentença, a ação será constitutiva negativa. A carga de eficácia das respectivas sentenças será, assim, em grau máximo, declarativa para a primeira ação, e constitutiva para a segunda. Naquela, declara-se a dissolução já ocorrida *ope legis*, portanto, *ex tunc*; nesta, decreta-se a dissolução, de eficácia *ex nunc*". E conclui, mais à frente: "A dicotomia de procedimentos é expressa. Na ação de declaração de dissolução *pleno jure*, em que a constituição negativa já se operou, o procedimento é encurtado, visto que a cognição do juiz é simples, decorrendo de uma situação já consumada, sobre a qual nenhum poder de constituição tem o juiz. Na ação de dissolução dependente de sentença, que o Código nomina impropriamente de 'dissolução contenciosa', o procedimento é dilargado: o prazo de oitiva dos interessados é aumentado de quarenta e oito horas para cinco dias, podendo o juiz proferir o julgamento antecipado da lide (Cód. de Proc. Civil atual, art. 330, I), ou após a produção de prova em audiência de instrução e julgamento, segundo a formação de sua convicção" (LUCENA, José Waldecy. *Das sociedades limitadas*. 5. ed. São Paulo: Renovar, 2003. p. 838-840). Hernani Estrela também evidencia a logicidade dos procedimentos destinados à dissolução e liquidação societária: (...) "isso mostra que, não só cronológica, mas causalmente, a liquidação sem dissolução é coisa inconcebível, por constituir aquela a última fase da vida da sociedade. Deve, portanto, também ser repelida essa denominação de liquidação parcial para exprimir a apuração de haveres de sócio que se retira da sociedade, pois esta nenhuma operação de liquidação de seu patrimônio pratica para êsse fim" (ESTRELA, Hernani. *Apuração dos haveres de sócios*. Rio de Janeiro: José Konfino, 1960. p. 215).

disciplinados pelo Decreto-Lei nº 1.608/39 (arts. 655 a 674), como bem explicita o art. 1.218, VII, do Código de Processo Civil. Reafirme-se que para se obter a partilha de bens de sociedade empresária, antes se mostra necessário dissolvê-la e liquidá-la — à dissolução sucedem a liquidação e a partilha. Extinta a sociedade, cessadas suas atividades, ingressa-se numa fase, denominada por alguns de "período antagônico", ou de "vida *in extremis*", momento em que se ultimam os negócios pendentes, pagam-se aos credores e cumprem-se as obrigações sociais, a fim de efetivamente liquidá-la e, então, permitir-se a partilha entre os sócios de seu acervo remanescente — trata-se de sobrevida concedida para que se consume definitivamente a sua extinção.[476]

Sobre a extinção das sociedades empresárias, é pertinente a lição de José Waldecy Lucena:

> As sociedades extinguem-se extrajudicialmente (...) ou judicialmente. A extinção extrajudicial dá-se mediante procedimento compreensivo de três fases: dissolução, liquidação e partilha. Nada obsta a que, em sendo amigável, a dissolução seja concomitante com a liquidação. A extinção judicial compreende duas ações sucessivas: a ação de dissolução, a que se segue, se procedente, a ação de liquidação e partilha (o Código de Processo Civil de 1939 a nomeia apenas de liquidação, mas é claro que a partilha está nela embutida). (...) As causas de dissolução societária são as elencadas no direito material e delas já cuidamos nos itens precedentes. Às leis de processo cabe a disciplina do respectivo procedimento, vindo a pêlo o destaque de que o Título XXXVIII, do Livro IV, do Código de Processo Civil de 1939, nominado "da dissolução e liquidação das sociedades", *ex-vi* do artigo 1.218, VII, do Código atual, continua em plena vigência, mas cujas remissões como é intuitivo, são tidas como feitas ao vigente Estatuto Processual, não ao anterior (v.g., a audiência de instrução e julgamento ou o procedimento ordinário, reportados nos artigos 656, 2º, e 675, do Código de 1939, obedecem à disciplina do atual Código).[477]

Perceba-se, até para se ter noção das especificidades procedimentais das quais se está a tratar, que o art. 656, do Decreto-Lei nº

---

[476] LUCENA, José Waldecy. *Das sociedades limitadas*. 5. ed. São Paulo: Renovar, 2003. p. 846-847. A liquidação traduz-se numa execução especial da sentença de dissolução, *com procedimento próprio*, e exige, obviamente, anterior sentença de dissolução, título executivo judicial que alicerçará tal execução (LUCENA, José Waldecy. *Das sociedades limitadas*. 5. ed. São Paulo: Renovar, 2003. p. 847).

[477] LUCENA, José Waldecy. *Das sociedades limitadas*. 5. ed. São Paulo: Renovar, 2003. p. 836-837.

Partilha de Bens Pertencentes à Sociedade Empresária – Incompatibilidade Procedimental e Incompetência...

1.608/39, mantido em vigor pelo art. 1.218 do Código de Processo Civil, prevê que a petição inicial será instruída com o contrato social ou com os estatutos. Os §§1º e 2º do mesmo dispositivo rezam: "Nos casos de dissolução de pleno direito, o juiz ouvirá os interessados no prazo de 48 (quarenta e oito) horas e decidirá. Nos casos de dissolução contenciosa, apresentada a petição e ouvidos os interessados no prazo de 5 (cinco) dias, o juiz proferirá imediatamente a sentença, se julgar provadas as alegações do requerente. Se a prova não for suficiente, o juiz designará audiência de instrução e julgamento, e procederá de conformidade com o disposto nos arts. 267 e 272". Declarada ou decretada a dissolução, o juiz nomeará, na mesma sentença, o liquidante. A partir daí o rito deve obediência aos artigos 657 e seguintes do mesmo Diploma Legal, dispositivo que, entre outras questões, regula: i) os critérios de nomeação do liquidante quando o contrato social nada dispuser a respeito deles; ii) a decretação de sequestro de bens em havendo fundado receio de rixa, extravio ou danificação de bens sociais; iii) as funções do liquidante como o levantamento de inventário dos bens, confecção de balanço da sociedade, promoção de cobrança de créditos, pagamento de dívidas, venda de bens, etc.; iv) a destituição do liquidante; v) a oitiva dos interessados sobre o inventário e o balanço apresentados; vi) a aprovação de plano de partilha e sua homologação, etc.

Flagrantemente, representam procedimentos bastante complexos, edificados com vista nas necessidades dos direitos materiais cuja tutela se prestam a efetivar. É até óbvia sua total discrepância com o procedimento comum (ordinário), eleito pela demandante para obter os benefícios que deseja. Não há, enfim, como se obter tutela jurisdicional adequada, voltada à dissolução, liquidação e posterior partilha de bens de uma sociedade empresária por intermédio do procedimento comum.

Advirta-se que não se quer, aqui, defender um mero apego à forma, ou pregar desatenção à nova ordem processual. De longe, não é este o caso. Ocorre, porém, que, em algumas circunstâncias, o ordenamento processual oferta ritos sobremaneira diferenciados, e assim deve ser até para assegurar uma efetiva tutela jurisdicional dos direitos e garantir a legitimidade do exercício jurisdicional. A utilização do procedimento comum com o propósito de dissolver, liquidar e partilhar bens de uma sociedade empresária, em desvio do *plano procedimental de trabalho* previamente instituído pelo legislador, e contrariamente ao efetivo contraditório (afinal, nem a sociedade empresária e nem todos os sócios integram a relação jurídica processual), constitui evidente violação à garantia constitucional ao devido processo legal. É ato arbitrário, exercício descontrolado do poder estatal, que deslegitima a jurisdição e causa prejuízo às partes e interessados.[478]

2.2 A incompetência absoluta do Juízo de Família

A cumulação de pedidos pretendida pela demandante também se apresenta impraticável pela simples razão de que o Juízo Especializado de Família é absolutamente incompetente para conhecer e julgar pedido de dissolução, liquidação e partilha de bens de sociedade empresarial.

Jurisdição e *competência* são institutos atrelados. A primeira reflete o poder estatal de dirimir e pacificar conflitos de interesses. É exercida em todo o território nacional, e, por isso, impõe a necessidade de organização e de divisão de trabalho entre os membros do Judiciário aos quais cumprem praticá-la. Às *normas de competência*, por sua vez, cumpre, em atenção a alguns critérios predefinidos, justamente esta finalidade distributiva, repartindo, portanto, o poder jurisdicional a cada um dos órgãos legitimados para atuá-lo — diz-se, em doutrina, que a *competência* é o instituto que define o âmbito de exercício da atividade jurisdicional e cada órgão encarregado por essa função.[479]

Organizou, então, o legislador um sistema para que se possa saber, diante de um caso concreto, qual juízo, entre todos aqueles igualmente investidos da função jurisdicional, tem competência para processar e julgar determinado conflito de interesses. São basicamente quatro os critérios: i) *territorial*, ii) *valor da causa*, iii) *funcional* e iv) *matéria a ser decidida*. Os dois primeiros ligam-se à *competência relativa*, como regra geral; os últimos referem-se à *competência absoluta*.

No caso em análise, há visível infração à regra eleita como critério para fixação de competência com relação *à matéria* — regramento de *competência absoluta*, portanto. Afinal, cumulam-se, num mesmo processo, pedidos de reconhecimento, dissolução de união estável (e outros também de natureza familiar) e de "partilha de bens empresa", os quais, não bastasse exteriorizarem-se todos por um procedimento comum, concentram-se no Juízo (especializado) de Família.

---

[478] É suficiente, neste turno, a lúcida lição do saudoso professor baiano J. J. Calmon de Passos: (...) "não se pode cumular um pedido de rito sumário com um de rito ordinário; nem um sumário ou ordinário com um de rito especial; nem um especial, de determinada natureza, com outro de natureza diversa (do gênero procedimento especial tem a sua peculiaridade e a cumulação não é possível, salvo se da mesma espécie se cuida, ou quando expressamente autorizada)" (PASSOS, José Joaquim Calmon de. *Comentários ao Código de Processo Civil*. 3. ed. Rio de Janeiro: Forense, 1979. v. 3, p. 208-209).

[479] WAMBIER, Luiz Rodrigues; ALMEIDA, Flávio Renato Correia de; TALAMINI, Eduardo. *Curso avançado de processo civil*. 6. ed. São Paulo: Revista dos Tribunais, 2002. v. 1, p. 91-92.

Intuitiva a incompetência do Juízo de Família no que toca a feitos, cuja tutela relaciona-se à dissolução, à liquidação e à partilha de bens de sociedade empresária. Mas para que se espanque eventual dúvida, basta mera consulta à Lei Complementar nº 59 (Lei de Organização e Divisão Judiciárias do Estado de Minas Gerais) — alterada pelas Leis Complementares nº 85 e nº 105 —, à qual, em seu art. 60, dispõe competir "ao Juiz da Vara de Família processar e julgar as causas relativas ao Estado das Pessoas e ao Direito de Família, respeitada a competência do Juiz da Vara de Infância e da Juventude". Evidente, sem dúvida alguma, que a pretensão voltada à dissolução, à liquidação e à partilha de bens de sociedade empresária não se incluí no âmbito do Direito das Famílias.[480]

A gravidade do vício é tamanha que eventual decisão que lhe acoberte sequer se submete à preclusão, podendo o juiz, a qualquer tempo e grau de jurisdição, decretá-lo (CPC, art. 111). É que, como acentuado alhures, trata-se de competência absoluta, pois relacionada *à matéria*, questão de ordem pública e que, portanto, permite ao juiz, ainda que ausente manifestação da parte, levá-la aos autos e julgá-la oficiosamente (CPC, art. 113).[481]

Precisa, a tal respeito, a lição de importante processualista pátrio:

> A incompetência material (*ratione materiae*) é aquela ocorrente em razão da matéria não caber dentro das atribuições de um determinado juízo (trata-se de incompetência de juízo), isto é, quando não se observa, basicamente, por exemplo, a regra de que as causas cíveis vão para o juízo cível e as criminais para o juízo criminal, salvo exceção legal expressa. Quanto às causas cíveis, há que se explicitar, ainda, que, tratando-se de causas que versem sobre determinadas matérias, há varas especializadas, cuja competência é absoluta, exatamente porque *ratione materiae* (ex.: varas de família, registros públicos etc.).[482]

---

[480] Como a Lei de Organização e Divisão Judiciárias do Estado de Minas Gerais não prevê vara especializada para o processamento e julgamento de causas, cujo mérito refira-se à dissolução, à liquidação e à partilha de bens de sociedade empresária, cumpre ao Juízo Cível tal competência.

[481] Araken de Assis, com precisão, alerta que o "maior prejuízo ao autor aparece na cumulação de ações cuja competência se revele absoluta: pouco importa se todas, ou apenas uma delas, sofra do vício. Claro está que o juiz conhecerá da questão de ofício. E deve fazê-lo o quanto antes, pois o atraso no pronunciamento a respeito somente retarda o desfecho inevitável da nulidade de que trata o art. 113, §2º" (ASSIS, Araken de. *Cumulação de ações*. 4. ed. São Paulo: Revista dos Tribunais, 2002. p. 265).

[482] ALVIM NETTO, José Manoel de Arruda. *Manual de direito processual civil*. 7. ed. São Paulo: Revista dos Tribunais, 2001. v. 1, p. 324. Também no mesmo rumo, Nelson Nery Junior e Rosa Maria de Andrade Nery: "Competência absoluta. A competência material

Também por este motivo entende-se inviável a cumulação de pedidos formalizada na petição inicial ora examinada. Deve o juiz, portanto, intimar a demandante para que proceda à escolha da pretensão que melhor lhe aprouver (CPC, art. 284) — e, de modo óbvio, a alternativa cinge-se apenas à desistência do pedido de "partilha de bens da sociedade empresária". Caso permaneça a interessada inerte, cumpre ao juiz extinguir, sem resolução de mérito, a pretensão relativa "à partilha de empresa comercial", e determinar o prosseguimento do feio com relação aos demais pedidos.[483]

3 Resposta ao quesito

1. É adequada, na espécie, a cumulação de pedidos da maneira como se formulou na petição inicial?

---

e a funcional são de natureza absoluta, não admitindo prorrogação nem derrogação por vontade das partes, porque ditadas em nome do interesse público. O juiz deve pronunciar *ex officio* a incompetência absoluta; as partes e os intervenientes podem requerer seu exame a qualquer tempo e grau de jurisdição (CPC, 267, IV e §3º, 301, II e §4º). Sentença transitada em julgado proferida por juiz absolutamente incompetente é passível de impugnação por ação rescisória (CPC, 485, II)" (NERY JUNIOR, Nelson; NERY, Rosa Maria de Andrade. *Código de Processo Civil comentado e legislação extravagante*. 7. ed. São Paulo: Revista dos Tribunais, 2003. p. 510).

[483] A jurisprudência, analisando situação análoga à que presentemente se examina, já se manifestou favorável à tese ora suscitada. Veja-se a ementa, recortada de acórdão proferido pelo Tribunal de Justiça de Minas Gerais, que ilustra ambas as teses defendidas neste parecer: "Petição inicial. Emenda não efetuada. Inépcia. Cumulação de pedidos. Pedido de partilha de bens que ficaram por partilhar após separação judicial, cumulado com pedido de nulidade de ato jurídico, nulidade de cambiais e de dissolução de sociedade comercial. Competências distintas da Vara de Família e da Vara Cível. Ações não conexas, com partes diversas e diversidade de ritos. 1. Admite-se a cumulação de ações quando ajustadas ao mesmo rito e as pretensões não sejam antagônicas ou contraditórias, incompatíveis entre si, ou umas exclusivas de outras, e competente seja o juiz para cada uma delas. 2. A competência para a partilha de bens que ficaram por partilhar quando da homologação da separação judicial amigável, na qual se converteu a que fora processada como litigiosa, é da Vara de Família na qual tramitou o processo. Não pode a parte pretender que o seja na Vara Cível, cumulando o pedido com o de anulação de ato jurídico, proveniente de simulação na transferência de veículo e emissão de cambiais e, ainda, partilha de firma comercial que diz ter sido constituída em nome de terceiro, mas que pertencia ao casal, para o fim de, no mesmo processo, ser efetuada a dissolução de outra sociedade comercial. Não há, no caso, uniformidade de competência, de objetivos, de partes e de rito processual. 3. Determinada a emenda da petição inicial, correta é a decisão, se não feita, que a indefere, extinguindo o processo. 4. O beneficiário de assistência judiciária gratuita só fica isento do pagamento das despesas processuais se não puder fazê-lo nos cinco anos seguintes, contados da sentença final, sem prejuízo do sustento próprio ou da família (art. 12 da Lei nº 1.060/50)" (Tribunal de Justiça do Estado do Paraná. Apelação Cível nº 16.493, Terceira Câmara Cível, Relator Desembargador Jesus Sarrão, julgado em 14.12.1999, por unanimidade. Disponível em: <http://www.tj.pr.gov.br>).

Resposta: Não. A cumulação de pedidos pretendida pela demandante envolve pretensões cujos procedimentos exigidos para a sua tutela não se harmonizam. Não bastasse, é incompetente o Juízo especializado de Família para processar e julgar pedido de dissolução, liquidação e partilha do patrimônio de sociedade empresária. Ambas as razões contrariam o disposto no art. art. 292, §§1º e 2º, do Código de Processo Civil.

Este é o parecer, salvo melhor juízo.

Maio de 2003.

A Tutela Jurisdicional Específica e o Direito de Vizinhança

EMENTA: Direito de vizinhança. Prédio construído em desrespeito ao recuo de metro e meio previsto em lei. Ausência de vedação legal para que o proprietário vizinho construa muro nos limites de seu imóvel, ainda que tal ato importe em cortar a claridade ou a ventilação do imóvel contíguo. Necessidade de prova pericial.

Sumário: 1 A consulta – **2** O parecer – **2.1** A regularidade da obra edificada – **2.2** A prova pericial – **3** Respostas aos quesitos

1 A consulta

Honra-me o Sr. LLLL — doravante intitulado *consulente* — ao apresentar-me problema cuja solução é do seu particular interesse. Esclarece que recentemente teve ciência de que é réu em uma "ação demolitória", promovida por WTSO e JMBO — de agora adiante denominados *demandantes*. Segundo a petição inicial, estes últimos são proprietários e possuidores de imóvel composto de um apartamento e de um cômodo térreo, situado na cidade de Uberaba, MG, e ali residem por décadas. A mesma peça revela que o consulente, quinze dias atrás, teria construído, sem aviso prévio, um muro em seu próprio imóvel, contíguo àquele de propriedade dos demandantes, que perfaz aproximadamente cinco metros de altura, trazendo-lhes vários transtornos: i) o cômodo térreo, construído em 06.04.1979, teve duas janelas obstruídas; ii) a área de limpeza foi completamente bloqueada;

iii) o local destinado ao lazer foi abafado; iv) a grade também teria sido encoberta, em prejuízo à entrada de ar e, como consequência, aqueceu-se todo o apartamento, além de influir na estética do imóvel.

Creem os demandantes que o consulente agiu contrariamente ao que dispõe o ordenamento jurídico, considerando que a edificação deles data de vinte e oito anos atrás. Fundamentam sua pretensão no art. 1.299 do Código Civil, que autoriza o proprietário levantar em seu terreno as construções que lhe aprouver, desde que respeite o direito dos vizinhos e os regulamentos administrativos. A demanda, portanto, abriga pretensão de *tutela específica* (obrigação de fazer), ou seja, busca forçar o consulente a demolir o muro que construiu e, por conseguinte, fazer com que desobstrua as janelas e demais áreas do imóvel adjacente ao seu. Pedem os demandantes, por fim, a fixação de *astreintes*, de incidência diária, se descumprida a determinação judicial.

O consulente, entretanto, apresenta versão diversa. Diz realmente ter adquirido o imóvel ao qual fazem referência os demandantes, demolindo edificação lá existente, pois pretende construir outra casa no local. Segundo pude perceber em sua narrativa, a petição inicial omite fato indispensável ao deslinde do litígio: o imóvel dos demandantes foi construído de maneira irregular, já que não foi considerado o limite de metro e meio, conforme previsto no art. 1.301 do Código Civil de 2002 (antigo art. 573 do Código Civil de 1916). Acredita o consulente que o muro por ele construído seguiu de forma exemplar o ordenamento jurídico e que, portanto, a pretensão preambular é infundada.

Solicitou-me que fossem respondidos os seguintes quesitos:

1. Estava o consulente impedido de construir o muro, como efetivamente o construiu, a menos de metro e meio do imóvel dos demandantes?

2. Apresenta-se necessária a produção de prova pericial na espécie?

Foram-me apresentadas cópias da petição inicial e das certidões dos imóveis contíguos envolvidos no litígio. Bem examinados os documentos e a própria versão narrada pelo consulente, sinto-me seguro para responder aos quesitos formulados, e o faço através do seguinte parecer.

2 O parecer

2.1 A regularidade da obra edificada

O primeiro quesito refere-se à regularidade, ou não, do muro edificado pelo consulente. Admitindo-se que o muro tenha de fato

A Tutela Jurisdicional Específica e o Direito de Vizinhança | 297

obstruído janelas, grades e outras áreas do imóvel dos demandantes, o que importa é desenvolver um raciocínio que evidencie se a postura do consulente constituiu um ilícito.

Segundo fui informado, a verdade é que há, no imóvel dos demandantes, um prédio na linha limítrofe ao imóvel vizinho — hoje de propriedade do consulente —, edificação que não respeita o recuo de metro e meio outrora exigido pelo art. 573 do Código Civil revogado — exigência que permanece no atual Código Civil, consoante se percebe pela leitura do art. 1.301 do Código Civil.[484] Ressalte-se que a imposição normativa disciplina espécie de *obrigação de não fazer* cuja finalidade é dúplice: de um lado volta-se a proteção da vida privada da entidade familiar de perturbações por parte de vizinhos, enquanto que de outro evita que objetos possam cair de uma propriedade na outra, causando transtornos entre os confinantes.[485] Importa, aqui, todavia, registrar uma primeira conclusão: já que a disciplina é praticamente idêntica em ambas as codificações, não há razão para se suscitar questão referente ao *direito intertemporal*.

Adquirido o imóvel, o consulente optou, na qualidade de novo titular do domínio, pela demolição de uma construção que nele existia, pois é seu desejo construir no local uma casa, consoante afirmado anteriormente. Antes, todavia, levantou muro na divisa de ambos os imóveis e, assim agindo, estabeleceu o conflito de interesses, hoje submetido à apreciação do Judiciário.

Previa o revogado Código Civil, ao regular o *direito de vizinhança*,[486] algumas limitações às construções. Ao proprietário era autorizado *embargar* a construção do prédio que invadisse a área do seu ou sobre este deitasse goteiras, bem como a daquele em que, a menos de metro e

---

[484] Estabelecia o art. 573 (*caput*) do revogado Código Civil: "O proprietário pode embargar a construção do prédio que invada a área do seu, ou sobre este deite goteiras, bem como a daquele, em que, a menos de metro e meio do seu, se abra janela, ou se faça eirado, terraço, ou varanda". Atualmente, a matéria é regida pelo art. 1.301 (*caput*) do novo Código Civil, que assim dispõe: "É defeso abrir janelas, ou fazer eirado, terraço ou varanda, a menos de metro e meio do terreno vizinho".

[485] FARIAS, Cristiano Chaves de; ROSENVALD, Nelson. *Direitos reais*. 5. ed. Rio de Janeiro: Lumen Juris, 2008. p. 472.

[486] A disciplina do "direito de vizinhança" se relaciona diretamente ao direito à privacidade, "hoje garantido no capítulo dos direitos da personalidade e no art. 5º da Constituição Federal. Para tanto, proíbe a abertura de janelas, eirado, terraço ou varanda a menos de 1,5 metro do terreno vizinho. Conta-se a medida tomando como início a janela, ou o gradil do terraço ou eirado, ainda que estes se encontrem recuados ou embutidos em uma parede. A medida final é a linha divisória entre os imóveis e não a janela do vizinho. Caso haja tapume ou muro sobre a linha divisória, até a sua metade" (LOUREIRO, Francisco Eduardo. *Código Civil comentado*: doutrina e jurisprudência. São Paulo: Manole, 2007. p. 1152).

meio do seu, se abrisse janela, ou se fizesse eirado, terraço, ou varanda (CC/16, art. 573). Ainda estava o proprietário autorizado a exigir o desfazimento de obra em algumas hipóteses autorizadas em lei, desde que o fizesse no lapso de ano e dia após a conclusão da obra (CC/16, art. 576). Portanto, naquelas situações que envolvessem edificações já prontas, decorrido ano e dia da construção, e ausente questionamento do proprietário do prédio vizinho, *decaía* para este o direito de ajuizar a competente "ação demolitória".

Bem verdade, repita-se uma vez mais, que hoje esta disciplina, num ângulo geral, não sofreu significativas alterações. Contudo, importa esclarecer, num raciocínio focado nas particularidades do caso sob exame, que o consulente, no momento da aquisição de seu imóvel, não mais detinha o direito de postular a demolição do prédio vizinho de propriedade dos demandantes, construído em atentado ao recuo de metro e meio legalmente exigido. Afinal, tal direito já se encontrava fulminado pela *decadência*, pois o pleito demolitório vinculava-se – e ainda se vincula (CC/02, art. 1.302) — ao prazo de ano e dia. Conquanto irregular a edificação empreendida pelos demandantes, não detém o consulente direito algum de postular judicialmente a demolição dela, porque, já superado o prazo decadencial, não se admite ao vizinho inerte (ou ao novo proprietário) a obtenção de tutela jurisdicional específica voltada a jogar abaixo a obra.

Por outro lado, isso não autoriza pensar que o consulente estaria também impedido de levantar, em sua nova propriedade, muro junto à divisa. Esclareça-se de imediato: é *potestativo* o direito de construir do consulente, e se mantém ainda que superado o prazo decadencial cuja observância se exige para o exercício da pretensão jurisdicional demolitória. Aliás, a codificação revogada já o previa mesmo que a obra prejudicasse o imóvel vizinho, seja vedando a sua claridade, seja obstruindo a sua ventilação, ou ambas (CC/16, art. 573, §2º).[487]

É, a respeito do tema, clássica a lição do insuperável Pontes de Miranda:

> Passado o lapso de ano e dia, preclui a pretensão do desfazimento, que pode ser a pretensão à demolição. O conteúdo do direito de propriedade sofreu limitação. Não nasce, com isso, servidão. O vizinho perdeu a pretensão que poderia ter exercido, nunciativamente, ou até ano e dia

---

[487] Dispunha o §2º do art. 573 do revogado Código Civil: "Os vãos, ou aberturas para luz não prescrevem contra o vizinho, que, a todo tempo, levantará, querendo, a sua casa, ou contramuro, ainda que lhes vede a claridade".

A Tutela Jurisdicional Específica e o Direito de Vizinhança | 299

após a conclusão das obras. (...) Se foi aberta janela a menos de metro e meio no terreno de B, e A não nunciou a obra, nem exerceu a pretensão ao desfazimento (= obstrução) no prazo do art. 576, perdeu A pretensão contra tal janela, porém, não se lhe criou dever de não construir no seu terreno com distância menor do que metro e meio.[488]

Não obstante a lição transcrita guarde referência ao que dispunha a codificação revogada e vá de encontro a alguma conclusão a que se chegou neste parecer,[489] permanece ainda atual, uma vez que o Código Civil de 2002 se manteve bastante fiel à disciplina anterior. Assim é que ao proprietário cabe, ainda hoje, observadas as restrições do art. 1.301 do Código Civil de 2002, o direito de levantar sua edificação ou contramuro, mesmo que tal obra vede a iluminação ou ventilação do prédio limítrofe.[490] Trata-se de espécie de *defesa* que se faculta ao ofendido, como meio de resguardar sua privacidade em face do ilícito praticado pelo vizinho, contra o qual não mais cabe a "ação demolitória".[491] Ou seja, decaído o prazo para a postulação do desfazimento da obra, sobra ao proprietário lesado, como forma de assegurar sua privacidade, o direito (*potestativo*) de construir,[492] ainda que em prejuízo à claridade e à ventilação do imóvel contíguo. É a melhor exegese que se pode extrair do art. 1.302, parágrafo único, do vigente Código Civil, orientação, de

---

[488] PONTES DE MIRANDA. *Tratado de direito privado*. 1955. t. XIII, p. 399.

[489] Pontes de Miranda defende que o prazo de "ano e dia" possui natureza prescricional e não decadencial. A confusão entre prescrição e decadência, como bem se sabe, era acirrada, doutrinária e jurisprudencialmente, na vigência do Código Civil revogado. O Código Civil de 2002, porém, diferenciou os institutos, tratando-os de maneira adequada e sistematizada, em apego à doutrina de Agnelo Amorim Filho, eliminando, de maneira cabal, as dúvidas que ainda persistiam. O prazo de "ano e dia" a que faz referência este parecer é mesmo decadencial. Suficiente perceber que a decadência se liga aos *direitos potestativos*, cujo exercício depende da mera manifestação de vontade do próprio titular. Os *direitos potestativos* não admitem violação e, via de consequência, não trazem consigo pretensão (típica dos direitos subjetivos — que, por isso, se submetem a prazos prescricionais) (FARIAS, Cristiano Chaves de; ROSENVALD, Nelson. *Direito Civil*: teoria geral. 2. ed. Rio de Janeiro: Lumen Juris, 2006. p. 636).

[490] LOUREIRO, Francisco Eduardo. *Código Civil comentado*: doutrina e jurisprudência. São Paulo: Manole, 2007. p. 1153.

[491] LOUREIRO, Francisco Eduardo. *Código Civil comentado*: doutrina e jurisprudência. São Paulo: Manole, 2007. p. 1153.

[492] Segundo a melhor doutrina, *direito potestativo* é aquele que não corresponde a um dever da parte contrária, cabendo-lhe, tão só, sujeitar-se ao adversário, ainda que contrariamente ao seu interesse. Àquele que se vê diante de um *direito potestativo* torna-se a ele submisso — é um direito submetido à vontade do outro e contra o qual nada lhe é dado fazer. É um poder que alguém detém de, mediante vontade unilateral, produzir efeitos jurídicos na esfera jurídica alheia, independentemente de oposição. Dizer, portanto, que o consulente detém um *direito potestativo de construir* um muro quer significar apenas que os demandantes nada podem fazer para obstar tal pretensão, cabendo-lhes apenas se submeterem a ela.

resto, bastante tranquila nos tribunais nacionais, com precedentes do Supremo Tribunal Federal e do Superior Tribunal de Justiça.[493]

Confira-se o entendimento de Francisco Eduardo Loureiro, o qual se adapta perfeitamente ao caso que ora se examina:

> O parágrafo único do art. 1.302 do Código Civil alude à prerrogativa de o proprietário edificar ou levantar contramuro a qualquer tempo, ainda que tais obras vedem a claridade de aberturas e vãos abertos licitamente, com observância do que contém o art. 1.301 do Código Civil. Isso porque se tais aberturas, de um lado, preservam a privacidade alheia, não podem criar ônus de não construir ao proprietário vizinho. Se tal faculdade persiste em face de abertura ou fresta lícita, com maior dose de razão se aplica a janelas, terraços ou varandas abertas de modo ilícito, com inobservância da distância legal de 1,5 metro da linha divisória.[494]

Este também o entendimento de Cristiano Chaves de Farias e Nelson Rosenvald:

> Contudo, o impedimento [de o Judiciário deferir pretensão demolitória porque superado o prazo decadencial] não acarreta usucapião de servidão de luz contra o prejudicado, eis que também lhe é lícito construir junto à divisa, ainda que vede a claridade do vizinho (art. 1.302, parágrafo único, do CC). Vale dizer, aqui não há prazo decadencial

---

[493] Assim já se manifestava o Supremo Tribunal Federal: "Direito de vizinhança. Interpretação do art. 576 do Código Civil. Escoado o prazo de ano e dia a que alude o art. 576 do Código Civil, o proprietário do prédio vizinho ao em que se construiu a janela, sacada ou terraço sobre o seu, não poderá exigir do dono deste que os desfaça; não nasce, porém, para este servidão de luz por usucapião a prazo reduzido, razão por que aquele poderá construir junto à divisa, nos termos do §2º do art. 573 do mesmo Código, ainda que a construção vede claridade" (Supremo Tribunal Federal, Recurso Extraordinário nº 86.054, Tribunal Pleno, Relator Ministro Moreira Alves, *DJ*, 13 jun. 1977. Disponível em: <www.stf.gov.br>). Também no mesmo sentido o entendimento do Superior Tribunal de Justiça: "Nunciação de obra nova. Abertura de janela. Não se opondo o proprietário, no prazo de ano e dia, à abertura de janela sobre seu prédio, ficará impossibilitado de exigir o desfazimento da obra, mas daí não resulta seja obrigado ao recuo de metro e meio ao edificar nos limites de sua propriedade" (Superior Tribunal de Justiça, REsp nº 229.164, Relator Ministro Eduardo Ribeiro, *DJ*, 06 dez. 1999. Disponível em: <www.stj.gov.br>). O Tribunal de Justiça de Minas Gerais tem também posição firmada sobre o tema: "Ação demolitória. Construção vizinha. Art. 1.302 do Código Civil. Irregularidade no imóvel do autor. Improcedência do pedido inicial. Ainda que não possa o proprietário do imóvel pedir a demolição de obra vizinha em desacordo com a lei, após o prazo de ano e dia do término da construção, tem ele a faculdade de levantar sua casa ou muro, mesmo que vede a claridade de janela irregular situada no imóvel contíguo" (Tribunal de Justiça de Minas Gerais, Apelação Cível nº 1.0625.06.050513-2/001(1), Relator Desembargador Alvimar de Ávila, julgado em 31.01.2007. Disponível em: <www.tjmg.gov.br>).

[494] LOUREIRO, Francisco Eduardo. *Código Civil comentado*: doutrina e jurisprudência. São Paulo: Manole, 2007. p. 1153.

ao exercício do direito potestativo, pois a liberdade de edificar do proprietário é mantida, mesmo que culmine por suprimir os vãos e a abertura para luz realizada pelo vizinho.[495]

Em conclusão, diga-se que, não obstante ausente o direito de desfazer a obra irregular dos demandantes (construção de obra em desrespeito ao recuo legal de metro e meio), essa circunstância não impõe ao consulente o dever (negativo) de não construir um muro nos limites do seu imóvel, mesmo que tal ato importe em cortar a claridade ou a ventilação do imóvel dos demandantes. É, insista-se na ideia, a melhor interpretação que se obtém da leitura do parágrafo único do art. 1.302 do Código Civil em vigência. Ao edificar o muro nada mais fez o consulente que exercitar seu *direito potestativo*, razão pela qual aos demandantes cumpre apenas se submeterem à vontade dele.

2.2 A prova pericial

Ao consulente a prova pericial terá, sim, importância. Afinal, é seu o ônus de provar que o imóvel dos demandantes foi mesmo edificado de maneira irregular, em desatenção ao limite de metro e meio previsto na legislação material. Utilizando-se de *defesa substancial indireta*, cabe-lhe, destarte, a demonstração desse *fato impeditivo* (CPC, art. 333, II), o qual, caso realmente evidenciado, irá alterar as consequências jurídicas do fato (constitutivo) invocado pelos demandantes.

Obtendo sucesso nessa prova, restará claro que, apesar da construção do muro e a despeito dos supostos prejuízos causados aos demandantes em razão dele (fatos constitutivos, que conferem identidade à causa de pedir registrada na peça preambular), agiu o consulente legitimamente, isto é, simplesmente exerceu um direito que lhe autoriza construir, ainda que a obra vede a iluminação e/ou a ventilação do imóvel contíguo.

Sob o ângulo que ora se defende, pouco importa aos demandantes a demonstração do prejuízo que lhes fora causado pela edificação do muro. Será despicienda a prova dos danos que afirmam suportar, mas isso desde que o consulente tenha sucesso em comprovar o fato impeditivo que lhe beneficia. É que, consoante evidenciado, ainda que tenham sofrido os prejuízos que apontam na petição inicial, tal não

---

[495] FARIAS, Cristiano Chaves de; ROSENVALD, Nelson. *Direitos reais*. 5. ed. Rio de Janeiro: Lumen Juris, 2008. p. 474.

Lúcio Delfino
Direito Processual Civil – Artigos e Pareceres

implica ilícito por parte do consulente, pois o que fez foi apenas exercer um direito (*potestativo*). Os transtornos sofridos pelos demandantes não lhes servem de alicerce jurídico para obter a tutela específica pleiteada.

3 Respostas aos quesitos

1. Estava o consulente impedido de construir o muro, como efetivamente o construiu, a menos de metro e meio do imóvel dos demandantes?

Resposta: Apesar de não ter o consulente o direito de obter o desfazimento da obra irregular dos demandantes (construção de obra em desrespeito ao recuo legal de metro e meio), essa circunstância, todavia, não lhe impunha o "dever de não construir" (obrigação de não fazer) nos limites do seu imóvel, ainda que tal ato importe em cortar a claridade e/ou a ventilação do imóvel dos demandantes.

2. Apresenta-se necessária a produção de prova pericial à espécie?

Resposta: Sim, pois cumpre ao consulente demonstrar a irregularidade na obra construída pelos demandantes décadas atrás (fato impeditivo), em atentado ao limite de metro e meio previsto na lei material. Obtendo sucesso nessa prova, restará claro que, não obstante a construção do muro e a despeito dos supostos prejuízos causados aos demandantes em razão dele, agiu legitimamente, isto é, apenas exerceu um direito (potestativo) que lhe autoriza a construir, ainda que sua obra vede a iluminação e/ou a ventilação do imóvel contíguo.

Este o parecer, salvo melhor juízo.

Novembro de 2007.

3

O CONTRATO DE SEGURO E A RENOVADA POLÊMICA RELACIONADA À PREMEDITAÇÃO DO SUICÍDIO DEPOIS DA PUBLICAÇÃO DO CÓDIGO CIVIL DE 2002

EMENTA: Suicídio. Contrato de seguro de vida. Pertinência do debate sobre a premeditação do suicídio depois da vigência do atual Código Civil. Ônus da prova. Incidência de juros de mora e correção monetária.

Sumário: 1 A consulta – **2** O parecer – **2.1** O contrato de seguro de vida e o suicídio involuntário – **2.2** O art. 798 do Código Civil e o ônus da prova – **2.3** O direito à indenização – **2.4** Correção monetária e juros – **3** Respostas aos quesitos

1 A consulta

Honra-me o amigo, brilhante advogado e professor universitário, Dr. Paulo Leonardo Vilela Cardoso, ao apresentar-me consulta envolvendo interesse de uma de suas clientes. Esta se viu inserida abruptamente num trágico cenário que envolveu o suicídio de seu único filho. Ocorre que meses atrás ao funesto acontecimento, a *sociedade de advogados* (estipulante), à qual o falecido prestava serviços como estagiário, havia contratado *seguro de vida* (em grupo) com a pessoa jurídica PSCDSG — intitulada doravante simplesmente de *seguradora* —, e ali o inseriu na qualidade de *segurado principal*. A mãe do morto — doravante denominada de *cliente* — é a única beneficiária do aludido seguro. Postulada, então, administrativamente a indenização, a

304 | Lúcio Delfino
Direito Processual Civil – Artigos e Pareceres

seguradora, em resposta escrita, negou o pagamento. Esclareceu que o sinistro em referência não possui cobertura técnica, pois o suicídio deu-se nos dois primeiros anos do início de vigência do seguro. Fundou-se, para tanto, no que dispõe o art. 798 do Código Civil atual. Inconformada, a cliente solicitou à seguradora, também em documento escrito, fosse reavaliada aquela decisão, assentando seu pedido nas Súmulas nº 61 e nº 105, respectivamente do Superior Tribunal de Justiça e do Supremo Tribunal Federal. Mas a negativa persistiu, agora sob a fria explicação de que não haveria fatos novos que justificassem o reexame da primeira análise. Não obstante, a seguradora comprometeu-se em provisionar o pagamento da "assistência funeral", ainda que por mera liberalidade.

Concluído o relato, foi-me solicitado responder os seguintes quesitos:

1. O novo Código Civil realmente alterou o entendimento, doutrinário e jurisprudencial, dominante de que, não sendo premeditado o suicídio, é devido o pagamento da indenização?
2. Se negativa a resposta ao quesito anterior, a quem cabe o ônus da prova de que houve premeditação no suicídio?
3. Pela narrativa e documentos apresentados é possível afirmar se a cliente, única beneficiária do seguro, teria direito à indenização constante da apólice?
4. Considerando que a cliente tem mesmo o direito à indenização, a partir de quando lhe são devidos a correção monetária e os juros de mora?

Recebi cópias de diversos documentos, dentre eles a certidão de óbito, o certificado individual referente ao seguro contratado, os comprovantes do pagamento do prêmio, as solicitações formuladas à seguradora pela cliente e as correspondentes negativas.

Bem examinados a consulta e os documentos, sinto-me à vontade para responder os quesitos formulados, o que faço mediante o seguinte parecer.

2 O parecer

2.1 O contrato de seguro de vida e o suicídio involuntário

De todos os fatos a mim relatados, e também pela análise dos documentos que me foram entregues, algumas ilações são inquestionáveis: i) o valor de eventual indenização a ser paga à beneficiária é de R$20.000,00 (vinte mil reais); ii) vê-se, no certificado individual,

O Contrato de Seguro e a Renovada Polêmica Relacionada à Premeditação do Suicídio depois da Publicação... | 305

indicação expressa do início e término da vigência contratual, vale dizer, o período de 01.04.2007 a 31.03.2008; iii) o prêmio era pago pontualmente e nada ficara devido à seguradora na ocasião do suicídio; e iv) o suicídio realmente se deu nos dois primeiros anos de vigência do contrato de seguro.

A seguradora nega a pretensão da cliente (única beneficiária), e o faz fundada no argumento de que seria indevida a indenização postulada em decorrência da morte do segurado, haja vista que o suicídio dele se deu nos primeiros meses de vigência do contrato de seguro. Resiste, portanto, com alicerce no art. 798 do atual Código Civil, positivado nos seguintes termos:

> Art. 798. O beneficiário não tem direito ao capital estipulado quando o segurado se suicida nos primeiros dois anos de vigência inicial do contrato, ou da sua recondução depois de suspenso, observado o disposto no parágrafo único do artigo antecedente.
> Parágrafo único. Ressalvada a hipótese prevista neste artigo, é nula a cláusula contratual que exclui o pagamento do capital por suicídio do segurado.

Resta saber se a exegese atribuída pela seguradora ao dispositivo *supra* é realmente a mais adequada. Se assim for, adiante-se, cairá por terra toda a evolução jurisprudencial sobre o assunto, a qual se encontra atualmente sintetizada em súmulas do Supremo Tribunal Federal e do Superior Tribunal de Justiça.[496]

Era mesmo sereno o entendimento de que o contrato de seguro de vida cobre o suicídio, ressalvada a hipótese de premeditação.[497] Afinal, é da própria essência do instituto a cobertura somente de *fatos acidentais*, alheios à vontade do contratante. Fugiria decerto a essa lógica o pagamento pelas seguradoras de indenização decorrente de fato causado conscientemente pelo próprio contratante, que assim

---

[496] Estes os teores das súmulas referidas, respectivamente oriundas do Superior Tribunal de Justiça e do Supremo Tribunal Federal: "Súmula nº 61: O seguro de vida cobre o suicídio não premeditado". "Súmula nº 105: Salvo se tiver havido premeditação, suicídio do segurado no período contratual de carência não exime o segurador do pagamento do seguro".

[497] Washington de Barros Monteiro define com precisão o suicídio involuntário, além de bem situar o entendimento doutrinário e pretoriano que vigia antes da publicação do Código Civil de 2002: "Involuntário é o suicídio praticado em razão de força irresistível, sob o impulso de insopitável violência de ordem física ou moral, que lhe retira a natureza de ato livre, caracterizando-se como produto de força maior. Cláusula que exclua a indenização no suicídio involuntário é inoperante, porque contrária à própria finalidade econômica e específica do contrato de seguro" (MONTEIRO, Washington de Barros. *Curso de direito civil*: direito das obrigações. 32. ed. São Paulo: Saraiva, 2000. v. 5, 2ª parte, p. 354-355).

tenha agido com evidente objetivo fraudatório. Sem contar que tal possibilidade fomentaria duplamente o ilícito: de um lado, incentivaria indivíduos decididos a cometer suicídio a celebrarem contratos de seguro a fim de garantir a subsistência de amigos e familiares; de outro alimentaria o próprio ideal de extinção da própria vida, ato que a sociedade tão veemente reprova.[498]

Basicamente o presente parecer gira em torno da indagação: teria o legislador realmente estabelecido um prazo — dois anos — em que as seguradoras estariam imunes ao pagamento da indenização, ainda na hipótese de suicídio não premeditado? Positiva a resposta, algumas conclusões, de imediato, surgem à mente: i) o suicídio, premeditado ou não, praticado no "prazo de carência" não seria indenizável; ii) o suicídio praticado após o "prazo de carência", premeditado ou não, seria indenizável; e iii) perdeu sentido, completamente, a discussão sobre a ocorrência ou não de premeditação.[499]

Curioso é que realmente parece ter sido essa a *intenção do legislador*. Numa *interpretação gramatical* não é possível extrair do enunciado outro sentido, que não aquele indicado pela própria seguradora ao negar a indenização à cliente. Talvez o art. 798 represente fruto de pressões (*lobismo*) exercidas no Parlamento por grupos organizados que lucram com a venda de seguros, estratégia bem-sucedida como se constata pela exatidão da norma, e cujo propósito maior voltou-se a desbancar o entendimento pretoriano tranquilo formado a respeito do tema.

Mas o intérprete no Estado Democrático de Direito não deve se contentar com a literalidade da norma, e muito menos com a intenção do legislador. Antes, há de confrontá-la com a tábua axiológica que rege a sociedade contemporânea, questionar sua constitucionalidade e, se necessário, imprimir-lhe sentido que se coadune com os direitos fundamentais e princípios constitucionais. É seu dever interrogar a norma, dela desconfiar, perquirir a sua intimidade com os valores fundamentais, notadamente numa época em que tanto se questionam

---

[498] ALMEIDA, J. C. Moitinho de. *O contrato de seguro no direito português e comparado*. Lisboa: Livraria Sá da Costa, 1971. p. 383.

[499] Nesta linha, o entendimento de Ernesto Tzirulnik: (...) "a norma veio com o objetivo de pôr fim ao debate, estabelecendo o critério de carência de dois anos para garantia do suicídio. (...) não se discute mais se houve ou não premeditação, se foi ou não voluntário. Justifica-se este lapso temporal pelo fato de que é inimaginável que alguém celebre contrato de seguro 'premeditando' o suicídio dois anos à frente" (TZIRULNIK, Ernesto; CAVALCANTI, Flávio; PIMENTEL, Ayrton. *O contrato de seguro de acordo com o Código Civil brasileiro*. 2. ed. São Paulo: Revista dos Tribunais, 2003. p. 188).

os resultados oriundos de *democracias representativas*. Trata-se de um ativismo voltado a conferir valor às normas infraconstitucionais, desvelando-lhes significados que se harmonizem com a Carta Magna, preocupação indispensável para se afiançar a própria legitimidade da decisão judicial.[500]

 É pertinente, neste rumo, a feliz lição de Nagibe de Melo Jorge Neto:

> A sociedade pós-moderna não precisa mais da proteção contra os arbítrios do soberano, por meio de leis aprovadas pelos representantes do povo. Precisa, sim, de proteção contra a instrumentalização do direito e das leis em favor dos mercados, em favor das minorias abastadas. As leis devem guardar compatibilidade com a Constituição, mas não uma compatibilidade meramente formal, falamos de uma compatibilidade ético-axiológica. Além disso, o próprio Estado deve pautar suas condutas, deve promover políticas públicas capazes de cumprir a pauta valorativa estabelecida pela Constituição. Uma separação de poderes nos moldes preconizados pelo Iluminismo não é mais capaz de responder a esses desafios porque a lei não é mais um valor em si mesma. O ideal de representação popular foi levado de roldão com todas as certezas

---

[500] Leciona Sergio Fernando Moro que não se pode entender democracia sob uma visão exclusivamente *procedimentalista*, sob pena de ser impossível a compatibilidade dela com a jurisdição constitucional. Se a democracia for definida apenas como um processo de tomada de decisões, no qual deve ser ampla a influência da vontade popular, então a jurisdição constitucional dificilmente poderá ser considerada instituição democrática (MORO, Sérgio Fernando. *Jurisdição constitucional como democracia*. São Paulo: Revista dos Tribunais, 2004. p. 115). No mesmo rumo de entendimento, leciona José Herval Sampaio Júnior: "Entender a democracia limitada à participação hoje universal do cidadão na escolha de seus representantes nos Poderes Legislativo e Executivo é ir de encontro à necessidade da efetividade dos direitos e garantias fundamentais, o que representa uma quebra de todo o movimento de constitucionalização do Direito e minimiza a própria importância do cidadão, fazendo do processo jurisdicional um faz-de-conta. Democracia só existe quando os direitos dos cidadãos são cumpridos. Imaginar, por exemplo, que o direito à liberdade do cidadão em todos os sentidos não é respeitado pelo poder público significa dizer que, nesse caso, não há que se falar em Estado Democrático. Não se pode admitir — a partir da ideia de que em uma democracia deve sempre prevalecer a vontade da maioria — que se descumpram os direitos e garantias fundamentais do cidadão" (SAMPAIO JÚNIOR, José Herval. *Processo constitucional*: nova concepção de jurisdição. São Paulo: Método, 2008. p. 92-93). Não bastam, no Estado Democrático de Direito, um adequado procedimento e a própria participação em igualdade de condições das partes no processo para se legitimar a decisão judicial. *Por certo que a legitimidade da jurisdição e da própria tutela jurisdicional está ineluntavelmente condicionada à observância do modelo constitucional do processo*. Entretanto, indispensável pensar-se numa *legitimidade pelo modelo* – categoria menor açambarcada pela *legitimidade pelo procedimento* –, algo que implica a participação dialógica entre parte e contraparte (contraditório) segundo um discurso hermenêutico pautado nas normas constitucionais. Em cooperação, litigantes e juiz atribuem conteúdo exegético aos textos normativos conforme parâmetros obtidos à luz da Constituição.

da modernidade. Hoje, a ciência política discute o poder dos grupos de pressão econômica, a captura das agências reguladoras e do próprio aparelho estatal pelo mercado.[501]

Ainda que não se vislumbre inconstitucionalidade no art. 798 do Código Civil — o que não parece acertado, sublinhe-se desde já —, compreendê-lo friamente, apenas com foco em sua grafia, alheio à sistematização do ordenamento jurídico, em desatenção especialmente para com a disciplina do seguro, é andar de mãos dadas com a injustiça. Mas nem de longe é absurdo, de outro turno, aperceber-se que tal dispositivo realmente atenta à Constituição, sobretudo ao *direito fundamental à tutela jurisdicional adequada* (CF/88, art. 5º, XXXV). Afinal, vale-se a norma infraconstitucional de um *critério objetivo-temporal*, estranho, salvo melhor juízo, à proporcionalidade, fincado exclusivamente no tempo, e, de tal sorte, cria um prazo de carência que *exclui* peremptoriamente o direito à indenização pelo beneficiário do seguro quando o segurado suicidar-se nos primeiros dois anos de vigência inicial do contrato. A norma, com toda a evidência, intenta eliminar a possibilidade de *tutela jurisdicional ressarcitória* sempre que o suicídio ocorrer naqueles dois primeiros anos da contratação.

A pecha de inconstitucionalidade também é oriunda de uma lesão explícita que o tal art. 798 acomete ao *postulado da proporcionalidade*.[502] Embora haja *adequação* entre o fim perseguido pela aludida regra (evitar fraudes) e a implicação da qual se vale para tanto (eliminação do direito de o beneficiário receber o capital estipulado quando o suicídio se der nos dois primeiros anos do contrato), vislumbra-se, de seu teor, que o legislador fez opção por uma consequência demasiada excessiva (vedação do excesso) e que atenta contra a *proporcionalidade em sentido estrito*. Ou dito de maneira diversa: i) há meio alternativo menos gravoso para se chegar ao mesmo resultado pretendido pela norma (consoante se demonstrará neste parecer); e ii) o que se perde com a medida (o direito à indenização securitária por parte do beneficiado no prazo de carência) é de maior relevo do que aquilo que se ganha com ela (minimização da possibilidade de fraudes contra as seguradoras).[503]

---

[501] JORGE NETO, Nagibe de Melo. *O controle judicial das políticas públicas*: concretizando a democracia e os direitos sociais fundamentais. Salvador: JusPodivm, 2008. p. 64.

[502] Apesar de o *postulado da proporcionalidade* não se situar explicitamente positivado no bojo da Constituição Federal, ali se encontra de maneira implícita, sobretudo no art. 5º, *caput* e inciso LIV. A Constituição do Estado de Minas Gerais, entretanto, o prevê expressamente, em seu art. 13.

[503] Segundo leciona Luís Roberto Barroso, o *postulado da proporcionalidade* "permite ao Judiciário invalidar atos legislativos ou administrativos quando: a) não haja adequação entre o

Não bastasse, o art. 798 ignora toda a importante construção doutrinária e jurisprudencial, que distingue as hipóteses de suicídio voluntário e involuntário, elaborada anteriormente à sua vigência sobretudo a fim de imprimir justiça às decisões, e assim evitar enriquecimento sem causa a qualquer dos contratantes. Ignora, portanto, um dos elementos essenciais ao contrato de seguro, a saber, a própria boa-fé, e, por conseguinte, marginaliza a importância deste ângulo de análise para se definir se uma determinada situação fática realmente autoriza, ou não, a concessão da indenização.

É imperativo, portanto, que a questão seja enfrentada sob um enfoque que não se atente exclusivamente à literalidade da norma, e se preze por uma interpretação sistemática do ordenamento jurídico. Consciente de que é essa a melhor alternativa, solução não há, a não ser compreender o dispositivo em consonância com toda aquela construção doutrinária e pretoriana já referida, somando-se apenas uma ou outra novidade.

É essa também a impressão do jurista Leone Trida Sene:

> Não acreditamos que uma norma legal, mesmo editada validamente, tenha o condão de modificar, da noite para o dia, todo o entendimento doutrinário e jurisprudencial firmado ao longo de quase cem anos. O fato de se estabelecer, por meio de lei, um prazo de carência, não modifica em nada a realidade fática do suicídio involuntário, que continua sendo produto de uma depressão profunda ou de alienação mental, que retira do indivíduo todo e qualquer controle sobre suas ações, o levando ao cometimento de atos absolutamente impensados em seu estado normal.[504]

Tenha-se em mente, de início, que o seguro é contrato pelo qual o segurador se obriga, mediante o pagamento do prêmio, a garantir interesse legítimo do segurado, relativo à pessoa ou à coisa, contra

---

fim perseguido e o instrumento empregado (adequação); b) a medida não seja exigível ou necessária, havendo meio alternativo menos gravoso para chegar ao mesmo resultado (necessidade/vedação do excesso); c) não haja proporcionalidade em sentido estrito, ou seja, o que se perde com a medida é de maior relevo do que aquilo que se ganha (proporcionalidade em sentido estrito). O princípio pode operar, também, no sentido de permitir que o juiz gradue o peso da norma, em uma determinada incidência, de modo a não permitir que ela produza um resultado indesejado pelo sistema, assim fazendo a justiça do caso concreto" (BARROSO, Luís Roberto. *A nova interpretação constitucional*. 2. ed. Rio de Janeiro: Renovar, 2006. p. 362-363).

[504] SENE, Leone Trida. *Seguro de pessoas*: negativas de pagamento das seguradoras. Curitiba: Juruá, 2006. p. 171.

riscos predeterminados (CC/02, art. 757). São seus elementos essenciais: o risco, a mutualidade e a boa-fé.[505]

No que diz respeito a este parecer, reforce-se a ideia, interessa mais de perto o terceiro elemento, vale dizer, a boa-fé,[506] que necessariamente deve integrar as condutas dos contratantes. Aliás, existe expressa disposição legal em tal sentido prevista no Código Civil:

> Art. 765. O segurado e o segurador são obrigados a guardar na conclusão e na execução do contrato, a mais estrita boa-fé e veracidade, tanto a respeito do objeto como das circunstâncias e declarações a ele concernentes.

É a boa-fé, portanto, critério de lealdade e ética negocial, indispensável à variedade de negócios jurídicos, sobretudo ao contrato de seguro em face de suas peculiaridades. Sua disciplina legal encontra-se não apenas no Código Civil (CC/02, art. 422), senão ainda no Código de Defesa do Consumidor (CDC, arts. 4º, III; 6º, III e IV; 54, §§3º e 4º).

Ainda sobre a boa-fé como elemento indispensável ao seguro, é valiosa a lição de Sérgio Cavalieri Filho:

> Chegamos, finalmente, ao terceiro e mais importante elemento do seguro — a boa-fé —, que é também o seu elemento jurídico. Risco e mutualismo jamais andarão juntos sem a boa-fé. Onde não houver boa-fé o seguro se torna impraticável. Se nos fosse possível usar uma imagem, diríamos que a boa-fé é a alma do contrato de seguro, o seu verdadeiro sopro de vida. E assim é em decorrência de suas próprias características,

---

[505] Nas palavras de Sérgio Cavalieri Filho estes três elementos essenciais do seguro representam verdadeira trilogia, espécie de "santíssima trindade" (CAVALIERI FILHO, Sérgio. *Programa de responsabilidade civil*. 8. ed. São Paulo: Atlas, 2008. p. 418).

[506] Sobre a boa-fé como elemento essencial ao contrato de seguro, confira-se a lição abalizada de Claudio Luiz Bueno de Godoy: "Este artigo (CC/02, art. 765), em redação mais ampla que a do art. 1.443 do Código anterior, mas tal qual lá já se pretendia, exige de maneira muito especial que, no contrato de seguro, ajam as partes com probidade e lealdade. Isso porque (...) o seguro encerra contrato essencialmente baseado na boa-fé. Lembre-se de que, no seguro, contrata-se uma garantia contra um risco, qual seja, o de acontecimentos lesivos a interesse legítimo do segurado, mediante o pagamento de um prêmio, tudo fundamentalmente calculado com base nas informações e declarações das partes, cuja veracidade permite uma contratação que atenda a suas justas expectativas. É uma equação que leva em conta a probabilidade de ocorrência do evento que será garantido, assim se impondo estrita observância à boa-fé dos contratantes, especialmente em suas informações e declarações, para que ambos tenham sua confiança preservada na entabulação". E conclui o civilista: "Em rigor, o presente dispositivo repete, para o contrato de seguro, a mesma exigência que, em geral, o Código estabeleceu, no art. 422, para todos os contratos, ocupando-se, porém, de especificá-lo no seguro, dada sua característica intrínseca de especial dependência da veracidade das partes para que a contratação se ostente equânime e solidária" (GODOY, Claudio Luiz Bueno de; PELUSO, Cezar (Coord.). *Código Civil comentado*: doutrina e jurisprudência. São Paulo: Manole, 2007. p. 632).

O Contrato de Seguro e a Renovada Polêmica Relacionada à Premeditação do Suicídio depois da Publicação... | 311

já examinadas: se o seguro é uma operação de massa, sempre realizada em escala comercial e fundada no estrito equilíbrio da mutualidade; se não é possível discutir previamente as duas cláusulas, uniformemente estabelecidas nas condições gerais da apólice; enfim, se o seguro, para atingir a sua finalidade social, tem que ser rápido, eficiente, não podendo ficar na dependência de burocráticos processos de fiscalização, nem de morosas pesquisas por parte das seguradoras, então, a sua viabilidade depende da mais estrita boa-fé de ambas as partes. Se cada uma não usar de veracidade, o seguro se torna impraticável.[507]

Decerto que ulcera a cláusula de boa-fé aquele (segurado) que pratica o suicídio conscientemente. Age com deslealdade e sua premeditação favorece a seguradora, que fica exonerada da obrigação de indenizar o beneficiário do contrato (CC/02, art. 768). Insista-se que a interpretação do art. 798 do Código Civil não pode desconsiderar a análise sobre a premeditação do suicídio, porquanto diretamente relacionada à boa-fé, elemento essencial ao contrato de seguro — afinal, como exalta Sérgio Cavalieri Filho, é ela a "alma do contrato de seguro". Com a devida vênia àqueles que assim não pensam, advogar a impertinência de se discutir a premeditação do suicídio posteriormente à vigência do Código Civil atual, em apego exclusivo a um critério objetivo-temporal, é demonstrar desconhecimento sobre os mais comezinhos princípios que assentam o seguro, é assumir posição partidária em prol das seguradoras que não encontra respaldo no ordenamento jurídico — muito pelo contrário, as partes vulneráveis de tal relação são o segurado e o beneficiado, e em salvaguarda deles deve o intérprete nortear seu raciocínio, tendo-se em vista que os contratos de seguro também são disciplinados pela Lei nº 8.078/90, que é assumidamente protecionista, elaborada com o propósito de concretizar o comando constitucional que obriga o Estado a promover a defesa do consumidor (CF/88, art. 5º, XXXII).

É, portanto, pertinente a discussão acerca da premeditação do suicídio, mesmo depois da vigência do atual Código Civil, e assim pela simples razão de que o debate encontra-se em sintonia direta com a boa-fé, elemento essencial aos contratos de seguro. Não é suficiente, destarte, focar-se o raciocínio apenas no critério objetivo-temporal, inserto pelo art. 798 do Código Civil, para definir se aquele, beneficiário de seguro de vida, tem direito ou não à indenização, pelo suicídio

---

[507] CAVALIERI FILHO, Sérgio. *Programa de responsabilidade civil*. 8. ed. São Paulo: Atlas, 2008. p. 430.

do segurado. A atividade cognitiva deve abranger também o critério subjetivo, vale dizer, cumpre ao juiz examinar se efetivamente o suicídio foi voluntário e, por conseguinte, se existiu premeditação por parte do segurado. Ambos os critérios, objetivo-temporal (carência bienal) e subjetivo (ausência ou não de premeditação), analisados em conjunto, é que servirão de base sólida para se definir se o beneficiário detém mesmo direito ao capital estipulado.[508]

A nova regra há de ser interpretada, enfim, no sentido de que, superados os primeiros dois anos de vigência do seguro, *presume-se* que o suicídio não tenha sido voluntário. Se, todavia, ocorrer antes da consumação do prazo, *presume-se* que fora, em tal caso, consciente. Obviamente, são presunções relativas, e ambas podem ser quebradas: na primeira hipótese, cumpre à seguradora demonstrar que o segurado suicidou-se munido da intenção de beneficiar terceiro com o pagamento da indenização; na derradeira, é ônus do terceiro beneficiado a prova de que o suicídio não foi consciente, isto é, cabe-lhe demonstrar a ausência de premeditação. O art. 798, portanto, além de estabelecer um novo critério (objetivo-temporal), estabeleceu nova dinâmica ao ônus relativo à prova do critério subjetivo, ora o direcionando à seguradora, ora ao beneficiário.

A exegese proposta, que já encontra respaldo em boa doutrina e jurisprudência, afina-se com a disciplina legal do contrato de seguro, incorpora a indispensabilidade de condutas pautadas na boa-fé por parte daqueles que entabulam negócios jurídicos, e dribla proporcionalmente intenções fraudulentas.

2.2 O art. 798 do Código Civil e o ônus da prova

Indaga o consulente a quem cabe demonstrar a ocorrência de premeditação em processo judicial, cujo mérito discute-se eventual direito à indenização securitária por morte decorrente de suicídio. A resposta a este quesito também já foi anunciada no tópico anterior. Merece, entretanto, reforço de mais algum subsídio.

Ali se indicou a melhor exegese a ser conferida ao art. 798 do Código Civil: superados os primeiros dois anos de vigência do seguro,

---

[508] Portanto, se comprovada a premeditação do segurado e, por conseguinte, que seu suicídio foi consciente, elide-se a obrigação de indenizar da seguradora, naturalmente porque a hipótese se enquadra perfeitamente como "fato exclusivo do segurado", excludente da responsabilidade civil — lembre-se que o art. 768 do Código Civil estabelece que o "segurado perderá o direito à garantia se agravar intencionalmente o risco objeto do contrato".

presume-se que o suicídio não fora voluntário; se, todavia, ocorrer antes da consumação do prazo, *presume-se* que tenha sido voluntário. Na primeira hipótese, é da seguradora o ônus de provar que o segurado suicidou-se imbuído da intenção de favorecer terceiro (*fato impeditivo* do direito do demandante), e assim superar a presunção que lhe é desfavorável; na última, cumpre ao terceiro beneficiado o ônus de demonstrar que o suicídio não foi consciente, e que, portanto, inexistiu premeditação, evidência que quebrará a presunção que se apresenta contrária aos seus interesses.[509] Consoante assinalado anteriormente, o art. 798, além de instituir um novo critério (objetivo-temporal), estabeleceu nova dinâmica ao ônus da prova no que toca ao critério subjetivo, ora direcionando-o à seguradora, ora ao beneficiário.

A interpretação que se sugere encontra-se em sintonia com o Enunciado 187, da III Jornada de Direito Civil, cuja elaboração coube ao Conselho de Justiça Federal. Confira-se:

> Enunciado 187: No contrato de seguro de vida, presume-se, de forma relativa, ser premeditado o suicídio cometido nos dois primeiros anos de vigência da cobertura, ressalvado ao beneficiário o ônus de demonstrar a ocorrência do chamado "suicídio involuntário".

Em conclusão, naquelas hipóteses, como a retratada no presente parecer, em que o suicídio tenha ocorrido nos dois primeiros anos de vigência do contrato de seguro, *presume-se* a voluntariedade do suicídio, cumprindo ao beneficiário, por consequência, o ônus de provar a ausência de premeditação, isto é, que o suicídio não foi consciente.

2.3 O direito à indenização

O terceiro questionamento é direcionado às particularidades fáticas do caso concreto. Indaga o consulente se há possibilidade

---

[509] Com algum contraste, é esta, na essência, a lição do festejado processualista, José Rogério Cruz e Tucci, em elegante e indispensável ensaio sobre o tema: (...) "antes do término da 'carência legal', prevista no art. 798 do Código Civil, a referida cláusula somente será eficaz se a seguradora-ré adimplir o ônus subjetivo, ditado pelos arts. 333, II, do Código de Processo Civil, e 6º, VIII, do Código de Defesa do Consumidor, produzindo prova do fato impeditivo do direito do demandante, vale dizer, da premeditação do contratante; e (...) depois de 2 anos da contratação do seguro, o suicídio é involuntário (i. é, jamais pode ser considerado premeditado); e, nessa hipótese, a cláusula de não indenizar, independentemente das circunstâncias do suicídio, desponta sempre ineficaz" (TUCCI, José Rogério Cruz e. *Suicídio involuntário e tendência pretoriana.* Disponível em: <www.tex. pro.br>. Acesso em: 1º out. 2008).

de afirmar se a cliente, única beneficiária do seguro, teria direito à indenização constante da apólice, tendo-se em vista a narrativa apresentada e os documentos examinados. Salvo algum fato novo que desconheço, parece-me bastante difícil defender premeditação no caso sob exame. Assim o é porque não foi o falecido quem contratou o seguro de vida, e sim a sociedade de advogados na qual exercia suas atividades. Trata-se, portanto, de *contrato de seguro de vida em grupo*. Ora, não me parece adequado pensar-se em premeditação quando não era intenção do falecido sequer contratar seguro de vida.

A própria indenização pleiteada, de outro lado, apresenta valor irrisório. Não representa importância que trará grandes benefícios à cliente, naturalmente por possuir vida econômica já estruturada. Conquanto inexista valor monetário que se possa atribuir à vida, natural concluir que alguém, disposto a eliminá-la munido de ideais espúrios, o fará somente quando certo de que a contrapartida pecuniária realmente trará algum benefício satisfatório a terceiro(s). Adequado, também por esta razão, crer que a presunção de predeterminação não se manterá, e que, portanto, a fatalidade ocorreu por perturbações mentais (depressão, por exemplo) que infringiam o falecido.

Outra particularidade importante é o fato de que a apólice em exame tem vigência limitada de um ano apenas — a contratação se deu pelo período de 01.04.2007 a 31.03.2008. Ora, advogar o entendimento do qual se vale a seguradora para recusar o pagamento do capital estipulado à cliente é simplesmente negar absoluta eficácia ao contrato examinado em caso de suicídio. Se não é coerente defender a exegese extraída da literalidade do art. 798 na generalidade dos casos concretos, tampouco o é, até por atentado à lógica, naqueles cuja vigência contratual é inferior a dois anos. Em tais hipóteses ainda com maior vigor justifica-se a discussão sobre a voluntariedade ou não do autoextermínio.

É crível, ademais, admitir-se que um estudante de direito, decidido a suicidar-se para assegurar algum benefício a terceiro, certamente tomaria o cuidado de ler, refletidamente, o contrato, bem assim de examinar as orientações doutrinárias e jurisprudenciais que vêm se formando sobre o tema depois da publicação do Código Civil de 2002. Compreenderia, por conseguinte, os riscos de sua estratégia frustrar-se e provavelmente não se arriscaria a descartar sua vida por nada. É bastante racional tal conclusão, afinal, premeditação denota um agir consciente, pensado e bem elaborado, com a antecedência necessária para se evitar surpresas.

2.4 Correção monetária e juros

Definido o real alcance do art. 798 do Código Civil, bem assim o direito da cliente em receber o capital estipulado, cumpre estabelecer a partir de quando deve incidir a correção monetária e os juros de mora.

Sabe-se que a correção monetária — disciplinada pela Lei nº 6.899/81 — traduz-se num ajuste periódico de valores financeiros destinado a manter o poder aquisitivo da moeda vigente no País, atenuando-se os efeitos de sua desvalorização. Na seara jurisdicional, a atualização monetária é elemento indispensável, a ser sempre considerada na prolação de sentenças condenatórias, ainda que inexistente pedido expresso na petição inicial — é uma das hipóteses de "pedido implícito" (CPC, art. 293). Por meio dela compensa-se eventual desvalorização referente à importância monetária atribuída a título de condenação, mantém-se o poder aquisitivo do dinheiro desvalorizado, imperativo de ordem ética e jurídica que assegura a obtenção integral e real da reparação, e isso sem privilegiar ou punir quaisquer das partes envolvidas.[510]

Creio acertada a posição daqueles que advogam a incidência da correção monetária a partir da data da apólice e não propriamente da morte.[511] Ocorrente o evento danoso implementa-se *condição suspensiva* prevista contratualmente, a qual confere ao segurado (ou beneficiário) o direito de perceber a indenização contratada. Inerte a seguradora ainda que notificada, não parece haver dúvida, portanto, de que a correção monetária há de incidir desde a data da apólice, sobretudo por não representar acréscimo à indenização, mas unicamente compensação relativa à desvalorização sofrida pela moeda num dado período.[512]

Enfrente-se, agora, a questão referente aos juros de mora. Sua finalidade é a de remunerar o retardo no pagamento de uma determinada dívida. Esclareça-se que no caso não há se falar em termo, e assim a mora se constitui apenas mediante interpelação judicial ou

---

[510] WALD, Arnoldo. Correção monetária de condenação judicial em ação de responsabilidade civil. *Revista de Processo*, São Paulo, v. 104, n. 26, p. 133-149, out./dez. 2001.

[511] Entre outros, conferir, neste sentido, a abalizada lição de Leone Trida Sene: *Seguro de pessoas*: negativas de pagamento das seguradoras. 2. ed. Curitiba: Juruá, 2009.

[512] Elucidativo, a respeito do tema, recorte extraído da ementa de acórdão proferido pelo Superior Tribunal de Justiça: "O termo inicial da correção monetária no caso do seguro de morte facultativo é a partir da data da apólice e não da morte do segurado, a fim de ser garantido o pagamento da indenização em valores monetários reais, sobretudo porque, como na hipótese, a seguradora, quando recebeu os prêmios mensais por mais de dezoito meses, fazia com que, mês a mês, incidissem índices de correção sobre os valores pagos" (Superior Tribunal de Justiça, REsp nº 176.618/PR, Quarta Turma, Relator Ministro César Asfor Rocha, julgado em 18.05.2000. Disponível em: <www.stj.jus.br>. Acesso em: 1º out. 2008).

extrajudicial (CC/02, art. 397, parágrafo único). É bem verdade que a cliente interpelou extrajudicialmente a seguradora, e esta negou a cobertura securitária (e o fez no prazo de trinta dias). Sem dúvida que tal negativa denota ilícito contratual, cuja comprovação não dispensa o reconhecimento judicial de que a inexecução contratual se deu por culpa da seguradora.

Atento às circunstâncias que caracterizam o caso em exame, parece-me certo afirmar que os juros de mora serão devidos a partir da (resposta) negativa da seguradora em pagar o capital estipulado, dirigida à cliente depois que esta interpelou aquela extrajudicialmente (CC/02, art. 397, parágrafo único).[513] Incidirá na condenação juros à base de 1% (um por cento) ao mês, na forma do que estabelece o art. 406 do Código Civil e o art. 161, §1º, do Código Tributário Nacional.

3 Respostas aos quesitos

1. O novo Código Civil realmente alterou o entendimento, doutrinário e jurisprudencial, dominante de que, não sendo premeditado o suicídio, é devido o pagamento da indenização?

---

[513] Adota-se, aqui, orientação doutrinária elaborada por Leone Trida Sene. Confira-se sua lição: "Segundo o estatuído no art. 397 do CC, 'o inadimplemento de obrigação, positiva e líquida, no seu termo, constitui de pleno direito em mora o devedor'. No caso do contrato de seguro, como inexiste um termo previamente fixado para o cumprimento da obrigação, posto que o mesmo depende de fato futuro e incerto, adota-se a regra do parágrafo único desse mesmo artigo, isto é, 'não havendo termo, a mora se constitui mediante interpelação judicial ou extrajudicial'. Judicialmente, é a citação que tem o condão de colocar em mora o segurador, contando, pois, os juros a partir da mesma (CC, art. 405). Extrajudicialmente, configurar-se-á a mora, com a notificação do segurador. Trata-se da denominada *mora ex persona*. Por óbvio, então, somente diante do caso concreto é que será possível definir o termo inicial da contagem dos juros. Consideremos, pois, três hipóteses: 1ª: Sem ter comunicado o sinistro à seguradora, o segurado/beneficiário propõe ação judicial de cobrança. Neste caso, a seguradora somente foi cientificada de seu dever de cumprir o contratado, isto é, somente foi constituída em mora por oportunidade da citação. 2ª: Com o advento do sinistro, o segurado/beneficiário faz a devida comunicação do mesmo. Dentro do prazo contratual, em regra 30 dias, a seguradora decide negar o pagamento. Proposta a ação de cobrança, o termo inicial da contagem do prazo será a data da negativa da seguradora, pois, com a comunicação do sinistro nasceu a obrigação de adimplir o seguro dentro do prazo previsto em contrato ou regulamento da Susep. Assim, com a resposta negativa da seguradora, esta fica constituída em mora. 3ª: Com o advento do sinistro, o segurado/beneficiário faz a devida comunicação do mesmo. Depois do prazo previsto em contrato para o cumprimento de sua obrigação, a segurador nega o pagamento da indenização/capital segurado. Neste caso, como a seguradora ultrapassou o prazo que dispunha para fazer o pagamento, o termo *a quo* para a contagem dos juros, em caso de ação julgada procedente, será a data limite que tinha a seguradora para adimplir o contrato. Em suma, há de se perquirir no caso concreto quando o segurador foi constituído em mora" (SENE, Leone Trida. *Seguro de pessoas*: negativas de pagamento das seguradoras. 2. ed. Curitiba: Juruá, 2009. p. 232-233).

O Contrato de Seguro e a Renovada Polêmica Relacionada à Premeditação do Suicídio depois da Publicação...

Resposta: Houve, sim, alguma mudança, mas, em sua essência, o entendimento permanece idêntico. É, pois, ainda pertinente a discussão sobre a premeditação do suicídio em processos judiciais nas quais o terceiro beneficiado pretende obter a indenização contratada.

2. Se negativa a resposta ao quesito anterior, a quem cabe o ônus da prova de que houve premeditação no suicídio?

Resposta: O art. 798 do Código Civil deve ser interpretado no sentido de que, superados os primeiros dois anos de vigência do seguro, *presume-se* que o suicídio não tenha sido voluntário. Se, todavia, ocorrer antes da consumação do prazo, *presume-se* que fora ele consciente. Obviamente, são presunções relativas, e ambas podem ser superadas: na primeira hipótese, cumpre à seguradora demonstrar que o segurado suicidou-se munido da intenção de beneficiar terceiro com o pagamento da indenização; na derradeira, é ônus do terceiro beneficiado a prova de que o suicídio não foi consciente, vale dizer, que não houve premeditação. O art. 798, portanto, além de estabelecer um novo critério (objetivo-temporal), impôs renovada dinâmica ao ônus de se provar o critério subjetivo, ora o atribuindo à seguradora, ora ao beneficiário.

3. Pela narrativa e documentos apresentados é possível afirmar se a cliente, única beneficiária do seguro, teria direito à indenização constante da apólice?

Resposta: Pela análise da narrativa e dos documentos que me foram apresentados, parece fora de dúvida o direito de a cliente perceber o benefício indenizatório.

4. Considerando que a cliente tem mesmo o direito à indenização, a partir de quando lhe são devidos a correção monetária e os juros de mora?

Resposta: A correção monetária é devida desde a data da apólice. Os juros de mora, por seu turno, são devidos a partir da (resposta) negativa da seguradora em pagar o capital estipulado, dirigida à cliente depois que esta interpelou aquela extrajudicialmente.

É o parecer, salvo melhor juízo.

Outubro de 2008.

4

ATO PROCESSUAL INCOERENTE ÀS FORMAS PREVISTAS NO ART. 690 DO CÓDIGO DE PROCESSO CIVIL (MODO DE PAGAMENTO DA ARREMATAÇÃO) E O PRINCÍPIO DA INSTRUMENTALIDADE DAS FORMAS

EMENTA: Embargos à arrematação fundados em lesão ao art. 690 do CPC. Pretensão de nulidade da arrematação. Princípio da instrumentalidade das formas. Ausência de nulidades se o ato, apesar de realizado contrariamente ao que impõe a lei, cumpriu sua finalidade. Impossibilidade de fixação de honorários de sucumbência quando o sucumbente não deu causa ao vício processual.

Sumário: 1 A consulta – **2** Parecer – **2.1** Ausência de interesse de agir – **2.2** Lesão ao art. 690 do Código de Processo Civil – Ausência de prejuízo ao devedor – **2.3** Blindagem do embargado contra a eventual condenação de honorários de sucumbência – **3** Conclusões

1 A consulta

Em 27.08.1998, O.J.C.L. aduz ter promovido "ação de execução" fundada em título executivo extrajudicial[514] em face do seu devedor

---

[514] A expressão "ação de execução" é utilizada entre aspas porque, como bem ensina Alexandre Freitas Câmara, a *ação*, em rigor, não tem nome (CÂMARA, Alexandre Freitas. *Escritos de direito processual*: segunda série. Rio de Janeiro: Lumen Juris, 2005. p. 321). Naturalmente, o atributo *execução* não diz respeito à *ação*, mas, sim, ao *procedimento* desenhado pelo legislador para propiciar a execução do direito de crédito perseguido. Tecnicamente correto falar-se em *procedimento executivo* e não em "ação executiva".

U.S.C., o qual, por sua vez, ajuizou em desfavor dele "ação de embargos do devedor", cujo pedido, todavia, foi julgado improcedente. A sentença proferida em sede de embargos foi confirmada pelo Tribunal de Justiça de Minas Gerais.

Em prosseguimento à execução, o imóvel penhorado, levado à hasta pública por 15 (quinze) vezes, não apresentou licitantes. Os litigantes firmaram, então, "Termo de Compromisso e Ajustamento", assinado por ambos e por duas testemunhas, mediante o qual acertaram a suspensão do processo de execução (autos nº 701.98.009.476-0) por 120 (cento e vinte) dias, isso para possibilitar ao devedor diligenciar e obter um melhor preço na alienação privada do imóvel. No mesmo instrumento, os litigantes ajustaram: "não sendo o imóvel alienado por iniciativa particular, será designada nova hasta pública após a suspensão do processo, sem nenhuma objeção jurídica, administrativa ou pessoal".

Mas a alienação particular tornou-se infrutífera e, uma vez mais, o juiz designou outra hasta pública. Desta vez, contudo, o imóvel acabou arrematado por duas sociedades empresárias. Ocorre que finda esta última hasta pública, o juiz, depois de consultado pelas arrematantes, autorizou a quitação do imóvel de forma parcelada e segundo os seguintes parâmetros: 25% no ato da arrematação; 25% no prazo de 30 dias; e 50% no ato de expedição da carta de arrematação.

Resultado: o devedor promoveu "ação de embargos à arremata-ção", alicerçada, em suma, na violação ao art. 690 do Código de Processo Civil. Postulou, enfim, a nulidade da arrematação. Em síntese, estes os argumentos por ele utilizados: i) a arrematação far-se-á por meio do pagamento imediato do preço pelo arrematante ou, no prazo de 15 (quinze) dias, mediante caução (CPC, *caput* do art. 690); ii) tratando-se de bem imóvel, quem estiver interessado em adquiri-lo em prestações poderá apresentar por escrito sua proposta, nunca inferior à avaliação, com oferta de pelo menos 30% (trinta por cento) à vista, sendo o restante garantido por hipoteca sobre o próprio imóvel (CPC, art. 690, §1º); e iii) as propostas para aquisição em prestações, que serão juntadas aos autos, indicarão o prazo, a modalidade e as condições de pagamento do saldo (CPC, art. 690, §2º).

O consulente, após exibir cópias da petição inicial da "ação de embargos à arrematação", além de outros documentos, indaga:

1. Tem valor jurídico o "Termo de Compromisso e Ajustamento" firmado entre os litigantes, no qual, inclusive, o devedor se comprometeu a não formular objeções jurídicas a eventuais hastas públicas que fossem posteriormente designadas?

2. É acertado falar-se em nulidade pelo descumprimento do art. 690 do Código de Processo Civil, sobretudo considerando que a última parcela da arrematação já se encontra devidamente quitada?

3. Como o imóvel foi arrematado por preço inferior à avaliação e em prestações, houve realmente lesão ao §1º do art. 690 do Código de Processo Civil?

4. Se procedentes os embargos à arrematação, o embargado (credor) há de ser também condenado, juntamente com as embargadas (arrematantes), ao pagamento de honorários de sucumbência?

2 Parecer

2.1 Ausência de interesse de agir

Juntamente com o material que me foi apresentado, tenho em mãos o documento intitulado "Termo de Compromisso e Ajustamento", assinado, de um lado, pelo embargante (devedor) e seus dirigentes, e, de outro, pelo embargado (credor), bem assim por 2 (duas) testemunhas. Trata-se, em verdade, de um contrato, mediante o qual se procurou acertar, entre credor e devedor, a suspensão do processo de execução (autos nº 701.98.009.476-0) por 120 (cento e vinte) dias, isso para possibilitar ao embargante (devedor), que afirmava ter compradores para o imóvel penhorado, diligenciar e obter um melhor preço na sua alienação privada.

Mais importante, contudo, é o fato de que esse contrato traduz-se num *título executivo extrajudicial*, o qual alberga genuína obrigação de não fazer atribuída ao embargante. O seu "item 7" encontra-se redigido nos seguintes termos:

O ato de liberalidade, consistente na suspensão do processo é reconhecido por toda a Diretoria do Clube, que concorda, não sendo o imóvel alienado por iniciativa particular, será designada nova hasta pública após a suspensão do processo, sem qualquer objeção jurídica, administrativa ou pessoal.

A cláusula acima tinha por escopo a prevenção de litígios, perfeitamente adequada aos padrões do direito material. Confira-se, nesta linha, o disposto no art. 840 do Código Civil de 2002:

322 | Lúcio Delfino
Direito Processual Civil – Artigos e Pareceres

Art. 840. É lícito aos interessados prevenirem ou terminarem o litígio mediante concessões mútuas.

O embargante (devedor), assim, comprometeu-se, de modo expresso, a não impor objeções jurídica, administrativa ou pessoal, se nova hasta pública fosse designada. Assinou, enfim, um contrato, juntamente com o embargado (credor) e mais duas testemunhas, no qual um dos objetos norteia-se justamente à prevenção de eventual litígio que poderia surgir diante de futuras hastas públicas, designadas com o propósito de alienar o imóvel em questão.

E em cumprimento ao acordo extrajudicial, o processo foi mesmo suspenso. Todavia, a venda do imóvel, por iniciativa do embargante, não se concretizou. Uma nova hasta pública, então, foi designada, e, dessa vez, concluída, com sucesso.

Mas o embargante, mediante um fazer avesso à abstenção com a qual se comprometeu, ajuizou embargos de arrematação, impondo objeção jurídica à concretização da hasta pública. Ou dito de outra maneira: embora tenha o embargante (executado) se obrigado, por intermédio de contrato com força executiva, a não retorquir hasta pública futuramente designada, opôs-se, por via judicial, à arrematação concretizada, valendo-se, para tanto, da "ação de embargos à arrematação".

Designada nova hasta pública, deveria agir em respeito ao pactuado. Como não o fez, o mérito de seus embargos à arrematação não merecem exame, pois ausente o interesse de agir na espécie. Neste viés, valendo-se do já aludido "Termo de Compromisso e Ajustamento", genuíno negócio jurídico, as partes não só fizeram concessões mútuas, mas se preveniram contra eventuais litígios, consoante estabelecido no art. 840 do Novo Código Civil. Este acerto prévio, proibindo objeções jurídicas (e outras mais) a futuras hastas públicas, esvaziou o binômio utilidade/necessidade, inerente à essência do interesse de agir. Não há, portanto, necessidade ou utilidade para se insistir na atividade jurisdicional, uma vez que as partes, em acordo anterior, já se haviam posicionado com relação ao objeto litigioso.[515]

---

[515] Este o melhor entendimento jurisprudencial: "AÇÃO DE COBRANÇA – TRANSAÇÃO EFETIVADA EXTRAJUDICIALMENTE – EFICÁCIA ENTRE AS PARTES – EFEITO DE COISA JULGADA. O instituto da transação, como negócio jurídico bilateral, é o instrumento pelo qual as partes interessadas fazem concessões mútuas, previnem ou extinguem obrigações litigiosas ou duvidosas, consoante estabelecido no art. 840 do Novo Código Civil. Através da transação, havendo composição das pretensões das partes, não persiste o caráter litigioso da coisa e, portanto, ausente o interesse de agir, pois que afasta a utilidade do provimento jurisdicional, segundo o entendimento da Des. NANCY

Ato Processual Incoerente às Formas Previstas no Art. 690 do Código de Processo Civil...

Nem se queira afirmar que tal tese seria avessa à garantia constitucional do acesso à justiça (CF/88, art. 5º, XXXV). Bem verdade que a lei não pode excluir da apreciação do Poder Judiciário lesão ou ameaça a direito. Mas, aqui, o que se sucede é diverso. Enfim, a obrigação de o embargante não se opor à hasta pública nasceu de um acordo de vontades. Não se deu de maneira impositiva, mas facultativamente. Não foi a lei que excluiu da apreciação do Judiciário eventual lesão a direito, mas as próprias partes voluntariamente assim contrataram. Em prol desse argumento, basta um paradoxo com o instituto da arbitragem: o Supremo Tribunal Federal já decidiu pela constitucionalidade da Lei da Arbitragem, por considerar que o Estado não pode mesmo afastar do controle jurisdicional as divergências que a ele queiram os cidadãos submeter, porém isso não significa que o cidadão estaria proibido de valer-se de outros mecanismos de composição de litígios para solucionar seus conflitos. Aqui, é induvidoso, embargante e embargado, firmaram título executivo extrajudicial (CPC, art. 585, II, segunda parte) para se prevenirem de futuros litígios que porventura pudessem surgir em face de novas hastas públicas.

Portanto, acredita-se que o melhor caminho é a extinção imediata da "ação de embargos à arrematação", sem resolução de mérito, justamente pela ausência do interesse de agir, uma das condições da ação (CPC, art. 267, VI).

2.2 Lesão ao art. 690 do Código de Processo Civil – Ausência de prejuízo ao devedor

Arguiu o embargante violação ao art. 690 do Código de Processo Civil. Esclareceu, em suma, que os aspectos abaixo pontuados, todos integrantes do aludido dispositivo, teriam sido suplantados e, por isso, a arrematação seria nula de pleno direito. Em sua ótica, essas as formas processuais lesadas: i) a arrematação far-se-á por meio do pagamento imediato do preço pelo arrematante ou, no prazo de 15 (quinze) dias, mediante caução (CPC, *caput* do art. 690); ii) tratando-se de bem imóvel, quem estiver interessado em adquiri-lo em prestações poderá apresentar por escrito sua proposta, nunca inferior à avaliação, com oferta de pelo menos 30% (trinta por cento) à vista, sendo o restante

---

ANDRIGHI, do TJRJ, manifesto na Ap. nº 37.256/95, (publicado no *DJ* – 13.12.1995)" (Extinto Tribunal de Alçada de Minas Gerais, Apelação Cível nº 391.292-5, Relator Juiz Osmando Almeida, 1ª Câmara Cível, j. 17.06.2003, publicado no *DJ*, 13 dez. 1995).

324 Lúcio Delfino
Direito Processual Civil – Artigos e Pareceres

garantido por hipoteca sobre o próprio imóvel (CPC, art. 690, §1º); e iii) as propostas para aquisição em prestações, que serão juntadas aos autos, indicarão o prazo, a modalidade e as condições de pagamento do saldo (CPC, art. 690, §2º).

Em verdade, o que se há de responder, atento às particularidades do caso concreto e à finalidade do art. 690, é se o desrespeito de formas, no que se refere à arrematação do imóvel envolvido, é, no atual contexto da evolução da ciência processual, suficientemente hábil para nulificar essa mesma arrematação, a qual, se mantida, certamente colocará fim a um processo que já dura 10 (dez) anos.

Este o teor do art. 690 do Código de Processo Civil, em sua redação atual conferida pela Lei nº 11.382/06:

> Art. 690. A arrematação far-se-á mediante o pagamento imediato do preço pelo arrematante ou, no prazo de até 15 (quinze) dias, mediante caução.
> §1º Tratando-se de bem imóvel, quem estiver interessado em adquiri-lo em prestações poderá apresentar por escrito sua proposta, nunca inferior à avaliação, com oferta de pelo menos 30% (trinta por cento) à vista, sendo o restante garantido por hipoteca sobre o próprio imóvel.
> §2º As propostas para aquisição em prestações, que serão juntadas aos autos, indicarão o prazo, a modalidade e as condições de pagamento do saldo.
> §3º O juiz decidirá por ocasião da praça, dando o bem por arrematado pelo apresentante do melhor lanço ou proposta mais conveniente.
> §4º No caso de arrematação a prazo, os pagamentos feitos pelo arrematante pertencerão ao exeqüente até o limite de seu crédito, e os subseqüentes ao executado.

A última hasta pública teve como resultado a arrematação do imóvel. Ocorre que finda aquela, o juiz, após consultado, autorizou a quitação parcelada do imóvel, segundo os seguintes parâmetros: 25% no ato da arrematação; 25% no prazo de 30 dias; e 50% no ato de expedição da carta de arrematação.

Evidente que as formas dispostas no *caput* do art. 690 não foram cumpridas. Por outro lado, como o bem arrematado é um imóvel, e a sua aquisição se deu em parcelas, o procedimento haveria de seguir, em rigor, o previsto nos §1º, §2º, §3º e §4º do art. 690. Mas a afronta a essas mesmas formas nem de longe poderia significar, no caso concreto, a nulidade de toda a arrematação, num desperdício de tempo e dinheiro desproporcional ao valor "justiça" e aos rumos que hoje alcança a processualística contemporânea. Afinal, hodiernamente se percebeu que a compreensão do direito processual civil não mais admite dedicação a um formalismo exacerbado, que afiance a forma pela própria forma, de modo que seu estudo há de ser consentâneo à busca da efetividade, num apego íntimo ao direito material e às particularidades do caso concreto.

Pelas formas processuais designam-se as condições de tempo, lugar e modos de se praticarem e se exprimirem os atos processuais. São indiscutivelmente importantes, tendo-se em vista que a sua ausência conduziria à desordem, à confusão e à incerteza.[516] Todavia, não há como negar, nos dias atuais nota-se forte tendência doutrinária e jurisprudencial — e essa também é a postura do legislador processual — voltada a "salvar processos" eivados de vícios formais que não obstaculizam a sua finalidade.[517] É que o direito processual civil contemporâneo prestigia o princípio da conservação ou do aprimoramento do ato para se evitar que o apego ao formalismo exasperado venha sacrificar a efetividade da tutela jurisdicional.[518]

Estar-se-á a referir-se ao *princípio da instrumentalidade das formas* (CPC, arts. 154 e 244), que preza mais a finalidade do ato, do que o mero desenho formal que lhe é exterior. Ou, em linguagem ainda mais técnica, "as exigências formais estão na lei para assegurar a produção de determinados resultados, como meios preordenados a fins: o que substancialmente importa é o resultado obtido e não tanto a regularidade no emprego dos meios".[519]

Insista-se, neste rumo, na aplicação, à espécie, do art. 244 do Código de Processo Civil, em igual apego à instrumentalidade das formas, ao que parece, essencial à solução justa do caso em exame. Este o seu teor:

> Art. 244. Quando a lei prescrever determinada forma, sem cominação de nulidade, o juiz considerará válido o ato se, realizado de outro modo, lhe alcançar a finalidade.

Ainda sobre a instrumentalidade das formas, confiram-se as seguintes passagens doutrinárias:

---

[516] CHIOVENDA, Giuseppe. *Principios de derecho procesal civil*. Tradução de Jose Casais y Santaló. Madri: Reus, 1977. t. II, p. 114.

[517] GOMES, Fábio. *Comentários ao Código de Processo Civil*. São Paulo: Revista dos Tribunais, 2000. v. 3, p. 20.

[518] LOPES, João Batista. *Curso de direito processual civil*. Rio de Janeiro: Atlas, 2005. p. 182. (Parte geral).

[519] DINAMARCO, Cândido Rangel. *Instituições de direito processual civil*. 5. ed. São Paulo: Malheiros, 2005. v. 1, p. 57.

(...) a forma processual é instrumento para a realização do ato segundo os princípios que regem o processo. A forma não é um fim em si, mas o modo e o meio de que se serve a lei para que a relação processual atinja a seus objetivos dentro dos postulados a que se subordina. Por isso mesmo, a nulidade de um ato processual somente deve ser decretada quando necessária e imprescindível. Não se invalida um ato de procedimento, a não ser em último caso. As normas processuais, como instrumentos para a realização, fora do processo, dos imperativos da ordem jurídica, procuram manter e resguardar, em muitos casos, o ato praticado de maneira defeituosa, para evitar que o processo fuja a seus objetivos fundamentais.[520]

Por este princípio, a forma se destina a alcançar um fim. Essa é a razão pela qual a lei regula expressamente a forma em muitos casos. (...) a forma, não obstante expressa e não obstante violada, a finalidade em vista pela lei pode ter sido alcançada. Para a lei isso é bastante, não havendo razão para anular-se o ato.[521]

Na verdade, trata-se de princípio da maior relevância em sede de nulidades, que se encontra em perfeita sintonia com a fase instrumental e, sobretudo, com as diretrizes e as perspectivas contemporâneas do direito processual. Com efeito, o princípio da instrumentalidade das formas permite a realização do escopo jurídico da jurisdição (que é a atuação do direito no caso concreto) e também a efetiva aproximação do direito processual ao material. Na verdade, por valorizar as formas processuais na sua exata dimensão — como meio e não fim — esse cânone permite a aplicação do direito material de modo mais simples e efetivo.[522]

Naquilo que diz respeito ao caso concreto, a nulidade da arrematação, ora postulada pelo embargante, se reconhecida, afinar-se-ia

---

[520] MARQUES, José Frederico. *Instituições de direito processual civil*. Campinas: Millennium, 2000. v. 2, p. 384.

[521] SANTOS, Moacyr Amaral. *Primeiras linhas do direito processual civil*. 20. ed. São Paulo: Saraiva, 1999. p. 66.

[522] HERTEL, Daniel Roberto. *Técnica processual e tutela jurisdicional*: a instrumentalidade substancial das formas. Porto Alegre: Sergio Antonio Fabris, 2006. p. 10. "Também é esta a melhor linha jurisprudencial: Processo civil. Relator para o acórdão (CPC, art. 556). Ausência de prejuízo. Nulidade não reconhecida. caráter instrumental do processo. Hermenêutica. Recurso não conhecido. I – Caracterizando-se o processo civil contemporâneo pela sua instrumentalidade, não se deve declarar nulidade do ato quando alcançado o seu objetivo sem prejuízo para as partes. II – Segundo proclamou o recente 'IX Congresso Mundial de Direito Processual', e em dispositivo do nosso Código de Processo Civil, que se encontra a mais bela regra do atual direito processual, a saber, a insculpida no art. 244, onde se proclama que, 'quando a lei prescrever determinada forma, sem cominação de nulidade, o juiz considerará valido o ato se, realizado de outro modo, lhe alcançar a finalidade'" (Superior Tribunal de Justiça, REsp nº 7.184/SP, Relator Ministro Sálvio de Figueiredo Teixeira, julgado em 08.10.1991. Disponível em: <www.stj.jus.br>).

Ato Processual Incoerente às Formas Previstas no Art. 690 do Código de Processo Civil... | 327

mesmo a um fetichismo da forma, que tanta repulsa causa aos operadores e estudiosos na contemporaneidade. Afinal, consoante o já afirmado, a lei dispõe que os atos e termos processuais, de regra, não dependem de forma determinada, senão quando a lei expressamente a exigir, reputando-se, contudo, válidos os que, realizados de outro modo, preencham-lhe a finalidade essencial (CPC, art. 154, *caput*).[523] E, aqui, a finalidade foi alcançada, embora o itinerário utilizado não tenha sido propriamente aquele prescrito em lei.

Em reforço a essa conclusão, imperioso perquirir, num primeiro momento, qual a finalidade que se pretende com o respeito às formas prescritas no art. 690. Depois, há de se investigar se, apesar de não respeitadas essas mesmas formas, a finalidade foi alcançada. E isso — insista-se uma vez mais — por uma razão singela: se o ato, ainda que praticado sem observância das vias previstas na lei processual, atinge a finalidade, deve ser considerado válido, obviamente quando ausentes prejuízos às partes envolvidas.

Antes, porém, esclareça-se que não se está diante de uma nulidade absoluta, isto é, aquele defeito inerente à norma processual que se direciona a tutelar a própria função estatal, e não o interesse exclusivo dos litigantes ou de eventuais envolvidos. É importante tal observação porque há quem defenda que apenas as anulabilidades e nulidades relativas são sanáveis[524] — acredita-se, de todo modo, mais acertada outra corrente, aquela que alberga a possibilidade de saneamento de vícios que correspondam a nulidades absolutas.[525]

---

[523] Em semelhante sentido, prescreve o art. 244 do CPC, ao afirmar que, prescrevendo a lei determinada forma, *sem cominação de nulidade*, o juiz considerará válido o ato se, realizado de outro modo, alcançar-lhe a finalidade.

[524] Adalberto Narciso Hommerding sintetiza a distinção entre "nulidades absolutas", "nulidades relativas" e "anulabilidades", com base na contribuição de Antonio Janyr Dall'Agnol Júnior à teoria de Galeno Lacerda: "Ao analisar a doutrina de Galeno Lacerda, Antonio Janyr Dall'Agnol Júnior chegará à seguinte conclusão: a) quando o vício for insanável, a nulidade será absoluta, não se podendo 'aplicar' os princípios da finalidade e do não prejuízo. O juiz deverá reconhecer a nulidade, de ofício, não ocorrendo preclusão para fazê-lo, cabendo a qualquer um invocá-la, a qualquer tempo; b) quando o vício for sanável, a nulidade será relativa no caso de infração à norma cogente, aplicando-se os princípios da finalidade e do não-prejuízo, 'podendo' o juiz pronunciar a nulidade de ofício, ocorrendo preclusão para a parte se não se manifestar, mas não para o juiz; c) quando o vício for sanável, haverá anulabilidade se a norma violada for dispositiva, aplicando-se, também aqui, os princípios da finalidade e do não-prejuízo, 'não podendo' o juiz pronunciar a nulidade de ofício, mas tão somente a pedido da parte que, se não o fizer, terá preclusa a oportunidade para tanto" (HOMMERDING, Adalberto Narciso. *Invalidades processuais*: análises das questões objetivas dos concursos para ingresso na carreira da magistratura. Santa Rosa, RS: Coli, 2009. p. 68).

[525] Também aqui, precisas as lições de Fábio Gomes: "Estamos com a corrente doutrinária que entende sanável o vício da nulidade absoluta. E consoante acima já exposto, nem os efeitos

Mas, e em resgate a questão anterior, qual é realmente a finalidade do art. 690? Qual é o escopo pretendido pelo legislador ao instituí-lo? A resposta, oriunda da melhor doutrina, é imediata: o art. 690 tem por finalidade regular o "ato final da arrematação", isto é, o seu modo de pagamento.

Apesar de o art. 690 afirmar que a arrematação far-se-á mediante o pagamento imediato do preço, não se deve, para compreendê-lo de modo adequado, apegar-se demasiadamente à letra do dispositivo. *Afinal, a arrematação não se resume no pagamento do preço, mas se traduz numa sucessão de atos que lhe são anteriores e se findam, aí sim, pelo pagamento.* A arrematação não se faz mediante o pagamento; se completa por intermédio dele.

A lição do festejado processualista Cassio Scarpinella Bueno abaliza este entendimento:

> A arrematação, no sentido empregado no art. 690, deve ser entendida como o ato final de uma sucessão de outros que envolvem eventual disputa entre diversos interessados na aquisição de um mesmo bem penhorado, sendo vencedor (arrematante) aquele que oferecer o maior lanço ou a "proposta mais conveniente" (art. 690, §3º), isto é, o licitante mais bem sucedido em sua proposta de aquisição do bem leiloado ou praceado. O magistrado analisará as circunstâncias para decidir, observados os limites a que se referem os arts. 686, VI, e 392, caput, quanto ao valor possível de alienação em primeira e em segunda hasta.[526]
>
> É por isso que, rigorosamente, a "arrematação" não se "faz" mediante pagamento imediato do preço ou em até quinze dias mediante caução idônea. A arrematação, ontologicamente falando, é o ato final que se segue às propostas dos interessados na aquisição do bem (licitantes); ela significa o acolhimento da manifestação de vontade daquele que deu o "melhor lanço" ou ofereceu a "proposta mais conveniente", o arrematante, declarando adquiridos os bens penhorados. A arrematação paga-se nas condições admitidas pelo caput do art. 690.[527]

---

dos atos reputados juridicamente inexistentes poderão ser ab initio desconsiderados. O espírito da lei, não será demais repetir, sugere sempre o caminho que salva o processo. E à paz social interessam tanto a justiça ideal quanto a rapidez e a segurança". E conclui: "As nulidades, mesmo as absolutas, não escapam à incidência dos princípios da finalidade e do prejuízo. E o exemplo mais declinado é o da citação nula: efetivada esta em desconformidade com as prescrições legais, será absolutamente nula; mas se o réu comparece tempestivamente e contesta, a nulidade não deverá ser pronunciada, pois o ato, mesmo viciado, atingiu a finalidade e não causou prejuízo" (GOMES, Fábio. *Comentários ao Código de Processo Civil*. São Paulo: Revista dos Tribunais, 2000. v. 3, p. 34-36).

[526] BUENO, Cassio Scarpinella. *Curso sistematizado de direito processual civil*: tutela jurisdicional executiva. São Paulo: Saraiva, 2008. v. 3, p. 316.

[527] BUENO, Cassio Scarpinella. *Curso sistematizado de direito processual civil*: tutela jurisdicional executiva. São Paulo: Saraiva, 2008. v. 3, p. 316. Essa, também, a posição de José Miguel

Logo, se a finalidade do art. 690 é mesmo regular o modo de pagamento da arrematação, não há se falar, aqui, em declaração de nulidade, e assim pela singela razão de que este já foi devidamente efetuado. Vale dizer, juntamente com os documentos que me foram entregues para a formulação deste parecer, encontram-se cópias dos recibos de depósito judicial fazendo prova integral do aludido pagamento. Portanto, a finalidade do art. 690 foi cumprida, apesar da adoção de caminho diverso daquele previsto na lei processual. A arrematação há de ser considerada válida pela ausência de prejuízo.

É a conclusão mais ajustada aos valores que orientam o direito processual civil atual, especialmente se o intérprete abraçar os benefícios práticos oriundos da aplicação do princípio da instrumentalidade das formas, devidamente inserto nos arts. 154 e 244 do Código de Processo Civil. Afinal, reitere-se este ponto: a despeito de o pagamento ter se dado de modo formalmente diverso daquele regulado pelo art. 690, importante mesmo é que ele se realizou, sendo o ato válido porque preenchera sua finalidade essencial.

Decerto, por outro lado, que alguém, desavisado e absolutamente alheio às peculiaridades do caso concreto, poderia opor, à exegese que ora se defende, o empecilho de que direitos de terceiros foram lesados. É que, se o imóvel foi adquirido em prestações, o §1º do art. 690 haveria de ser seguido, e assim, anteriormente à hasta pública, cumpriria aos arrematantes oferecer a sua proposta em igualdade de condições com outros (eventuais) interessados. Mas isso apenas se houvesse outros interessados nesta forma de pagamento. Aqueles que participaram da hasta pública, e ofertaram seus lances, não tiveram interesse nesta forma de pagamento, e nem mesmo no valor ofertado, consoante se percebe pelos documentos examinados. Reforça essa ideia, aliás, o fato de que não há impugnação judicial à arrematação formulada por terceiros interessados.

Enfrente-se, por fim, a alegação de lesão ao art. 690, §1º, do Código de Processo Civil. Não há se falar em prejuízo com base no fato

---

Garcia Medina, que, em seu *Processo civil moderno*, enfrenta a interpretação do art. 690 no tópico "Modos de realização do pagamento". Ao citar o art. 690, conclui que o pagamento pode ser feito de três maneiras: a) pagamento imediato (CPC, art. 690, *caput*, primeira parte); b) pagamento no prazo de até 15 (quinze dias) (CPC, art. 690, *caput*, segunda parte); e c) pagamento em prestações, tratando-se de imóvel (CPC, art. 690, §1º) (MEDINA, José Miguel Garcia. *Processo civil moderno*: execução. São Paulo: Revista dos Tribunais, 2008. v. 3, p. 190-191). A mesma metodologia é também utilizada por: THEODORO JÚNIOR, Humberto. *Curso de direito processual civil*. 41. ed. Rio de Janeiro: Forense, 2007. v. 2, p. 375. DIDIER JR., Fredie *et al*. *Curso de direito processual civil*: execução. Salvador: JusPodivm, 2009. v. 5, p. 647.

de que o valor da arrematação foi inferior ao encontrado na avaliação, como se isso afrontasse o princípio de que a execução deve ser feita de forma menos gravosa ao executado. O §1º do art. 690 do Código de Processo Civil impõe: "Tratando-se de bem imóvel, quem estiver interessado em adquiri-lo em prestações poderá apresentar por escrito sua proposta, *nunca inferior à avaliação*, com oferta de pelo menos 30% (trinta por cento) à vista, sendo o restante garantido por hipoteca sobre o próprio imóvel" (sem grifo no original).

Os tribunais já assentaram entendimento no sentido de que, sendo a compra realizada em prestações, o preço ofertado não poderá realmente ser inferior ao da avaliação, em consonância com o que dispõe o §1º do art. 690. Ocorre que referida regra, entretanto, aplica-se apenas e tão somente quando a arrematação se dá na primeira praça.

Confira-se, nesta linha, a melhor jurisprudência:

> Execução fiscal. Arrematação. Bem imóvel. Compra parcelada. Oferta em valor inferior ao da avaliação e a prazo. Viabilidade. Tratando-se de norma de natureza processual, sua aplicação é imediata, alcançando inclusive processos em curso. Tratando-se de bem imóvel, por força do que dispõe o art. 690, §1º, do CPC, sendo a compra realizada em prestações, o preço ofertado não poderá ser inferior ao da avaliação. Entretanto, referida regra não se aplica àquela circunstância em que a venda ocorrer em segunda praça. Nesta hipótese, a venda dar-se-á pelo melhor lanço, afastando-se a oferta de preço vil. (Tribunal de Justiça do Rio Grande do Sul, Agravo de Instrumento nº 70021471040, Relator Desembargador Henrique Osvaldo Pota Roenick, julgado em 28.11.2007. Disponível em: <www.tjrs.jus.br>)

> Agravo de instrumento. Decisão monocrática. Segunda praça. Possibilidade de arrematação em valor inferior ao da avaliação, contanto que não caracterizado o preço vil. O objetivo de levar o bem penhorado à segunda praça é obter arrematação pelo maior lanço, mostrando-se prematura a limitação dos lances da segunda oferta ao valor da avaliação do bem, cuja única ressalva legal é que não se admite o preço vil. Agravo provido de plano. (Tribunal de Justiça do Rio Grande do Sul, Agravo de Instrumento nº 70021252465, Décima Sétima Câmara Cível, Relator Desembargador Alzir Felippe Schmitz, julgado em 03.09.2007. Disponível em: <www.tjrs.jus.br>)

Não há, assim, como se aceitar prejuízo quanto a este ponto. Basta lembrar que a arrematação, no caso em tela, só ocorreu na décima sexta hasta pública, e não se deu por preço vil. Em verdade, o embargante realiza interpretação rasa do §1º do art. 690, sem considerar outros aspectos relevantes, de resto já sopesados pela doutrina e jurisprudência nacionais.

O desrespeito à literalidade do art. 690, portanto, não tem o alcance afirmado pelo embargante, e muito menos é capaz de resultar no efeito que pretende (nulidade da arrematação). A solução a ser dada ao caso concreto há de ser informada segundo o critério legal que impõe a invalidade apenas em última hipótese, quando inexistente possibilidade de salvação do ato processual formalmente viciado.

2.3 Blindagem do embargado contra a eventual condenação de honorários de sucumbência

Ressalte-se que o embargado é credor do embargante, fato que adquire especial relevância em face da eventual procedência dos embargos à arrematação e consequente fixação de honorários de sucumbência.

A inserção do credor, no polo passivo dos embargos à arrematação, é mesmo necessária. Afinal, em razão da natureza da relação jurídica envolvida, o juiz haverá de decidir a lide de modo uniforme para todas as partes, conforme, aliás, prevê o art. 47 do Código de Processo Civil (litisconsórcio passivo necessário). A respeito disso, doutrina e jurisprudência praticamente não pontuam dúvidas.

Assevere-se, todavia, que o embargado (credor) não contribuiu para o desrespeito das formas previstas no art. 690 do Código de Processo Civil. Nem poderia, porque, afinal, foi mero espectador (passivo), conquanto interessado na arrematação do imóvel, pois, do seu sucesso depende a satisfação do crédito exequendo.

Por ser assim, ausente participação do embargado na lesão ao art. 690, de modo que eventual acolhimento da pretensão aviada nos embargos à arrematação, não há, jamais, de afetar sua esfera patrimonial.[528]

O credor, insista-se nisso, encontra-se no polo passivo desta ação por imposição legal (CPC, art. 47), não sendo justo impor-lhe condenação sucumbencial se ausente a participação dele na nulidade apontada. Não deu causa a nenhuma nulidade; apenas alimentou

---

[528] Segundo apontam Nelson Nery Junior e Rosa Maria de Andrade Nery, pelo *princípio da causalidade*, aquele que deu causa à propositura da demanda ou à instauração de incidente processual deve responder pelas despesas daí decorrentes (NERY JUNIOR, Nelson; NERY, Rosa Maria de Andrade. *Código de Processo Civil comentado e legislação extravagante*. 9. ed. São Paulo: Revista dos Tribunais, 2006. p. 192). Ora, é nada menos que óbvia a ausência de causalidade no caso sob exame. Inexiste relação de causalidade entre alguma atitude do embargado (credor) e o defeito processual que o embargante (devedor) reputa nulo. E se assim é, não há sentido lógico-jurídico em se condenar o embargado (credor) a verbas sucumbenciais, considerando, numa eventualidade, a procedência dos embargos à arrematação.

sua ânsia de receber um crédito antigo, cuja busca pela efetividade já perfaz 10 (dez) anos. Entendimento contrário avalizaria verdadeira armadilha legal, da qual o embargado não teria condição alguma de esquivar-se. A arbitrariedade de tal condenação seria absurda, pois atentatória ao devido processo legal, já que o embargado sujeitar-se-ia a uma condenação da qual sequer deu causa, num ambiente em que sua defesa teria natureza meramente formal, pois inapta a evitar lesão ao seu patrimônio.

3 Conclusões

1. Tem valor jurídico o "Termo de Compromisso e Ajustamento" firmado entre os litigantes, no qual, inclusive, o devedor se comprometeu a não formular objeções jurídicas a eventuais hastas públicas designadas?

Resposta: O "Termo de Compromisso e Ajustamento" firmado entre os litigantes tem valor jurídico. Aliás, se nele o embargante (devedor) se comprometeu a não opor objeções jurídicas a futuras hastas públicas, assim deveria agir em prol do contratado. O ajuizamento de "ação de embargos à arrematação" traduz-se numa objeção jurídica à última hasta pública e, por isso, implica desrespeito ao acordado extrajudicialmente. O acerto prévio (contrato), proibindo objeções jurídicas (e outras mais) a futuras hastas públicas, esvaziou o binômio utilidade/necessidade, inerente à essência do interesse de agir, uma das condições da ação. Não há necessidade ou utilidade para se insistir na atividade jurisdicional, uma vez que os litigantes, em acordo anterior, já se posicionaram com relação ao direito material. Portanto, não há dúvida de que a "ação de embargos à arrematação" merece extinção imediata, sem resolução de mérito, porque ausente o interesse de agir, uma das condições da ação (CPC, art. 267, VI).

2. Há mesmo que se falar em nulidade pelo descumprimento do art. 690 do Código de Processo Civil, sobretudo conside-rando que a última parcela da arrematação já se encontra devidamente quitada?

Resposta: Não há nulidade sem prejuízo. Tendo o pagamento se concretizado por completo, logo após o ajuizamento dos embargos à arrematação, apesar do desrespeito aos caminhos traçados pelo art. 690, carece de sentido a pretensão de nulidade por desrespeito à forma.

3. Como o imóvel foi arrematado por preço inferior à avaliação e em prestações, houve mesmo lesão ao §1º do art. 690 do Código de Processo Civil?

Resposta: Não há se falar, igualmente, em lesão ao §1º do art. 690 do Código de Processo Civil. É tranquilo o entendimento de que, sendo a compra realizada em prestações, o preço ofertado não poderá ser inferior ao da avaliação, porém apenas quando o bem é arrematado na primeira hasta pública. No caso concreto sob exame, várias hastas públicas infrutíferas já se haviam realizado antes da arrematação do imóvel.

4. **Se procedentes os embargos à arrematação, o embargado (credor) há de ser também condenado, juntamente com as embargadas (arrematantes), ao pagamento de honorários de sucumbência?**

Resposta: Não. A inserção do credor no polo passivo dos embargos à arrematação decorre de imposição legal. Não há, no caso concreto, sentido em se condenar o próprio credor ao pagamento de honorários de sucumbência, tendo-se em vista, principalmente, que não deu causa à lesão do art. 690 do Código de Processo Civil.

É o parecer.

Abril de 2009.

5

A Inviabilidade da Aplicação da Fungibilidade Recursal em Caso de Erro Grosseiro

EMENTA: Decisão de procedência da impugnação ao cumprimento de sentença. Interposição cumulativa de recursos: *agravo por instrumento* e *apelação*. Utilização de via recursal inidônea para atacar a decisão. Lesão ao *princípio da unicidade recursal* e incidência da *preclusão consumativa*. Ausência de *interesse recursal* e de *capacidade postulatória*.

Sumário: 1 A consulta – 2 O parecer – **2.1** O erro grosseiro na interposição recursal e o não conhecimento do agravo por instrumento – **2.2** O princípio da unicidade recursal e o não conhecimento da apelação – **2.3** A ausência de interesse recursal – **2.4** A ausência de capacidade postulatória – 3 Respostas aos quesitos

1 A consulta

A sociedade empresária UUVPLT, doravante denominada *consulente*, apresenta-me questões de seu interesse.

Integra o polo passivo de um processo judicial que já se encontra na fase de *cumprimento de sentença* (CPC, art. 475-I *et seq.*). Intimada do auto de penhora e avaliação, protocolizou sua *impugnação* (CPC, art. 475-L), que foi acatada e ensejou à extinção da execução. Contra tal decisão foram interpostos dois recursos, primeiramente *agravo por instrumento* e, no dia seguinte, *apelação*, ambos de conteúdos idênticos.

Chamou-me a atenção, de outra banda, a existência de declaração escrita, assinada pelo próprio exequente, por meio da qual revela que o crédito exequendo inexiste, além de determinar aos seus advogados, que subscreveram ambos os recursos referidos no parágrafo anterior, fosse requerida a extinção do processo. Juntado aos autos este novo documento antes de decidida a *impugnação*, determinou o Juiz a intimação desses mesmos procuradores para sobre ele se manifestarem, os quais assim o fizeram em petição também protocolizada e anexada aos autos. Ofertaram justificativas diversas, entretanto, não negaram a autenticidade do aludido documento, tampouco questionaram a veracidade da assinatura nele registrada. Tiveram ciência da manifestação da vontade do exequente, mas, ao contrário do que deles era esperado, interpuseram, ainda assim, os recursos.

Formula a consulente os seguintes quesitos, de natureza eminentemente processual:

1. É aceitável a interposição de dois recursos distintos contra uma mesma decisão?

2. A declaração assinada pelo exequente e juntada aos autos do processo implica, pelo seu teor, alguma consequência no juízo de admissibilidade recursal?

Bem examinados a consulta e os documentos que me foram disponibilizados (cópia integral dos autos do processo), sinto-me seguro em responder os quesitos apresentados, e o faço mediante o seguinte parecer.

2 O parecer

2.1 O erro grosseiro na interposição recursal e o não conhecimento do agravo por instrumento

Há que se definir, em primeiro plano, a natureza da decisão atacada pelo exequente mediante dois recursos distintos. Por meio dela, o Juiz, em apreciação à *impugnação* apresentada pela consulente em fase de *cumprimento de sentença*, declarou extinta a execução.[529] É inegável,

---

[529] Constata-se em doutrina problemas conceituais envolvendo as expressões "cumprimento de sentença" e "execução", talvez até pela censurável grafia do art. 475-I do CPC. Ao se referir ao "cumprimento de sentença" o que se faz é simplesmente aludir a uma *espécie procedimental* destinada a viabilizar execuções de obrigações gravadas em certos títulos executivos. A "execução", de sua vez, é *atividade jurisdicional* destinada à satisfação de direitos, voltada à conformação daquilo que foi decidido à realidade do mundo (ainda

A Inviabilidade da Aplicação da Fungibilidade Recursal em Caso de Erro Grosseiro | 337

deste modo, até em razão do que dispõe o art. 475-M, §3º, do Código de Processo Civil, que se trata de *sentença*, e não de *decisão interlocutória*, e, portanto, há de ser desafiada por *apelação* (CPC, art. 513). De modo mais específico: o art. 475-M, §3º, é contundente ao determinar que a "decisão que resolver a impugnação é recorrível mediante *agravo por instrumento, salvo quando importar extinção da execução, caso em que caberá apelação*".

Em reforço, é pertinente a leitura de recorte, extraído da prestigiada doutrina de Luiz Guilherme Marinoni e Daniel Mitidiero:

> Decisão final. A decisão que resolver a impugnação é recorrível mediante agravo de instrumento, salvo quando importar extinção da execução, caso em que caberá apelação (art. 475-M, §3º, CPC). Configurará decisão interlocutória se julgar improcedente a impugnação ou se, por exemplo, excluir um dos executados do processo. Julgando procedente a impugnação, a decisão extingue a execução, sendo considerada sentença, recorrível mediante apelação. Observe-se, contudo, que a eliminação de parte da execução — por exemplo, pela redução do valor executado — não tem o efeito de extingui-la, devendo o ato judicial ser considerado aí como uma decisão interlocutória, recorrível por agravo de instrumento.[530]

Não se pode negar, noutro turno, que alguma tolerância há por parte dos tribunais naqueles casos em que salta aos olhos dúvida, doutrinária e jurisprudencial, sobre o recurso adequado para atacar uma dada decisão (dúvida objetiva).[531] E assim o é em face do que se denomina tecnicamente de *princípio da fungibilidade recursal*. Havendo, portanto, vacilo da doutrina e jurisprudência sobre o recurso hábil para atacar determinada decisão, conhece-se, em juízo de admissibilidade, tanto um quanto o outro, até porque não seria justo prejudicar as partes em tal hipótese. Porém, no caso sob exame não há possibilidade de advogar esta tese. Afinal, estar-se-á diante do que se intitula *erro grosseiro*, evidente pela existência no ordenamento processual de norma

---

que provisoriamente), e realizada mediante procedimentos diversos, cada qual adequado às necessidades do direito material cuja satisfação se pretende. O "cumprimento de sentença", destarte, nada mais é que *procedimento* destinado à realização dessa *atividade executiva* em dadas e específicas ocasiões, devidamente previstas em lei.

[530] MARINONI, Luiz Guilherme; MITIDIERO, Daniel. *Código de Processo Civil comentado artigo por artigo*. São Paulo: Revista dos Tribunais, 2009. p. 475.

[531] São muitos os casos em que a doutrina sustenta presente *dúvida objetiva* com relação à natureza do ato decisório. Alguns exemplos: a rejeição liminar da reconvenção; a rejeição liminar da ação declaratória incidental; a decisão que concede a antecipação de tutela com base no art. 273, §6º, do CPC, entre outros tantos.

expressa indicando o recurso cabível ao ataque de decisão que julgue a impugnação procedente.[532]

Conclui-se, portanto, pela impossibilidade de conhecimento do *agravo por instrumento* interposto contra a decisão que julgou procedente o pedido formulado na impugnação.

2.2 O princípio da unicidade recursal e o não conhecimento da apelação

Por equívoco manifesto (erro grosseiro), o exequente interpôs *agravo por instrumento* contra decisão que julgou procedente a impugnação e, por consequência, extinguiu a execução. Interpôs remédio recursal inaceitável à espécie, tendo-se em vista o disposto no art. 475-M, §3º,

---

[532] Há autorizadas vozes defendendo que as particularidades, que identificam e diferenciam a *apelação* e o *agravo por instrumento*, também impedem a utilização do *princípio da fungibilidade*, sempre que sejam essas as vias recursais envolvidas. Suficiente, nesta ótica, sublinhar que a *apelação* há de ser interposta perante o juízo *a quo*; o *agravo por instrumento*, por sua vez, perante o juízo *ad quem*. De tal sorte, interposto o *agravo por instrumento* equivocadamente em vez de *apelação*, não poderia o tribunal valer-se da *fungibilidade recursal* pela singela razão de ser incompetente para receber diretamente o último recurso — lembre-se que a *apelação*, a exemplo da maioria dos recursos nacionais, deve ser interposta perante o órgão jurisdicional *a quo*, isto é, aquele que proferiu a decisão recorrida. A admissão de entendimento contrário levaria à criação jurisprudencial de uma "apelação *por instrumento*", algo ainda não admitido pelo legislador pátrio. Assim pensa o mestre carioca Alexandre Freitas Câmara: "Ocorre que, em razão das reformas por que passou nosso Código de Processo Civil a partir de 1992, e mais especificamente a partir de 1995, com a edição da Lei nº 9.139, de 30 de novembro de 1995, que criou o atual sistema aplicável ao recurso de agravo, a fungibilidade entre apelação e agravo tornou-se impossível. Tal impossibilidade deriva do fato de que a apelação é interposta perante o juízo 'a quo', enquanto o agravo o é perante o tribunal 'ad quem'. Assim, interposta apelação em caso que seria de agravo, não poderá o juízo 'a quo' aplicar a fungibilidade por não ser competente para receber o agravo. O mesmo se dá, *mutatis mutandis*, para o caso de se interpor agravo de instrumento quando o caso seria de apelação, já que o órgão *ad quem* não tem competência para receber a apelação". Não é esse, todavia, o nosso entendimento. O formalismo atinente às vias recursais deve ceder espaço à concretização do *direito fundamental à tutela jurisdicional adequada* (CF/88, art. 5º, XXXV). Aplicável ao caso concreto o *princípio da fungibilidade*, desimportante ao órgão julgador questões relacionadas à forma, como, por exemplo, aquelas atinentes à tempestividade (ilustre-se com a interposição de *agravo por instrumento* no décimo quinto dia previsto para a interposição de *apelação*) e à competência para receber recursos (competente para receber o *agravo por instrumento* é o tribunal; competente para receber a apelação é o juiz *a quo*). O *princípio da fungibilidade*, enfim, é aplicável justamente porque se reconheceu a dúvida objetiva sobre a natureza da decisão atacada. Não há racionalidade em se afirmar, de um lado, a dúvida objetiva, mas, de outro, prejudicar o recorrente por não ter respeitado as formalidades exigidas pelo recurso que o órgão julgador entendeu mais ajustado à espécie. Exigir o respeito às formas em tais circunstâncias é unicamente afastar, por via oblíqua, o princípio da fungibilidade. É, por fim, interpretação inconstitucional, sobretudo pela negativa de vigência ao *direito fundamental à tutela jurisdicional adequada*.

do Código de Processo Civil, que expressamente indica à hipótese o cabimento de *apelação*.

Decerto, percebendo o erro, tentou corrigi-lo, no dia seguinte, mediante a posterior interposição de *apelação*. A dúvida que há de ser sanada, destarte, é se a *apelação*, interposta posteriormente ao *agravo por instrumento*, ambos os recursos atacando a mesma decisão, deve ser conhecida em tais condições.

Adiante-se a conclusão: o reparo intentado é inadmissível, sobretudo por ferir o *princípio da unicidade recursal*, o qual estabelece que para cada ato judicial recorrível apenas é autorizada a interposição de um único recurso, justamente aquele previsto pelo ordenamento processual para a hipótese, sendo, portanto, proibida a interposição simultânea de outro remédio recursal que se volte a impugnar o mesmo ato judicial.[533] Neste rumo, aliás, inúmeras manifestações do Superior Tribunal de Justiça concluindo que "viola o princípio da unicidade dos recursos a utilização de mais de uma via processual para a impugnação de um mesmo ato judicial recorrível".[534]

A despeito de a *apelação* traduzir-se no recurso adequado ao ataque da tal decisão, não se pode desprezar que, antes de usá-la, optou o exequente pela interposição de *agravo por instrumento*. Tendo-se em vista que o sistema processual vigente admite, de regra,[535] apenas um recurso para desafiar cada decisão, fere o *princípio da unicidade* a utilização de duas vias recursais endereçadas contra um mesmo ato judicial. O desrespeito a esse princípio torna insuscetível de conhecimento o

---

[533] MEDINA, José Miguel Garcia; WAMBIER, Tereza Arruda Alvim. *Recursos e ações autônomas de impugnação*. São Paulo: Revista dos Tribunais, 2009. p. 59. (Processo civil moderno, v. 2).

[534] Supremo Tribunal Federal, RE nº 345.521-4-RJ, 2ª Turma, Relator Ministro Celso de Mello, *DJU*, 27 set. 2002.

[535] Há exceções ao *princípio da unicidade recursal*, consoante ensina José Carlos Barbosa Moreira. O sistema, por exemplo, autoriza a oposição de *embargos de declaração* contra quaisquer decisões, *interlocutórias* ou *sentenças* (consideradas aí, também, os *acórdãos*), admitam ou não outro recurso. Também há a possibilidade de interposição cumulativa do *recurso extraordinário* e do *especial*. Perceba-se, ainda, situação interessante apontada por José Carlos Barbosa Moreira: (...) "nas decisões objetivamente complexas, talvez se componham, no tocante a capítulos distintos, os requisitos de admissibilidade de recursos diferentes: assim, por exemplo, se a Câmara, no julgamento da apelação, decide reformar a sentença de mérito, por unanimidade quanto a uma parte da matéria impugnada e por simples maioria quanto à outra parte, nesta caberão embargos infringentes (art. 530), e naquela, possivelmente, recurso extraordinário e/ou especial: tal hipótese, regulada pela expressa disposição do art. 498, não constitui, no que tange aos embargos, verdadeira exceção ao princípio de que ora se trata: para fins de recorribilidade, cada capítulo é considerado como uma decisão *per se*" (MOREIRA, José Carlos Barbosa. *Comentários ao Código de Processo Civil*. 14. ed. Rio de Janeiro: Forense, 2008. v. 5, p. 249).

segundo recurso, quando interposto, como no caso, contra a mesma decisão já atacada anteriormente mediante *agravo por instrumento*.[536]

Não bastasse, acrescente-se, em reforço à conclusão anterior, que, segundo leciona o mestre mineiro Humberto Theodoro Júnior, o processo representa uma sucessão de atos que devem ser coordenados por fases lógicas, a fim de que se obtenha a prestação jurisdicional com precisão e rapidez. Sem uma ordenação temporal desses mesmos atos e sem um limite de tempo para que as partes os pratiquem, o processo se transformaria numa rixa infindável.[537] Daí o fundamento da *preclusão* (CPC, art. 473), responsável por incutir às *decisões interlocutórias* consequências semelhantes às da *coisa julgada formal*, vedando nova cognição diante das questões já discutidas e apreciadas ao longo do procedimento. Trata-se, portanto, de instituto processual compromissado com as garantias constitucionais da segurança jurídica, da duração razoável e da efetividade da atividade jurisdicional. E é justamente este o fenômeno que incidiu no caso sob exame: a preclusão, sob a modalidade *consumativa*. Quer significar simplesmente que realizado um ato, com bom ou mau êxito, não mais é possível tornar a realizá-lo.[538] Transpondo a lição para o caso em tela: exercida a faculdade de recorrer, com bom ou mau êxito, não mais é possível tornar a realizá-la.

Deste modo, conclui-se que o exequente ulcerou o *princípio da unicidade recursal* ao interpor dois recursos distintos contra idêntica decisão. Assim agiu, por certo, intencionado a suplantar o equívoco (erro grosseiro) de interpor *agravo por instrumento* em vez de *apelação*. Porém, sua estratégia não será bem-sucedida, sobretudo pela *preclusão* (consumativa) incidente já quando se deu o exercício de sua faculdade de recorrer, não mais lhe sendo legítima a prática da mesma faculdade, ainda que se valesse, como efetivamente se valeu, de remédio recursal diverso.

2.3 A ausência de interesse recursal

Ambos os recursos, *agravo* e *apelação*, também não devem ser conhecidos pela ausência de uma das *condições ação*.

---

[536] Supremo Tribunal Federal, RE nº 345.521-4-RJ, 2ª Turma, Relator Ministro Celso de Mello, *DJU*, 27 set. 2002.

[537] THEODORO JÚNIOR, Humberto. *Curso de direito processual civil*: teoria geral do direito processual civil e processo de conhecimento. 47. ed. Rio de Janeiro: Forense, 2007. v. 1, p. 601.

[538] Moniz de Aragão *apud* THEODORO JÚNIOR, Humberto. *Curso de direito processual civil*: teoria geral do direito processual civil e processo de conhecimento. 47. ed. Rio de Janeiro: Forense, 2007. v. 1, p. 602.

A Inviabilidade da Aplicação da Fungibilidade Recursal em Caso de Erro Grosseiro | 341

É que o exequente subscreveu documento no qual, além de declarar que o crédito exequendo inexiste, determinou aos seus procuradores fosse requerida a extinção do processo. Juntada aos autos do processo, este novo documento, os procuradores do exequente foram, então, intimados a manifestar sobre ele (decisão de fls. 382-383) e assim o fizeram. Tiveram, enfim, ciência da vontade do exequente, mas, em desprezo a ela, atacaram, via recursal, a decisão objurgada. Naquilo que interessa especificamente a este tópico, a declaração de vontade exarada pelo exequente, e demonstrada cabalmente pela declaração juntada aos autos, evidencia a ausência de seu interesse de agir recursal.

Esclarece Alexandre Freitas Câmara que as *condições do recurso* nada mais são que projeções das chamadas *condições da ação*, aplicadas a este especial ato de exercício do poder de ação. Nesse rumo, o *interesse em recorrer* quer significar que a interposição do remédio recursal deve ser examinada segundo o binômio "necessidade-adequação": será *necessário* se for o único meio colocado à disposição de quem o interpõe, a fim de que alcance, dentro do processo, situação jurídica mais favorável do que a proporcionada pela decisão recorrida; será, por outro lado, *adequado* o recurso que tenha sido interposto ajustadamente ao tipo de provimento impugnado.[539]

Na espécie, não há se falar em *necessidade* e tampouco em *adequação* recursal. Não há *necessidade* porque, conforme se vê na declaração assinada pelo exequente, o crédito exequendo é inexistente. O próprio exequente afirma, de maneira categórica, que nada mais tem a receber. Os recursos, de tal sorte, não são meios necessários ao alcance de situação jurídica que lhe seja favorável, pois nada mais lhe é devido a qualquer título. Também não há o requisito *adequação*: basta perceber que o exequente interpôs *agravo por instrumento* em vez de *apelação*, postura que afronta diretamente o art. 475-M, §3º, consoante examinado alhures.

Ausente o interesse recursal, *agravo por instrumento* e *apelação* não merecem prosperar sequer em seu juízo de admissibilidade.

2.4 A ausência de capacidade postulatória

O mesmo documento anunciado no tópico anterior é prova suficiente da ausência do pressuposto processual *capacidade postulatória*. A despeito de intimados para tomar conhecimento do conteúdo dele, os

---

[539] CÂMARA, Alexandre Freitas. *Lições de direito processual civil*. 14. ed. Rio de Janeiro: Lumen Juris, 2007. v. 2, p. 69.

procuradores, em absoluta desconsideração à manifestação de vontade do exequente, atacaram, via recursal, a decisão.

Segundo a melhor doutrina, a *capacidade postulatória* consiste na aptidão de praticar atos técnicos dentro do processo (formular a peça inicial, contestação, recursos, petições em geral, etc.). Em regra, detém-na o advogado regularmente inscrito na Ordem dos Advogados do Brasil *e que tenha recebido procuração da parte* (CPC, arts. 36 e 37).[540] É intuitivo, portanto, o nexo entre a *capacidade postulatória do advogado* e a *procuração* outorgada pela parte conferindo poderes àquele para agir em nome dela. Afinal, nos termos do art. 37 e seu parágrafo único, do Código de Processo Civil, serão havidos por *inexistentes* os atos praticados por advogado sem procuração e que não forem ratificados pela exibição do mandato em 15 (quinze) dias. A ausência do instrumento de mandato, deste modo, evidencia a carência de *capacidade postulatória* do advogado e, por conseguinte, a *inexistência* de todos aqueles atos processuais por ele praticados[541] — no caso sob exame, os atos processuais cuja inexistência jurídica se defende são a *apelação* e o *agravo por instrumento*.

Mas o que importa, para encerrar este tópico, é a constatação de que ambos os recursos carecem de *capacidade postulatória*. Afrontam, por assim dizer, a vontade do exequente (recorrente) exteriorizada por intermédio daquele documento, cuja consequência material dele irradiada traduz-se na *revogação* ao mandato firmado (CC/02, art. 682, I).

Sobre o ponto, as lições de Claudio Luiz Bueno de Godoy:

> A revogação é ato unilateral por meio do qual o mandante exerce faculdade potestativa de destituir o mandatário do encargo que lhe havia cometido. Essa potestade é da essência do mandato, ressalvadas as hipóteses excepcionais (...) (arts. 683 a 685), se, afinal, o contrato é daqueles fiduciários, portanto baseado em confiança, a qual pode desaparecer, ademais instituído no interesse do mandante, também passível de cessação. Não há forma especial, nem mesmo aquela por que consumado o mandato, para a revogação, que pode ser total ou parcial, bem assim expressa ou tácita, como quando o mandante nomeia outro mandatário para cumprir o mesmo encargo (art. 687), ou quando ele próprio pratica o ato para o que havia outorgado poderes.[542]

---

[540] WAMBIER, Luiz Rodrigues. *Teoria geral do processo e processo de conhecimento*. 6. ed. São Paulo: Revista dos Tribunais, 2003. p. 213.

[541] WAMBIER, Luiz Rodrigues. *Teoria geral do processo e processo de conhecimento*. 6. ed. São Paulo: Revista dos Tribunais, 2003. p. 213-214.

[542] GODOY, Claudio Luiz Bueno de; PELUSO, Cezar (Coord.). *Código Civil Comentado*: doutrina e jurisprudência. São Paulo: Manole, 2007. p. 544.

Falta, portanto, ao *agravo por instrumento* e à *apelação*, pressuposto processual necessário a sua constituição válida, a significar que, intimados os procuradores que os subscrevem para regularizar a representação, mas não atendida a determinação, os recursos poderão, também com tal fundamento, deixar de ser conhecidos (CPC, art. 267, IV).[543]

3 Respostas aos quesitos

1. É aceitável a interposição de dois recursos distintos contra uma mesma decisão?

Resposta: Não. Tal postura fere o princípio da unicidade recursal. E como o primeiro recurso eleito (*agravo por instrumento*) para atacar a decisão objurgada destoa-se do que prevê a lei processual, seu conhecimento, certamente, foi prejudicado. Quanto ao segundo recurso (apelação), também não superará o juízo de admissibilidade, uma vez incidente a *preclusão consumativa*.

2. A declaração assinada pelo exequente e juntada aos autos do processo implica, pelo seu teor, alguma consequência no juízo de admissibilidade recursal?

Resposta: Sem dúvida. Afinal, tal declaração subscrita pelo exequente não se restringe a denunciar a inexistência do crédito exequendo. Vai além e determina aos seus procuradores que requeiram a extinção do feito. Tal implica ausência de uma *condição recursal* (interesse recursal) e de um *pressuposto processual* (capacidade postulatória).

É o parecer, salvo melhor juízo.

Maio de 2009.

---

[543] Diante da revogação do mandato, é mesmo recomendável que o relator — e, por que não, o juiz *a quo*, especificamente na apelação —, antes de realizar o juízo de admissibilidade recursal, intime os advogados, subscritores de ambos os recursos, para que regularizem a representação processual em tempo hábil. É interpretação condizente com o art. 13 do Código de Processo Civil. Confira-se, neste rumo, ementa de acórdão do Tribunal de Justiça de Minas Gerais: "Civil e Processual Civil. Ação Ordinária. Representação processual. Outorga de novo mandato. Efeitos. Despacho determinando a regularização. Não atendimento. A outorga de novo mandato com a constituição de novos procuradores nos autos, sem ressalva da procuração anterior, implica revogação tácita do primeiro mandato. O não atendimento ao despacho que determina à parte, ao subscritor da peça recursal e aos novos procuradores a regularização da representação processual tem como consequência o não conhecimento do recurso interposto, por falta de pressuposto processual" (Tribunal de Justiça de Minas Gerais, Apelação Cível nº 1.0394.07.070907, Relator Desembargador José Flávio de Almeida, Décima Segunda Câmara Cível, julgado em 06.05.2009. Disponível em: <www.tjmg.jus.br>). Entretanto, ainda que a regularização ocorra a contento, melhor sorte não acolheria o exequente, haja vista os demais vícios apontados ao longo deste parecer.

6

Condenação de Advogado à Litigância de Má-Fé – Cariz Autoritário da Decisão e Atentado ao Devido Processo Legal

EMENTA: Advogado condenado à litigância de má-fé. Interesse recursal. Autoritarismo inerente à decisão que condena advogado à litigância de má-fé, em contrariedade ao regime democrático e aos princípios constitucionais da *indispensabilidade do advogado*, do *contraditório* e da *ampla defesa*.

Sumário: 1 A consulta – 2 O parecer – **2.1** Interesse e objeto recursal – **2.2** O autoritarismo da condenação de advogado à litigância de má-fé – **3** Respostas aos quesitos

1 A consulta

Honra-me a brilhante Dra. XXX ao apresentar-me consulta a respeito de questão de seu particular interesse. É procuradora da sociedade empresária TFIL, e em favor dela atua numa "reclamação trabalhista" promovida por LAMA. Concluída a instrução processual e proferida a sentença, viu-se, a própria consulente, condenada, com exclusividade, à litigância de má-fé.

Ouvi toda a narrativa, incluindo as possíveis razões pelas quais o Juiz *a quo* assim procedeu. Também tive acesso à sentença e a li atentamente. Concluído o relato, foi-me solicitado responder os seguintes quesitos:

1. Teria a consulente interesse em interpor recurso ordinário?
2. É aceitável, em pleno Estado Democrático de Direito, a condenação à sanção de litigância de má-fé dirigida àqueles que atuam no processo como advogados?

Bem examinada a consulta e o próprio teor da sentença, sinto-me habilitado a responder os questionamentos, e o faço por meio do seguinte parecer.

2 O parecer

2.1 Interesse e objeto recursal

É a consulente advogada constituída pela demandada, TFIL, em processo cuja tramitação se dá na "Justiça do Trabalho". Proferida a sentença que colocaria termo àquela fase procedimental (cognitiva), e ali pronunciada condenação direcionada à consulente (CPC, arts. 14, *caput*; 18, §1º; e 125, II), é nada menos que evidente o seu interesse em desafiá-la mediante o competente *recurso ordinário*. Obviamente que a decisão jurisdicional a inseriu em situação desfavorável. Perceba-se, neste rumo, que o Código de Processo Civil autoriza, de modo expresso, a interposição de recurso também pelo terceiro interessado, desde que demonstre o nexo de interdependência entre o seu interesse de intervir e a relação jurídica submetida à apreciação judicial (CPC, art. 499, §1º).

Não bastassem esses argumentos, a própria sentença espanca quaisquer dúvidas que poderiam restar. Afinal, ali mesmo em seu bojo, cuidou o Juiz *a quo* de esclarecer que ela, a consulente, possui *interesse recursal* próprio e específico, diverso daquele reservado a sua cliente. Confira-se:

> A condenação não se dirige à terceira reclamada, TFIL., mas, tão somente, à sua procuradora. E, sendo assim, desde já, até mesmo com vistas a se evitar futuros questionamentos, esclareço que a procuradora passa, neste momento, a possuir interesse recursal próprio e específico, diverso de seu cliente. É que a penalidade atinge, apenas, o patrimônio jurídico da advogada, que, por esta razão, detém o direito de recorrer. Tal direito perpassa, inclusive, pela obrigatoriedade de efetuar o depósito recursal, já que destinado a suportar, ainda que parcialmente, eventual execução (que, no caso, será limitada a R$1.020,00, já que sua responsabilidade é restrita a este montante, como acima calculado).

Inequívoco, portanto, o interesse da consulente em desafiar a decisão mediante o competente *recurso ordinário,* maneira pela qual intentará apontar o equívoco da exegese que levou à sua condenação.

2.2 O autoritarismo da condenação de advogado à litigância de má-fé

Pela motivação da decisão em exame constata-se a tentativa de se demonstrar a legitimidade do uso do poder jurisdicional para penalizar também advogados, quando, no exercício de sua atividade profissional, assumem, na visão subjetiva do juiz, postura atentatória à dignidade da jurisdição. Ou seja, a sentença fundamenta a possibilidade de condenação em litigância de má-fé extensiva a advogados, e assim fazendo, adiante-se a conclusão, escora-se em corrente doutrinária de cariz altamente autoritário, com a devida vênia insustentável na contemporaneidade.

Na visão do Juiz sentenciante é real, de tal sorte, a possibilidade de se penalizar advogados pela litigância de má-fé. Aponta, de início, o art. 14 do Código de Processo Civil, que dispõe serem deveres das partes e de todos aqueles que de qualquer forma participam do processo, proceder com lealdade e boa-fé. Aduz que a nova redação do referido art. 14, conferida pela Lei nº 10.358/01,[544] é norma posterior à regra constante do art. 32, parágrafo único, da Lei 8.906/94 (Estatuto da Advocacia),[545] e, por conseguinte, a primeira (norma posterior) teria revogado a última no particular. Conforme se lê, na mesma decisão, cumpre ao juiz reprimir qualquer ato contrário à dignidade da justiça, nos termos do art. 125, II, do Código de Processo Civil, sendo, nesta ótica, plenamente possível, por força da interpretação conjunta do art. 14, *caput*, e art. 18, §1º, ambos também do aludido Diploma Processual, a condenação de advogados à multa por litigância de má-fé.

---

[544] Esta a redação atual do art. 14 do Código de Processo Civil: "Art. 14. São deveres das partes e de todos aqueles que de qualquer forma participam do processo: I – expor os fatos em juízo conforme a verdade; II – proceder com lealdade e boa-fé; III – não formular pretensões, nem alegar defesa, cientes de que são destituídas de fundamento; IV – não produzir provas, nem praticar atos inúteis ou desnecessários à declaração ou defesa do direito. V – cumprir com exatidão os provimentos mandamentais e não criar embaraços à efetivação de provimentos judiciais, de natureza antecipatória ou final. Parágrafo único. Ressalvados os advogados que se sujeitam exclusivamente aos estatutos da OAB, a violação do disposto no inciso V deste artigo constitui ato atentatório ao exercício da jurisdição, podendo o juiz, sem prejuízo das sanções criminais, civis e processuais cabíveis, aplicar ao responsável multa em montante a ser fixado de acordo com a gravidade da conduta e não superior a vinte por cento do valor da causa; não sendo paga no prazo estabelecido, contado do trânsito em julgado da decisão final da causa, a multa será inscrita sempre como dívida ativa da União ou do Estado".

[545] Esta a redação do art. 32 da Lei nº 8.906/94: "Art. 32. O advogado é responsável pelos atos que, no exercício profissional, praticar com dolo ou culpa. Parágrafo único. Em caso de lide temerária, o advogado será solidariamente responsável com seu cliente, desde que coligado com este para lesar a parte contrária, o que será apurado em ação própria".

A decisão, contudo, não se sustenta, ainda que a análise se mantivesse maniatada ao Estatuto Processual em vigor. Afinal, suficiente para desconstruir em absoluto os fundamentos e dispositivo da sentença, uma exegese fria, presa à literalidade da lei. Talvez por deslize, a verdade é que a cognição judicial não considerou o que dispõe o parágrafo único do art. 14 do Código de Processo Civil. O raciocínio desenvolvido ao longo da sentença é, por assim dizer, truncado, uma vez que despreza inteiramente norma vigente indispensável à análise e solução da questão em concreto.

Esclareça-se sem rodeios: o Código de Processo Civil, não obstante autorizar o juiz a aplicar multa por ato atentatório ao exercício da jurisdição, ressalva aos advogados sujeição exclusiva aos estatutos da Ordem dos Advogados do Brasil (CPC, art. 14, parágrafo único). Trata-se, evidentemente, de dispositivo alinhado ao *direito fundamental a um advogado*, atualizado, portanto, com valores que norteiam o Estado Democrático de Direito.[546] Ainda que por uma leitura desatenta do dispositivo em epígrafe, constata-se facilmente seu escopo de proteção à advocacia, de modo que não é lícita a condenação judicial de advogados ao pagamento de multas e indenizações por ato atentatório ao exercício da jurisdição. O art. 14, parágrafo único, do Código de Processo Civil, ao tratar "dos deveres das partes e dos seus procuradores", impõe, enfim, genuína *obrigação de não fazer* ao juiz, pois estabelece, insista-se nisso, que os advogados sujeitam-se *exclusivamente* aos estatutos da Ordem dos Advogados do Brasil. A verdade é que o advogado, mesmo atuando

---

[546] Se num Estado Democrático de Direito toda a atividade estatal há de ser controlada, é nada menos que lógica a necessidade de um advogado no processo judicial. E assim idealmente deve ser, ao menos segundo impõe a Constituição quando afirma que o advogado é *indispensável* à administração da justiça, sendo inviolável por seus atos e manifestações no exercício profissional (CF/88, art. 133). Por meio deste comando, o constituinte originário apenas instituiu outra importante garantia ao cidadão, especialmente ao jurisdicionado, àquele que efetivamente haverá de lidar com a autoridade judiciária. Instituiu o *direito fundamental a um advogado*. Confira-se, a respeito disso, a lição de Rosemiro Pereira Leal: "Assim, por imperativo constitucional, o pressuposto subjetivo de admissibilidade concernente à capacidade postulatória, para a existência legítima de processo, ação e jurisdição, não pode sofrer, no direito brasileiro, restrição, dispensabilidade, flexibilização ou adoção facultativa, porque os procedimentos jurisdicionais estão sob o regime de normas fundamentais que implicam o controle da jurisdição pelo advogado (CR/88, art. 133) e que somente se faz pela presença indeclinável do advogado na construção dos procedimentos jurisdicionais (litigiosos ou não)". E arremata: "O que se extrai do art. 133 da CR/88 é que, muito mais que o retórico controle do judiciário, há que se restabelecer, de imediato, por consectário constitucional, com pronta revogação ou declaração de inconstitucionalidade de leis adversas, o controle da atividade jurisdicional pelo advogado" (LEAL, Rosemiro Pereira. Teoria da defesa no processo civil. *In*: LEAL, Rosemiro Pereira. *Relativização inconstitucional da coisa julgada*: temática processual e reflexões jurídicas. Belo Horizonte: Del Rey, 2005. p. 47-48).

Condenação de Advogado à Litigância de Má-Fé – Cariz Autoritário da Decisão e Atentado ao Devido Processo Legal | 349

em manifesta má-fé e contrariamente aos ditames que alicerçam a dignidade da justiça, não pode ser penalizado pessoalmente pelo juiz nos autos do processo em que funciona profissionalmente. De outro lado, o art. 18, §1º, do Código de Processo Civil[547] não tem o alcance pretendido pelo Juiz sentenciante. Afinal, esse dispositivo refere-se aos litigantes de má-fé, unicamente às *partes* que agem de maneira contrária à dignidade da justiça, em desrespeito aos parâmetros constantes do art. 17 do aludido Diploma Processual.[548] Não é o dispositivo, destarte, direcionado a punir advogados. Supérfluo afirmar que o *advogado* não se confunde com a *parte* (tampouco com *terceiro*) para quem presta serviços; só por isso imponderado sujeitá-lo à condenação por litigância de má-fé quando no exercício da atividade advocatícia. Não há, noutro ângulo, colisão alguma entre o art. 14 do Código de Processo Civil e o art. 32, parágrafo único, do Estatuto da Advocacia, como quer fazer crer a fundamentação entalhada na sentença. Às vezes, persista-se nesta ideia, tivesse o Juiz *a quo* considerado o teor do parágrafo único do art. 14, o raciocínio tomaria rumo diverso. O aludido art. 32 se presta não a estabelecer penalidade por litigância de má-fé ao advogado que atua temerariamente, mas, sim, a regular sua *responsabilidade civil* profissional, a ser apurada em *processo próprio*, mediante o exercício do *contraditório* e da *ampla defesa*, em conformidade com o *modelo constitucional do processo*. Tanto assim, que o parágrafo único do art. 32 é expresso ao dispor: "Em caso de lide temerária, o advogado será solidariamente responsável com seu cliente, desde que coligado com este para lesar a parte contrária, *o que será apurado em ação própria*" (sem grifo no original). Os arts. 14 do Código de Processo Civil e 32 do Estatuto da Advocacia refletem, afinal, realidades diversas: o primeiro trata de uma multa de natureza processual, a qual jamais há

---

[547] Esta a redação do art. 18 do Código de Processo Civil: "Art. 18. O juiz ou tribunal, de ofício ou a requerimento, condenará o litigante de má-fé a pagar multa não excedente a um por cento sobre o valor da causa e a indenizar a parte contrária dos prejuízos que esta sofreu, mais os honorários advocatícios e todas as despesas que efetuou. §1º Quando forem dois ou mais os litigantes de má-fé, o juiz condenará cada um na proporção do seu respectivo interesse na causa, ou solidariamente aqueles que se coligaram para lesar a parte contrária. §2º O valor da indenização será desde logo fixado pelo juiz, em quantia não superior a 20% (vinte por cento) sobre o valor da causa, ou liquidado por arbitramento".

[548] Este o teor do art. 17 do Código de Processo Civil: "Art. 17. Reputa-se litigante de má-fé aquele que: I – deduzir pretensão ou defesa contra texto expresso de lei ou fato incontroverso; II – alterar a verdade dos fatos; III – usar do processo para conseguir objetivo ilegal; IV – opuser resistência injustificada ao andamento do processo; V – proceder de modo temerário em qualquer incidente ou ato do processo; VI – provocar incidentes manifestamente infundados; VII – interpuser recurso com intuito manifestamente protelatório".

de ser aplicada ao advogado, por expressa ressalva legal; o último, por sua vez, disciplina hipótese que envolve a *responsabilidade civil* do advogado quando atua temerariamente, a ser devidamente avaliada em processo próprio.[549]

Seria, contudo, suficiente o bom senso para afastar a interpretação em que se assenta a sentença. Bastaria, enfim, a percepção de que o advogado há de exercer com liberdade a sua profissão, sem receios de retaliações ou de punições por parte de autoridades estatais — e o juiz é uma autoridade estatal.[550] Inexiste realmente hierarquia, tampouco subordinação, entre advogados e magistrados, e a lei assim se pronuncia de modo expresso e inequívoco (Lei nº 8.906/94, art. 6º). Liberdade e independência são, deste modo, condições irrespondíveis para o adequado exercício da advocacia. Nem é preciso reafirmar que essas ideias são seguras revelações de um comando maior, previsto na Constituição, o qual coloca o advogado como figura indispensável à administração da justiça, inviolável em seus atos e manifestações no exercício da profissão, sempre nos limites da lei (CF/88, art. 133) — um verdadeiro *direito fundamental ao advogado*, como já mencionado em outra oportunidade.

É, sem dúvida, dever do magistrado agir com o propósito de velar pela dignidade da justiça, atuando com o rigor devido sempre que necessário, pois é ele quem efetivamente dirige o processo. Daí por que algum poder de comando lhe é conferido, até mesmo contra advogados, e isso, repita-se, até por dever legal, tanto que lhe é dado adverti-los, cassar-lhes a palavra, determinar sejam riscadas expressões injuriosas apresentadas por eles nos autos, oficiar a Ordem dos Advogados do Brasil, valer-se do *poder de polícia* em audiências, etc. Entretanto, diante da especial relação travada entre juiz e advogado, ante o nobre e indispensável ideal que alicerça a existência dessa mesma relação — a

---

[549] Neste sentido: CORRÊA, Orlando de Assis. *Comentários ao Estatuto da Advocacia e da Ordem dos Advogados do Brasil – OAB*. Rio de Janeiro: Aide, 1997; LÔBO, Paulo Luiz Netto. *Comentários ao Estatuto da Advocacia e da OAB*. 3. ed. São Paulo: Saraiva, 2002.

[550] É digna de citação a advertência de Antônio Cláudio Mariz de Oliveira: (...) "nós advogados, como poucos, estamos preparados para o contraditório, para a divergência, para a oposição. Somos, pois, talhados para o exercício da Democracia. Aliás, é no regime democrático, e só com ele, que a advocacia encontra campo fértil para o seu pleno desenvolvimento em busca do integral cumprimento de sua missão. Na verdade, sem liberdade, o exercício da profissão torna-se praticamente impossível, a não ser para pugnarmos pelo seu restabelecimento. Nessa exata medida, a vigência plena das garantias democráticas é condição para o desempenho da advocacia" (OLIVEIRA, Antônio Cláudio Mariz de. Combate à criminalidade e as prerrogativas profissionais. *Revista do Advogado*, São Paulo, n. 93, p. 14-18, set. 2007.

pacificação e a transformação social segundo os *moldes constitucionais* —, tal poder, certamente, possui limites absolutamente necessários. E um deles aufere-se justamente pela reta interpretação dos arts. 14, 16, 17 e 18 do Código de Processo Civil, a qual conduz o intérprete à única solução plausível ao sistema normativo brasileiro: é vedado ao magistrado condenar o patrono da parte em sanções ou indenizações fundadas na litigância de má-fé, sobretudo nos mesmos autos do processo em que supostamente fora praticada a conduta ilícita.

Sublinhe-se, de outra banda, que entendimento diverso repudia não apenas o *princípio constitucional da indispensabilidade do advogado*, mas além disso se contrapõe abertamente a outros direitos também de natureza fundamental. Desnecessário dizer que a jurisdição é atividade estatal legitimada no ambiente processual, segundo parâmetros hauridos da própria Constituição. Por isso que todo pronunciamento jurisdicional deve curvar-se ao *devido processo legal*, do qual são consectários a *ampla defesa* e o *contraditório*.[551] Bastante coerente, por este ângulo, raciocínio que rotula de arbitrária decisão de natureza condenatória, proferida em desatenção ao *esquema mínimo constitucionalmente positivado* (*devido processo legal*), sobretudo porque invasiva à esfera patrimonial daquele

---

[551] Advoga-se o entendimento de que ao juiz não é lícito aplicar multa por litigância de má-fé sequer às partes, sem antes instaurar o contraditório e conferir-lhes direito à ampla defesa. Neste rumo, as lições preciosas de Gelson Amaro de Souza: "Não está o juiz autorizado a aplicar multa por litigância de má-fé às partes sem o devido respeito ao contraditório e à ampla defesa. Em se tratando de regime, que se pretende viver e conviver com um Estado de Direito, não se pode pretender condenar alguém, sem que lhe seja concedida antes, oportunidade de defesa. Em todo processo ou procedimento, administrativo ou judicial, deve-se respeitar os princípios do devido procedimento legal, do contraditório e da ampla defesa. Hoje, até mesmo para os procedimentos particulares exige-se o atendimento do devido procedimento legal. É o que acontece em casos de expulsão de aluno de escola, exclusão de sócio de sociedade, exclusão de plano de saúde, etc. Em todos eles, exige-se o devido procedimento legal, para a aplicação da punição. Se, até mesmo para os procedimentos particulares se exige o devido procedimento legal, com maior razão é de se exigi-lo para o procedimento judicial em que se enfrenta a questão relacionada à litigância de má-fé. Somente se poderá falar em atendimento do devido procedimento legal, quando se proporcionar ao interessado o contraditório e o direito à ampla defesa, garantias estas asseguradas constitucionalmente. Sem o atendimento do devido procedimento legal, do contraditório e da ampla defesa, não se pode falar em aplicação de punição ao litigante de má-fé. Ninguém poderá ser condenado, sem ser ouvido. Este é princípio universal de direito que deve ser respeitado por todos os povos e, mais precisamente por aqueles que se pretendem viver em um Estado Democrático de Direito. Não se pode condenar alguém a cumprir qualquer sanção por litigância de má-fé, sem que antes lhe sejam assegurados o contraditório, o direito de defesa e o devido procedimento legal" (SOUZA, Gelson Amaro. Litigância de má-fé e o direito de defesa. *Revista Bonijuris*, n. 550, p. 5-11, 2009). Ainda mais grave é condenar à litigância de má-fé aquele (advogado) que não é parte processual e atua no processo profissionalmente, não em busca da satisfação de seus próprios interesses, mas na defesa dos direitos do seu constituinte.

que sequer integra a *relação jurídica processual* — afinal, o *advogado* não é parte, repita-se uma vez mais —, e, deste modo, não teve ensejada a possibilidade, em procedimento próprio, instaurado segundo as diretrizes processuais e constitucionais vigentes, de ser ouvido e de se defender da questão suscitada em seu desfavor de maneira oficiosa pelo Juiz sentenciante.[552]

Em recente julgado, aliás, o Superior Tribunal de Justiça foi preciso a respeito do que aqui se defende:

> Responde por litigância de má-fé (arts. 17 e 18) quem causar dano com sua conduta processual, que, nos termos do art. 16, somente podem ser as partes, assim entendidas como autor, réu ou interveniente em sentido amplo. Com efeito, todos que de qualquer forma participam do processo têm o dever de agir com lealdade e boa-fé (art. 14, do CPC). Porém, em caso de má-fé, somente os litigantes, estes entendidos tal como o fez Pontes de Miranda, estarão sujeitos à multa e indenização a que se refere o art. 18, do CPC. Os danos causados pela conduta do advogado deverão ser aferidos em ação própria para esta finalidade, sendo vedado ao magistrado, nos próprios autos do processo em que fora praticada a conduta de má-fé ou temerária, condenar o patrono da parte nas penas a que se refere o art. 18, do Código de Processo Civil.[553]

Destaquem-se, ainda, as seguintes ementas, reflexos de decisões proferidas pelo Tribunal Superior do Trabalho:

> Litigância de má-fé. Condenação solidária do advogado. Na forma do disposto no art. 32 da Lei nº 8.906/94, o advogado é responsável pelos atos que, no exercício profissional, praticar com dolo ou culpa, acrescendo o seu parágrafo único que, em caso de lide temerária, o advogado será solidariamente responsável com seu cliente, desde que coligado com este para lesar a parte contrária, mediante apuração em ação própria. Assim, incabível a condenação do advogado nos próprios

---

[552] Obviamente que está o juiz autorizado, em dadas hipóteses, suscitar oficiosamente questões que extrapolam aquelas que as partes vêm debatendo ao longo do processo. É o que se dá com as chamadas questões de *ordem pública*. Mas é erro crasso, infelizmente difundido na praxe forense, identificar o *agir oficioso do juiz* com um *agir alheio ao contraditório*. O juiz pode (e deve) suscitar questões de ordem pública oficiosamente em algumas circunstâncias, mas ao fazê-lo é também seu dever instaurar o contraditório e ouvir as partes, dar-lhes condições de exercer amplamente seus direitos à ação e à ampla defesa. A Constituição Federal, ao estabelecer o contraditório e a ampla defesa, não os excepciona nas hipóteses em que o juiz, diante de questão de ordem pública, está autorizado a agir oficiosamente.

[553] Superior Tribunal de Justiça, REsp nº 140.578-SP, Relator Ministro Luis Felipe Salomão, Quarta Turma, julgado em 20.11.2008. Disponível em: <www.stj.jus.br>. Acesso em: 1º jun. 2009.

Condenação de Advogado à Litigância de Má-Fé – Cariz Autoritário da Decisão e Atentado ao Devido Processo Legal | 353

autos em que constatada a litigância de má-fé da parte, devendo a má-fé do patrono ser apurada mediante ação própria ajuizada perante o juízo competente.[554] Recurso de revista. Processo de execução. Responsabilidade solidária do advogado. Lide temerária. A condenação solidária do advogado em caso de lide temerária depende de apuração em ação própria, em que será analisado se estava coligado com seu cliente para lesar a parte contrária. Incabível, portanto, sua condenação nos mesmos autos em que constatada sua responsabilidade (art. 32, parágrafo único, da Lei nº 8.906/94). Recurso de revista a que se dá provimento.[555]

Portanto, a sentença que ora se examina traduz-se mesmo num ato estatal despótico, especialmente por contrariar, de maneira frontal, o regime constitucional, disparatada que é com os valores que alicerçam o Estado Democrático de Direito. É o arbítrio, infelizmente, seu fundamento maior, já que direcionada a punir uma advogada, em atropelo às suas prerrogativas profissionais,[556] talhadas precisamente para lhe permitir o livre exercício do seu ofício. Não bastasse, é decisão fabricada

---

[554] Tribunal Superior do Trabalho, RR nº 808.822/2001.0, Primeira Turma, Relator Juiz Vieira de Mello Filho, *DJU*, p. 932, 19 dez. 2002.

[555] Tribunal Superior do Trabalho, RR nº 520.763, Quinta Turma, Relator Ministro Gelson de Azevedo, *DJU*, 03 dez. 2004. Também elucidativa a ementa adiante recortada, relativa a julgado do Tribunal Regional do Trabalho, 3ª Região: "Litigância de má-fé. Co-responsabilidade solidária do advogado. Não há supedâneo jurídico para a condenação solidária do advogado por litigância de má-fé na própria ação em que constatada a conduta antijurídica do constituinte. Inteligência do parágrafo único do art. 32 da Lei nº 8.906/94 e do parágrafo único do art. 14 do CPC, por sujeitar-se o profissional do direito ao próprio estatuto profissional. Não prevalece, ademais, a responsabilidade solidária destituída de lei ou de contrato" (Tribunal Regional do Trabalho, Terceira Região, RO nº 2.746/03, Sexta Turma, Relatora Juíza Emilia Facchini, *DJMG*, p. 12, 08 maio 2003).

[556] Sobre as prerrogativas do advogado e sua indispensabilidade ao exercício da profissão, leciona Braz Martins Neto: "É no Estatuto da Advocacia que encontramos as disposições que normatizam as prerrogativas. Veja-se que ao definir a indispensabilidade na administração da justiça, o Estatuto prevê que o Advogado presta serviço público e exerce função social, e que, no seu mister, é inviolável por seus atos e manifestações. É, pois, necessário, para que possa exercer livremente sua atividade profissional, que tenha instrumentos vigorosos para o desempenho intransigente da defesa de seu constituinte. Não se trata de conferir ao advogado privilégios, de conotação tipicamente corporativa, mas, isto sim, de lhe dar meios de atuação, em que não haja lugar para a hesitação ou temor na defesa intransigente dos direitos de seu cliente". E conclui, logo à frente: "A inviolabilidade do escritório, dos arquivos, dos dados, de correspondências e comunicações, inclusive telefônicas, garante ao cliente a privacidade na relação com aquele que recebe a incumbência de tratar de seus interesses, tanto na esfera negocial quanto nas lides forenses. A proteção, portanto, não é para o Advogado; mas, sim, para o seu constituinte, que nele deposita confiança, munindo-o de informações sigilosas, necessárias para a adequada e eficaz atuação de seu defensor, que não é o titular do segredo, mas, tão só, o mais fiel depositário dele" (MARTINS NETO, Braz. Ética e prerrogativas. *Revista do Advogado*, São Paulo, n. 93, p. 19-22, 2007.)

Lúcio Delfino
Direito Processual Civil – Artigos e Pareceres

pela inteligência solitária do juiz, com desdém às garantias da ampla defesa e do contraditório, cujo respeito é exigência para a própria legitimação da atividade jurisdicional e do seu resultado. A condenação, assim sendo, escamoteia ideologia atentatória aos valores democráticos, além de seu inegável caráter intimidatório, que afronta — ainda que indiretamente — a todos aqueles que exercem a advocacia, atividade na qual a liberdade e a independência são predicados essenciais para o satisfatório desempenho na defesa dos cidadãos.[557]

3 Respostas aos quesitos

1. Teria a consulente interesse em interpor recurso ordinário?

Resposta: É induvidoso o interesse recursal da consulente. Além de a própria sentença já o caracterizar, é expresso o Código de Processo Civil

---

[557] A posição defendida neste parecer é a adotada também pelo Supremo Tribunal Federal. Ao julgar a ADIn nº 2.652/DF, entendeu a Corte, estendendo os efeitos do art. 14 do Código de Processo Civil igualmente aos advogados públicos, o seguinte: "Com efeito, seria mesmo um absurdo concluir que o legislador tenha pretendido excluir da ressalva os advogados sujeitos a outros regimes jurídicos, além daquele instituído pelo Estatuto da OAB, como ocorre, por exemplo, com os profissionais da advocacia que a exercem na condição de servidores públicos. Embora submetidos à legislação específica que regula tal exercício, também devem observância ao regime próprio do ente público contratante. Nem por isso, entretanto, deixam de gozar das prerrogativas, direitos e deveres dos advogados, estando sujeitos à disciplina própria da profissão (Estatuto da OAB, arts. 3º, §1º; e 18). Na verdade afigura-se-me claro que a expressão 'que se sujeitam exclusivamente aos estatutos da OAB' revela a intenção de justificar a razão pela qual a multa prevista no dispositivo não se aplica aos advogados. Contudo, a norma, que apresenta inequívoco cunho moralizador relacionado à conduta processual das partes e de todos aqueles que participam do processo, estabeleceu, em seu inciso V, a obrigatoriedade de que todos cumpram as decisões judiciais sem criar embaraço. Previu, por outro lado, uma multa pela inobservância do preceito, sanção essa inaplicável aos advogados, por estarem esses submetidos, no campo disciplinar, apenas aos Estatutos da OAB (Lei nº 8.906/94, art. 70), com observância à garantia constitucional de inviolabilidade dos atos do advogado no exercício de sua profissão (CF, art. 133)" (Supremo Tribunal Federal, Ação Direta de Inconstitucionalidade nº 2.652-6/DF, Tribunal Pleno, Relator Ministro Maurício Corrêa, julgado em 08.05.2003. Disponível em: <www.stf.jus.br>). Mais recentemente, ao julgar *reclamação*, promovida por um procurador federal, o Supremo Tribunal Federal manteve a mesma rota: "Tem-se, pois, que os Procuradores Federais — advogados de entes estatais — estão incluídos na ressalva do parágrafo único do art. 14 do CPC, não sendo possível, assim, fixar-lhes multa em razão de descumprimento do dever disposto no art. 14, V, do CPC". E mais: "Sem discutir o acerto ou desacerto da condenação por litigância de má-fé — prevista no art. 17, V, do CPC —, imposta pela autoridade reclamada, cumpre esclarecer que a condenação pessoal do Procurador do Instituto Nacional do Seguro Social ao pagamento de multa processual é inadequada porque, no caso vertente, ele não figura como parte ou interveniente na Ação 2006.38.00.744462-0. A despeito de terem sido apontados como fundamento legal para a condenação do Procurador os arts. 17, V, e 18 do CPC, está patente a aplicação do art. 14, V, e parágrafo único, do CPC, de forma transversa, reflexa e contrária ao que decidido na ação-paradigma" (Supremo Tribunal Federal, Rcl nº 5.133/MG, Relator Ministra Cármen Lúcia, Tribunal Pleno, julgado em 20.05.2009. Disponível em: <www.stf.jus.br>).

ao estabelecer ser lícita a interposição de recurso também pelo terceiro interessado, desde que demonstre o nexo de interdependência entre o seu interesse de intervir e a relação jurídica submetida à apreciação judicial (CPC, art. 499, §1º).

2. É aceitável, em pleno Estado Democrático de Direito, a condenação à sanção de litigância de má-fé dirigida àqueles que atuam no processo como advogados?

Resposta: Inaceitável a condenação por litigância de má-fé a advogados no regime democrático brasileiro. Decisão judicial que siga orientação diversa certamente ulcera a própria Constituição Federal, sobretudo os princípios da indispensabilidade do advogado, do contraditório e da ampla defesa.

Este o parecer, salvo melhor juízo.

Junho de 2009.

7

A DESNECESSIDADE DE DEMONSTRAÇÃO DA URGÊNCIA PARA O DEFERIMENTO DE TUTELA ANTECIPADA POSSESSÓRIA (POSSE NOVA)

EMENTA: Pretensão à reintegração provisória possessória e seus requisitos autorizadores. Indeferimento da medida com fundamento em requisitos não exigidos em lei. A urgência já presumida pela legislação quando a tutela possessória é requerida em menos de ano e dia (posse nova). A irrelevância da discussão acerca da propriedade ou de outro direito sobre o bem em processo possessório. Necessidade premente da concessão da tutela antecipada recursal postulada.

Sumário: 1 A consulta – **2** O parecer – **2.1** Os requisitos autorizadores da tutela antecipada possessória – **2.2** A efetiva demonstração dos requisitos que ensejam a concessão da tutela antecipada possessória no caso sob exame – **2.3** O atentado ao art. 1.210, §2º, do Código Civil de 2002 – **2.4** O deferimento da tutela antecipada recursal – **3** Respostas aos quesitos

1 A consulta

Consulta-me XXX — doravante denominado *consulente* — sobre questões decorrentes de um processo instaurado em face de YYY — doravante denominada *demandada* —, por meio do qual postulou a concessão de tutela de reintegração de um veículo, cuja posse exercia em razão de *contrato de arrendamento* firmado com o Banco HSBC Bank

Brasil S.A. Não é o consulente, portanto, proprietário do veículo, mas tão somente arrendatário, e, por ser assim, tem o direito à sua posse direta; o proprietário é HSBC Bank Brasil S.A. (arrendante). Segundo os fatos me foram apresentados, viagens ao exterior são uma constante na vida do consulente, até por exigência do próprio ofício que exerce. Por isso deixava o tal veículo em depósito com a demandada, pois com ela mantinha namoro. Hoje, entretanto, findo o relacionamento, o consulente se viu esbulhado de sua posse, uma vez que a demandada, decerto tomada pela emoção, não lhe permite ter acesso ao bem litigioso.

A "ação possessória"[558] foi promovida. Na petição inicial que a instrumentalizou formulou-se pedido de tutela antecipada,[559] fundado nos arts. 927 e 928 do Código de Processo Civil. Ao receber a peça, o Juiz optou por não apreciar o pedido liminar naquele momento, preferindo enfrentá-lo depois de apresentada a resposta. Protocolizada a contestação e juntada aos autos do processo, adveio, então, sucinta decisão indeferindo a pretensão de reintegração provisória da posse (tutela antecipada). Este o seu teor:

---

[558] A expressão "ação possessória" é utilizada entre aspas porque, como bem ensina Alexandre Freitas Câmara, a *ação*, em rigor, não tem nome (CÂMARA, Alexandre Freitas. *Escritos de direito processual*: segunda série. Rio de Janeiro: Lumen Juris, 2005. p. 321). Naturalmente, o atributo *possessória* não diz respeito à *ação*, mas, sim, ao *procedimento diferenciado* desenhado pelo legislador para propiciar a tutela possessória. Tecnicamente correto, portanto, falar-se em *procedimento possessório* e não em "ação possessória".

[559] Há setores da doutrina e da jurisprudência que diferenciam *tutela antecipada* e *liminar*. Às vezes, aliás, defendem ser equivocado o uso de uma expressão em lugar da outra. Não há, porém, diferença ontológica entre ambas que dê sustentação a uma crítica de tal *jaez*. A *liminar* nada mais é do que a *tutela antecipada* concedida antes da ouvida do demandado, vale dizer, naquelas circunstâncias que autorizam o *contraditório diferido*. É, neste rumo, conhecidíssima a lição de Adroaldo Furtado Fabrício, a qual evidencia que o conceito de *liminar* é estritamente *topológico*, e, por isso mesmo, diz respeito, apenas e tão somente, à cronologia do processo e não à sua substância ou função — demonstra, inclusive, que i) toda liminar é antecipatória de tutela; ii) nem toda antecipação de tutela é liminar; e iii) a antecipação de tutela pode ser ou não cautelar (FABRÍCIO, Adroaldo Furtado. *Breves notas sobre provimentos antecipatórios, cautelares e liminares*. Disponível em: <www.abdpc. org.br>). As duas expressões denotam, enfim, um mesmo e único fenômeno: a *aceleração* (ou *antecipação*) da tutela de direito que se pretende ao final do processo, mediante decisão de natureza *provisória* — e em alguns casos *temporária* —, proferida pelo juiz (ou tribunal) no limiar ou ao longo do procedimento, mediante *cognição sumária*, antes, obviamente, de proferida a sentença que colocará fim à fase procedimental. Assim, há tutelas antecipadas em *procedimentos diferenciados* (a exemplo dos procedimentos possessório, alimentar, de despejo, de nunciação de obra nova, cautelar), e também no *procedimento comum*. A instituição da redação atual conferida aos arts. 273 e 461 no Código de Processo Civil teve o objetivo de, tão somente, *generalizar* a utilização da *técnica* da *tutela antecipada*, cuja positivação já era realidade em inúmeros *procedimentos diferenciados*, de sorte que, hoje, é possível, sempre que presentes os requisitos autorizadores, a concessão de *tutela antecipada* (genérica) também quando a pretensão é instrumentalizada pelo *procedimento comum* (ordinário ou sumário).

A Desnecessidade de Demonstração da Urgência para o Deferimento de Tutela Antecipada Possessória... | 359

Vistos, etc.

Diante da possibilidade de já estar sendo discutidos os direitos sobre o veículo perante a 2ª Vara de Família e não havendo perigo de dano irreparável ou de difícil reparação, uma vez que a requerida admitiu estar com o bem, além de não haver mais urgência no pedido, indefiro o pedido de reintegração de posse.

Ouça-se o autor sobre a contestação e documentos, prazo de 10 (dez) dias.

Concluído o relato, foi-me solicitado responder aos seguintes quesitos, cuja elaboração, segundo termos técnicos, a mim mesmo foi atribuída:

1. Quais são os requisitos autorizadores da concessão da tutela antecipada em sede de "ação possessória"?
2. Estão presentes os requisitos autorizadores da concessão da tutela antecipada no caso sob exame?
3. É lícito o indeferimento da tutela possessória provisoriamente pleiteada, com base em alegação de propriedade ou ainda em outro direito sobre o veículo?
4. Tendo-se em vista os documentos juntados aos autos do processo, é possível vislumbrar o deferimento da tutela antecipada pelo relator, em eventual recurso de *agravo por instrumento*, interposto contra a respeitável decisão, que negou a concessão da tutela antecipada?

Recebi cópia integral dos documentos que compõem os autos do processo de reintegração de posse, examinei-os detidamente, bem assim refleti acerca dos quesitos formulados. Sinto-me, portanto, apto a apresentar soluções às dúvidas do consulente, o que faço mediante o seguinte parecer.

2 O parecer

2.1 Os requisitos autorizadores da tutela antecipada possessória

Pela leitura da decisão é fácil concluir que a tutela provisória foi negada com base nos seguintes fundamentos: i) os direitos sobre o veículo já estariam sendo discutidos em outro processo, em trâmite perante a 2ª Vara de Família; ii) inexistência de dano irreparável ou de difícil reparação, pois a requerida teria admitido estar com o bem; e

iii) ausência de urgência no pedido. Diante disso, antecipem-se algumas conclusões que adiante serão detidamente erigidas: i) a r. decisão negou a concessão do pedido de tutela antecipada a despeito de os requisitos que a autorizam estarem demonstrados (CPC, art. 927); ii) os fundamentos que embasam a r. decisão demonstram, muito claramente, que a cognição judicial abrangeu circunstâncias fáticas alheias ao que se exige para a concessão da tutela antecipada possessória; iii) a r. decisão negou a tutela antecipada com alicerce naquilo que o próprio ordenamento jurídico imputa irrelevante em sede de juízo possessório (alegação de propriedade ou de outro direito sobre a coisa — CC/02, art. 1.210, §2º).

O raciocínio no qual se funda a decisão é equivocado e ulcera os dispositivos legais que disciplinam a "ação possessória *de força nova*", com a devida vênia. É que o procedimento por meio do qual tal ação segue curso é *diferenciado* — ou *especial*, consoante prefere o legislador processual —, cuja principal característica, que justamente o distingue daquela de *força velha*, é a possibilidade de o juiz deferir medida liminar (tutela antecipada), desde que provados: i) a posse; ii) a turbação ou o esbulho; iii) a data da turbação ou do esbulho; e iv) a continuação da posse, embora turbada; a perda da posse, em caso de esbulho (CPC, art. 928 c/c art. 929).

Não há, portanto, exigência legal de se provar "risco de dano irreparável ou de difícil reparação", nem de se demonstrar "urgência no deferimento da tutela", em "ações possessórias" de *força nova*. Basta a evidência dos requisitos indicados pelo art. 928 do Código de Processo Civil. E assim é por uma razão singela: o próprio legislador, num *juízo de ponderação*,[560] concluiu pela existência implícita do *periculum in mora* — e, de tal modo, da própria *urgência* — naqueles casos em que a "ação possessória" é intentada dentro de ano e dia da turbação ou do esbulho (*força nova*) (CPC, art. 924).

---

[560] É natural ao legislador a realização de *juízos de ponderação* na feitura de leis. Especialmente em termos de legislações processuais, cria e faz opções por determinadas técnicas que reputa mais adequadas ao atingimento de determinados fins. É natural que assim seja, notadamente tendo-se em vista as particularidades do caso concreto e as variadas necessidades do direito material. Por isso o absurdo em se advogar um procedimento único e ordinarizado, habilitado à tutela dos variados direitos materiais e afinado às infinitas nuanças dos casos concretos. O legislador, enfim, pondera e atinge resultados que lhe pareçam ideais aos fins pretendidos com a construção de uma dada legislação; cumpre ao Judiciário, de sua vez, aferir eventual excesso de poder legislativo e, portanto, violação ao *princípio da proporcionalidade* na elaboração dessa mesma legislação, o que se revela mediante a aferição da constitucionalidade da lei em face do *princípio da proporcionalidade*, isso com base em seus subprincípios *adequação, necessidade* e *proporcionalidade em sentido estrito*.

A Desnecessidade de Demonstração da Urgência para o Deferimento de Tutela Antecipada Possessória... | 361

É essa, aliás, a lição precisa dos festejados processualistas Luiz Guilherme Marinoni e Sérgio Cruz Arenhart:

(...) pode-se afirmar que, no sistema atual, a grande diferença entre as ações de *força nova* e as de *força velha*, em matéria possessória, está *nos requisitos a serem demonstrados para a concessão da tutela liminar possessória*. Para a ação de *força nova*, tem-se prova mais simples, já que bastará a demonstração da posse — estando o risco de demora presumido pelo legislador —, para que seja garantida ao requerente a medida liminar. Em se tratando de ação de *força velha*, porém, será necessário que o requerente demonstre a coexistência dos requisitos do art. 273 do CPC, de modo que deverá demonstrar não apenas a probabilidade de seu direito, mas ainda, a existência do *periculum in mora* para que lhe seja outorgada a proteção possessória. Em ambos os casos, porém, é necessário admitir o cabimento da proteção liminar antecipatória, não havendo nada que justifique a exclusão dessa tutela para as ações de posse velha, se houver a presença dos requisitos necessários para a outorga dessa medida. (...) Para a concessão de antecipação da tutela, no procedimento especial [*de força nova*], basta a presença dos requisitos do art. 927, sendo dispensável a afirmação e a demonstração de perigo. *A urgência da reintegração de posse é presumida pelo legislador quando a ação é proposta dentre de ano e dia.*[561] (sem grifos no original)

Também no mesmo rumo, a melhor orientação pretoriana, sintetizada nas seguintes ementas, todas retratando a desnecessidade de se provar o *periculum in mora* para o deferimento liminar em "ações possessórias *de força nova*":

Agravo de instrumento. Ação de reintegração de posse. Requisitos. Art. 927 do CPC. Audiência de justificação prévia. Em ação possessória de "força nova", a concessão de liminar, nos termos do art. 928, CPC, depende apenas do preenchimento dos requisitos previstos no art. 927 do mesmo Diploma Legal, dispensado o fundado receio de dano irreparável, que é exigível apenas para a antecipação dos efeitos da tutela (273, CPC) em ações de "força velha". A realização de audiência de justificação anterior ao indeferimento da liminar representa uma faculdade do magistrado, e não uma imposição legal. Não comprovados os requisitos exigidos pelo artigo 927 do Código de Processo Civil, indefere-se o pedido liminar. (Tribunal de Justiça de Minas Gerais, Agravo de Instrumento nº 1.0461.08.054345-1/001, Relator Desembargador Wagner Wilson, julgado em 10.12.2008. Disponível em: <www.tjmg.jus.br>)

---

[561] MARINONI, Luiz Guilherme; ARENHART, Sérgio Cruz. *Procedimentos especiais*. São Paulo: Revista dos Tribunais, 2009. p. 95. (Curso de processo civil, v. 5).

Agravo de instrumento. Arrendamento mercantil. Reintegração de posse. Liminar. Presença dos requisitos. Na ação possessória de força nova, diante de um convencimento sumário a respeito da existência do esbulho possessório, deve o magistrado conceder a liminar de reintegração de posse. (Tribunal de Justiça de Minas Gerais, Agravo de Instrumento nº 1.072.07.382073-1/001, Relator Desembargador Saldanha da Fonseca, julgado em 31.10.2007. Disponível em: <www.tjmg.jus.br>)

Daí já se percebe, deste modo, que a r. decisão baseou-se em raciocínio equivocado. Desprezadas as particularidades do caso concreto, a questão atinente ao deferimento provisório da tutela possessória (tutela antecipada) atinente à "posse nova" foi enfrentada, talvez até inconscientemente, como se refletisse situação de "posse velha". Por isso, decerto, a redundante exigência do *periculum in mora* e da *urgência*.

É, portanto, acertada a conclusão de que o deferimento da tutela antecipada possessória condiciona-se exclusivamente à demonstração dos requisitos indicados no art. 927 do Código de Processo Civil. Indispensável, assim sendo, examinar se os tais requisitos foram realmente demonstrados nos autos do processo de reintegração de posse, até mesmo para que se esteie eventual reforma da decisão, mediante a interposição do competente recurso de *agravo por instrumento* perante o Tribunal de Justiça de Minas Gerais. É o que se pretende desenvolver no próximo tópico.

2.2 A efetiva demonstração dos requisitos que ensejam a concessão da tutela antecipada possessória no caso sob exame

Pelo exame dos documentos que me foram entregues, dúvidas não há que os requisitos autorizadores da tutela antecipada possessória encontram-se devidamente demonstrados nos autos do processo possessório.

Recorde-se, a respeito disso, que o art. 926 do Código de Processo Civil reza que o possuidor tem direito a ser mantido na posse, em caso de turbação, e reintegrado, no de esbulho. Já o art. 927 do mesmo Diploma Legal, indicativo dos requisitos que ensejam a concessão da tutela possessória (provisória e definitiva), estabelece que incumbe ao demandante o ônus de provar: i) a sua posse; ii) a turbação ou o esbulho praticado pelo demandado; iii) a data da turbação ou do esbulho; iv) a continuação da posse, embora turbada, na "ação de manutenção"; a perda da posse, na "ação de reintegração". Finalmente, o subsequente art. 928 reza que, estando a petição inicial devidamente instruída, o juiz deferirá, sem ouvir o demandado, a expedição do mandado liminar de manutenção ou de reintegração; em caso contrário, determinará que o demandante justifique previamente o alegado, citando-se o demandado para comparecer à audiência que for designada.

O caso em tela, insista-se nisso, traduz-se em uma "ação de reintegração de posse *de força nova*", constatação adiante demonstrada categoricamente. Aqui, entretanto, suficiente a informação, isso para que se trabalhe com o procedimento *especial*, disciplinado pelos arts. 926 e segs. do Código de Processo Civil — afinal, tais dispositivos se prestam justamente ao regramento de casos em que a ação ajuizada tem por base turbação ou esbulho, datados de menos de ano e dia (*força nova*).[562] De tal sorte, tendo-se em vista que o caso examinado refere-se a um procedimento *especial* possessório (*força nova*), conclui-se suficiente, para obrigar o juiz a deferir a tutela antecipada, a demonstração pelo consulente: i) de sua posse; ii) do esbulho praticado pela demandada; iii) da data do esbulho; e iv) da perda da posse.

O *primeiro dos requisitos* é nada menos que evidente. O simples fato de o consulente ter firmado *contrato de arrendamento* com o Banco HSBC BANK BRASIL S.A. é prova contundente da "sua posse". A nota fiscal que tenho em mãos, relativa à aquisição do veículo, indica, de maneira inequívoca, o consulente como *arrendatário* e o HSBC BANK S.A. como *proprietário* (*arrendante*). Igualmente, o documento intitulado "Extrato de Arrendamento para Simples Conferência", também juntado aos autos à época em que a demanda foi promovida, demonstra que a sua posse é regular, pois todas as parcelas já vencidas encontram-se devidamente quitadas. E não apenas isso: como a apreciação do pedido de tutela antecipada somente se sucedeu depois de instaurado o contraditório, vê-se, nos autos do processo, um reforço à prova "da posse" do consulente, situado, justamente, na resposta que fora apresentada à "ação possessória" — sem contar que tal resposta também traz a prova do esbulho possessório (segundo requisito). Para assim concluir, basta a leitura dos trechos abaixo indicados, recortados da própria contestação apresentada pela demandada:

---

[562] Segundo dispõe o art. 924 do Código de Processo Civil, é *especial* (*diferenciado*) o procedimento de manutenção e reintegração de posse, quando intentado dentro de ano e dia da turbação ou do esbulho; passado esse prazo, será ordinário o rito, não perdendo, contudo, o caráter possessório. Portanto, a "ação de força nova" segue os ditames do procedimento especial e a "de força velha" observa o rito ordinário, não obstante seja mínima a diferença entre os procedimentos, conforme bem leciona Humberto Theodoro Júnior (*Curso de direito processual civil*: procedimentos especiais. 38. ed. Rio de Janeiro: Forense, 2007. v. 3, p. 133).

Realmente a requerida foi notificada para entregar a posse do veículo Z ao autor, mas não o entregou e exerceu o seu direito constitucional de petição aos órgãos públicos, para exercer o seu direito de ação, e requerer à meação dos bens a que tem direito.

Ademais, não existiu de forma alguma esbulho possessório, uma vez que o autor, durante a união estável deu de presente à requerida o veículo J o qual recusa a devolver, e agora quer o outro também.

Defende-se a demandada argumentando que teria constituído união estável com o consulente — aliás, afirmação bastante controversa, pois é casada com terceiro, consoante demonstra certidão de casamento que também me foi apresentada. Mas o que importa é que a sua tese nada mais é do que confirmação cabal do esbulho. Diz ter sido notificada, mas optou por se manter na posse (ilegítima) do veículo, sem autorização do consulente (arrendatário) e do próprio Banco HSBC BANK S.A. (legítimo proprietário). Pior, confessa agir em manifesta vendeta (*autotutela*), sobretudo por justificar a posse (irregular) que mantém sobre a coisa na suposta recusa do consulente em devolver-lhe outro veículo, com o qual teria sido presenteada.

Também devidamente demonstrado o *segundo requisito*, vale dizer, "o esbulho" praticado pela demandada. É a ilação que se extrai da notificação que lhe fora encaminhada, à qual lhe concedeu o prazo de 48 (quarenta e oito) horas para a devolução do veículo. Não bastasse, a própria demandada confessa, em sua contestação, não só ter recebido a notificação, mas também a sua opção manifesta de insistir na prática do ilícito (esbulho), consoante visto nos excertos alhures transcritos.

A "data do esbulho" — *terceiro requisito* — é também demonstrada pela notificação anexa. Especialmente, prova que se está diante de "ação possessória *de força nova*", afinal, por meio dela se vê que o esbulho realmente ocorreu antes de ano e dia. A própria demandada, ademais, não nega que mantém o veículo em sua posse, conforme comprovado pelas transcrições acima, extraídas da sua contestação. Ademais, a nota fiscal, juntada aos autos do processo, emitida pela empresa DISTRIVE, em razão da venda do aludido veículo, também demonstra que o esbulho ocorreu em menos de ano e dia. É que a emissão da referida nota ocorreu em 07.10.2008, o que leva a crer que sequer se completou ainda um ano da aquisição do veículo (nota fiscal anexa). E se assim é, absolutamente impossível, até por incoerência lógica, negar a *força nova* à "ação possessória" ajuizada pelo consulente.

Por fim, o *último requisito* é nada menos que óbvio. Não bastassem os documentos aludidos até então (Boletim de Ocorrência e Notificação),

A Desnecessidade de Demonstração da Urgência para o Deferimento de Tutela Antecipada Possessória... | 365

a própria *contestação* também comprova cabalmente "a perda da posse" do veículo por parte do consulente. Ali, confessa a demandada, conforme se lê nos excertos acima recortados, sua teimosia em se manter na posse (irregular) do veículo.

Independentemente, portanto, da análise dos outros quesitos, que igualmente me foram formulados, não tenho receio algum em afirmar que, reunidos os requisitos que autorizam a tutela antecipada possessória, não era lícito ao Estado-juiz negar-se à sua concessão.[563] Acredito, assim, veemente no provimento de eventual *agravo por instrumento*, a ser interposto contra a r. decisão, que indeferiu a pretensão antecipada da posse. Dito de maneira diversa, a decisão combatida há mesmo de ser reformada, a *tutela provisória* concedida e a posse do consulente restituída de imediato.

2.3 O atentado ao art. 1.210, §2º, do Código Civil de 2002

Daquilo que foi afirmado noutra parte já se percebe o equívoco da r. decisão ao negar a tutela antecipada pretendida pelo consulente. Mas há que se estender o raciocínio e indicar o desacerto de outra fundamentação, também utilizada pelo Juiz *a quo* para embasar o indeferimento da pretensão à reintegração provisória da posse. Dito de maneira direta: a tutela antecipada igualmente foi indeferida porque há, em trâmite na 2ª. Vara de Família de Uberaba, processo, instaurado posteriormente à "ação possessória", envolvendo consulente e demandada, sede em que se discute, dentre outras questões, eventual direito sobre o veículo.

Dispõe o art. 1.210, §2º, do Código Civil:

Art. 1.210. O possuidor tem direito a ser mantido na posse em caso de turbação, restituído no de esbulho, e segurado de violência iminente, se tiver justo receio de ser molestado.

§1º O possuidor turbado, ou esbulhado, poderá manter-se ou restituir-se por sua própria força, contanto que o faça logo; os atos de defesa, ou de desforço, não podem ir além do indispensável à manutenção, ou restituição da posse.

§2º Não obsta à manutenção ou reintegração na posse a alegação de propriedade, ou de outro direito sobre a coisa.

---

[563] Reunidos os requisitos que autorizam a medida liminar, não fica ao alvedrio do juiz deferi-la ou não, como bem leciona o processualista mineiro Humberto Theodoro Júnior (*Curso de direito processual civil*: procedimentos especiais. 38. ed. Rio de Janeiro: Forense, 2007. v. 3, p. 135).

Ao instituir o art. 1.210, §2º, do Código Civil, o legislador tornou sem importância, em processos de natureza possessória, eventual alegação de propriedade, e mesmo de outro direito sobre a coisa, razão pela qual ao juiz não é lícito negar a salvaguarda da posse fundada em argumentos de tal natureza.[564] Em processo de *reintegração de posse* a cognição judicial é *limitada* (no plano horizontal), pois restrita aquilo que dispõe o art. 927 do Código de Processo Civil, justamente aos requisitos que autorizam a concessão da tutela possessória. Admitir, afinal, discussão sobre o *domínio* (ou outro direito sobre a coisa) em processo de *reintegração de posse*, seria simplesmente direcionar a tutela jurisdicional sempre em favor do proprietário, eliminando qualquer razão prática de se ajuizar a "ação possessória".[565] A restrição à cognição em processos possessórios justifica-se, ademais, porque não se apresenta aceitável, no atual momento histórico, negar-se autonomia entre os conceitos de *propriedade* e *posse*.[566]

---

[564] Segundo esclarece Francisco Eduardo Loureiro, a "exceção de domínio não está restrita, como parece, à alegação fundada somente no direito de propriedade. Pode vir calçada em outros direitos, reais ou pessoais. Basta a invocação de uma situação jurídica preexistente, que confira a seu titular direito à posse. Em termos diversos, fundada no *jus possidendi*" (LOUREIRO, Francisco Eduardo; PELUSO, Cezar (Coord.). *Código Civil comentado*: doutrina e jurisprudência. São Paulo: Manole, 2007. p. 1015).

[565] MARINONI; ARENHART, *op. cit.*, p. 94.

[566] Sobre a diferenciação entre *jus possidendi* e *jus possessionis*, relacionada direta e respectivamente aos juízos *petitório* e *possessório*, ensina Francisco Eduardo Loureiro: "A expressão *jus possidendi* significa, literalmente, 'direito a posse', ou 'direito de possuir'. É a faculdade que tem uma pessoa, por ser já titular de uma situação jurídica, de exercer a posse sobre determinada coisa. É a posse vista como o conteúdo de certos direitos. Pressupõe uma relação jurídica preexistente, que confere ao titular o 'direito à posse'. Ao contrário do que afirmam alguns autores, não só o proprietário goza de tal situação mas também titulares de outros direitos reais, como o usufrutuário e o credor pignoratício, ou mesmo titulares de direitos meramente pessoais, como o locatário e o comodatário. Basta que seja a posse o objeto da relação jurídica, real ou pessoal. O titular *do jus possidendi*, ao invocar o seu título ou relação jurídica preexistente (real ou pessoal) para assegurar o direito à posse, instaura o chamado juízo petitório. Não se discute a posse em si mesma considerada, mas a razão, ou causa, pela qual se deve possuir". (...) "O *jus possessionis*, inversamente, é o direito originado da situação jurídica da posse, independentemente da preexistência de uma relação jurídica que lhe dê causa. É indiferente a incidência, ou não, de um título para possuir. Aqui a posse não aparece subordinada a direitos, nem é emanada deles, formando parte de seu conteúdo. Alguns autores chegam a negar a expressão *jus*, preferindo *factum possessionis*, como melhor significado de posse sem título anterior. É o reflexo da autonomia do instituto da posse, que se mostra em toda sua pureza. É o fato da posse *per se*, necessário e suficiente para ter ingresso na significação jurídica. São casos típicos do exercício de *jus possessionis* aqueles que cultivam a terra abandonada, ou que se apoderam de coisas móveis perdidas. Recebem a proteção possessória, ainda que lhes falte um título que justifique a posse ou dê causa a ela. É o direito de posse. Seu único suporte é a sua própria existência e presença". (...) "A melhor forma de distinguir o juízo petitório do possessório é manter estrita correlação entre o *jus (factum) possessionis* e o possessório e entre o *jus possidendi* e o petitório. Com isso, garante-se a distinção entre a posse e a propriedade e, sobretudo, protege-se a posse

Atente-se, uma vez mais, às lições de Luiz Guilherme Marinoni e Sérgio Arenhart:

Finalmente, vale recordar que é completamente harmônico com esse entendimento o disposto no art. 1.210, §2º, do CC/2002, a dizer que "não obsta à manutenção ou reintegração na posse a alegação de propriedade, ou de outro direito sobre a coisa". Por outras palavras, o Código Civil atual, embora não proíba a discussão da propriedade no processo possessório, torna totalmente irrelevante essa discussão para a procedência da proteção possessória. Ao demonstrar essa irrelevância, faz com que seja absolutamente impertinente a alegação de domínio no processo possessório, já que nenhum efeito decorrerá do aporte desse tema ao feito.[567]

O juízo em sede possessória, portanto, presta-se tão somente a viabilizar a tutela possessória. Defende-se, mediante as "ações possessórias" a posse como tal, sem outras ajudas e sem outras complicações: só e simplesmente.[568] Se, por traz da posse, aparece um direito que a atribua, é indiferente, pois, ainda que provado o último, nem sempre a primeira será obtida; em contrapartida, mesmo ausente direito sobre a coisa (propriedade, usufruto), a posse, ainda assim, poderá ser tutelada, momento em que aparece em sua plenitude e solidão.[569] Reforça, sem dúvida, o que aqui se defende o disposto no art. 923 do Código de Processo Civil, que, categoricamente, proíbe, na pendência de "ação possessória", intentar-se "ação de reconhecimento de domínio".

Registre-se, ao fim e ao cabo, que eventual discussão, em outro processo, sobre a propriedade da coisa litigiosa, ou mesmo outro direito sobre esta, nem de longe representa fundamento que justifique a negativa da tutela possessória provisoriamente pleiteada. Repita-se: a discussão em sede de reintegração de posse limita-se exclusivamente à própria *posse*, sendo suficiente a prova dos requisitos do art. 927 do Código de Processo Civil para que a tutela possessória seja concedida, até mesmo liminarmente. Eventual discussão sobre domínio, ou outros direitos acerca da coisa litigiosa, não obsta, enfim, à reintegração de posse (CC/02, art. 1.210, §2º).

---

per se como instituição jurídica autônoma" (LOUREIRO, Francisco Eduardo; PELUSO, Cezar (Coord.). *Código Civil comentado*: doutrina e jurisprudência. São Paulo: Manole, 2007. p. 1015).

[567] *Ibid.*, p. 94.

[568] LOUREIRO, Francisco Eduardo; PELUSO, Cezar (Coord.). *Código Civil comentado*: doutrina e jurisprudência. São Paulo: Manole, 2007. p. 1015.

[569] LOUREIRO, Francisco Eduardo; PELUSO, Cezar (Coord.). *Código Civil comentado*: doutrina e jurisprudência. São Paulo: Manole, 2007. p. 1015.

2.4 O deferimento da tutela antecipada recursal

Por fim, questiona-me o consulente sobre a possibilidade de obter, em seu favor, antecipação de tutela em sede recursal, mediante a interposição do competente *agravo de instrumento*.

Conforme o art. 527, III, segunda parte, do Código de Processo Civil, recebido o *agravo de instrumento* no tribunal, e distribuído *incontinenti*, o relator poderá deferir, em *antecipação de tutela*, total ou parcialmente, a pretensão recursal, comunicando ao juiz sua decisão. Quando o recorrente pretende a concessão de tutela jurisdicional ao direito, negada pela decisão recorrida, não se mostra adequado postular o *efeito suspensivo* ao agravo, já que suspender uma omissão jurisdicional não produz nenhum efeito no plano concreto, sendo adequado, isso sim, requerer que o relator conceda a antecipação de tutela, vale dizer, exatamente aquela providência que foi negada pela decisão recorrida.[570]

Sobre o tema, a doutrina respeitadíssima de José Carlos Barbosa Moreira:

> Vinha-se discutindo se o art. 558 autoriza o relator a ordenar a prática de ato, em hipóteses nas quais a decisão agravada a denegou. O teor literal da disposição aponta em sentido contrário: fala-se de "suspender", e no rigor da lógica não há como "suspender" a eficácia de pronunciamento negativo, nem seria adequado construir tal "suspensão" à maneira de providência tendente a substituir a negação por afirmação. No entanto, argumentos de ordem prática militavam em favor de entendimento mais flexível. Não é necessariamente menos grave o risco gerado pelo indeferimento de certa providência requerida por uma das partes, nem será sempre menos urgente o remédio capaz de evitar que ele se consume. Vários julgados e pronunciamentos doutrinários admitiam o chamado "efeito ativo", notadamente em tema de antecipação de tutela. A Lei nº 10.352, dando nova redação ao antigo inciso II (hoje inciso III) do art. 527, abriu expressamente ao relator do agravo a possibilidade de "deferir, em antecipação de tutela, total ou parcialmente, a pretensão recursal".[571]

No que diz respeito ao caso em exame, não pode haver dúvida de que o relator do futuro *agravo por instrumento* haverá de deferir, de maneira integral, a tutela possessória provisoriamente solicitada. Basta, para tanto, que o consulente revele, em seu recurso, a prova, já

---

[570] MARINONI, Luiz Guilherme; MITIDIERO, Daniel. *Código de Processo Civil comentado artigo por artigo*. São Paulo: Revista dos Tribunais, 2008. p. 542.

[571] MOREIRA, José Carlos Barbosa. *Comentários ao Código de Processo Civil*. 14. ed. Rio de Janeiro: Forense, 2008. v. 5, p. 690-691.

constante nos autos do processo possessório, que autoriza a concessão da aludida tutela antecipada — afinal, coincidentes os requisitos que a autorizam, tanto no juízo *a quo*, quanto no juízo *ad quem*. Provados, enfim, os elementos fáticos a que faz menção o art. 927 do Código de Processo Civil surge ao consulente o direito de obter, por cognição sumária, a reintegração (provisória) da posse do tal veículo, pouco importando de qual órgão jurisdicional emanará a decisão.

Quanto ao caráter emergencial da medida, reafirme-se: em casos tais, envolvendo posse de *força nova*, a *urgência* já fora presumida pelo legislador na edificação da disciplina legal que envolve próprio procedimento (especial) que instrumentalizará a tutela possessória. É nada menos que óbvio que esta *presunção de urgência* espraia-se, em se tratando de processo possessório, também na técnica da antecipação de tutela recursal, justificando a desnecessidade de demonstração categórica do *periculum in mora* em tal hipótese.[572]

Mas o caso concreto é merecedor de especial atenção, também por outras razões. É que o próprio contrato de arrendamento, firmado entre consulente e Banco HSBC BANK S.A., corre risco de rescisão. Afinal, arrendatário é o consulente, não a demandada. Não há autorização do Banco (proprietário) que abone o uso do veículo por terceiro, configurando o esbulho (ilícito) certamente em *falta grave*, hábil para ensejar a rescisão contratual e o dever de pagar eventual multa pela inadimplência. Não se olvide, ademais, o risco real, ao qual está sujeito o consulente, diante de eventual sinistro que envolva o veículo quando dirigido pela demandada, ou por terceiro autorizado por ela. Em tal hipótese, acaso condenado, suportaria prejuízos que extrapolariam o conserto do veículo (danos materiais e morais a vítimas envolvidas no acidente). Vê-se, daí, uma qualificação àquela urgência já presumida pelo legislador, a qual, decerto, reforça o direito à obtenção da tutela antecipada por parte do consulente.

---

[572] Consoante lecionam Luiz Guilherme Marinoni e Daniel Mitidiero, os requisitos para a concessão da antecipação da tutela recursal "variam de acordo com o contexto litigioso em que se insere o recorrente. Dependem, em suma, da espécie de tutela do direito que se quer antecipada" (MARINONI, Luiz Guilherme; MITIDIERO, Daniel. *Código de Processo Civil comentado artigo por artigo*. São Paulo: Revista dos Tribunais, 2008. p. 542). Se o deferimento da *tutela antecipada*, em procedimento de reintegração de posse, depende da prova dos requisitos constantes do art. 927 do Código de Processo Civil, também a *antecipação de tutela recursal*, postulada em sede de *agravo por instrumento*, dependerá dos mesmos requisitos para ser concedida. Trata-se, em verdade, de pretensões idênticas, cujo deferimento exige requisitos também idênticos, não obstante as postulações dirijam-se, todavia, a órgãos jurisdicionais diversos.

Não resta dúvida: a antecipação da tutela recursal, se postulada, há de ser deferida, pois presentes os requisitos que alicerçam seu deferimento.

3 Respostas aos quesitos

1. Quais são os requisitos autorizadores da concessão da tutela antecipada em sede de "ação possessória"?

Resposta: Os requisitos autorizadores da concessão da tutela antecipada em sede de "ação possessória" são aqueles descritos no art. 927 do Código de Processo Civil. Para a obtenção de tutela antecipada possessória, postulada em processo de reintegração de posse, suficiente a demonstração: i) da posse; ii) do esbulho praticado pelo demandado; iii) da data do esbulho; iv) da perda da posse.

2. Estão presentes os requisitos autorizadores da concessão da tutela antecipada no caso sob exame?

Resposta: Encontram-se reunidos, nos autos do processo de reintegração de posse, todos os requisitos que ensejam a concessão da tutela antecipada.

3. É lícito o indeferimento da tutela possessória provisoriamente pleiteada, com base em alegação de propriedade ou ainda em outro direito sobre o veículo?

Resposta: Não. Tal postura fere de morte o art. 1.210, §2º, do Código Civil, além de enfraquecer as técnicas processuais diferenciadas colocadas à disposição do possuidor quando diante de lesão à sua legítima posse.

4. Tendo-se em vista os documentos juntados aos autos do processo, é possível vislumbrar o deferimento da tutela antecipada pelo relator, em eventual recurso de agravo de instrumento, interposto contra a respeitável decisão, que negou a concessão da tutela antecipada?

Resposta: Sim, a antecipação de tutela recursal há de ser deferida, de imediato, já pelo relator do *agravo por instrumento* eventualmente interposto.

É o parecer, salvo melhor juízo.

Agosto de 2009.

8

MODALIDADE DE LIQUIDAÇÃO DISFORME À ANUNCIADA NO ACÓRDÃO E OFERTA DE IMPUGNAÇÃO AO CUMPRIMENTO DE SENTENÇA ANTES DA PENHORA

EMENTA: Possibilidade de se adotar modalidade liquidatória diversa daquela anunciada pelo título executivo judicial (Súmula nº 344 do STJ). Admissão de impugnação ao cumprimento de sentença ofertada antes de seguro o juízo.

Sumário: 1 A consulta – **2** O parecer – **2.1** A desnecessidade de instauração de liquidação de sentença na modalidade anunciada no acórdão – **2.2** A natureza da resposta apresentada pela devedora – **2.3** O suposto excesso na execução – **3** Respostas aos quesitos

1 A consulta

JLP e LMB são credores de JFR LTDA. Detêm, nessa qualidade, *título executivo judicial* proveniente de condenação obtida em sede judicial. Instauraram, depois do trânsito em julgado, a competente execução, segundo os moldes procedimentais previstos nos arts. 475-J e seguintes do Código de Processo Civil. Em sua peça inaugural, apontam a reforma parcial da sentença pelo Tribunal de Justiça de Minas Gerais, ou seja, ressaltam que a Corte mineira determinou a necessidade de se considerar um valor já pago pela devedora (autos nº 31.546/33) como forma de calcular o crédito exequendo. Segundo o acórdão, o crédito exequendo seria apurado mediante *liquidação por artigos*.

Tem-se, a seguir, trecho do voto proferido pelo Relator, Desembargador Afrânio Vilela:

Isso posto, rejeito a primeira preliminar, (...) e dou parcial provimento ao recurso para determinar tão somente o abatimento do valor efetivamente pago ao Banco do Brasil S/A em decorrência de composição havida nos autos da execução 31.546/33, a ser apurado em liquidação por artigos, mantendo inalterada a sentença quanto às demais matérias devolvidas. (fls. 628)

Elucidaram os credores (JLP e LMB), ademais, o provimento do recurso especial, manejado pela devedora contra o aludido acórdão, para o fim único e exclusivo de determinar a incidência dos juros de mora a partir da citação.

Este o excerto, recortado do referido aresto, da lavra do Superior Tribunal de Justiça:

> Forte em tais razões, com fundamento no art. 557, §1º-A, do CPC, dou provimento ao recurso especial, para determinar que os juros de mora incidam a partir da citação. Mantêm-se os ônus de sucumbência já fixados, pois mínima a alteração procedida. (fls. 808)

Pela petição inaugural, além disso, verifica-se que o abatimento mencionado pelo Tribunal de Justiça de Minas Gerais se refere à importância efetivamente paga pela devedora ao Banco do Brasil S.A., conforme se constata pelo voto de autoria do ilustre Desembargador Afrânio Vilela. E mais: não obstante a Corte mineira explicitar que o crédito exequendo seria obtido por intermédio do incidente de *liquidação por artigos*, os credores destacaram o despropósito de instaurá-lo. Quando se proferiu o acórdão, afinal, não havia ainda nos autos um recibo — o qual se encontrava incorporado noutro caderno processual (autos nº 701.97.001.141-0) —, cuja cópia só foi devidamente apresentada no momento da instauração do *cumprimento de sentença*. Apresentado esse *documento novo* — recibo comprobatório da importância a ser abatida para se atingir o valor exequendo —, desnecessário se mostrou a instauração do procedimento liquidatório, porque viável a liquidação por meio de simples cálculo aritmético.

Examinada a petição de ingresso, entendeu o Juiz *a quo* presentes os requisitos autorizadores da via executiva. Determinou, por conseguinte, a intimação da devedora, na pessoa de seus advogados, para que cumprisse, no prazo de 15 (quinze) dias, a obrigação, sob pena de incidir em multa de 10% (dez por cento), calculada sobre o valor integral em execução (CPC, art. 475-J). Enfim, ordenou tivesse início a fase executiva, segundo a lógica do incidente de *cumprimento de sentença*.

Modalidade de Liquidação Disforme à Anunciada no Acórdão e Oferta de Impugnação ao Cumprimento... | 373

De sua vez, a devedora, antes de realizada a penhora e a avaliação, ofertou *resposta* e, por meio dela, defendeu como questão principal a iliquidez da obrigação em execução, porque, segundo seu ângulo de visão, necessária era a prévia *liquidação por artigos*, em concordância à já anunciada determinação proveniente do Tribunal de Justiça de Minas Gerais. Buscou, desse modo, demonstrar a inexigibilidade do título pela ausência de liquidez da obrigação nele entabulada. Secundariamente, arguiu: i) a inadmissibilidade do cálculo apresentado pelos credores, visto que elaborado unilateralmente; e ii) o excesso na execução, pois incorreto o valor que resultou dos cálculos assinalados na planilha, sem, contudo, desenvolver as justificativas de sua insurreição nem apontar o valor que entendia correto.

Os argumentos suscitados pela devedora foram afastados por bem lançada decisão interlocutória. Este o seu teor:

> Diante do colacionado, consigno que a liquidez da sentença fora abalada apenas pela ausência de prova do montante pago ao Banco do Brasil por ocasião do julgamento dos recursos interpostos.
>
> Baixados os autos e iniciada a fase de cumprimento, trouxe a parte credora a documentação comprovando o valor efetivamente pago ao Banco do Brasil S/A em decorrência da composição havida nos autos da execução 31.546/3 (fls. 819/826), peças estas não impugnadas pela devedora.
>
> Assim, estando presentes nos autos todos os elementos necessários para o cálculo da dívida, conforme determinado no r. acórdão, mostra-se desnecessária a liquidação por artigos inicialmente imposta, dando lugar à célere apuração por simples cálculos aritméticos.
>
> Ademais, a liquidação por forma diversa da estabelecida no julgado não ofende a coisa julgada (Súmula nº 344, do STJ), sendo plenamente cabível, *in casu*.
>
> Por fim, não há se falar em unilateralidade na elaboração dos cálculos que instruem o pedido de cumprimento de sentença, dispondo o art. 475-B, do CPC, de forma expressa, que o credor requererá o cumprimento da sentença, na forma do art. 475-J, instruindo o pedido com a memória discriminada e atualizada do cálculo.
>
> Outrossim, competia à devedora demonstrar eventual excesso de execução em sede impugnatória, diligência da qual não se desincumbiu, ferindo o disposto no art. 475-L, §2º, do CPC.
>
> Isto posto, rejeito por completo a impugnação de fls. 839/848, condenando a devedora ao pagamento de verba honorária que fixo em R$10.000,00, nos termos do art. 20, §4º, do CPC.
>
> Para prosseguimento, indique bens passíveis de constrição.
>
> A fim de facilitar o manuseio dos autos, promova-se a abertura de um novo volume.
>
> Intimem-se.

Rebelando-se contra o conteúdo da decisão acima transcrita, a devedora interpôs *agravo por instrumento*, através do qual basicamente renovou com uma ou outra novidade os argumentos antes suscitados em sua *resposta*. Sustentou, em síntese: i) a iliquidez da obrigação registrada no título executivo judicial, porque indispensável a prévia liquidação por artigos — à evidência, repita-se, seu propósito é defender a inexigibilidade do título escorado na tese de que a obrigação é ilíquida; ii) a inexistência de *impugnação ao cumprimento de sentença*, pois teria se limitado a apresentar "simples petição", cujo objetivo era o de "chamar o feito à ordem" — segundo crê, somente é crível se falar em "impugnação" *depois* de concretizada a penhora; iii) a inadmissibilidade do cálculo apresentado pelos credores, porquanto elaborados unilateralmente; e iv) o excesso na execução, uma vez que incorreto o valor resultante dos cálculos assinalados na planilha elaborada pelos credores.

Os credores, diante de todo esse contexto fático e jurídico, formularam os seguintes quesitos:

1. É necessária a instauração do incidente de *liquidação por artigos* na espécie?
2. Para a apresentação de *impugnação* se requer a prévia segurança do juízo?
3. Qual a natureza da *resposta* ofertada aos autos pela devedora?
4. Há algum excesso nos cálculos elaborados?

Bem examinados a consulta e os documentos que me foram disponibilizados, sinto-me seguro em apresentar solução aos quesitos, e o faço por intermédio do seguinte parecer.

2 O parecer

2.1 A desnecessidade de instauração de liquidação de sentença na modalidade anunciada no acórdão

São variadas as questões suscitadas por intermédio do recurso de agravo interposto pela devedora. A principal delas, todavia, é aquela que indaga sobre a necessidade da instauração, no caso concreto, do procedimento de *liquidação de sentença*, na modalidade *por artigos*.

A devedora limita-se a advogar a imprescindibilidade do incidente de *liquidação por artigos*, porque se apega (com demasiado exagero) à determinação constante no acórdão proferido pelo Tribunal de Justiça de Minas Gerais. Sustenta inadequada a alternativa escolhida

Modalidade de Liquidação Disforme à Anunciada no Acórdão e Oferta de Impugnação ao Cumprimento... | 375

pelos credores (*liquidação por cálculo aritmético*), que apresentaram, juntamente com a petição que inaugurou o *cumprimento de sentença*, recibo (assinado pelo Banco do Brasil S.A.) comprobatório do valor que haveria de ser subtraído para a obtenção do *quantum debeatur* — documento sequer impugnado pela devedora.

A verdade, de todo modo, é que as razões apresentadas pela devedora encontram-se destituídas de força jurídica, considerando sobretudo o disposto pela Súmula nº 344 do Superior Tribunal de Justiça:

> Súmula 344. A liquidação por forma diversa da estabelecida na sentença não ofende a coisa julgada.

Daí já se vê inexistir, em absoluto, a inflexibilidade defendida pela devedora, e isso ainda que uma dada modalidade de liquidação (por cálculo do credor, arbitramento ou por artigos) se encontre literalmente apregoada na sentença (ou acórdão), indicativa, por conseguinte, do procedimento segundo o qual a quantidade de uma obrigação há de ser revelada. Lado outro, e mesmo que nada tenha sido questionado a tal respeito, inaceitável, igualmente, afirmar ofensa à coisa julgada quando a parte opta — ou o juiz determina oficiosamente — por procedimento liquidatório diverso daquele apontado originalmente pela sentença (ou acórdão). Trata-se, afinal, daquilo que a Ministra Nancy Andrighi já rotulou de *princípio da fungibilidade das formas de liquidação*, vale dizer, a fixação do *quantum debeatur* deve processar-se pela via adequada, independentemente do preceito expresso no título exequendo.[573]

É o formalismo exacerbado, portanto, o pecado da tese defendida pela devedora.

Mas como se não bastasse o já afirmado até aqui, seria suficiente, para assim concluir, verificar a finalidade da *liquidação por artigos*. Diferentemente do que insiste em apregoar a devedora, esse procedimento não está atrelado necessariamente a uma prova pericial — é a *liquidação por arbitramento* que sempre a exige. Seu escopo é bem outro, isto é, endereça-se àqueles casos em que é imperativo alegar e provar "fato novo".[574] Ou segundo a lição de Luiz Rodrigues Wambier, "a *liquidação*

---

[573] Superior Tribunal de Justiça, REsp nº 657.476/MS, Relatora Ministra Nancy Andrighi, Terceira Turma, julgado em 18.05.2006. Disponível em: <www.stj.jus.br>. Acesso em: 1º ago. 2010.

[574] Leciona Luiz Rodrigues Wambier que "fato novo" é "todo acontecimento do mundo real que tenha alguma relevância para o fenômeno jurídico, na medida em que dele possam derivar consequências jurídicas de qualquer espécie" (WAMBIER, Luiz Rodrigues. *Liquidação da sentença civil*: individual e coletiva. 4. ed. São Paulo: Revista dos Tribunais, 2009. p. 112).

por artigos será indispensável quando, para se determinar o valor da condenação, houver necessidade da prova de fato que tenha ocorrido depois da sentença, e que possua relação direta com a determinação da extensão da obrigação nela constituída; ou de fato que, mesmo não sendo a ela superveniente, não tenha sido objeto de alegação e prova no bojo do anterior procedimento cognitivo, embora se trate de fato vinculado à obrigação resultante da sentença".[575]

Ora, as características do caso em tela evidenciam a desnecessidade da *liquidação por artigos*, notadamente tendo em vista que a finalidade à qual se destinaria já se encontra concluída, isto é, tem-se por demonstrado — prova direta (documental), inclusive — o *fato novo* que se pretendia atingir com o tal incidente procedimental. Ou dito de maneira diversa: o *fato novo* é aquele comprovado por um documento não considerado na instrução da fase de conhecimento, vale dizer, representa *fato constitutivo* não avaliado em sede cognitiva, porém integrante do contexto gerador da obrigação, o qual, caso fosse considerado pela sentença (ou acórdão), permitiria, desde logo, a indicação do *quantum debeatur*.[576]

O que fizeram os credores, então, foi simplesmente diligenciar a apresentação do documento (que prova o "fato novo") e instaurar, com alicerce nele e no próprio título executivo, o módulo de *cumprimento de sentença*. Por isso que promover a *liquidação por artigos* seria medida exageradamente formal, despropositada e até atentatória ao *direito fundamental à tutela jurisdicional adequada*. Primaram os credores, de tal sorte, pela economia processual, celeridade e efetividade, alicerçando sua postura numa "justiça de resultados", em repúdio aberto ao fetichismo de fórmulas e ritos.[577]

Acertada, portanto, a decisão ao afastar o argumento da indispensabilidade do incidente de *liquidação por artigos*, pois acompanhou a

---

[575] WAMBIER, Luiz Rodrigues. *Liquidação da sentença civil*: individual e coletiva. 4. ed. São Paulo: Revista dos Tribunais, 2009. p. 112.

[576] DINAMARCO, Cândido Rangel. As três figuras da liquidação de sentença. *In*: WAMBIER, Tereza Arruda Alvim (Coord.). *Liquidação de sentença*: repertório de jurisprudência e doutrina. São Paulo: Revista dos Tribunais, 1997. p. 13 *et seq*.

[577] Sobre o assunto, a jurisprudência é pacífica: "Instauração da liquidação por cálculos, em que pese a determinação da liquidação por artigos prevista no r. aresto transitado em julgado. Ausência de ofensa à coisa julgada (Súmula nº 344 do STJ). Ponderação judicial dos princípios constitucionais. Prevalência da efetividade, celeridade e instrumentalidade do processo, em detrimento da segurança jurídica (coisa julgada), que não obstam, na hipótese, o exercício da ampla defesa e do contraditório – Agravo provido" (Tribunal de Justiça de São Paulo, Agravo de Instrumento nº 1138304001, Relator Desembargador Antonio Benedito Ribeiro Pinto, julgado em 31.07.2008).

petição instauradora do *cumprimento de sentença* recibo que deu margem à prática da liquidação *por mero cálculo*, em sintonia com o que reza a Súmula nº 344 do Superior Tribunal de Justiça.

2.2 A natureza da resposta apresentada pela devedora

Consoante afirmado, os credores instauraram o pleito executivo sem a necessidade de se socorrerem do procedimento de *liquidação por artigos*, pois a liquidez da obrigação se tornou possível mediante cálculo aritmético, depois de obtido (e juntado aos autos) recibo assinado pelo Banco do Brasil S.A. Protocolada a petição de ingresso, entendeu o ilustre Juiz *a quo* presentes os requisitos que davam acesso à via executiva, razão pela qual determinou a intimação da devedora, nas pessoas de seus advogados, para pagar, no prazo de 15 (quinze) dias, sob pena de incidir em multa de 10% (dez por cento) (CPC, art. 475-J).

Então, a devedora, antes de realizada a penhora, apresentou a *resposta* de fls. 838-848, atenta ao disposto no art. 475-L do CPC. Ali registrou seus inconformismos e defendeu: i) a inexigibilidade do título por sua iliquidez; ii) a inadmissibilidade do cálculo apresentado pelos credores, pois elaborados unilateralmente; e iii) o excesso na execução. O Juiz singular, contudo, rejeitou por completo seus argumentos e a condenou, no mesmo ato, aos ônus sucumbenciais, nos termos do que dispõe o art. 20, §4º, do Código de Processo Civil.

Insurge-se, agora, a devedora através da interposição de *agravo por instrumento*, dizendo incoerente a tal decisão por afastar as razões que suscitara, porque, consoante acredita, sequer teria ainda apresentado *impugnação ao cumprimento de sentença*, mas tão somente "petição chamando o feito à ordem" e cujo propósito era o de "colocar o processo nos trilhos". *Defende, com veemência, que a prévia segurança do juízo é condição de processabilidade da impugnação, o que provaria que sua peça processual não possui tal essência.* Aduz, ademais, que o Juiz *a quo* lhe ceifou os direitos à ampla defesa e ao contraditório e a impediu de apresentar, em momento oportuno (após a garantia do juízo), a *resposta* (*impugnação*) que a lei processual lhe faculta.

Estranhíssima a alegação de que a substanciosa petição de fls. 838-848 tinha a finalidade de "chamar o feito à ordem", para "colocar o processo nos trilhos". Afinal, quem chama o "feito à ordem" é o juiz e não os advogados (ou as partes). Não há, em todo ordenamento processual, uma figura assim, que permita ao advogado (ou as partes) agir como se magistrado fosse. Não bastasse, esquece a devedora que a fase de execução de sentença já havia sido instaurada pelos credores e admitida pelo Juiz *a quo*. E nesse ambiente não há espaço para apresentar petição destinada a "chamar o feito à ordem" (seja lá o que isso signifique), mas apenas para suscitar exceções e objeções voltadas a atacar as matérias de ordem pública, o título (e a obrigação por ele abrigada) e também os próprios atos executivos.

Por óbvio, de outro turno, que a peça de fls. 838-848 apresentada pela devedora tem, sim, natureza de *impugnação* (CPC, arts. 475-J e 475-L). Suficiente, para assim concluir, perceber duas das matérias de defesa ali arguidas: i) a iliquidez do título (e, por conseguinte, a inexigibilidade da obrigação); e ii) o excesso de execução. Perceba-se, nessa linha de raciocínio, que o art. 475-L do CPC reza, literalmente, que a *impugnação* somente poderá versar sobre: i) falta ou nulidade da citação, se o processo correu à revelia; ii) *inexigibilidade do título*; iii) penhora incorreta ou avaliação errônea; iv) ilegitimidade das partes; v) *excesso de execução*; e vi) qualquer causa impeditiva, modificativa ou extintiva da obrigação, como pagamento, novação, compensação, transação ou prescrição, desde que superveniente à sentença. Constata-se, de tal sorte, que duas das matérias, cuja arguição se admite em sede impugnatória, foram suscitadas na petição de fls. 838-848, justamente àquela que a devedora insiste em atribuir caráter de mera peça endereçada "a chamar o feito à ordem".

Se errou o Juiz singular, o fez por excesso de zelo. Cumprir-lhe-ia, por rigor à técnica, rejeitar liminarmente a *impugnação*, uma vez que a devedora, embora tenha alegado excesso de execução, olvidou-se de declarar o valor que entendia correto, sujeitando-se à penalidade disposta no art. 475-L, §2º, do Código de Processo Civil. Desatendeu requisito de admissibilidade da *impugnação*, cuja sanção, como constatado, é a sua rejeição liminar.

Não intimida, noutro rumo, o argumento segundo o qual a penhora seria requisito de admissibilidade da *impugnação*, como se a ausência daquela implicasse o não conhecimento desta. *É lícita a apresentação de impugnação antes da penhora simplesmente porque não há vedação legal para assim agir.*

Bem verdade que o art. 475-J, §1º, do Código de Processo Civil impõe que, do auto de penhora e avaliação, seja intimado o executado, podendo oferecer *impugnação* no prazo de 15 (quinze) dias. *Mas esse dispositivo estabelece apenas que a impugnação pode ser apresentada até 15 (quinze) dias depois de intimado o executado do auto de penhora e avaliação, algo bem diferente de afirmar que o executado estaria impedido de ofertar impugnação antes da penhora e da avaliação.*

E mais: a lei não indica a prévia garantia do juízo como pressuposto de admissibilidade da impugnação, porque essa exigência seria injustificada. *Afinal, diferentemente do revogado regime dos embargos, o recebimento da impugnação não implica a automática suspensão da atividade executiva, motivo pelo qual não há mais necessidade de garantia do juízo para assegurar ao credor o futuro cumprimento da obrigação na hipótese de improcedência da impugnação.*[578] A garantia do juízo apenas faria sentido, como pressuposto de admissibilidade da impugnação, caso o seu recebimento implicasse, obrigatoriamente, a suspensão da execução e a consequente necessidade de assegurar, por tempo indeterminado, o direito do credor. *Como a regra hoje é o recebimento da impugnação sem a concessão do efeito suspensivo, não há nenhuma racionalidade em atrelar seu conhecimento à prévia realização da penhora.* Daí se concluir que a penhora é indispensável somente quando o executado formula pedido suspensivo da execução, nunca se configurando requisito de admissibilidade para a própria apreciação da impugnação.

Sobre o tema lecionam, com a costumeira precisão, os prestigiados processualistas Luiz Guilherme Marinoni e Sérgio Cruz Arenhart:

> A existência de prazo não impede que, *antes* do seu curso ter início, o executado apresente a impugnação. Poderá fazê-lo, desde que respeitados os outros requisitos para a admissibilidade da impugnação. (...). Para a apresentação de impugnação não se requer a prévia segurança do juízo. Não há regra específica sobre a questão e o art. 475-J, §1º, poderia insinuar outra resposta, já que diz que a intimação para o executado impugnar se dá depois de realizada a penhora. O art. 736 expressamente permite o oferecimento de embargos à execução de título extrajudicial independentemente da prévia garantia do juízo. Observando-se o sistema executivo, nota-se que, diante da regra da não-suspensividade da impugnação (art. 475-M e dos embargos à execução de título extrajudicial – art. 739-A), a *prévia* realização de penhora não é mais imprescindível para tornar o juízo seguro enquanto são processados a impugnação e os embargos. Antigamente, como os embargos tinham efeito suspensivo — podendo paralisar por anos a execução —, era preciso deixar o exequente seguro de que o seu direito seria satisfeito no caso de improcedência dos embargos. Hoje, como a penhora pode ser feita no curso da impugnação e o seu eventual efeito suspensivo, obviamente, não pode impedir a sua realização, já que a penhora, além de necessária para segurar o juízo, não pode causar "grave

---

[578] Tribunal de Justiça do Rio de Janeiro, Agravo de instrumento nº 2008.002.14340, Relator Desembargador André Andrade, julgado em 27.05.2008. Disponível em: <www.tjrj.jus.br>.

380 | Lúcio Delfino
Direito Processual Civil – Artigos e Pareceres

dano de difícil ou incerta reparação", a prévia segurança do juízo não constitui requisito de admissibilidade da impugnação.[579]

Mesmo que por alguma razão se entenda que a peça de fls. 835-845 não se configure propriamente em *impugnação*, impossível negar a ela caráter de *defesa*. Desimportante se a devedora (por má-fé ou não) deixou de atribuir à sua petição algum designativo, pois a verdade é que ali se verifica a arguição de questões as quais, caso acatadas, levariam à extinção do *cumprimento de sentença*. Ainda que não se lhe atribua natureza de *impugnação, o que se aceita para argumentar*, no mínimo tratar-se-á de *objeção de não* executividade (ou *objeção de pré-executividade*),

---

[579] MARINONI, Luiz Guilherme; ARENHART, Sérgio Cruz. *Processo de execução*. São Paulo: Revista dos Tribunais, 2007. p. 290-291. (Curso de processo civil, v. 3). No mesmo rumo, a melhor orientação jurisprudencial, ilustrada abaixo mediante recentes julgados: "Apelação cível. Cumprimento de sentença. Impugnação. Nulidade. Cerceamento. Penhora. Desnecessidade. Honorários. Compensação. Assistência judiciária. Admissibilidade. Não há cerceamento de defesa quando se rejeita embargos de declaração sob o fundamento de ausência de vício na decisão a ensejar sua declaração. Não é nula a decisão que recebe impugnação sem a garantia do Juízo. O Código de Processo Civil não condiciona a apresentação de impugnação à garantia do juízo. A compensação dos honorários advocatícios deve ser realizada ainda que a parte esteja litigando sob o pálio da assistência judiciária. Precedentes do STJ em aplicação da Súmula nº 306, e do art. 21, do Código de Processo Civil" (Tribunal de Justiça de Minas Gerais, Apelação Cível nº 1.0352.01.000264-5/001, Relator Desembargador Marcelo Rodrigues, julgado em 23.04.2009. Disponível em: <www.tjmg.jus.br>). "Agravo de instrumento. Pluralidade de advogados. Pedido expresso de publicação em nome de determinado causídico. Inobservância. Republicação da decisão. Correta determinação. Cumprimento de sentença. Impugnação de matérias que podem ser conhecidas de ofício. Ilegitimidade. Partes. Exceção de pré-executividade. Princípio da instrumentalidade. Desnecessidade de garantia do juízo. Se há pedido para que as publicações sejam feitas em nome de apenas um dos advogados que representam a parte, e se é tal pleito deferido pelo Magistrado 'a quo', a intimação realizada de modo diverso caracteriza nulidade. Se a matéria alegada pelo agravante na peça de impugnação à execução é matéria de ordem pública, qual seja, alegação de ilegitimidade passiva, devendo ser reconhecida de ofício, se for o caso, não seria prudente exigir-se a segurança do juízo para a análise da impugnação. Reconhece-se a legitimidade do HSBC Bank Brasil S/A — Banco Múltiplo para, como sucessor, responder pelas obrigações assumidas pelo Banco Bamerindus do Brasil S/A. Recurso não provido" (Tribunal de Justiça de Minas Gerais, Apelação Cível nº 1.0701.98.009712-8/001, Relator Desembargador Cabral da Silva, julgado em 31.03.2009. Disponível em: <www.tjmg.jus.br>). "Agravo de instrumento. Cumprimento de sentença. Impugnação. Excesso de execução. Erro na elaboração de memória de cálculo. Matéria de ordem pública. Garantia do juízo. Desnecessidade. A impugnação ao cumprimento de sentença pressupõe a garantia do juízo apenas para que se conheça da escolha do bem penhorado e sua avaliação, já que as demais matérias argüíveis podem ser alegadas a qualquer tempo e por meio de simples petição, por envolverem questões de ordem pública. O excesso de execução deve ser conhecido somente quando decorrer de erro cometido na elaboração da memória do cálculo, isto é, erro que não demande alta indagação e seja perceptível a olho nu, independentemente de dilação probatória" (Tribunal de Justiça de Minas Gerais, Apelação Cível nº 1.0024.07.500634-6/001, Relator Desembargador Fabio Maia Viani, julgado em 27.01.2009. Disponível em: <www.tjmg.jus.br>).

Modalidade de Liquidação Disforme à Anunciada no Acórdão e Oferta de Impugnação ao Cumprimento... | 381

porque, no seu bojo, foram suscitadas matérias passíveis de apreciação até oficiosamente em qualquer momento e grau de jurisdição.

Para complementar a análise, tem-se a lição do conceituadíssimo Cândido Rangel Dinamarco:

> Na realidade, o que venho dizendo vai além da proposta de Liebman, segundo o qual somente os pressupostos de cada ato da execução forçada podem ser objeto de exame e decisão no processo executivo — e não também os pressupostos processuais e condições da ação. A jurisprudência dos tempos presentes abriu portas escancaradas para a (mal) chamada objeção de pré-executividade, plenamente admissível quando traz em si a alegação de inexistência de título para executar, ou de iliquidez da obrigação, excesso de execução ou alguma outra que diga respeito à própria existência da ação executiva ou ao valor apoiado pelo título, sem grandes necessidades de realizar uma instrução completa e exauriente.[580]

Rotulada de *impugnação* ou de *objeção de não executividade* (ambas espécies do gênero *defesa*) a petição de fls. 835-845, nada muda. Ou seja, certeira a decisão agravada por afastar as matérias que lá foram arguidas.

Optou a devedora por apresentar *resposta* previamente à segurança do juízo, o que indiscutivelmente não lhe subtrai o direito de discutir, em momento posterior, questões novas, surgidas no curso do procedimento executivo, depois de realizada a penhora (excesso de penhora e erro de avaliação, por exemplo). Exerceu (e continuará a exercer), sem dúvida, seus direitos fundamentais ao contraditório e à ampla defesa, nos limites admitidos em um ambiente no qual as partes (exequente e executado) apresentam posições jurídicas diversas.

Superadas as razões ofertadas na *defesa*, a fase executiva deve seguir curso, e a penhora há de ser realizada, devidamente acompanhada de atos expropriatórios necessários à satisfação do crédito em execução.

2.3 O suposto excesso na execução

Beira ao absurdo o protesto de que o cálculo apresentado é unilateral e, logo, não mereceria a acolhida do Judiciário. O cálculo é unilateral porque foi realizado através de *liquidação por cálculos*. A

---

[580] DINAMARCO, Cândido Rangel. *Fundamentos do processo civil moderno*. 6. ed. São Paulo: Malheiros, 2010. v. 1, p. 56.

decisão agravada, outra vez, foi certeira ao apontar a fragilidade do argumento. Esclareceu que o art. 475-B, do CPC, de maneira expressa, dispõe que o credor requererá o *cumprimento da sentença*, na forma do art. 475-J, instruindo o pedido com a memória discriminada e atualizada do cálculo. Em complemento, elucidou competir à devedora demonstrar eventual excesso de execução em sede impugnatória, diligência da qual não se desincumbiu, ferindo o disposto no art. 475-L, §2º, do CPC (fl. 858).

Portanto, os cálculos foram mesmo praticados unilateralmente, segundo previsão expressa da lei processual. Caso a devedora discordasse do valor atingido, haveria de suscitar sua indignação em sede de impugnação e ali, além de justificar o possível erro, deveria indicar o valor que entendia correto. Não fez, todavia, nem uma coisa nem outra e também não impugnou o documento novo juntado, consoante bem percebeu o Juiz singular. Arguiu a devedora, em síntese, suposto excesso de execução, porém sem impugnar o documento (recibo assinado pelo Banco do Brasil S.A.) — ou seu conteúdo — que possibilitou a realização da memória de cálculo, além de nem se ter dado ao trabalho de indicar o valor que entendia devido e tampouco de justificar os motivos pelos quais entendia equivocado o cálculo apresentado pelos credores, numa afronta patente a pressuposto de admissibilidade da *impugnação* (CPC, art. 475-L, §2º).

Em seu recurso, no entanto, inova ao afirmar, de modo absolutamente vago, que o valor de fato devido gira em torno de R$563.000,00 (quinhentos e sessenta e três mil reais). Há, destarte, obstáculo que impede o Tribunal de Justiça de examinar essa questão (eventual excesso de execução), porque a indicação do valor que a devedora entende devido no *agravo* recentemente intentado não supre sua ausência na *impugnação* já ofertada. E mesmo que suprisse, *o que se aceita por amor ao debate*, evidente que o legislador, ao exigir que o executado aponte o valor que entende correto, obriga-o também a argumentar e a justificar o erro em que incidiu o exequente, algo que a devedora desatendeu.[581]

---

[581] Mais uma vez, confira-se o entendimento de Luiz Guilherme Marinoni e Sérgio Cruz Arenhart: "Porém, o executado, ao afirmar que o credor pleiteia quantia superior à resultante da sentença, deverá declinar, de imediato, o valor que entende correto, sob pena de rejeição liminar da impugnação (art. 475-L, §2º). Na verdade, mais do que simplesmente *alegar* que o valor executado está errado e *afirmar* aquele que entende correto, deve o executado apresentar a respectiva *memória de cálculo*, realizando *argumentação capaz de demonstrar o erro do exequente*" [MARINONI, Luiz Guilherme; ARENHART, Sérgio Cruz. *Processo de execução*. São Paulo: Revista dos Tribunais, 2007. p. 297. (Curso de processo civil, v. 3)].

Modalidade de Liquidação Disforme à Anunciada no Acórdão e Oferta de Impugnação ao Cumprimento... | 383

De toda sorte e ainda que se pense de modo diverso, o que se vê no bojo dos autos é mesmo a absoluta ausência de prova sobre o alegado "excesso de execução". A devedora, insista-se nisso, não impugnou o recibo (assinado pelo Banco do Brasil S.A.), tampouco o valor nele representado, o que possibilitou a imediata realização da memória de cálculo. Daí por que o Juiz singular acentuou, com precisão cirúrgica, que competia à devedora demonstrar eventual excesso em sede impugnatória, diligência da qual não se desincumbiu, ferindo o disposto no art. 475-L, §2º, do CPC.[582]

3 Respostas aos quesitos

1. É necessária a instauração do incidente de liquidação por artigos na espécie?

Resposta: Não. Diante da apresentação do recibo, que deu margem à realização da liquidação *por mero cálculo*, despropositada a instauração do procedimento liquidatório na modalidade *por artigos*. É clarividente a Súmula nº 344 do Superior Tribunal de Justiça ao apontar que o melhor caminho é aquele segundo o qual a fixação do quantum *debeatur* deve processar-se pela via adequada, independentemente do que se encontra anunciado na sentença (ou acórdão) que lastreia a atividade jurisdicional executiva.

2. Para a apresentação de impugnação se requer a prévia segurança do juízo?

Resposta: A lei processual não exige a prévia garantia do juízo como condição de admissibilidade da impugnação. Bastaria essa constatação para se inferir que o Judiciário, por isso mesmo, não pode negar o conhecimento de impugnação eventualmente apresentada antes da penhora. Pode-se dizer, em reforço, que a lei não exige a prévia garantia do juízo como pressuposto de admissibilidade da impugnação por inexistir justificativa para tal exigência. A garantia do juízo apenas faria sentido, como pressuposto de admissibilidade da impugnação, caso o recebimento desta implicasse, obrigatoriamente, a suspensão da execução e a consequente necessidade de assegurar, por tempo indeterminado, o direito do credor. *Como a regra hoje é o recebimento da impugnação sem a*

---

[582] Não se pode olvidar, até em reforço àquilo já defendido anteriormente, que a alegação de "excesso de execução" evidencia, sem dúvida, que a petição de fls. 835-844, apresentada pela devedora depois da instauração do *cumprimento de sentença*, detém mesmo natureza de *impugnação*. Sublinhe-se, uma vez mais, o que estabelece o art. 475-L, V, do Código de Processo Civil.

concessão do efeito suspensivo, não há sentido em vincular seu conhecimento à prévia realização da penhora. Daí se concluir que a penhora é indispensável somente quando o executado formula pedido suspensivo da execução em sua *impugnação*, jamais se configurando condição para o próprio conhecimento dela.

3. Qual a natureza da resposta ofertada aos autos pela devedora?

Resposta: A resposta apresentada pela devedora detém natureza de *impugnação* (CPC, art. 475-J, §1º c/c art. 475-L). Assim se deduz pelas matérias de defesa ali arguidas: i) a iliquidez do título (e, por conseguinte, a inexigibilidade da obrigação), e ii) o excesso de execução. Esclareça-se que ambas as matérias encontram-se insertas no rol do art. 475-L do CPC, justamente o dispositivo que estabelece aquilo que pode ser suscitado em sede de *impugnação*.

4. Há algum excesso nos cálculos elaborados?

Resposta: Não, a memória de cálculo elaborada pelos credores ajusta-se aos parâmetros legais, além de alicerçada em documento novo (recibo assinado pelo Banco do Brasil S.A.), apresentado aos autos pelos credores e sequer impugnado pela devedora.

Salvo melhor juízo, este o parecer.

Agosto de 2010.

Índice de Assuntos

página

A

Absolutismo 77
Ação
- De alimentos 160, 168
- De força
- - Nova 361, 363
- - Velha 361, 363
- Demolitória 299
Administrador 142
Alimentos 149, 151
- Gravídicos 154
- - Valores 158
- Provisórios 286-287
Arrematação 328
Atividade
- Cognitiva 312
- Jurisdicional 40
Ativismo judicial 278
Atos processuais 88, 100
- Das partes 94
- Que compõem o rito processual ...185
Atualização monetária 315
Audiência de conciliação e
    julgamento 160
Autoridade coatora 99

B

Boa-fé 310

C

Capacidade
- De direito 155-156
- Postulatória 342
Ciência processual civil 142, 143
Cientista
- Neutralidade 126

página

Cognição 164-165, 203
- Aspectos
- - Horizontal 203
- - Vertical 203
- Exercida no rito especial
- - Exauriente 168
- - Limitada 168
- Planos
- - Horizontal 165
- - Vertical 165
- Sumária 165
Coisa julgada 169-179, 171
- Limites
- - Objetivos 170
- - Subjetivos 172
- No direito brasileiro 170
Competência 290
Condição jurídica do nascituro
- Correntes
- - Concepcionista 155
- - Condicional 155
- - Natalista 155
- - Teoria da personalidade 155
Constitucionalismo 37
Consumidor 236
- Defesa 191
- Direito básico.................................238
- Presunções 202
- Vulnerabilidade 190
Contraditório ...40, 41, 42, 43, 44, 45, 47,
                48, 51, 53, 70, 126, 184
- Caso grave de lesão 60-61
- Papel 45
- Utilidade...60
Correção monetária 58, 315

página

Crédito alimentar
- Finalidade 149, 150

D
Dano 239
- Causas 245
- Estético 242
- Material
- - Suportado pela vítima 261
- Moral 240
- Patrimonial 239
Débitos de natureza alimentícia 226
Decisão judicial 46-47
Defeito 201-202, 255, 256
Democracia... 37, 113, 114-115, 116, 138
- Direta 35
- Indireta 35
- Participativa 36, 40
- Representativa 36
Despesas alimentares 148
- Civis 148
- Naturais 148
Dever
- De auxílio 39
- De consulta 34, 39
- De esclarecimento 39
- De prevenção 39
- Do magistrado 350
Devido processo legal 136
Diálogo judicial 63
Direito 108, 111, 129
- A alimentos 150
- Adquirido 88
- Ciência do 108
- Da personalidade 156
- Fundamental 118, 138, 147
- - Do contraditório 43-44
- Material 230
- Processual 230
- - Civil 143

página

- - Intertemporal
- - - Enunciados hermenêuticos... 93-95
- - Objeto 82
- - Regras seguras 91
- Tutela do 142
Doença de Buerger 252
Doutrina
- Da desconsideração 70
- Médica 251-252

E
Edifício jurídico
- Construção 120
Efetivação 210
Embargos de declaração 75
Enunciados processuais 88
Equidade 55
Escola exegética 107-108
Estado
- Constitucional contemporâneo 115
- Democrático 30
- - De direito 32, 34, 35, 40, 55,
65, 112, 114, 184, 348
- - - atividades estatais 33
- - - característica essencial 47
- - - configuração 31
- - - conquista hermenêutica 113, 118
- - - jurisdição 118
- Liberal 106, 109
- Social 109
Exame de DNA 166
Execução 210, 336
- De prestação alimentícia 227
- Provisória 213

F
Fato
- Constitutivo 376
- Jurídico 86
- Novo 375, 376

Índice de Assuntos | **387**

página

Fenômenos
- Culturais 125
- Físicos 125
Flexibilização procedimental
- Hipóteses 186
- No Brasil 186-187
Força maior 199
Forma processual 326
Fortuito interno 198
Fraude à execução
- Configuração 275
Fumante passivo 237
Fundamento 183

H
Hermenêutica 117, 132
Honorários
-Advocatícios 54
- Sucumbenciais 54

I
Ideal democrático 115
Ideologia
- Conceito 30
- Estatal 30
Incompetência material 291
Indústria de tabaco
- No passado 22
Interpretação jurídica
- Escopo 139
- Finalidade 127

J
Judiciário 113
- Caráter contramajoritário 37
- Regentes 36
Juiz 43, 46, 52, 120-121, 130, 136, 137
- Deveres
- - De auxílio 136
- - De diálogo 136

página

- - De esclarecimento 136
- - De prevenção 136
- - Na seara processual 39-40
- Função 119
- Percepção de mundo 134
- Responsabilidade 140
- Solipsista 39
Juízo
- De presunção 262
- De probabilidade 247
Julgamento "por equidade" 55
Jurisdição 127-128, 290, 351
- Constitucional 121
- Legitimação 33
- No Brasil
- - Aberta a todos 124
- - Substancialista 124
Jurisprudência 127
Juros moratórios 57, 315-316
- Legais 57
- - Exemplos 57-58
- - Taxa de juros 57
Jus possidendi 366

L
Legislador 142
Legislativo 120
Legitimidade 31, 32
- Ativa 163
- Passiva 163
- Pela própria decisão 34
- Pelo conteúdo da decisão 34
Lei 83, 84, 85, 107, 119-120
- Admissão da retroatividade 84
- Aplicação 119
- Consumerista 193, 198
- Efeito imediato 86
- Nova 86, 87, 89, 91, 94, 100
- - Retroatividade 86, 87, 94
- Processual 52, 87

página

- - Nova 91, 93, 94
- Retroativa 90
- Velha 95
Liquidação
- Da pessoa jurídica 286
- Por arbitramento 375
- Por artigos 375
Litigante de má-fé 48
Litispendência 273, 275

M
Mandado de segurança
- Parte passiva 99
Matérias apreciáveis de ofício 68
Motivação 184
- Direito fundamental 184
Multa 221-222

N
Nascituro 156, 157
- Proteção 177
Nexo de causalidade 242, 244
Norma 126
- Inferior 130
- Infraconstitucional 130
- Interpretação 132
- Jurídica 119
- Significação 127
- Superior 130
Nulidade absoluta 327

O
Obrigação alimentar 226
- Características 149-150
Ônus
- Da prova
- - Inversão 256-257, 262
- Probatório 174
Ordem pública econômica 191

página

Ordenamento
- Jurídico 56
- Ocidental
- - Característica tradicional 107

P
Pedidos implícitos 52
Penhora on line 222-223
Periculum in mora 204
Personalidade
- Física 156
- Jurídica 156
- - Abuso 71, 72
Pessoa embrionária 156
Petição inicial 98
Poder
- Estatal 31
- Judiciário
- - Membros 37
Pós-positivismo 110-111
Positivismo
- Filosófico 108
- Metas 126
Postulado da proporcionalidade 308
Povo 115
Prejudicial 171
Prestação pecuniária alimentar
- Meios executórios 217
Presunções 166-167
- Símplices 250
Princípio
- Constitucional 118
- Da adaptabilidade do
  procedimento 179, 181, 183, 187
- Da adequação do procedimento ... 179
- Da efetividade 220
- Da fundamentação 183
- Da fungibilidade 338
- Da inafastabilidade 181
- Da instrumentalidade
  das formas 325, 326

Índice de Assuntos | 389

- Da irretroatividade 85, 90
- Da não retroatividade 89
- Da responsabilidade patrimonial ...223
- Da unicidade recursal 339
- Democrático.....................................79
- Do contraditório..................41, 42, 76

Prisão civil
- Utilização 228

Processo 36, 40, 41, 42, 124
- Cautelar de alimentos
  provisionais...................................153
- Hermenêutico...............................129
- Modelo constitucional...................124

Prova
- Indiciária 166
- Pericial 301

R

Recurso
- Condições.......................................341

Redução fenomenológica................137

Regime da responsabilidade
  objetiva..253

Regras de experiência............. 65, 66-67
- Comum..65
- Técnica..65

Relação de paternidade...................171

Responsabilidade civil
- Das indústrias de fumo
- - Requisitos que ensejam a.....235, 260
- Divisão...191
- Do fornecedor
- - Pressupostos para a
    configuração da 194
- - - dano...................................194, 205
- - - defeito 194, 205
- - - nexo de causalidade..........194, 205
- Relação de consumo.....................193

Revogação 342

- Expressa 83
- Por incompatibilidade lógica 83

S

Sentença
- Cumprimento 336-337

Sistema
- BACENJUD
  Ver Penhora *on line*
- Jurídico..120
- Normativo infraconstitucional 120

Soberania popular............................32

Sociedade empresária
- Extinção..288

Solidariedade legal..................238, 239

Solipsismo judicial 39

Subordinação jurídica
- Implicação....................................130

Suicídio involuntário.......................305

Superior Tribunal Federal
- Papel 38

T

Técnica processual 146, 147
- *Lato sensu* 152
- *Stricto sensu* 153

Teoria
- Concepcionista 154
- Da causalidade adequada.............246,
  247, 248
- Da equivalência dos
  antecedentes causais
- Do dano causal direto e imediato ...248
- Do risco da atividade 195
- Do risco do empreendimento ...191-192

Tese da retroatividade
- Das normas de ordem pública........88

Tromboangeíte obliterante
  Ver Doença de Buerger

Tutela

- Alimentar
- - Direito 171
- Antecipada...... 102, 169, 199, 200, 205, 210-211, 214, 215, 358
- - Efetivação.............................210, 220
- - Execução de soma em dinheiro..229
- - Possessória.......................................370
- - - obtenção.......................................370
- - Postulação.......................................210
- De direitos.............................143, 145
- - A alimentos
- - - finalidade.......................................151
- Específica.......................................296

- Jurisdicional............. 142, 143-144, 145
- - De direito...............................144, 145
- - Efetiva...221
- - Importância.....................................151
- - *Lato sensu*...............................144, 149
- - *Stricto sensu*...................................144
- Liminar...358

V

Verossimilhança.................................257
Vício de inconstitucionalidade da norma...102

ÍNDICE DA LEGISLAÇÃO

página | página

C

Código Civil de 2002.....57, 63, 299, 305
- art. 1º....................155
- art. 2º..........155, 156, 162, 163
- art. 50....................71
- art. 389....................58
- art. 395....................58
- art. 397................58, 316
- art. 398................58, 174
- art. 403....................248
- art. 404................52, 57
- art. 405............58, 59, 316
- art. 406............52, 57, 316
- art. 407....................59
- art. 422....................310
- art. 462....................156
- art. 542....................156
- art. 576....................300
- art. 670....................57
- art. 682
- - inc. I....................342
- art. 757....................310
- art. 765....................310
- art. 768....................311
- art. 772....................58
- art. 798......304, 305, 306, 308, 309, 311, 312, 313, 314, 315, 317
- art. 831....................58
- art. 833....................58
- art. 840................321, 322
- art. 948....................240
- art. 949....................239
- art. 950....................239
- art. 1.033....................284
- art. 1.034....................284

- art. 1.035....................284
- art. 1.210
- - §2º..........360, 365, 366, 367, 370
- art. 1.299....................296
- art. 1.301............296, 297, 299, 300
- art. 1.302............298, 299, 300, 301
- art. 1.597....................174
- art. 1.602....................174
- art. 1.609....................156
- art. 1.621....................157
- art. 1.698....................163
- art. 1.762....................57
- art. 1.798....................156
Código Civil Francês (1804)............107
Código de Defesa do
 Consumidor............70, 189, 190, 191, 192, 195, 196, 198, 200, 201, 205, 206, 235, 236, 238, 239, 243, 252, 253, 256, 260, 311
- art. 4º
- - inc. I................190, 201, 205
- - inc. III....................310
- - inc. IV....................232
- art. 6º
- - inc. III................232, 310
- - inc. IV................198, 310
- - inc. VI....................251
- - inc. VIII...194, 196, 251, 256, 257, 313
- art. 7º................238, 239
- art. 9º....................232
- art. 12............232, 238, 243
- - §3º................197, 243
- - - inc. I....................195
- - - inc. II............195, 201, 206
- - - inc. III....................195

página		página

- art. 13 239
- art. 14 ....232, 238, 243
- - §3º...197
- - - inc. I...195
- - - inc. II..195
- art. 17 ....236, 237
- art. 18 238
- art. 19 ....232, 238
- art. 25
- - §1º...238
- - §2º...238
- art. 28
- - §3º...238
- - §5º..70
- art. 31 232
- art. 34 238
- art. 38 243
- art. 42 58
- art. 54
- - §3º...310
- - §4º...310
- art. 84
- - §3º...........................200, 204, 207, 209
Código de Processo Civil 48, 52, 79, 102, 152, 172, 173, 180, 210, 211, 213, 216, 218, 220, 221, 278, 285, 307, 338, 351, 380
- art. 9º
- - inc. II...160
- art. 11 157
- art. 13 343
- art. 14 ....49, 50, 266, 346, 347, 348, 349, 351, 352, 354
- - inc. V...354
- art. 16 351
- art. 17 ....48, 51, 349, 351
- - inc. V...354
- art. 18 ....49, 349, 351, 352, 354
- - §1º...........................346, 347, 349

- art. 20 ....52, 54, 172
- - §3º..55
- - §4º.......................................55, 373, 377
- art. 36 342
- art. 37 342
- art. 47 331
- art. 82
- - inc. II...156
- art. 94 164
- art. 100
- - inc. II...153
- art. 111 291
- art. 113 291
- art. 125
- - inc. II.............................265, 346, 347
- - inc. III...265
- art. 127 ....55, 133
- art. 128 63
- art. 130 ....277, 279
- art. 131 ....69, 78
- art. 132 278
- art. 154 ....325, 327, 329
- art. 155
- - inc. II...153
- art. 158 94
- art. 162
- - §4º...184
- art. 174
- - inc. II...153
- art. 196 ....263, 264, 265, 266, 267
- art. 219 ....274, 275, 276
- art. 221 160
- art. 222 160
- art. 241
- - inc. I...100
- - inc. II...100
- - inc. III...100
- art. 244 ....325, 327, 329
- art. 263 ....274, 275, 276

Índice da Legislação | **393**

página

- art. 267
- - inc. IV 144, 292, 343
- - inc. VI 144, 323, 332
- - inc. VIII 144
- - §1º 160
- - §3º 292
- - §4º 160
- art. 273 ....46, 101, 102, 103,
  152, 159, 165, 169, 200,
  203, 204, 206, 358, 361
- - inc. I 159, 200, 204, 212
- - inc. II 159, 200
- - §3º 216, 218, 220
- - §6º 219, 337
- art. 282
- - inc. IV 144
- art. 284 292
- art. 285-A 53
- art. 290 ....52, 172, 329
- art. 292
- - §1º 285, 286, 293
- - §2º 285, 286, 287, 293
- art. 293 ....58, 172, 315
- art. 295 60
- - inc. IV 53
- art. 301
- - inc. II 292
- - §4º 292
- art. 320
- - inc. II 160, 161
- art. 330
- - inc. I 287
- art. 331 256
- art. 333 ....60, 72, 237, 279
- - inc. I 72
- - inc. II 301, 313
- art. 334
- - inc. I 254
- - inc. IV 202, 206
- art. 335 ....64, 65

página

- art. 342 277
- art. 355 277
- art. 383 277
- art. 416 277
- art. 418 277
- art. 426
- - inc. II 277
- art. 437 277
- art. 440 277
- art. 460 ....52, 63
- art. 461 ....101, 102, 103, 210, 358
- - §3º 200
- - §4º 210, 216, 220
- - §5º 209, 210, 216, 218, 220
- art. 461-A 200, 210, 220
- art. 462 ....69, 78
- art. 469 170
- - inc. III 171
- art. 472 172
- art. 473 340
- art. 475 153
- - inc. I 218, 219
- - §1º 219
- art. 475-B 373, 382
- art. 475-I 221, 335, 336
- art. 475-J....371, 372, 373, 377, 382, 384
- - §1º 384
- art. 475-L..............................335, 377, 384
- - §2º 373, 382, 383
- art. 475-M
- - §3º 337, 338-339
- art. 475-O 210
- - §2º
- - - inc. I 217
- art. 485
- - inc. II 292
- art. 496 75
- art. 499
- - §1º 346, 355
- art. 513 337

página	página
- art. 515 63	- art. 852 152
- art. 520	- art. 877 155
- - inc. II...153	- art. 878 155
- art. 523	- art. 923 367
- - §2º...76	- art. 924 ....360, 363
- art. 527	- art. 926 ....362, 363
- - inc. III...368	- art. 927 ....358, 360, 361, 362,
- art. 557	366, 367, 369, 370
- - §1º-A 372	- art. 928 ....358, 360, 361, 363
- art. 585	- art. 1.211 ....86, 92
- - inc. II.......................................270, 323	- art. 1.218 289
- art. 588 215	- - inc. VII...288
- - inc. II..211	Código Tributário Nacional
- - inc. III...211	- art. 161
- art. 593 ....273, 275	- - §1º...57, 316
- - inc. II..276	Constituição da República Federativa
- art. 599	do Brasil de 1988...........30, 32, 35, 37,
- - inc. II...50	38, 49, 54, 56, 68, 69, 75, 77, 78,
- art. 615	79, 85, 86, 87, 89, 90, 91, 94, 102,
- - §3º...273, 275	113, 114, 115, 117, 118, 119, 120, 123,
- art. 649	124, 130, 132, 134, 138, 140, 148,
- - §2º...153	150, 181-182, 221, 226, 227, 252,
- art. 652	263, 265, 352, 355
- - §1º...95	- art. 1º...........31, 35, 37, 40, 47, 114, 149
- art. 655-A 224	- - inc. III...270
- art. 690 ....320, 321, 323,	- art. 3º
324, 327, 328, 331, 332	- - inc. I 149
- - §1º....320, 321, 324, 329, 330, 332, 333	- art. 5º...........98, 164, 270, 271, 280, 297
- - §2º...320, 324	- - inc. II..114
- - §3º...324, 328	- - inc. V..156
- - §4º...324	- - inc. X..156
- art. 732 227	- - inc. XXVIII 156, 177
- art. 733 ....227, 229, 269, 271, 272	- - inc. XXXII...............169, 191, 251, 311
- - §1º...177, 227	- - inc. XXXV........97, 102, 103, 147, 162,
- art. 734 ....153, 217, 227	175, 181, 187, 216, 218, 220,
- art. 735 227	280, 308, 323, 338
- art. 736 95	- - inc. XXXVI 84, 85, 86, 87
- art. 739-A	- - inc. XL..90
- - §1º...95	- - inc. LIV.............................33, 41, 53, 54
- art. 804 462	- - inc. LV.........................33, 44, 51, 53, 54

Índice da Legislação | 395

página

- inc. LXVII 226, 227, 271
- - inc. LXIX 103
- art. 14
- - inc. I 35
- - inc. II 35
- art. 61
- - §2º 36
- art. 93
- - inc. IX 183
- art. 100 226
- - §1º 228
- art. 133 ....49, 50, 265, 348, 350, 354
- art. 170
- - inc. V 191
- art. 227 149

D
Decreto-lei nº 1.608/39
- art. 656 288

E
Emenda Constitucional nº 45/04 272

L
Lei de Alimentos
  Ver Lei nº 5.478/68 157
Lei de Introdução ao Código Civil
(LICC) 82
- art. 1º 83
- art. 2º 83
- - §1º 83
- art. 6º 85, 86, 87
Lei nº 95/98
- art. 8º 83
Lei nº 1.060/50
- art. 12 292
Lei nº 1.533/51 ....96, 100
- art. 3º 97
Lei nº 5.478/68 ....152, 157
- art. 5º

página

- - §2º 160
- - §4º 160
- art. 7º 160, 161
- art. 8º 160
- art. 9º 158, 161
- - §1º 161
- - §2º 161
- art. 11 161
- art. 12 161
- art. 13
- - §2º 173
- art. 14 161
- art. 16 217
- art. 17 ....217, 218
Lei nº 5.869/73
Ver Código de Processo Civil
Lei nº 6.899/81 ....58, 172, 315
- art. 1º 58
Lei nº 8.078/90
Ver Código de Defesa do Consumidor
Lei nº 8.906/94
- art. 6º 23, 265, 350
- art. 23 54
- art. 32 ....352, 353
- art. 44
- - inc. II 263
Lei nº 8.952/94 152
Lei nº 9.139/95 338
Lei nº 10.358/01
- art. 14 347
Lei nº 11.232/05 ....212, 215, 217, 221
Lei nº 11.382/06 ....95, 224, 273,
                                275, 276, 324
Lei nº 11.441/07 270
Lei nº 11.804/08 ....141, 152, 153,
        156, 157, 159, 163, 165, 166,
        167, 168, 169, 170, 171, 172,
              173, 174, 177, 179
- art. 1º 154, 162
- art. 2º 158

	página

- art. 3º 164
- art. 5º 168
- art. 6º 162, 163, 165, 171, 173
- art. 8º 168
Lei nº 12.004/09 166
Lei nº 12.016/09 ....82, 95, 96, 97, 98
- art. 3º 96, 98
- art. 6º 98
- art. 7º
- - inc. I 100
- - inc. II 99
- - inc. III 101
- - §2º 101, 102, 103
- - §5º 101, 102
- art. 9º 100
- art. 28 96

P

Projeto de lei nº 166/10 ... 74, 79, 180, 187
- art. 9º 180
- art. 28 180
- art. 62 180
- art. 63 180
- art. 64 180

	página

- art. 65 180
- art. 101 180
- art. 107 182
- - inc. V 183, 187
- art. 125
- - §3º 180
- art. 151 182
- - §1º 187
- art. 167
- - §1º 180
- art. 178 180
- art. 262 181

S

Súmula nº 37 do Superior Tribunal de Justiça 240
Súmula nº 309 do Superior Tribunal de Justiça 177, 272
Súmula nº 326 do Superior Tribunal de Justiça 241
Súmula nº 344 do Superior Tribunal de Justiça 186, 373, 375, 376, 377, 383
Súmula nº 358 do Superior Tribunal de Justiça 176

Índice Onomástico

página

A
Alexandrino, Marcelo 132
Almeida, Cleber Lúcio de 47
Alvim, Agostinho 248
Alvim, J. E. Carreira 210
Amaro, Zoraide Sabaini
dos Santos 155, 177
Amorin Filho, Agnelo 299
Andrigi, Nancy 71, 322, 323, 375
Araújo, Fábio Caldas de 97
Arenhart, Sérgio Cruz 65, 67,
361, 367, 379, 382
Armelin, Donaldo 29, 150
Assis, Araken de ... 75, 213, 217, 276, 291
Atienza, Manuel 108, 111
Azevedo, Gelson de 353

B
Bacon, Francis 107
Bahia, Alexandre Gustavo
Melo Franco 108, 116
Barbi, Celso Agrícola 99
Barcellos, Ana Paula de 108, 110,
117, 128
Barros, Raimundo Gomes de 243
Barroso, Luís Roberto 37, 108,
110, 117, 128, 130, 308
Bedaque, José Roberto
dos Santos 146, 182, 278
Benjamim, Antônio Herman V. 70
Bernardi, Marilene Bonzanini 252
Bobbio, Norberto 31, 35
Boeckel, Fabrício Dani de 151,
152, 167, 169
Bonavides, Paulo 40, 117

página

Botelho, Marcos César 39
Branco, Paulo Gustavo Gonet 135
Bueno, Cassio Scarpinella 22, 75,
96, 98, 102, 103, 167, 181, 328

C
Cahali, Francisco José 154, 158,
159, 163, 175
Câmara, Alexandre Freitas 165, 203,
275, 319, 338, 341, 358
Cappelletti, Mauro 39
Cardoso, Paulo Leonardo Vilela 303
Carpena, Márcio Louzada........215, 225
Carvalho, Salo de 121
Castro, Francisco Augusto das
Neves e Castro 250
Cavalieri Filho, Sérgio 191, 192, 196,
198, 310, 311
Chinelato, Silmara Juny 270
Chiovenda, Giuseppe 87
Coelho, Inocêncio Mártires.............135
Coelho, Luiz Fernando 30
Cruz, Gisela Sampaio da 244, 245,
247, 249
Cunha, Leonardo José Carneiro da ... 75

D
Dall'Agnol Júnior, Antônio
Janyr 263, 327
Del Negri, André 113, 114
Delfino, Lúcio 19, 21, 22, 23, 232
Dias, Maria Berenice 168, 270
Dias, Ronaldo Brêtas de Carvalho 63,
183
Didier Jr., Fredie 40, 41, 50, 54, 61, 68,
69, 75, 179, 181, 183, 234

	página

Dinamarco, Cândido Rangel 72, 73, 86, 146, 211, 273, 275, 278, 381
Diniz, Maria Helena............................88
Donoso, Denis....................................163

E

Estrela, Hernani................285, 286, 287

F

Fabrício, Adroaldo Furtado 358
Faria, Bento de 88
Farias, Cristiano Chaves de 300
Fernandes, Bernardo Gonçalves....34, 35
Ferrajoli, Luigi 32
Ferri, Corrado 47
Freitas, Douglas Phillips 158, 174
Fux, Luiz...216

G

Gadamer, Hans-georg 117
Gajardoni, Fernando da Fonseca ... 181, 185
Gargarella, Roberto............................38
Godinho, Robson Renault...143, 147, 150
Godoy, Claudio Luiz Bueno de...310, 342
Gomes, Fábio 327
Gonçalves, Aroldo Plínio 43
Greco, Leonardo......................44, 45, 68
Guerra Filho, Willis Santiago 114

H

Häberle, Peter 137, 140
Heidegger, Martin.............................117
Herkenhoff, João Batista...................107
Hobbes, Thomas.................................107
Hommerding, Adalberto Narciso.... 122, 327

J

Jorge Neto, Nagibe de Melo 307

L

Leal, Rosemiro Pereira..........41, 50, 348
Liebman, Enrico Tullio 279
Lima, Osmar Brina Corrêa 71
Loureiro, Francisco Eduardo...300, 366
Lucena, José Waldecy 287, 288

M

Madaleno, Rolf Hanssen...................149
Madeira, Dhenis Cruz 65, 66
Magalhães Filho, Glauco Barreira...115, 133
Mariano, Cynara Monteiro 32
Marinoni, Luiz Guilherme.... 33, 38, 65, 67, 102, 119, 120, 124, 137, 142, 149, 151, 166, 181, 213, 214, 216, 220, 221, 222, 228, 271, 279, 337, 361, 367, 369, 379, 382
Marques, Cláudia Lima.............70, 191
Martins Neto, Braz.............................353
Medina, José Miguel Garcia....................................97, 328, 329
Mello, Celso de 271
Mendes, Gilmar Ferreira..................135
Milhomens, Jônatas.............................82
Miragem, Bruno 70
Miranda, Pontes de 36, 287, 298, 299, 352
Mitidiero, Daniel 34, 39, 43, 61, 136, 279, 337, 369
Monteiro, Washington de Barros....305
Moreira, José Carlos Barbosa ...277, 339, 368
Moro, Sergio Fernando.............116, 307
Mourão, Luiz Eduardo Ribeiro...170, 172

N

Nery Junior, Nelson.................291, 331
Nery, Rosa Maria de Andrade...291, 331
Neves, Daniel Amorim Assumpção...69
Noronha, Fernando..........................245

Índice Onomástico | 399

página

Novelino, Marcelino 130
Nunes, Dierle José Coelho 41, 42, 45, 47, 61, 64
Nunes, Elpídio Donizetti...................87
Nunes, Luiz Antonio Rizzatto ...257, 258

O

Oliveira, Antônio Cláudio Mariz de...350
Oliveira, Carlos Alberto Alvaro de 43, 59, 61, 62, 63, 167, 181
Oliveira, Manfredo Araújo de....117, 134

P

Passos, J. J. Calmon de 290
Paulo, Vicente 132
Paupério, Artur Machado 113
Pereira, Caio Mário da Silva 89
Pereira, Rodolfo Viana......................130
Pinto, Junior Alexandre Moreira ...62, 70
Piterman, Jaime 107
Porto, Sérgio Gilberto 41
Prade, Péricles....................................106
Prata, Edson 23, 263
Pussi, Willian Artur 162

R

Radbruch, Gustav 106
Ramos, Glauco Gumerato........277, 278
Reale, Miguel 43
Redenti, Enrico 44
Regis, André.......................................109
Robaldo, José Carlos de Oliveira 120
Rosenvald, Nelson 300
Rousseau, Jean-Jacques 36, 39
Ruggiero, Roberto de.......................226

S

Saad, Eduardo Gabriel 236
Sampaio Júnior, José Herval....116, 307

página

Sanseverino, Paulo de Tarso Vieira...196
Santana, Adelmir...............................187
Sarlet, Ingo Wolfgang 118
Scavone Junior, Luiz Antonio...........59
Sebastião, Jurandir 240
Sene, Leone Trida................58, 309, 316
Silva, Ovidío A. Baptista da...... 51, 107, 125, 211, 213
Souza, Gelson Amaro de............49, 351
Souza, Henrique Yukio Pereira de... 35, 41, 64, 65, 66
Stern, Klaus 119
Streck, Lenio Luiz...............................46

T

Teixeira, Sálvio de Figueiredo 137
Theodoro Júnior, Humberto.......45, 99, 166, 171, 218, 249, 257, 340
Torrente, Andrea 73
Trocker, Nicolò 43
Tucci, José Rogério Cruz e 313
Tzirulnik, Ernesto..............................306

U

Ustárroz, Daniel 41

V

Vilela, Afrânio....................................372

W

Wambier, Luiz Rodrigues 375
Watanabe, Kazuo...............................203
Welter, Belmiro Pedro......................150
Wolkmer, Antonio Carlos 31

Y

Yarshell, Flávio Luiz 143, 210, 213, 216, 217

Z

Zaneti Júnior, Hermes 43
Zavascki, Teori Albino.............209, 211, 214, 215

Esta obra foi composta em fonte Palatino Linotype, corpo 10
e impressa em papel Offset 75g (miolo) e Supremo 250g (capa)
pela Gráfica e Editora O Lutador.
Belo Horizonte/MG, julho de 2011.